shelter ... Island
So we headed for the island
W.N.W. On getting close to the land
we met with a strong current
running E X S. Saw a small
boat Shed in lagoon and
ran up to it. Hoisted Ensign
and stood in. At 4 pm. we
double reefed the mainsail &
put a reef in the staysail.
Two natives came off in a canoe
There are 25 men & 8 women
on the island. They make copra
and dive for pearls. Looking
very squally to windard and
the moon which is half has
a big ring around it. At 8.30
pm. we stood away to the N X W.
cleared the island and headed
N.E. Still heavy sea on. Pumps
and Lamps attended to.

航海家們的寫生簿

THE SEA JOURNAL

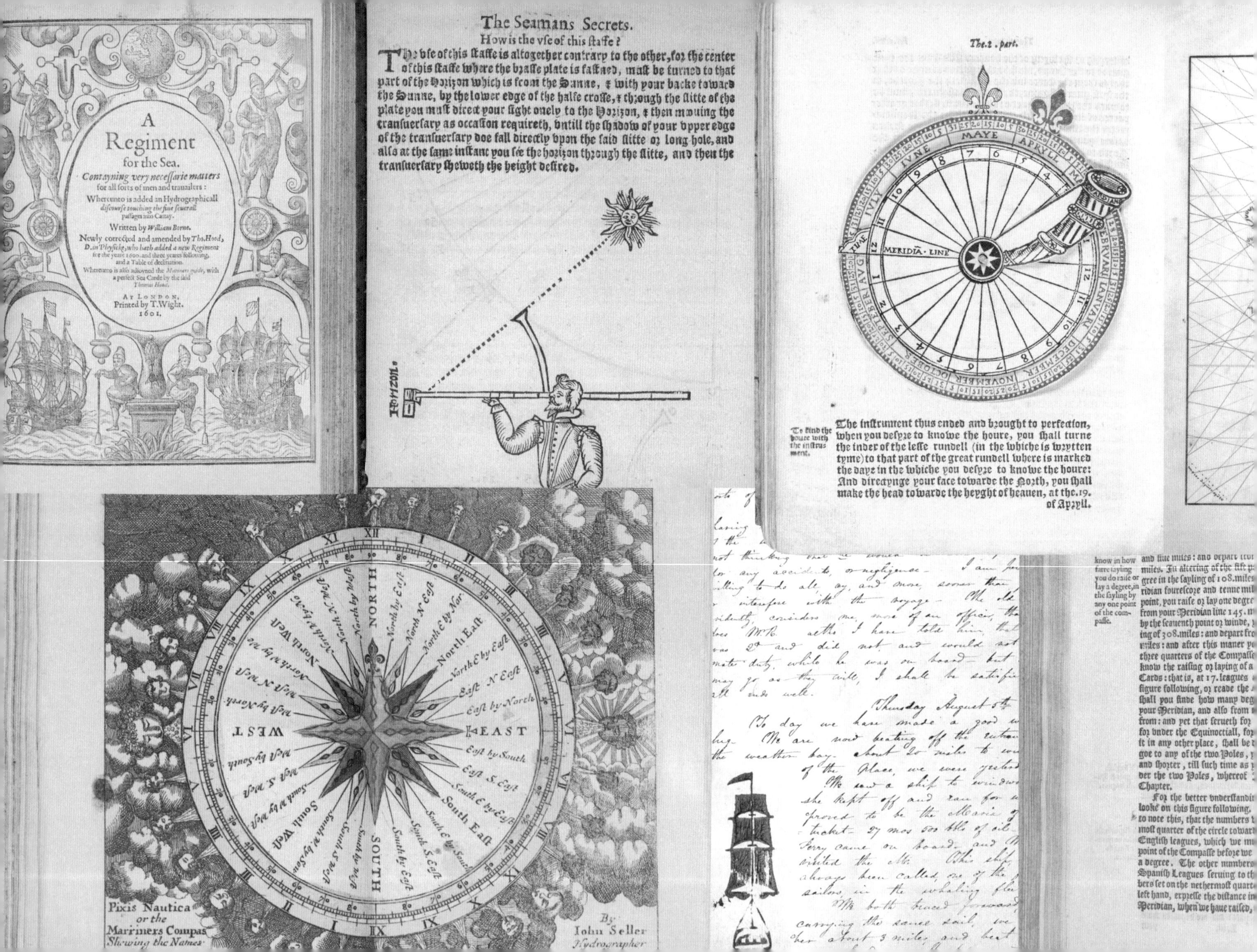
A Regiment for the Sea.
Contayning very necessarie matters for all sorts of men and trauailers:
Whereunto is added an Hydrographicall discourse touching the fiue seuerall passages into Cattay.
Written by William Borne.
Newly corrected and amended by Tho. Hood, D. in Physicke, who hath added a new Regiment for the yeare 1600. and three yeares following, and a Table of declination.
Whereunto is also adioyned the Marriners guide, with a perfect Sea Carde by the said Thomas Hood.
At London, Printed by T. Wight. 1601.
The Seamans Secrets.
How is the vse of this staffe?
The vse of this staffe is altogether contrary to the other, for the center of this staffe where the brasse plate is fastned, must be turned to that part of the Horizon which is from the Sunne, & with your backe towards the Sunne, by the lower edge of the halfe crosse, & through the slitte of the plate you must direct your sight onely to the Horizon, & then mouing the transuersary as occasion requireth, untill the shadow of your upper edge of the transuersary doe fall directly upon the said slitte or long hole, and also at the same instant you see the horizon through the slitte, and then the transuersary sheweth the height desired.
Horizon.
The .2. part.
MAYE
APRYLL
IVNE
IVLY
AVG
SEPTEBER
OCTOBER
NOVEMBER
DECEMBER
IANVARI
FEBRVARI
MERIDIA. LINE
To finde the houre with the instrument.
The instrument thus ended and brought to perfection, when you desyre to knowe the houre, you shall turne the index of the lesse rundell (in the whiche is wrytten tyme) to that part of the great rundell where is marked the daye in the whiche you desyre to knowe the houre: And directynge your face towarde the North, you shall make the head towarde the heyght of heauen, at the. 19. of Aprill.
NORTH
North by East
North N East
North E by Nor
North East
North E by East
East N East
East by North
EAST
East by South
East S. East
South E by East
South East
South E by South
South S. East
South by East
SOUTH
South by West
South S West
South W by South
South West
West
Pixis Nautica or the Marriners Compas Shewing the Names
By John Seller Hydrographer
Thursday August 5th
know in how farre sayling you do raise or lay a degree, in the sayling by any one point of the compasse.
For the better understandi
looke on this figure following,
to note this, that the numbers
most quarter of the circle towar
English leagues, which we m
point of the Compasse before we
a degree. The other numbers
Spanish Leagues seruing to th
bers set on the nethermost quart
left hand, expresse the distance in
Meridian, when we haue raised,

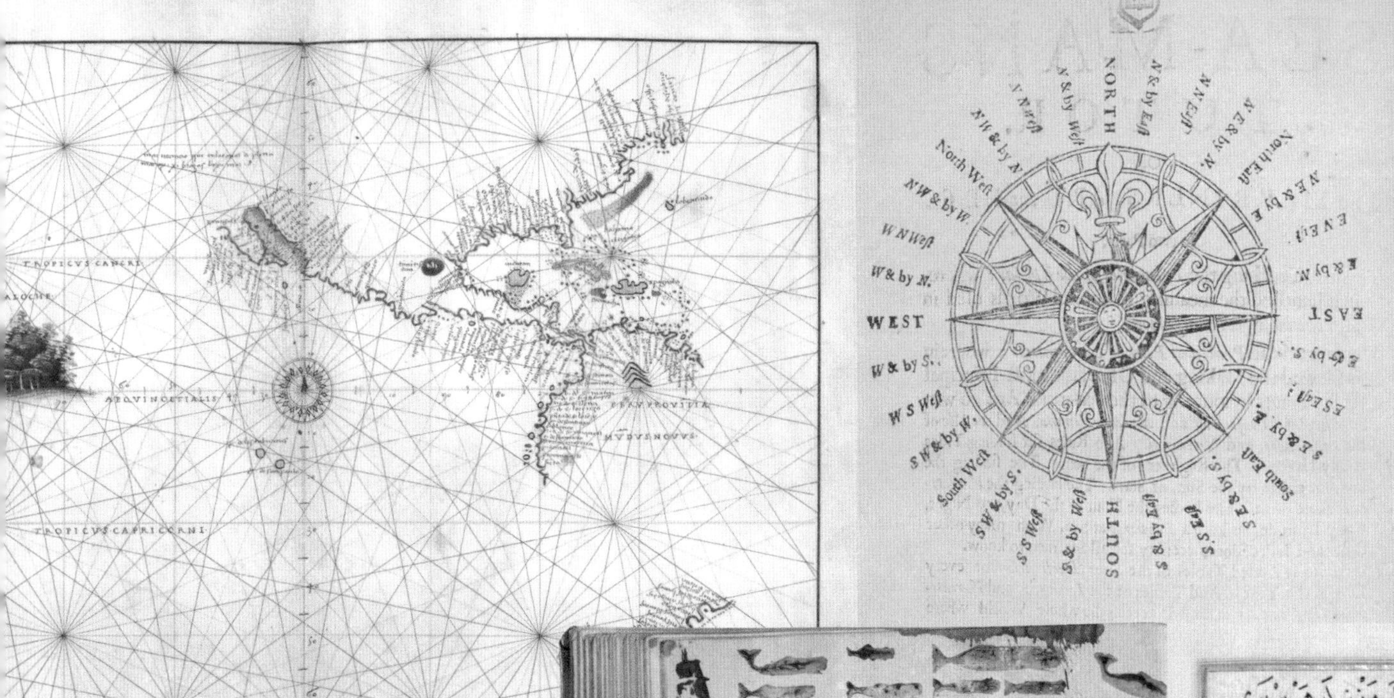

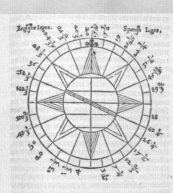

THE
DIVISION
OF THE
WHOLE ART
OF
NAVIGATION.

THE whole Art of *Navigation*, which teacheth us to sail by courses and by heights, is divided into two principal parts; the Theorick, and the Practick. The Theorick teacheth the composition of the Sphere of the World in general; and in particular informeth us of the number, figure, and motions of the Heavens especially of the highest moveable heaven called *Primum Mobile*, and of the ninth, eighth, fourth, and first heaven: also it sheweth us the quantity and situation of the elements, and principally of the

The 14. Chapter teacheth to know how farre any land is off from you, knowing but the distance betweene any two places: whether you run along by the land, or directly to the shore, or otherwise, with other necessarie things.

For that I know it very necessary and profitable for Sea-men to knowe how neere or farre they be into the Sea, and how neere to the land, I will intreate thereof for divers considerations, And first, because in

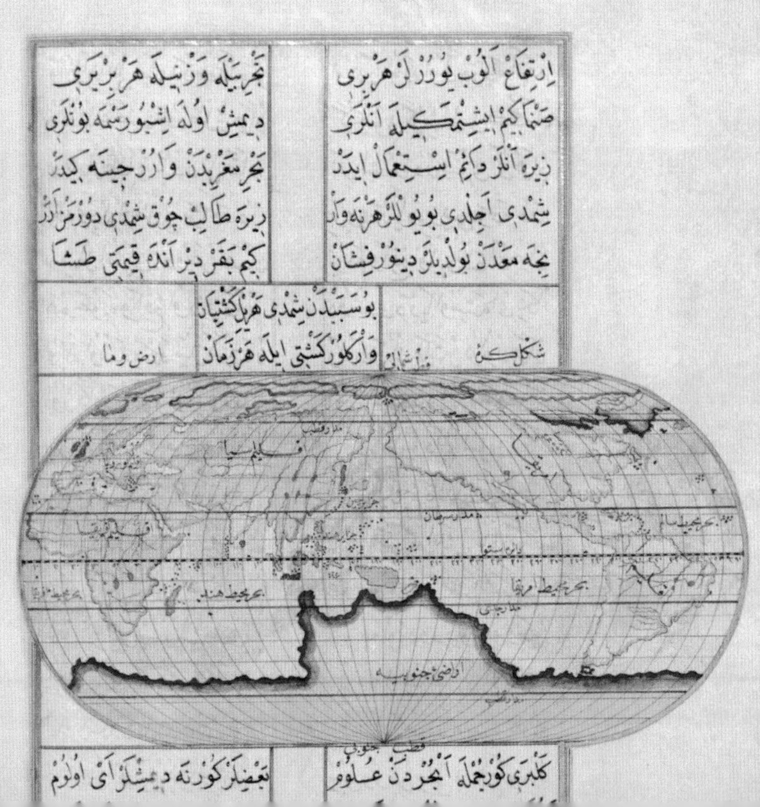

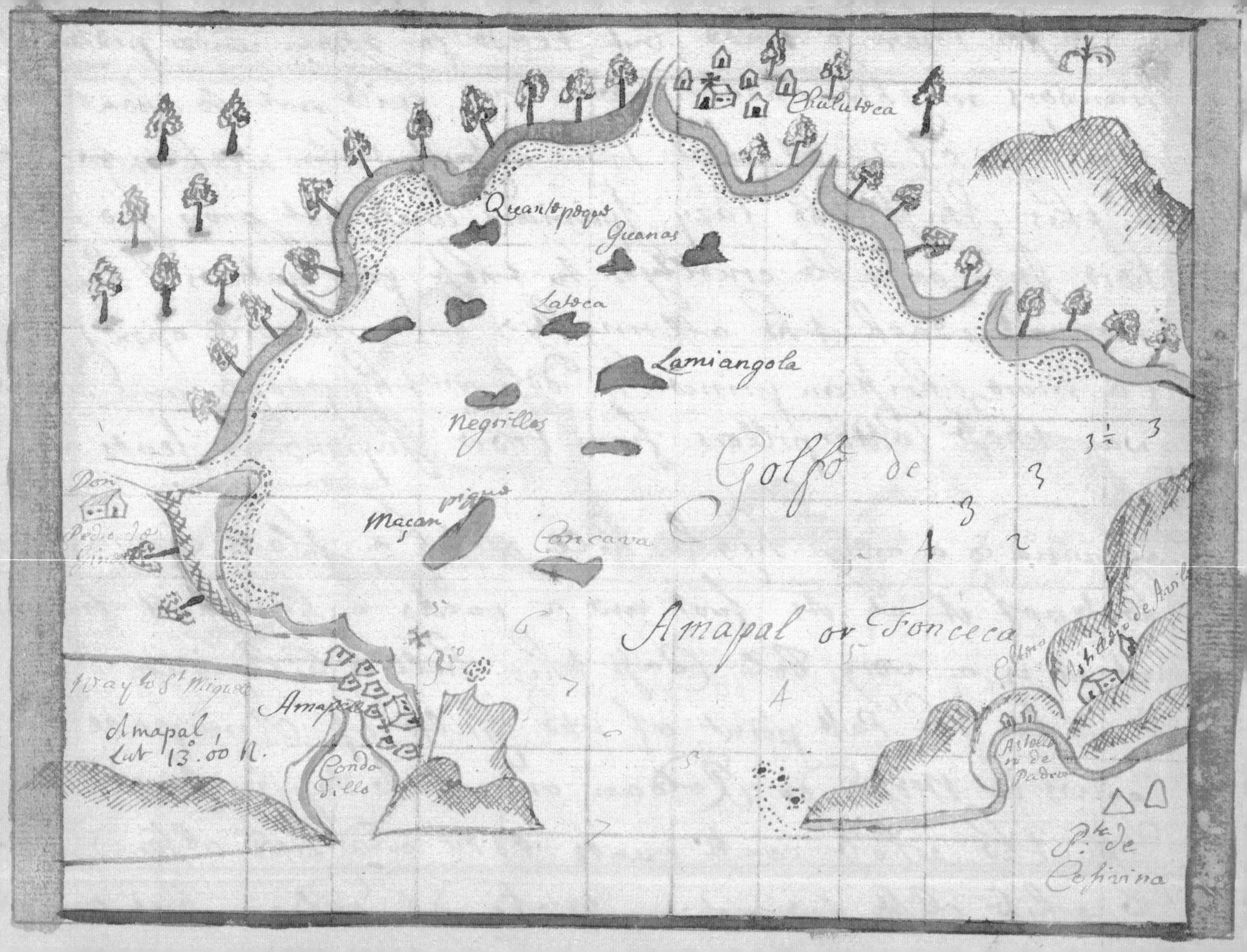

Chalutcca

Quantopoque

Guanas

Lateca

Lamiangola

Negrillos

Golfo de Amapal or Fonceca

Macan piques

Concava

Rio

Way to St Miguel

Amapala

Amapal
Lat 13°.00 N.

Condadillo

Estero

Astillero de Avila

Astillero de Padre

Pta de Cosivina

航海家們的寫生簿

THE SEA JOURNAL

Seafarers' Sketchbooks

60位航海家的海上傳奇與探索
陸地之外未知世界的手繪實錄

休·路易斯-瓊斯 著　　木同 譯
Huw Lewis-Jones

FACES PUBLICATIONS

目錄

推薦序

人人都是船員

唐・沃爾許（Don Walsh）

向下，再向下，直到抵達那漆黑幽僻的深淵。一次非比尋常的出海將我們帶到了地球上已知的海洋最深處。在菲律賓以東的馬里亞納海溝裡，我們下潛了七英里（譯註：1 英里 =1.60934 公里），創造了人類到達海底深度的新紀錄。當我們乘坐美國海軍深水潛艇特里斯蒂號（Trieste）下潛了五個小時，在距離海平面約十一公里的海床上著陸，我們都看到了些什麼？老實說，幾乎什麼也沒看到。此行最大的發現只有一條形單影隻、類似比目魚的小鰈魚，但這足以證實在最深的海底依然有生命存在的可能。可惜，我們既沒能繪圖也沒拍照。透過堅固緊密的舷窗向外看去，放眼望去盡是著陸的潛艇激起的白色泥沙，感覺我們就像在一大碗牛奶中。

在一九六〇年的這場探險活動中，我的搭檔是瑞士的海洋工程師雅克・皮卡德（Jacques Piccard）。他的父親奧古斯特發明過潛水裝置，還曾經在一九三〇年代初駕駛熱氣球，締造了人類到達的最高海拔紀錄。那次的熱氣球之旅並不是為了出名，而是為了收集與宇宙射線有關的數據。而我與雅克此行的目的，則是為一個新的海洋科學研究平臺進行試航。在下潛到水深九千五百公尺處時，我們聽到了一聲巨響，卻無法辨別出聲音的來源。直到到達海底之後，我們才找到了原因，原來是入口管後側的一扇弧形亞克力窗上出現了巨大的裂縫。因此，我們在海底只逗留了二十分鐘便不得不返航。一直到一九九五年，一艘日本的遠端遙控潛水裝置才潛到海溝底部，為這個世界最深處拍下第一張照片。而在此之後，也僅有一人曾到達過那裡。我們的那次探險行動花費了三個小時才回到海面。十天之後，我們在華盛頓白宮受到總統的召見。

從那之後已過了將近六十年。現在，我在一艘環繞馬達加斯加航行的船上寫著這篇文章。幾天之後，我又在好望角離岸的船上用筆記型電腦打字，最後在橫越南大西洋的時候，把寫好的內容發送出去。說來實在是神奇，我用船上安裝的衛星定位系統來收發電子郵件，幾乎能即時收到任何回信。在我海上漂泊的這幾十年裡，世界上發生的變化早已今非昔比。想當年我第一次隨海軍出海時，與外界溝通還需要用摩斯密碼和無線電呢；當然，還有那些傳統

我們揚帆遠航不是為了日後再也不以言語來談論那趟旅程；而是為了享受親眼所見那超越語言、難以言喻之美。

——布拉斯・帕斯卡（Blaise Pascal），一六六九年

的手寫書信，也得貼上郵票才能寄。

我人生中第一次馳騁在蔚藍大海上，是在一九五一年，當時以美國海軍學院的海軍官校見習學生身分出海。我們的夏季巡航是乘著「威斯康辛號」戰艦，穿越北大西洋抵達愛丁堡，再南下至里斯本，最後前往古巴，目的是要帶著十六英寸步槍進行射擊演習。從此我開始定期出海，曾先後指揮過兩艘戰艦。簡言之，這就是我六十七年的船員生涯。所以，當有人好奇大海對於我來說意味著什麼的時候，只有一個答案能代表一切：大海就是我願身處之地。山繆爾・強森（Samuel Johnson）曾說：「當一個人喜歡上了海洋，他便不再適合陸地上的生活。」這句話是在一七七〇年代說的，但即使到了今日，依然有它的道理。

我對任何時代的航海人員都欽佩不已。許多航海人員的故事都無從考證——未留下任何紀錄、日誌或書信——最終湮沒於歷史中：不論是強悍驍勇的維京人，抑或那些在海上以木帆船獨霸一時的中國商人，還是早在歐洲人之前便已乘坐獨木舟橫渡數千英里的海洋抵達北美洲的玻里尼西亞探路者。許多人崇拜麥哲倫，但我更偏愛法蘭西斯・德瑞克（Francis Drake）。他雖然是環遊世界的第二人，卻從環遊世界旅行後活了下來。許多要素都能展現一段旅程的偉大；在我看來，很簡單，其中一個要素就是探險——也就是不斷將好奇心付諸行動。我們人類天生就具備「好奇」的基因，儘管極少人真的能夠身體力行。

成為一名真正的探險者，就表示你會站在人類知識的最前緣，並在拓展新知疆界的行動中，有所參與。沒有所謂糟糕的旅程，只會有有趣的旅程。不論是出海遠航還是深入幾千英尺的海面下，你對大海的所見所聞，都是對經驗與想像力的不斷擴充。真正的探險家永遠想攀登下一座更高的山峰；而來自大海的誘惑，則在於那遙遠地平線背後的世界和潛藏在深海中的奧祕。

過去，我一直會將各種船上的經歷寫成日誌和筆記。如今，我則習慣將大部分的事情記在腦海中。也許你認為這樣做太隨意。但不要忘記，航海的蓬勃發展離不開口述歷史。在不斷講述的過程中，事情的真相總是多少被添油加醋或偷工減料。那麼究竟誰說的才是真的？在巴西式葡萄牙語中，有一種說法叫「漁夫的故事」（história de pescador）。無論是那些差一點就抓住的巨型海洋生物，還是彷彿奇想般的水怪——打從這世上有了航海，便有水手口中那些光怪陸離的故事。時至今日，許多故事的真相依然成謎。

在航海家的寫生簿中，我們可能見到奇蹟。這本書囊括了來自世界各地各種航海家的海上紀錄，是一座海事藝術的寶庫。直到今天，我們僅僅探索了百分之十五的海洋，但我們還想著要再度登陸月球，以及移民火星。我們對於海的探索，能做的其實還有很多。就現況來說，我們只有這顆星球可以居住。但我認為更重要的是：應該多多深入了解它，挖掘這星球運行的奧祕，並且修復人類已經造成的破壞。這是我們的使命。正如馬歇爾・馬克魯漢（Marshall McLuhan）所寫：「地球就像一艘太空船，這飛船上沒有乘客，因為我們人人都是船員。」

導論

未知的水域

休・路易斯－瓊斯（Huw Lewis-Jones）

奇蹟，就在那遙遠的水天一線處。

——阿弗雷德·諾伊斯（ALFRED NOYES），一九三〇年

西奧多·傑利柯（Théodore Géricault）於一八一八年在法國阿弗赫（Le Havre）畫下了這幅暴風雨的景象。當時，他正在研究各種船隻與海況，為後來的傳世名作〈梅杜莎之筏〉思考構圖。

當你發現靴子裡有茶水跑進去，情況就不是太樂觀了。然而，我現在的狀況比那更糟。我剛剛從外甲板上安全地回到自己的船艙裡，準備寫日誌。此刻，一個錫杯在地上滾來滾去，最終卡在了我的兩隻膠鞋之間，而我背靠床板坐在地上。頭頂上方，拴上且緊閉的舷窗表面結了一層厚達半英寸的冰。洶湧翻滾的海浪遮天蔽日，擋住了最後一抹夕陽。從船上的駕駛室看出去，只能看到無邊無際的海水。天空中泛著暗紫色和鐵灰色的烏雲正在聚集，醞釀著一場暴風雨。遠處的海平線有冰山；從雷達上看，一片星星點點，冰山分布幾乎橫貫了整片區域。

幾天前，我們穿越南極圈並安全航行了很長一段距離。但就在昨晚，南方颳來的狂風開始在海上掀起滔天巨浪。現在，我們正試圖在驚濤駭浪中顛簸前行。船身不堪重負，發出沉重的聲響。此時的我，想到了過去那些乘著木船穿越這片海域的航海家。在這樣的天氣條件下，他們必須和狂風賽跑，或冒著暴風雨收起船帆。沒有電子海圖為他們引路；有急需時，也不可能獲得海上救難資源——遇到這種天候，那會是怎樣的漫漫長夜。

大海就像一張任憑想像力自由馳騁的畫布。不論是船員、藝術家、乘客，還是在沙灘上欣賞海景的遊客，我們每個人的眼睛和心靈都受到那一片壯闊無垠所吸引。船舶，早在人類歷史的初期便已出現了。甚至在有文字歷史紀錄更早之前，船便參與了我們對大海的征服與挑戰。各式各樣的船隻承載著人類和他們的思想周遊世界。男人和女人、家庭與民族，當他們向著那片蔚藍領域揚帆起航時，便已具備勇於挑戰不可能之事的精神。而那些最早出現且流傳至今的故事，其中有好些講述的都是人類的海上冒險。

從那以後，航海人員的世界發生了許多的變化。如今，全球的海岸線和航海的潛在風險都被清楚標注在海圖中。就在一百年前，船舶上既沒有封閉的駕駛室，也沒有能夠確保航行安全的自動駕駛系統。危險來臨時，船員不能躲進安全的船艙，而必須留在甲板上掌舵，甚至是爬到帆桁上，堅守在危險的最前方。他們沒有能用來幫助控制帆腳索和升降索的絞機。大自然善變又殘暴的一面，砥礪出航海人員堅強不屈的品格。英國伊莉莎白時代的船長約翰·戴衛斯（John Davis）的禱文說明了一切。身為一名航行北極的老手，他一直渴望環遊世界，卻屢屢遭遇現實的打擊。一五九二年，當他的船上僅剩五名船員時，他在日記中寫道：「主啊，若人必有一死，我寧死在前行的途中，而非在撤退中喪命。」

大多數的船，最終都逃不過失事、沉沒、報廢或被出售的命運，能倖存下來的少之又少。也許，歷史就是這麼一回事。當我背靠床板書寫日誌時，想到的是那些曾經南下前來這片海域的船隻。第一批穿過南極羅斯海的「幽冥號」（Erebus）和「恐怖號」（Terror）在後來的一次北極探險活動中從地圖上消失了。一八九九年，乘著「南十字星號」（Southern Cross）（譯註：「南十字星號」是一艘活躍於挪威、紐芬蘭和拉布拉多〔Labrador〕地區的蒸汽海豹狩獵船，曾參與一八九九年英國遠征探險隊的南極探險活動。在一九一四年紐芬蘭海難〔Newfoundland Sealing Disaster〕中，一場暴風雪讓南十字星號失事沉沒）到達南極的遠征隊隊員，成為了第一批成功在南極大陸上過冬的人。一九一四年，「南十字星號」在紐芬蘭附近海域捕獵海豹，不幸撞冰、最終沉沒。道格拉斯·莫森（Douglas Mawson）的蒸汽遊艇「奧羅拉號」（Aurora）於一九一七年返回紐西蘭的途中，撞上了德軍偽裝巡洋艦「狼號」（Wolf）設下的魚雷，在海上失蹤。「奧羅拉號」留給世界的最後一絲線索，是有人在澳洲附近海域撿到的表面長滿藤壺的救生圈。

很顯然，在一名水手所要面對的種種困境中，暈船是最不足掛齒的一項。在本書書頁中，我們會見到壞血病、鯊魚攻擊、海盜、中毒、饑餓、痢疾、颶風，甚至於同類相食。看到這些，我們也許會狐疑：到底為什麼有人會想上船出海？當航海人員乘著一艘敞船在海上漫無目的地漂流，或深陷赤道無風帶、無法前進時——太平洋反倒不像大海，更像是一片荒蕪的沙漠。熾熱的陽光無情地照射；沒有遮蔭躲避的地方；無處可去；甚至連一滴淡水都沒有。然而，從古至今，討海生活同樣也為水手帶來了生存下去的機會——大海給了人一份希望（若最終沒有實現，至少是一份希望）：讓人得到自由、就業、逃避的機會，給予航海人一份對海平線後方新陸地的期待。而那些沒能活下來的人，得到的只有生命的戛然而止。

DIARY No 2 SHACKLETON

FROM 14 JANY 1916 TO 3rd SEPT 1916

LIFE OF EXPEDITION ON THE DRIFTING SEA ICE

(SEE PAGE 108)
THE ONLY OFFICIAL DOCUMENT WRITTEN ON THE EXPEDITION. WRITTEN PRIOR TO SIR ERNEST'S EMBARKATION ON BOARD THE JAMES CAIRD B.A. IN QUEST OF RELIEF.

THE ICE BREAKS UP AND PARTY TAKE TO THE BOATS.

THE ESCAPE IN THE LIFEBOATS

ELEPHANT ISLAND REACHED

SHACKLETON SETS OFF FOR RELIEF.

LIFE ON THE ISLAND UNDER TWO BOATS

THE RESCUE

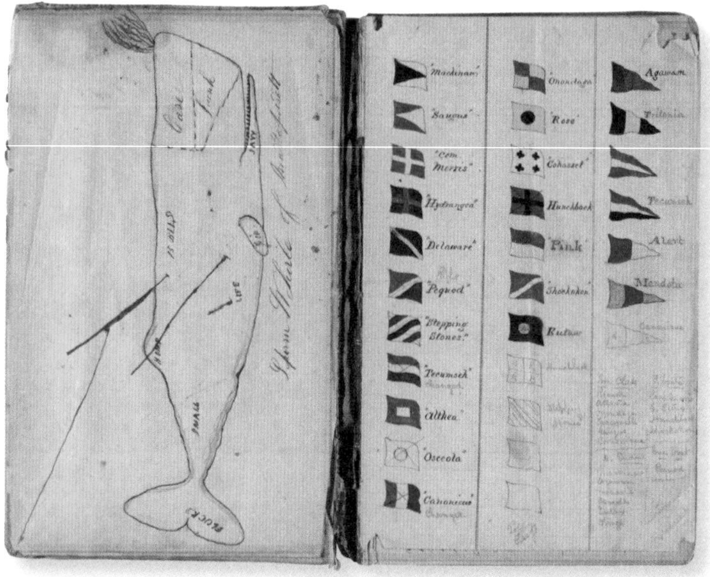

海上航行既需要技巧，也需要經驗。擁有精確海岸線的海圖，是確保船隻能完成貨運及航行的重要工具，而各式航海日記則自然而然會與海圖並存。十三世紀的義大利商人暨冒險家率先製作出描繪地中海的波特蘭型海圖（Portolan Pilot Chart）。那些歐洲探險家得以跨越大西洋前進新世界、去到東方的印度和香料群島等地的非凡之旅，既是航海科學與技術進步的證明，同時也提供了海上科技的發展助力。到了十八世紀，全球海洋與海岸線的探索及製圖的重點，則轉移成為促進商業貿易與國家戰略發展的工具。

無數航海家追隨麥哲倫的後塵，跨越了以他的名字命名的海峽，來到太平洋。自此，他們向南推進，尋找傳說中不知名的大陸；或向北航行，直至在北極星羅棋布的浮冰與島嶼之間迷航。啟蒙時代的先鋒級冒險家詹姆斯・庫克（James Cook）極具挑選船員的眼光。在他的船員中不乏擅長繪畫與寫作的人，甚至還包括職業藝術家，如威廉・霍奇斯（William Hodges）；留存下來的那些航海日記，為世人講述了他們在海上、陸上各個地方創造的豐功偉績。這些日記帶領我們身歷其境，臉龐彷彿也感受得到海風吹拂，隨著當時寫下的故事回到過去，並受到那些故事鼓舞，而想展開自己的旅程。

來自世界各地的航海者不斷在航程中為人類所謂的「危險」與「未知」給予新的定義，但危險始終近在咫尺。對於許多航海人員來說，寫航海日記不僅是一種日常習慣，當他們被困在巨大的浮冰之間、漂流在一望無際的海上、停滯在無風帶中無法前行、枯等著鯨群的到來，或是身處返航的路上時，寫日記是一種對未來的想望：希望所寫下的東西有那麼一點價值可在日記主人身後留傳下去。想想詹姆斯・蒂爾（James Teer）在「格蘭特將軍號」（General Grant）沉沒於奧克蘭群島之後，依然堅持在常人無法想像的困境中記錄一切。根據其他倖存者的描述，他以篝火邊的木炭當做筆，將自己的經歷書寫在一張海豹皮上。在南極偏遠地帶濕冷難捱的環境中，那堆篝火是人類得以維生的命脈。對於像蒂爾這樣的遇難者來說，書寫

左上圖：法蘭克・赫利（Frank Hurley）詳述了隨厄內斯特・沙克頓（Ernest Shackleton）爵士的「堅忍號」探險的過程，日記中記錄了一九一六年他們在獲救之前，於「漂浮的碎冰上」所歷經的艱險。

左圖：一頭抹香鯨與各國船旗，出現在所羅門・巴斯托（Solomon Barstow）在前往南太平洋為期四年的航行中所寫的日記中。

對頁：捕鯨船船員約瑟夫・雷（Joseph Ray）為他在「愛德華・卡里號」（Edward Cary）上所作的航海日記精心創作了這幅水彩畫，作為日記首頁。佩里・溫斯洛（Perry Winslow）是這艘船的船長。他們的航行於一八五四年自南土克特（Nantucket）啟程。

日誌這件事可在他淒慘絕望的境遇中，幫忙維繫一份秩序感，同時也是種慰藉。如今，蒂爾的日記已散佚，但還有許多其他人的日記就收錄在我們的書中，其中就有傳奇的法蘭克・赫利（Frank Hurley）的日記。當沙克頓爵士的探險船在凶險的南極洲撞冰沉沒時，船上的法蘭克和其他生還者在一座島上被困了數個月，他們藏身於用石頭圍起來、倒扣的救生艇中。在此期間，堅持不懈的記錄與書寫給了他對未來的希望，幫助他熬過了這段艱難時光。

對許多航海者來說，寫航海日誌或筆記不僅是記錄途經地、目的地及其他航行資料所必須之事，更是航海者身處驚險世界裡的一顆定心丸。一本航海筆記能夠幫人抵禦孤獨、恐懼和沮喪，甚至還可以用來對抗叛變。「邦蒂號」（Bounty）的威廉・布萊（William Bligh）乘著一艘敞船在海上漂流時，從未停止書寫詳盡的日記，在日後還成為重要的證據。在當時仍鮮為人知的澳大利亞大堡礁區域，布萊一邊小心駕船，一邊用鉛筆詳盡描述那些叛變船員的樣貌。日記中所記錄那些船員的外貌特徵，為官方追捕這些反叛者提供了線索。儘管經歷無比的艱險，布萊在航行的途中依然堅持記述許多航海資料，包括未被發現的新海岸線。布萊的一生大部分時間都在海上探險，是一位偉大的航海人員，也是極具天分的畫家——並非好萊塢電影中所刻畫的海上惡霸。一份航海日記，最終拯救了布萊與同行夥伴的性命。

⚓

早在航海出現之初，船員便開始認真記錄航海筆記。「帶上你的紙和筆，」一位一五八〇年代受過良好教育的航海人員這麼說道，「堅持記錄，不要中斷……等你返航的時候，就可以拿來好好回味自己都經歷了些什麼」。不僅要記錄在船上的所見所聞，還要記錄在岸上的探險。「一個充滿好奇心的旅行者應該隨身攜帶著紙、筆和墨水，」另一位水手寫道。堅持書寫能夠培養出細心觀察與嚴謹記錄的好習慣，同時也代表：當你平安返鄉時，能夠將自己在途中的見聞拿出來向人展示。

本書中收錄的素描寫生都是航海旅行中，順利倖存下來的結果，見證了偉大的探險，也近距離記錄下屬於個人的歷史。詹姆斯・庫克喜歡用「發現之旅」（voyages of discovery）一詞來形容他的探險旅程。在遠赴太平洋之前，庫克便已是一位出色的地圖繪製師。他懷抱熱情與智慧，到達過許多不為人知的海域，也遇過許多擁有自己的探險故事的人。毛利人、大溪地人和夏威夷島上的原住民，用各自不同的方式將庫克的到來編寫進他本人既看不懂、也無從修正的地圖中。庫克對於太平洋諸島的了解，離不開當地的嚮導圖帕伊亞（Tupaia）的幫助。對於世世代代居住在玻里尼西亞群島的當地人來說，大海更像是交通的路徑，而非障礙。

那麼，航海究竟代表著什麼？最直接了當的說法——航海就是從陸地上的一個點，透過

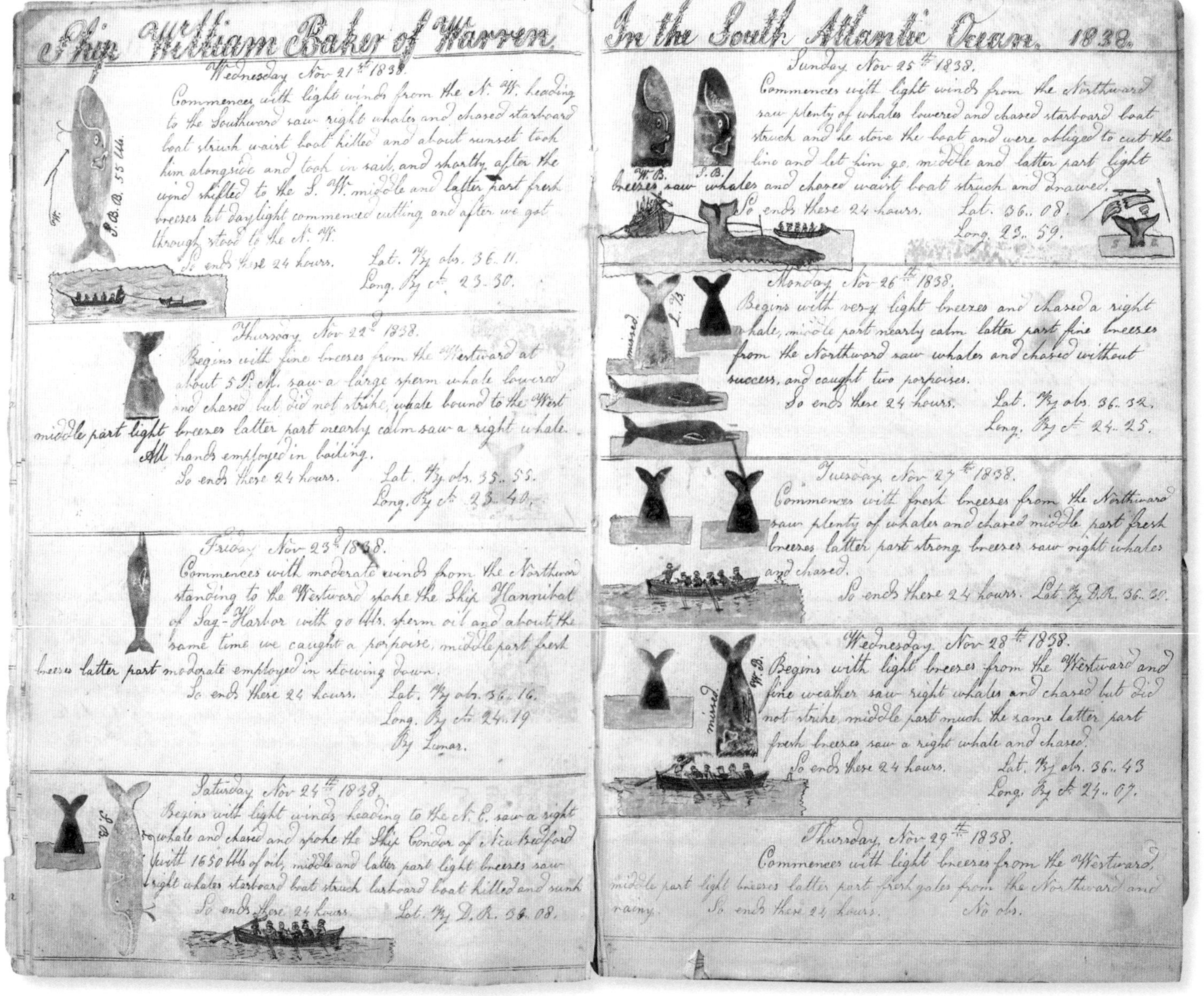

Ship William Baker of Warren In the South Atlantic Ocean. 1838.

Wednesday Nov 21st 1838.
Commences with light winds from the N. W. heading to the Southward saw right whales and chased starboard boat struck waist boat killed and about sunset took him alongside and took in sail, and shortly after the wind shifted to the S. W. middle and latter part fresh breezes at daylight commenced cutting and after we got through stood to the N. W.
So ends these 24 hours. Lat. By obs. 36.11. Long. By chr. 23.30.

Thursday Nov 22nd 1838.
Begins with fine breezes from the Westward at about 5 P. M. saw a large sperm whale lowered and chased but did not strike, whale bound to the West middle part light breezes latter part nearly calm saw a right whale. All hands employed in boiling.
So ends these 24 hours. Lat. By obs. 35..55. Long. By chr. 23..40.

Friday Nov 23rd 1838.
Commences with moderate winds from the Northward standing to the Westward spoke the Ship Hannibal of Sag-Harbor with 90 bbls. sperm oil and about the same time we caught a porpoise, middle part fresh breezes latter part moderate employed in stowing down.
So ends these 24 hours. Lat. By obs. 36..16. Long. By chr. 24..19 By Lunar.

Saturday Nov 24th 1838.
Begins with light winds heading to the N. E. saw a right whale and chased and spoke the Ship Condor of New Bedford with 1650 bbls of oil, middle and latter part light breezes saw right whales starboard boat struck larboard boat killed and sunk
So ends these 24 hours. Lat. By D. R. 34.08.

Sunday Nov 25th 1838.
Commences with light winds from the Northward saw plenty of whales lowered and chased starboard boat struck and he stove the boat and were obliged to cut the line and let him go. middle and latter part light breezes saw whales and chased waist boat struck and drawed.
So ends these 24 hours. Lat. 36..08 Long. 23..59.

Monday Nov 26th 1838.
Begins with very light breezes and chased a right whale, middle part nearly calm latter part fine breezes from the Northward saw whales and chased without success, and caught two porpoises.
So ends these 24 hours. Lat. By obs. 36..32. Long. By chr. 24..25.

Tuesday Nov 27th 1838.
Commences with fresh breezes from the Northward saw plenty of whales and chased middle part fresh breezes latter part strong breezes saw right whales and chased.
So ends these 24 hours. Lat. By D. R. 36..30.

Wednesday Nov 28th 1838.
Begins with light breezes from the Westward and fine weather saw right whales and chased but did not strike, middle part much the same latter part fresh breezes saw a right whale and chased.
So ends these 24 hours. Lat. By obs. 36..43 Long. By chr. 24..07.

Thursday Nov 29th 1838.
Commences with light breezes from the Westward, middle part light breezes latter part fresh gales from the Northward and rainy. So ends these 24 hours. No obs.

海上的漫長航行到達另一個陸地上的地點。而「發現」（discovery）一詞的原型，則可以追溯到古法語中的「descouvrir」，原意為揭示、拆除、揭露或掀開覆蓋物。「discoverer」的原意為「告密者」或「線人」，帶有背叛與惡意的意味。然而，自一五五〇年代起這個詞彙有了其他的使用語境，現代歐語中該詞較正面的意義：「獲得對未知事物的認識」開始普及開來。在航海日記中，充滿了各式各樣的「發現」與「對未知事物的認識」。

像庫克這類人所踏上的「發現之旅」，具備真正意義上的探索與發現。「探索」（explore）一詞源自拉丁語中的「explorare」，很顯然，意思示「調查、搜尋和檢驗」。但據說它還有一個原始詞義，是狩獵用語中的「大聲呼喊」（crying out）。在這層語義上，「發現之旅」所指的便是探險者出發去探索世界，並向人展示他們的新發現。另一個在航海家的日記中常見的詞彙是「冒險」（adventure），它來自古法語中的「aventure」，意思是「偶然發生」；還有一個拉丁語形式的「adventura」，意思是「即將發生的事情」。這種揉合了自發性與未來感，再加入風險與危機感的詞，最為真切地表達了冒險的本質。冒險，在十五世紀的語境中代表「需要承擔風險的事業」；在十六世紀時，則成了「嶄新而令人興奮的事件」；在十三世紀則是「驚奇與奇蹟般的、一連串奇妙非凡的事件」。對於今天的我們來說，冒險可能具備了多重含義：一場結果未知的、需要承擔風險的行動，一連串興奮刺激的事件，甚至是一場商業投機。歷史上的冒險，可能具備前面這所有的意義。航海者去往那些危機四伏的地方，最終帶回奇蹟存在的證據。而他們筆記中的奇蹟，則存在於那片深水世界。正如佩脫拉克（Petrarch，譯註：一三〇四～一三七四，文藝復興初期的義大利學者與詩人，被稱為人文主義之父）所說，讓我們去「見識那片洶湧澎湃的海、看浩渺的大洋與那永不止息的波濤，以及繁星的運行的軌跡」，並且「在驚嘆中迷失自我」。

⚓

從航海日誌到網路部落格，幾個世紀以來的航海者透過不同形式的媒介觀察、記錄海上的神奇世界。這些日記中充滿了個人的發現和見解，幫助我們充分了解航海生活的危險和樂趣。藉著這些日記，我們能看到他人思考與探索的過程，並體會他們的經歷。在本書後面的書頁上所收錄的航海日記還是最棒的藝術原創之作——不論它來自旅行還是貿易；是在夕陽下、風暴中、還是無邊無際的孤寂中；抑或來自通往貿易或征戰、危險或奮進的旅程中，我都希望讀者能藉由這些作品感受到大海的魅力，體會那些受到海洋的呼喚而啟航的男人與女人的精神。從一望無際的北極冰原，到濕熱的南太平洋；從海邊到海底——藝術家和探險家各自用鉛筆、鋼筆和顏料捕捉下他們的所見所聞。而這所有珍貴的內容，都被記錄在那些小幅而破舊的航海日誌、筆記本、日記本和布邊速寫本的紙頁上。這是人類初次看到世界邊緣

Remarkable Occurrences in October 1768

對頁：喬治・布利斯（George Bliss）在「威廉・貝克號」（William Baker）捕鯨船上所寫的日誌。該船於一八三八年從羅德島（Rhode Island）的沃倫出發，目的地是南大西洋。

上圖：詹姆斯・庫克乘坐「奮進號」（Endeavour）進行那史詩般的首次航行，當時所寫下的日記。他於一七六八年出發，前往大溪地島觀測金星淩日。庫克此行還接受了海軍的密令：尋找神祕的南方大陸。

之際的第一手速寫、見到世界邊緣的第一眼——心情是恐懼中帶著迷戀的。

這本書的成書過程本身，也是一場在卷帙浩繁的檔案中不斷挖掘與探索的尋寶之旅：在幽僻的圖書館裡、私人收藏的文檔中、塵封多年的蒙塵小閣樓裡，或是在家族中代代傳承的沉海寶箱內，我們追蹤著那些幾乎被認為已消失物件的蛛絲馬跡。航海家的日記在航行結束之後，往往需要經歷另外的許多旅行，然後也擁有了屬於自己的傳奇故事。這些日記本歷經了海難、風暴、叛變、戰爭或僅僅是被世人所遺忘，如今因為上頭記載的探險內容而重新受到世人矚目。它們本身所帶有的珍貴價值，也更形顯著了。

這些日記也能讓航海者的生命再度在讀者眼前「活過來」，他們的故事值得我們好好了解一番。陳舊的檔案很需要有人深入探索，一旦花時間仔細尋找，往往能挖掘到豐富精采的歷史。本書中航海日記的創作者中有流芳千古的探險家，如達・伽馬（de Gama）、德雷克（Drake）、納爾遜（Nelson）和布萊（Bligh），也有當代的航海家，如法蘭西斯・奇切斯特（Francis Chichester）和彼得・布萊克（Peter Blake），還有捕鯨人的妻子、船上的廚師、製圖師、船艙服務生、水手、外科醫生、旅客和商人、藝術名流，甚至還包括一兩名海盜。不僅如此，我們還會遇到德國的煉金術士、土耳其的海軍上將、法國的植物學家、荷蘭的漁民、大溪地島的神職人員等。除了知名航程中的領導人物之外，船上總不乏具備各式各樣專長與技能的人，負責讓每一次的航海成功順利。

舉例來說，將麥哲倫偉大的環球航行向大眾描述的人，並非船長麥哲倫本人，而是在那次探險中倖存下來的同伴，即威尼斯學者安東尼奧・皮加費塔（Antonio Pigafetta）。如果沒有皮加費塔的航海日記，沒有日記中堪稱人類史上最早的其中一批太平洋島嶼圖，那麼也就不會有關於麥哲倫的故事流傳至今。在二十世紀占據了全球各大新聞頭條的航行，是一場乘著巴沙木筏「康提基號」（Kon-Tiki）在海上漂流的孤筏遠航。但被記錄在本書中的，並不是該次航程的領導人索爾・海爾達（Thor Heyerdahl），而是領航員艾瑞克・海索堡（Erik Hesselberg）的故事。同樣的案例還包括詹姆斯・庫克的領航員約瑟夫・吉伯特（Joseph Gilbert）；以及法國航海家布干維（Bougainville）的探險隊員、傑出的植物採集家瓊・巴赫（Jeanne Baret）——許多地方與植物都以布干維爾的名字來命名，而巴赫最終從一名偷渡客，成為了有史以來完成環球航行的第一位女性；她為自己的科學事業承受了各種磨難。庫克也許會說：「海上的風險，是一個（男）人的發現之旅中必不可少的一部分。」這樣的說法是沒錯。但是，偉大的探險並不是男人專屬。著名的海洋學家威廉・畢比（William Beebe）的半英里潛水，經由廣播電臺實況轉播讓全世界聽眾為之熱血沸騰，而參與探險、最終將畢比的發現傳達給外界的，卻是同行的多位女隊員中的兩位：德國人艾爾瑟・波斯特曼（Else Bostelmann）和美國人葛羅莉亞・霍利斯特（Gloria Hollister）。

本書的開展，將始於環球航海的先行者之一：海軍代將安森（Commodore Anson），他運用多種方式詳盡描繪了探險途中遇到的新物種、海岸線，以及各地風土人情。許多當代的航海家也透過日記記錄下屬於他們自己的航行。唐・沃爾許把我們帶到了最深的海底；羅茲・薩維奇（Roz Savage）帶領我們在大西洋上與海洋奮戰；羅德尼・路斯（Rodney Russ）帶我們前去地球的最南端；其他的探險者與藝術家則透過創作，讓我們一瞥他們的航海生涯。最後，我們以威廉・懷利（William Wyllie）的故事作結。在今天的朴次茅斯，距離懷利當年的故居僅有幾戶之隔，住著航海家羅賓・諾克斯－強斯頓（Robin Knox-Johnston）。就像收錄在本書中的諸多航海日記的作者，懷利只是單純地熱愛大海：熱愛那片水域的美麗與危險，享受看到各式各樣的船隻揚帆起航時，心中湧現的那種快樂。懷利大部分的作品都在海上、在他自己親手打造的船上完成。不過，也有一些作品是在「乾」的地方完成的。或許應該說是「稍乾」的地上。當春天的漲潮或來自索倫特海峽的狂風挾著巨浪衝破他的小屋的柚木門，海水通過永遠也不可能完全防水的門窗側框漫進房間裡時，孩子們在一旁用水桶不停舀水，而他本人則將褲子挽上小腿、赤著腳，站到畫布旁作畫。

上圖：一八三二年四月，奧古斯塔斯・厄爾（Augustus Earle）以藝術家的身分加入了「小獵犬號」（Beagle）。他畫下一名船員將生物標本呈給頭戴大禮帽的查爾斯・達爾文（Charles Darwin）的場景。在這場或可稱為人類史上最重要的科學考察之旅中，這是當時留下的唯一一幅有關達爾文的圖像資料。

第 18 頁圖：一七六九年八月，由圖帕伊亞為詹姆斯・庫克繪製的「社會群島」分布圖。這張圖遵循了口述歷史的傳統，展現出繪製者多重的知識結構：包括海水漲落的模式、風向和洋流的運動，以及星星的方位。

第 19 頁圖：荷蘭牧師揚・布蘭德斯（Jan Brandes）於一七七八年前往爪哇島。在後來的幾年裡，他又去了錫蘭和南非，並在航海日記中記錄了色彩繽紛的陸上和船上景象。

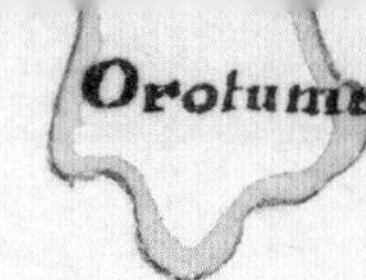

航海家們的寫生簿
SEAFARING SKETCHBOOKS

喬治・安森（GEORGE ANSON）

一六九七～一七六二年

耐心與毅力是最為寶貴的品德……

隨著全世界各個角落開始有許多人前去探索、貿易，為國家出海活動的航海者便得更加準確記錄他們的旅程，書寫日記或航海日誌成了必要的日常活動。關於航行的記錄通常是最高機密，因為裡面包含了新領地或潛在新市場的相關資訊。但其中仍有許多被公開出版，也獲得了狂熱讀者群的歡迎。由詹姆斯・庫克所寫、關於他初次探險的記述，成了他那個時代最廣為閱讀的書籍之一。而在此之前，喬治・安森就他那跌宕起伏的環球旅行的記述也成了暢銷書，儘管他本人並不喜歡動筆寫作。

安森出身自富裕的家庭，自一七一二年加入海軍後，他憑藉家族的人脈一路平步青雲。到一七二二年時，他被任命為單桅縱帆船「鼬鼠號」（Weasel）的船長及指揮官，在北海（North Sea）海域驅趕荷蘭走私船。後來，他又在「斯卡波羅」（Scarborough）號上擔任艦長，在南卡羅萊納州附近海域工作六年，負責保護貿易與打擊海盜。一七四〇年，英國與西班牙爆發戰爭，他受命帶領一隊由八艘船艦組成的艦隊，偷襲南美洲的太平洋海岸，並劫掠西班牙的運金船。艦隊向西通過合恩角時遭遇惡劣的天氣，數艘船艦被迫返航，一艘沉沒。艦隊中只剩三艘能夠繼續航行，然而壞血病、嚴寒、饑餓和疾病持續帶來災難性傷亡，最後所剩人力幾乎難以應付餘下航程。整個艦隊的九百六十一人中，僅有三百三十五人倖存。

然而安森決定繼續前行。進入太平洋時，更多的船員死於壞血病，所謂的船隊僅剩下一艘「申楚里昂號」（Centurion）。一七四三年六月二十日，他取得了人生中一次決定性勝利。在菲律賓沿海，他攔截了「我們的科瓦東加夫人號」（Nuestra Señora de Covadonga）運輸船，該船載有一百三十一萬三千八百四十三件珍寶，以及三萬五千八百六十二盎司的銀。一七四四年，安森到達中國的廣東，並從那裡返回英國，完成了環球航行。儘管損失慘重，安森和他帶回的寶藏還是走上了倫敦街頭遊行，並受到大群倫敦市民的歡迎。而關於此次環球航行的資料，包括安森的筆記、文件，以及其他人的日記（包括有用的圖表），則於一七四八年整理成書出版，轟動一時。一百年後查爾斯・達爾文搭乘「小獵犬號」出海探索世界的途中，也讀了安森的著作。

安森後來被拔擢為海軍上將，涉足政壇，並管理英吉利海峽的艦隊。對這位從一名普通的海軍指揮官一路晉升成為政治家，甚至還被授予第一海軍大臣頭銜的人來說，出海其實才是他真正熱愛的事。新一代的航海者紛紛被他冷靜、堅忍，以及關懷每一位船員的領導作風給啟發，但他本人卻永遠也忘不了在環球航行中經歷的種種可怕境遇。

右圖：在倫敦出售的「連環畫」紀念印刷品，畫中是安森環球航行中的幾件重大事件：中間的圖描繪了「申楚里昂號」攔截西班牙大帆船的場景；底部則是一幅安森的畫像，他面朝駐紮在胡安斐南德斯群島（Juan Fernández）群島的營地，兩側還有海獅。

對頁：安森的航海日記中的一頁手稿，描繪了船隊在航行途中遇到的一些動物，作者可能為勞倫斯・米勒康（Lawrence Millechamp）。

A

Narrative of Comodore Anson's Voyage into the Great South Sea and Round the World.

Perform'd between the 18th September 1740

and the 15th of June 1744.

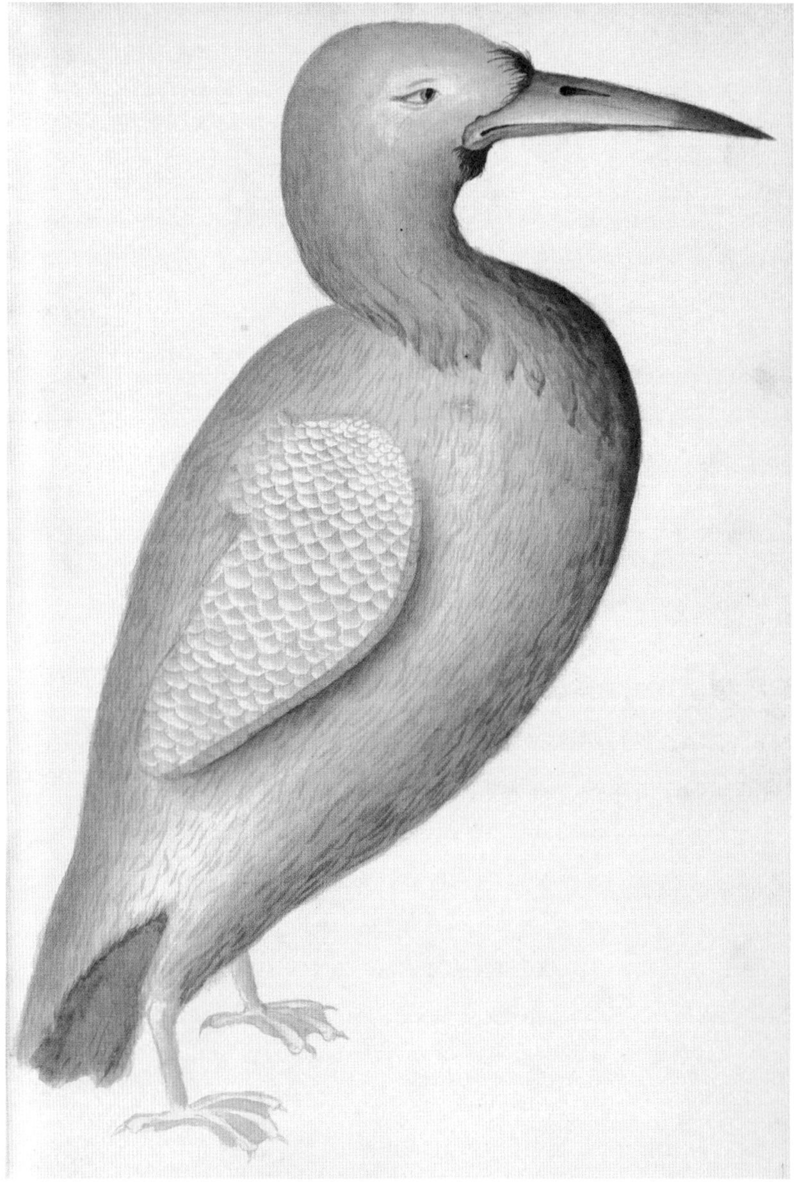

路易斯・厄珀（LOUIS APOL）

一八五〇～一九三六年

描繪大海的樣貌並不是最難的事情，
最重要的是能夠安全返鄉。

一八七一年，一位挪威籍海象獵人正沿著遙遠俄羅斯群島的海岸線搜索著獵物。狩獵的季節已接近尾聲，差不多該調頭返家了。就在此時，他發現了一座被冰給掩埋的小屋廢墟。在廢墟內，殘存著一場著名探險活動留下的遺跡。一支由荷蘭航海家威廉・巴倫支（Willem Barentsz）帶領的探險隊，曾於一五九六年在此地過冬。留在小屋內的物品包括：船上的時鐘、銅鍋、燭臺、步槍、一支長笛、幾個酒杯，以及一位在此去世的小男孩所留下的鞋子。獵人還找到了巴倫支親筆寫下的遺書，生前他將這封信折進了牛角形的火藥筒，並將其藏在煙囪中。

此一發現在荷蘭帶來不小的刺激，新一代人因此想追溯探險先驅們名聲卓著的過去，而同時，這在地緣政治上也有利於荷蘭。為避免該國的北極探險遺產受到來自北歐和英國的探險活動的衝擊，荷蘭成立了「航海委員會」（Committee for Navigation），並專門打造一艘用於極地海洋探險的船。由於建造過程中遭遇資金短缺，最後的成品並非原先設想的汽船。儘管如此，「威廉・巴倫支號」（Willem Barents）——一艘長二十八公尺、可讓十四名船員及海洋科學家搭乘的雙桅帆船——依舊如期完工了。在一八七八年，「威廉・巴倫支號」開啟了它的首航，沿途經過斯匹茲卑爾根島（Spitsbergen）沿岸的舊捕鯨站，一路上還樹立了數個紀念碑。最後，該船航行至碰到新地島（Novaya Zemlya）附近的厚冰層，無法再往前進，旅程才告終（請見第 286 頁）。

一八八〇年，船隊為了讓他們的海上活動引起更高度的矚目，僱用了一位擅長畫冬景的畫家：洛德韋克・法蘭西斯庫斯・亨德里克・厄珀（Lodewijk Franciscus Hendrik Apol），又名路易斯・厄珀。厄珀非常樂意加入前往北極的探險團隊，當時也已是海牙畫派中的佼佼者，十九歲便舉辦過首次個展，並榮獲國王威廉三世頒發的獎學金。在一八七六年費城舉辦的世界博覽會上，荷蘭展區還展出了厄珀的畫作。對畫家本人來說，北極探險的旅程十分艱辛，卻也為他日後的創作帶來了靈感。從他的航海寫生簿中，不難發現許多日後繪成作品的前置準備圖以及各種研究資料。他們的北極之行經過了許多地點，甚至還包括一處撒摩耶人的聚落與一間俄羅斯人建造的避難屋。但由於船隻受損嚴重，他們不得不在冬天到來之前返航回國。

厄珀的北極之作系列在國內轟動一時，被上層名流爭相收藏，但他的野心遠不止如此。一八九六年，厄珀在阿姆斯特丹最時髦的植物園區（Plantage district）展出了他的巨幅畫作：〈新地島全景〉（Panorama Nova-Zembla），作品長度超過一百公尺，寬約四十公尺，為觀眾帶來了無與倫比的視覺盛宴。在電影尚未問世的當時，厄珀的畫作為觀眾拓展了想像空間，他用畫筆打造出令人彷彿身歷其境的北極探險之旅。同樣在這個地方，探險家巴倫支留在北極的遺物被公開展出，隨後被移入新開放的荷蘭國立博物館。不幸的是，厄珀的極地全景畫毀於一九四三年，一場對哈倫（Haarlem）的空襲引發了大火，該畫遭到焚毀。不過，有一幅厄珀在威廉明娜公主（Princess Wilhelmina）訪問期間創作的小幅布面油畫得以倖存，如今存放在阿姆斯特丹海事博物館。

下圖：在破冰而行的「威廉・巴倫支號」上，一名船員在瞭望臺上尋找海面上可通行的安全路徑。

對頁：捕獵冰上的海豹與海象的船，必須悄悄地接近獵物。

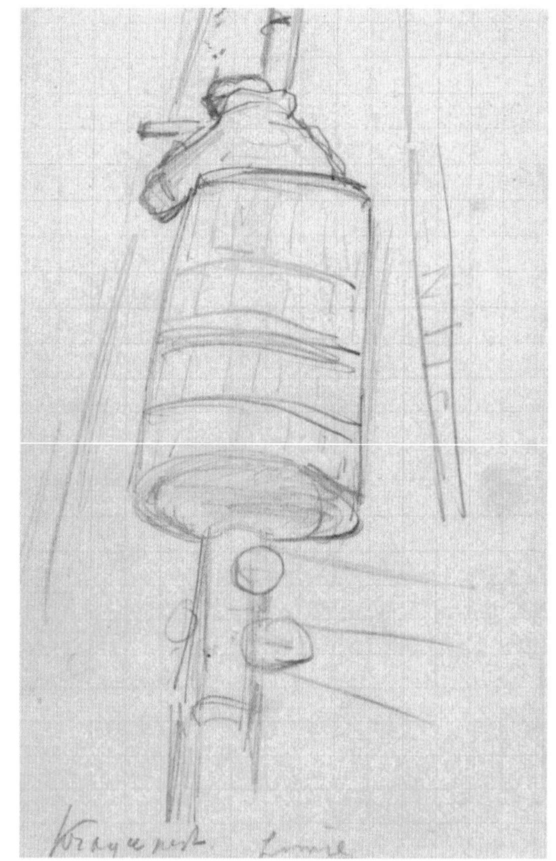

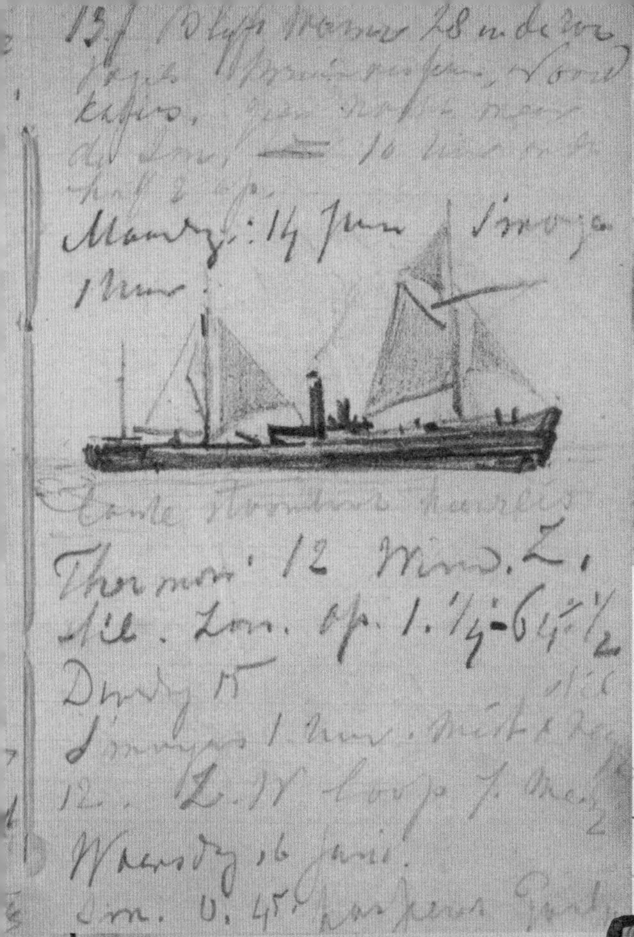

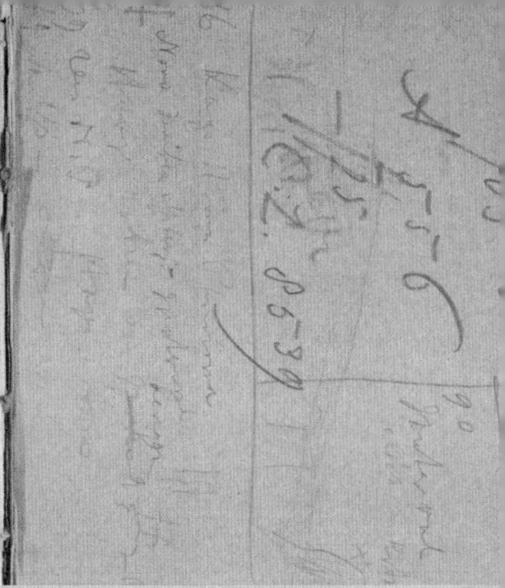

對頁：厄珀的許多畫作、版畫以及繪畫研究素材如今都存放在阿姆斯特丹的荷蘭國立博物館中。包含前幾頁收錄的畫作在內，這些在一八八〇年新地島探險之旅中所創作的草圖，帶領觀畫者一窺當年船上生活的種種細節：測量風速的場景、「我們的動物學家哈梅克博士正在工作」、一位海象獵人，以及無數關於極地冰層及天空的調查，在在為厄珀日後的創作奠定了基礎。

西吉斯蒙德・巴克斯特倫（SIGISMUND BACSTROM）

一七五〇～一八〇八年

颳在高緯度區的暴風簡直冰冷刺骨……
幾近利刃要把臉上的皮膚給劃破。

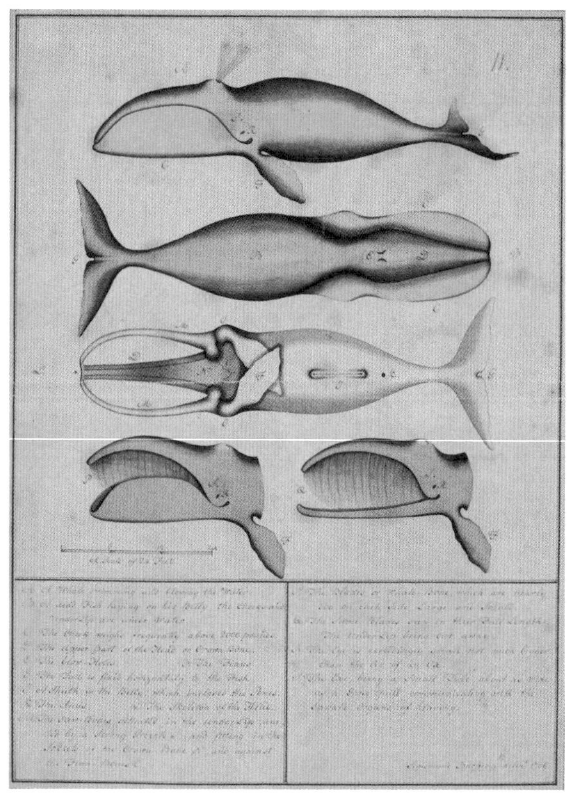

在倫敦的自然史博物館（Natural History Museum）中，存放著世界上最早的其中一幅描繪鯨魚的畫，繪者是一位鮮為人知的德國外科醫生。除了外科醫生這個身分外，他還對煉金術、翻譯象形文字，以及從月光中提取光線等領域有濃厚的興趣。

西吉斯蒙德・巴克斯特倫的成年後的人生若非在倫敦，便是在海上度過。在史料中，他的名字首次出現在寫給著名植物學家約瑟夫・班克斯（Joseph Banks）的書信中。在信中，巴克斯特倫向這位植物學家表示願為對方效勞。彼時，班克斯正在考慮加入詹姆斯・庫克的第二次太平洋探險。雖然因兩方意見不合導致未能成行，探險所需的設備與人員卻已準備完善。於是，班克斯決定另啟一場向北的探險之旅。一七七二年七月十二日，就在庫克的船隊從普利茅斯（Plymouth）灣駛出的同一天，班克斯一行人也登上租來的「勞倫斯爵士號」（Sir Lawrence）雙桅橫帆船，揚帆出海。這支隊伍中，還有甫成為班克斯私人祕書而隨行的巴克斯特倫、瑞典植物學家丹尼爾・索蘭德（Daniel Solander）、來自巴伐利亞的製圖師兄弟詹姆斯・穆勒和約翰・穆勒（James and John Müller）、一位法國廚師、一個園丁和一干僕從。

一七七五年，巴克斯特倫離開了班克斯的團隊。隨後數年，他轉而追隨船長暨業餘植物收藏家威廉・肯特（William Kent）。一七八〇至一七八六年間，巴克斯特倫以商船的隨船外科醫生的身分，四度前往北方海域的漁場。另外，他也兩度搭上奴隸船前往西非海岸與牙買加。他本想前往澳洲為植物收藏家採集標本，卻轉而幫助愛德華・舒特（Edward Shute）建了一座「化學」（Chymical）實驗室，並著手製藥的工作。到了一七八九年，巴克斯特倫的資助者去世，他和妻子淪落到不得不變賣家中衣物才湊得出房租的地步。

最終，巴克斯特倫參與了一場以「發現珍稀藥物與自然資源」為目標的太平洋貿易考察活動。這支小型船隊由三艘商船組成，於一七九一年啟航。這次探險的真實目的不言而喻——要挑戰西班牙在北美洲西北海岸奴特卡灣（Nootka Sound）一帶的皮草貿易壟斷地位。班克斯則交給巴克斯特倫一份有償的植物標本採集任務：若只採到花朵或果實，每種植物六便士；若花果皆全，則每種植物一先令。

然而，在考察隊抵達努特卡灣後，探險隊的指揮官威廉・布朗（William Brown）允許隊員對當地的原住民燒殺擄掠，整個場面徹底失控了。巴克斯特倫當下便跳船，前去附近駐紮的西班牙軍營尋求庇護。帶著返鄉的強烈意念，他最終的歸途簡直相當於一場史詩級迷航記。巴克斯特倫先是乘著一艘新堡的雙桅船來到阿拉斯加，之後又隨一艘美洲皮草貿易商船去到中國。在行至廣東附近海域時，該船被劫持、成了英國的戰利品。歷經千辛萬苦，巴克斯特倫才在一艘曾屬於某東印度公司（East Indiaman）的商船上覓得一個鋪位，但當該船行至好望角時，船上的法國船員暴動，於是他又被關進了模里西斯島上的監獄長達六個月。

據稱，巴克斯特倫就是在遭囚禁的地方開始接觸並學習神祕的煉金術，並加入了一個共濟會組織。獲釋後，他買到一張前往美國紐約的船票，航行到半途卻在英屬維京群島被英國皇家海軍扣留。一七九五年，在歷經四年八個月的顛沛流離後，巴克斯特倫終於回到了倫敦。最終，那些在艱苦的環球之旅途中所創作的畫作與複印的版畫，成為他足以養活自己好一段時間的經濟支柱。

N. 39

Grove and
Hillocks
with Reeds
behind them.

here is a Wood.

se Slaty Stones are
gularly Shaped by
Nature, as it is more
ccurately delineated
the finished Drawing
this same View.
herefore this should
e condemned.

a large Rock
here.

The finished ~~Sketch~~ Drawing is the most accurate
this should be condemned.

a View of Staaten Island with a Herd of Seals

N. 5

Drawn on ♃ 22 March 1793

a double Canoe from the Sandwich Islands

N. 34

Original Sketches after nature — £ 85„ 11„ 6
not framed

1/ View of Cape Hoorn and Terra del Fuego — „ 5„
2/ Magdalena, one of the Marquesas Islands — „ 5„
3/4/ Two new discovered Islands in the South Seas, situate under the Aiguator; discovered by Capt: Marchal from Marseilles in 1798 — „ 1„ 1„
5/ View of Oahoo, one of the Sandwich Islands, a finished Sketch — „ 10„ 6
6/ Witilty Bay in the Island Oahoo — „ 10„ 6
7/8/9/ Three Views of the Island Oonehow — „ 10„ 6
10/ View in Bobarelli Sound, an accurate Sketch in black lead pencil — „ 5„
11/ View in Tattesko, or Hains's Cove — „ 5„
12/ View of Two Indian Villages — „ 5„
13/ View of an Indian Village in Norfolk Sound — „ 10„ 6
14/ Two Canoes of the Marquesas Islands — „ 10„ 6
15/ a double Canoe of the Sandwich Islands — „ 10„ 6
16/ a Nootka Canoe — „ 5„
17/ Two Canoes of Juan de Fuca Straits — „ 5„
18/ Bow and Arrow from Norfolk Sound — „ 5„
19/ View of the Island Onrust near Batavia; an accurate Sketch in black lead pencil, — „ 10„ 6
20/ a Chineese Jonk of 800 Ton; in pencil — „ 5„
21/ The American Tea plant in Colours — „ 5„
~~22/ a Chineese Jonk of War of 600 Ton, a finished drawing in Colours — „ 10„ 6~~
~~23/ a Jonk or Chineese Craft, which carries the Teas from Canton to Wampoo, to load the English East India men — „ 10„ 6~~

£ 93„ 17„

不管擁有多麼強大的能力，也無法擔保一個人在航海這般漫長的旅途中，能不受到凡人皆有一死、傷病、險境和其他不測的考驗。

第 28 頁圖：巴克斯特倫針對弓頭鯨（Greenland Right Whale）所做的開創性研究調查，圖中的鯨魚又稱作北極露脊鯨或格陵蘭露脊鯨，此圖繪於一七八六年。

第 29 頁圖：此圖右下方寫著「島嶼及島上的一群海豹」。這是位於火地島（Tierra del Fuego）東方的艾斯塔多島（Isla de los Estados，或作 Staaten Island）。這裡曾在一七八七年短暫建有一座海豹捕獵站，但捕獵站隨後因運送補給品的船隻失事而遭廢棄。一七九二年三月，巴克斯特倫與同行者曾在此紮營，捕獵海豹並提取海豹油。

左圖：巴克斯特倫好不容易回到英格蘭後，列出一張他所有的作品清單，希望可賣出更多畫作。對頁的圖則是「在桑威赤島（Sandwich Island）見到的雙體舟」，創作於一七九二年太平洋的探險考察途中。此行從合恩角向北到太平洋都一帆風順，但在抵達北美洲西北海岸（今天的溫哥華）後，情況開始惡化。從那之後，巴克斯特倫歷經四年多的漂泊才得以返鄉。

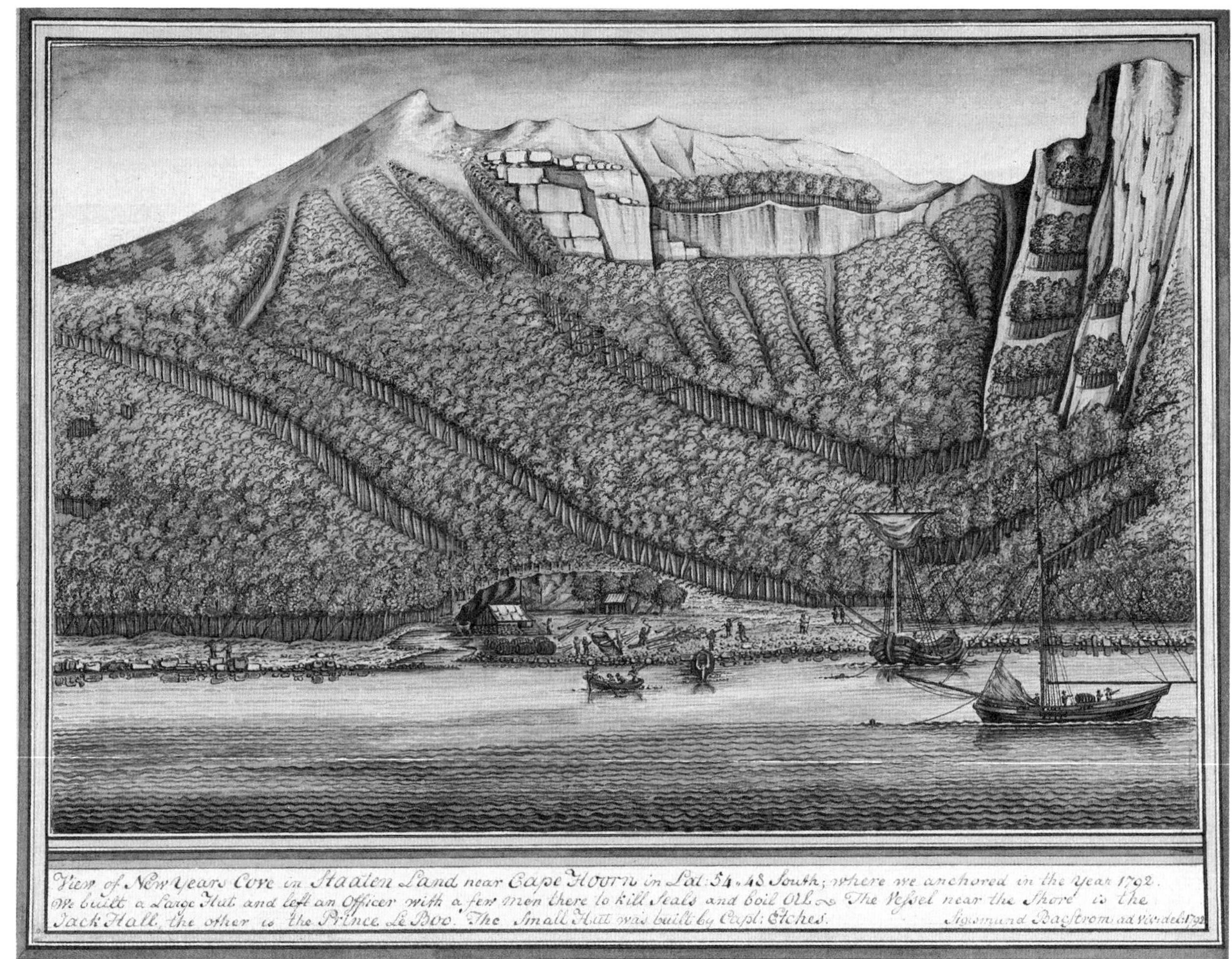

View of New Years Cove in Staaten Land near Cape Hoorn in Lat: 54. 48 South; where we anchored in the Year 1792.
We built a Large Hut and left an Officer with a few men there to kill Seals and boil Oil. The Vessel near the Shore is the
Jack Hall, the other is the Prince Le Boo. The Small Hutt was built by Capt: Etches.
Sigismund Bacstrom ad viv: del: 1792

一七九三年二月二十日，巴克斯特倫從「三兄弟號」（Three Brothers）甲板上看到西班牙在友好灣（Friendly Cove，今聖克魯斯努加〔Santa Cruz de Nuca〕）修建的要塞。

對頁：巴克斯特倫的幾幅畫作包括了〈席地而坐的努特卡酋長〉、〈夏洛特皇后群島的最南端的聖詹姆斯角一景〉、〈馬克薩斯群島的最南端的馬達雷納島〉。一七九三年三月一日，他也在羅斯港（Port Rose）為海達族（Haida）酋長海茲亞（Hatzia）的妻子及小孩畫了素描。

a Chief at Nootka sitting on the ground

N. 39

Highly finished Portraits of Indians
done after nature; not in Frames.

1/ Clopa-Nanulth an Indian Chief at Nootka
2/ Tchua a Chief of Queen Charlotte's Island
3/ Tzachey a Chief in Norfolk Sound
4/ Cunny-Ha a Chief on the North Side of Queen Charlotte's Island
5/ Hatzia a Chief in Port-Rose, South-End of Queen Charlotte's Island and his Wife
6/ The Wife of Hatzia at Port-Rose
7/ Keets-Rist a Well Known Indian Woman

Dark blue green

yellow green

46

瓊・巴赫（JEANNE BARET）

一七四〇～一八〇七年

**她敢於正視壓力、危險，
並接受在這樣的航行中，
一般預期可能會發生的所有挑戰。**

一七六八年四月，兩艘法國海軍的船在大溪地海岸外停泊。海灘上，一群大溪地男人圍著一名獨自站在那裡的女子。她嚇壞了，於是大聲哭喊求救。船上的軍官發現這名女子正是他們其中一名船員，無不感到訝異。「他們發現孔梅松先生的僕人竟是個女性，」一位旁觀者回憶道，「此前我們一直以為那個僕役是男性。」如果上述說法為真，那就表示一年半以來，瓊・巴赫在擁擠狹窄的「明星號」（Étoile）上，一直很成功地偽裝自己，而未被一百一十五名軍官及男乘客拆穿身分。「明星號」正是路易－安托萬・德・布干維爾（Louis-Antoine de Bougainville）所帶領的著名環球探險之旅（也是法國首次派出的科學考察隊）的補給艦。

在船上，巴赫偽裝成她的戀人——同時也是植物學家——菲利貝赫・孔梅松（Philibert Commerson）的僕役，與他共用一間船艙。儘管此做法不符合侍者的規矩，但他們以船上過於擁擠為由繼續這麼做。但不久後，還是有許多人開始起疑。巴赫並未在其他男人面前露出任何破綻，不過隨船的外科醫生維韋斯注意到巴赫用一種「一般男僕自然狀況下鮮有的方式」服侍著主人。在船隊航行到赤道時，所有人都在「赤道跨越慶典」（譯註：古時水手為了取悅海神、避免災禍而舉行的祭祀活動，是西方航海史中十分重要的儀式）的儀中脫光了衣服，只有巴赫依舊穿戴完好，這讓旁人的疑心越發不可收拾。面對眾人的逼問，巴赫只好謊稱自己是閹人，結果招來許多驚訝與嫌惡的回應，卻也成功搪塞了船上一干人的好奇。

船隊經過麥哲倫海峽時，孔梅松和巴赫上岸採集植物標本。但孔梅松不幸傷到腿部，於是攀登懸峭壁崖、採集標本任務就落到巴赫身上。在這些植物標本中，就包含了日後的拉丁學名以此次探險隊領導人來命名的熱帶藤本植物——九重葛（Bougainvillea）。船上的人都說巴赫就像孔梅松的「馱獸」。

布干維爾的船員在漫長的航程中深受敗血病和營養不良之苦。船隊抵達新幾內亞時，船員們幾乎都爬不上索具了。生病的船員躺在用帆布和麻袋臨時搭建的簡易床上，甲板下臭氣沖天，船上還有老鼠肆虐。巴赫熬過了這種種難關，一直沒有露出馬腳。但最後依舊是紙包不住火。

根據布干維爾的記述，一行人是抵達大溪地後才發現巴赫的真實性別。然而根據另外四位口述者的說法，在船隊行駛到新赫布里底群島（New Hebrides，今萬那杜）時，巴赫就被船員逼到角落、扒光了衣服。儘管違反了自己制定的航海條令，布干維爾還是允許巴赫繼續留在船上。幸運的是，孔梅松在法屬龐普勒木斯島（Pamplemousses，今模里西斯島）上的植物園謀得了一職，他帶著當時已有七個月身孕的巴赫安頓了下來。四年後，孔梅松去世，巴赫最終也安全回到家鄉。一七七五年，在出海遠行九年之後，巴赫返回洛歐爾（La Rochelle），成為世上第一位完成環球航行的女性，她的故事也為世人所熟知。此外，布干維爾還為這位「非凡的女性」向法國海事局申請到退休年俸。

Navig. di Cook-Bougainville T.II. pag. 204.
Dall' Acqua inc.
MAD.LLA BARE.

這張版畫為目前僅知的唯一一幅巴赫畫像，成畫年代為一八一六年，收錄於義大利版的庫克航海記中。探險隊於一七六八年四月抵達大溪地島（當時名為「新西岱島」〔Nouvelle Cythere〕），就在當地的海灘上，巴赫的祕密再也瞞不下去了。

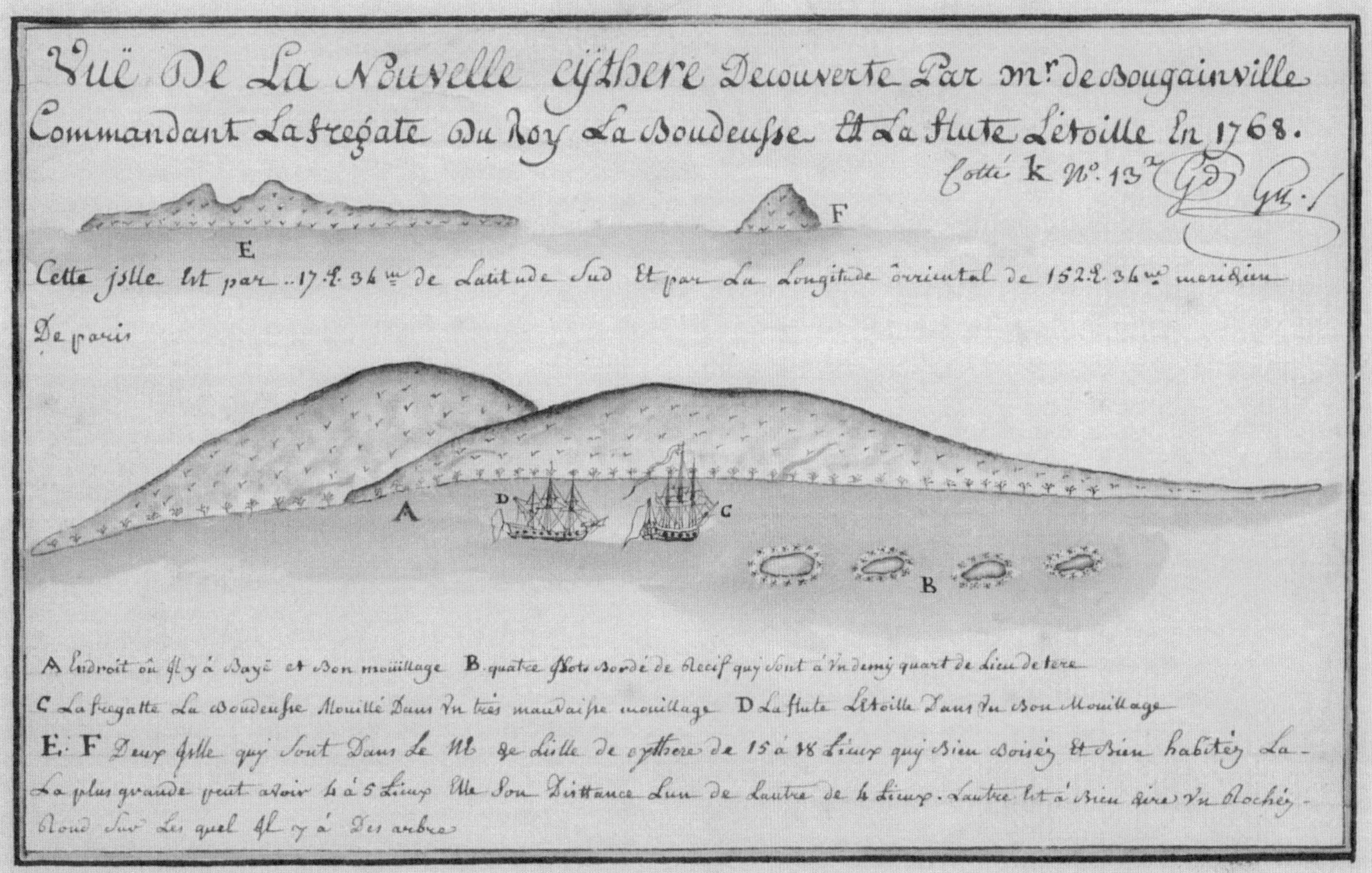
Vuë De La Nouvelle Cythere Decouverte Par Mr. de Bougainville
Commandant La fregate Du Roy La Boudeuse Et La flute Létoille En 1768.
Cotté K No. 13
E
F
Cette Isle Est par 17 D. 36 m de Latitude Sud Et par La Longitude Oriental de 152 D. 36 m meridien De paris
A
D
C
B
A Endroit où Il y a Baye et Bon mouillage B. quatre Ilots Bordé de Recif quy sont à un demy quart de Lieu de tere
C La fregatte La Boudeuse Mouillé Dans un très mauvaise mouillage D La flute Létoille Dans un Bon Mouillage
E. F Deux Isle quy sont Dans le NE de Lisle de Cythere de 15 à 18 Lieux quy Bien Boisez Et Bien habitez La -
La plus grande peut avoir 4 à 5 Lieux Et Son Distance Lun de Lautre de 4 Lieux. Lautre Est à Bien dire un Rochez -
Rond Sur Les quel Il y a Des arbre

愛德華・巴羅（EDWARD BARLOW）

一六四二～一七〇六年

我們有一名船員剛上船就死了；
第二天又死了另一名船員。
打從英國出發以來，已經損失了四十名船員。

從十六世紀中葉到十七世紀中葉，每五艘船中就會有一艘消失在葡萄牙和印度之間的海域，船員的死亡率高達十分之一。船難會發生有多種可能的緣故，惡劣的天氣是諸多因素的其中之一，但有沒有具備精確的航海圖與經驗，也大大關係到航程順利與否。從荷蘭和英國前往印度洋的商船沿著貿易路線，自好望角一路向東，行至正確的經度時就轉向朝北航向印尼。船一旦航行過頭，等著他們的就會是澳洲西海岸的大片暗礁。

愛德華・巴羅是一位見過大風大浪的老船員。他的航海生涯始於一六五九年，當年巴羅上了「內斯比號」（Naseby）戰艦，並且在船長的大副手下當學徒。英國內戰結束、進入復辟時代，巴羅就在這艘將國王查理二世（Charles II）從荷蘭接回英國的船上。巴羅的首次貿易航行去了巴賽隆納，隨後又於一六六二年抵達巴西。第二次英荷戰爭期間，巴羅是「蒙克號」（Monck）上服役的水手，經歷了所有主要戰役，活了下來。一六七〇年，他乘著「實驗號」（Experiment）成功抵達東印度群島。然而在第二次的航行中，巴羅不幸被荷蘭人捉住，並囚禁於巴達維亞（Batavia，今印尼雅加達）。被俘期間，巴羅透過自學開始撰寫航海日誌。在巴羅後來的航海生涯中，他不斷為他的日誌新增內容，這些文獻因而成為最重要的十七世紀第一手航海資料。

一六七四年，巴羅以戰俘身分被送回歐洲，並在荷蘭受聘成為「弗羅倫庭號」（Florentine）上的砲手，隨船前往卑爾根（Bergen）。一六七五年八月，弗羅倫庭號在古德溫沙灘（Goodwin Sands）附近海域失事。就和大多數迷信的船員一樣，巴羅將這次船隻失事歸咎於船員曾與挪威女巫起爭執，因此受到詛咒。最後他仍努力游泳上岸。這次事件並未讓巴羅氣餒，他繼續輾轉於數艘商船，去過地中海和牙買加，終於當上了大副。

一六七八年，當年新婚的巴羅罕見地在陸上生活了一段時間。但沒過多久，他又出海了。他先隨「喜悅號」（Delight）前往東印度群島，在之後的十年間又隨數艘商船往來於貿易航道上，還志願加入海軍的「君權號」（Royal Sovereign）戰列艦。再之後，他隨「翠鳥號」（Kingfisher）巡防艦自聖海倫娜（St Helena）返回英國。一七〇五年六月，巴羅終於實現了他的人生目標，當上船長，並受命指揮東印度公司的「寧波號」（Liampo）商船，前往紅海的摩卡（Mocha）。「寧波號」於一七〇六年一月七日從朴次茅斯出發，但隨後在莫三比克附近海域失事，巴羅也下落不明。但這次出海前，由於巴羅先將自己的航海日誌交給妻子保管，他更早前寫下的傳奇故事才能流傳至今。

巴羅在荷屬東印度群島被俘期間開始書寫他的航海日誌，他在平安返回英國之後，依舊筆耕不輟。這兩頁的圖片（由左至右）為：「實驗號」在風暴中失去桅杆、荷屬巴達維亞海港一景，以及海鳥、鰹魚、飛魚和一隻雙髻鯊的手繪圖。除此之外，巴羅在筆記中還仔細描繪了鯊魚攻擊船隻的場面，並形容鯊魚是「大海中最貪婪凶惡的魚類」。

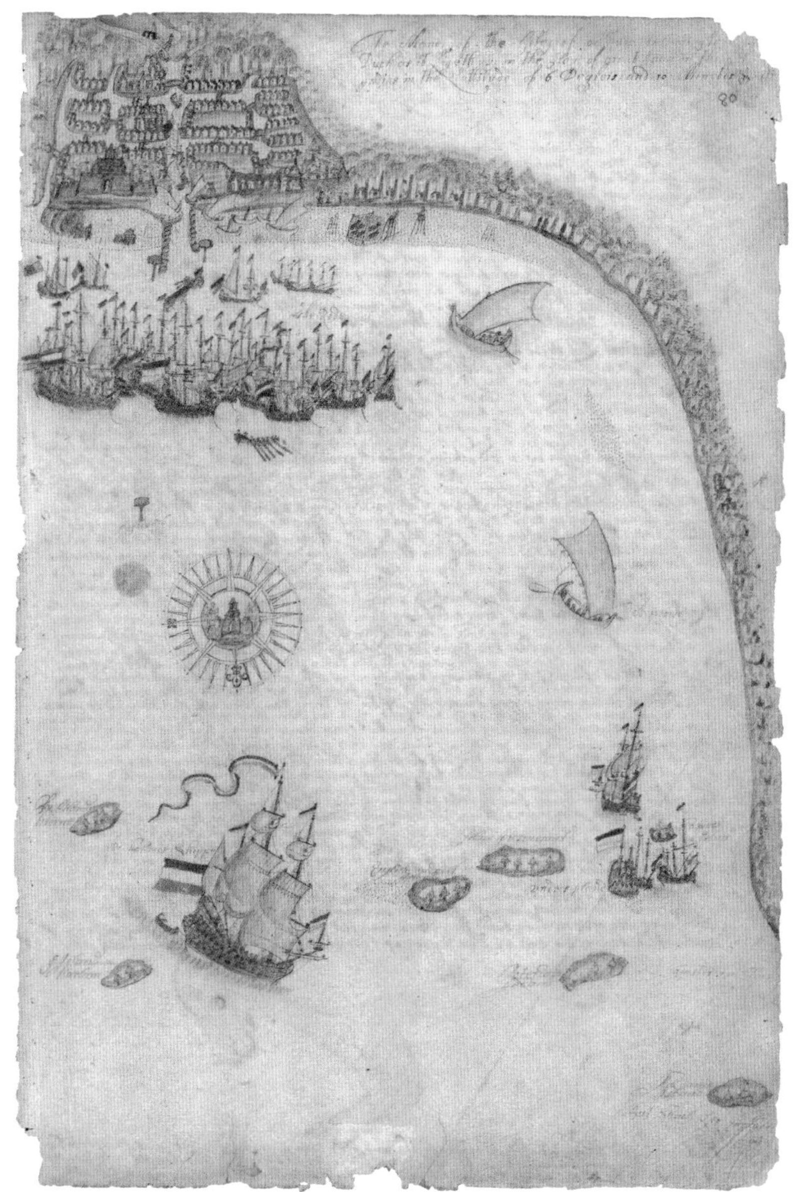

法蘭西斯·蒲福（FRANCIS BEAUFORT）

一七七四～一八五七年

接下來，我要根據以下等級來測量風力大小……

今天，若是有人提及蒲福，許多人——對英國人來說尤其如此——都會聯想到他制定的蒲福風級。特別是水手和海道測量員，都對蒲福推崇到甚可說是敬畏的地步。在蒲福擔任海軍上將期間，一共有一千多幅新圖表發表問世，為當時的人拓寬了居住與貿易的疆界，同時也拯救了無數船隻與船員的性命。

蒲福出生於愛爾蘭米斯郡，父親是一位繼承了大筆遺產的新教牧師，對製圖學懷有熱情。在英格蘭，蒲福因為校方不希望他的「愛爾蘭腔帶壞周圍的同學」而拒絕讓他入學，於是蒲福改上都柏林的一家海事學校。一七八九年蒲福仍是實習軍官，他隨東印度公司「凡西塔特號」（Vansittart）商船前往印尼。行駛到加斯帕海峽（Gaspar Strait）時，船隻失事，但蒲福死裡逃生。回到英格蘭後，蒲福被調去前線與法國人作戰。於地中海戰場上作戰時，蒲福在英軍對西班牙「聖約瑟夫號」（San Josef）戰艦的突襲中受了傷，身中十六發毛瑟槍子彈，頭部和手臂上也受了三處刀傷。然而，他再次幸運地活了下來，並受軍方升為海軍司令。

一八一〇年，康復而走馬上任的蒲福成為了艦長。閒暇時的白天，他對水深、方位和海岸線進行測量與記錄；夜晚時，則是不斷改良天文觀測資料，以便更準確地測量經度與緯度。正是這些年的積累，讓蒲福逐漸完成了第一版「蒲福風級表」，在此之後的航海日誌中，都能看到他利用此表的紀錄。

一八二九年，就快要退休的蒲福成了英國海軍的海道測量員，並在此崗位上繼續工作了二十六年。蒲福的健康狀況並不樂觀，他的胸腔內一直留有一顆無法取出的子彈。此外，他曾被一輛失控的郵局車撞倒、耳聾，還曾經在甲板上心臟病發，但他保持著驚人的活躍度。他將一座舊庫房改造成當時世界上最好的測繪中心，並且鼓勵該中心的測繪員精益求精、製作出可靠的航海圖表。一百五十多年過去了，很多由他出版的圖表至今仍在使用中。

蒲福還接管了格林威治和好望角的天文臺，並協力創建皇家地理學會（Royal Geographical Society）。他創立了氣象記錄學科，並從旁推動研究者製作出世界上最早的潮汐表。無數劃時代的航海活動都受到蒲福的支持，包括詹姆斯·克拉克·羅斯（James Clark Ross）的南極探險，以及羅伯特·菲茨羅伊（Robert FitzRoy）乘「小獵犬號」（Beagle）展開的環球航行。在「小獵犬號」上，年輕的查爾斯·達爾文心中常懷蒲福「睜開眼看世界」的箴言，在船上遠望著海平線另一端。世界上許多地方都以「蒲福」命名，以向他致敬，如北極的蒲福海、澳洲西部和美國北卡羅來納州的蒲福灣，甚至還有一座位於南極洲偏遠地帶的蒲福島，該島是企鵝群落的棲地。

蒲福在他大部分的職業生涯中，都持續保有每天寫氣象日誌的習慣。一八〇六年，在指揮皇家海軍戰艦「伍爾威治號」（Woolwich）期間，蒲福制定出「蒲福風級表」。一八〇七年，他又將風級表修訂為今天我們較熟知的〇至十二的不同風力等級，並將最強級別的風定義為颶風（hurricane）。到了一八三〇年，他依然持續做著極講究細節的氣象記錄。右圖是採用大理石紋紙做封面的記錄冊；對頁圖則是印刷的字母判讀範例。

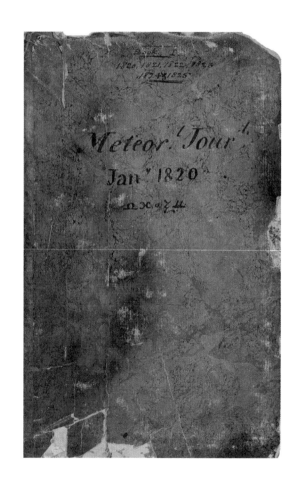

……畢竟，若想要形容風與天氣狀態，
沒有比「天氣溫和、多雲」這種老掉牙的詞彙
還要更模稜兩可了。

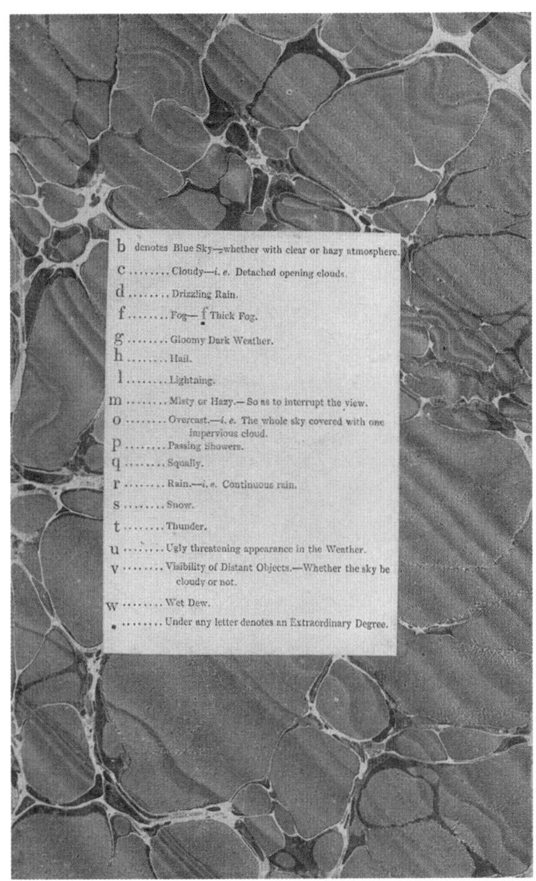

b denotes Blue Sky—whether with clear or hazy atmosphere.
c .... Cloudy—*i. e.* Detached opening clouds.
d .... Drizzling Rain.
f .... Fog—f̣ Thick Fog.
g .... Gloomy Dark Weather.
h .... Hail.
l .... Lightning.
m .... Misty or Hazy.—So as to interrupt the view.
o .... Overcast.—*i. e.* The whole sky covered with one impervious cloud.
p .... Passing Showers.
q .... Squally.
r .... Rain.—*i. e.* Continuous rain.
s .... Snow.
t .... Thunder.
u .... Ugly threatening appearance in the Weather.
v .... Visibility of Distant Objects.—Whether the sky be cloudy or not.
w .... Wet Dew.
• .... Under any letter denotes an Extraordinary Degree.

Scale of Wind.

1 Light air — Or that which will enable a Man of War to Steer.
2 Light breeze — Or that which will carry a Man of War with all sail set 3 or 4 knots
3 Gentle breeze — d°. . d° . . d° . . 4 or 5 —
4 Moderate breeze — d°. . d° . . d° . . 5 or 6 —
5 Fresh breeze — Or that to which whole S.ˢ, G.ᵗ S.ˡ Royals, Fly.ᵍ jib, & Stayˢ.ˡ may be carried full & by.
6 Stiff breeze — Or that, when 1 reefed S.ˢ G.ᵗ S.ˡ Jib & Driver would be carried by a wholesome frigate, when fairly pressed in chase by the wind.
7 Moderate Gale — Or that to which the same ship would carry 2ⁿᵈ reefed S.ˢ & Jib.
8 Fresh Gale — Or that when same ship could barely carry Courses & Treble reefed S.ˢ
9 Strong Gale — Or that when a well conditioned frigate would beat off a lee shore with reefed Courses, & close reefed F.ᵗ & M.ⁿ Sails.
10 Whole Gale — Or that, in which a Man of War could show no other canvas than Storm Stay Sails
11 Storm — Or that which would blow away any sails made in the usual way
12 Hurricane — — Hurricane!

Key to Weather Column.

b. Blue sky
f. Fair
c. Clear horizon, objects visible afar.
cl. Cloudy
da. Damp atmosphere
dk. Dark weather
dr. Drizzling rain
fg. Fog
gl Gloomy dark weather
gr Greasy
h. Hazy.
l. Lightning.
p. Passing clouds
r. Rain
sr. Small rain
hr. Heavy rain
sh. Showery
sq. Squally
hsq. Hard squalls
hsh. Heavy showers
t. Thunder
w. Watery sky
thr. Threatening appearance

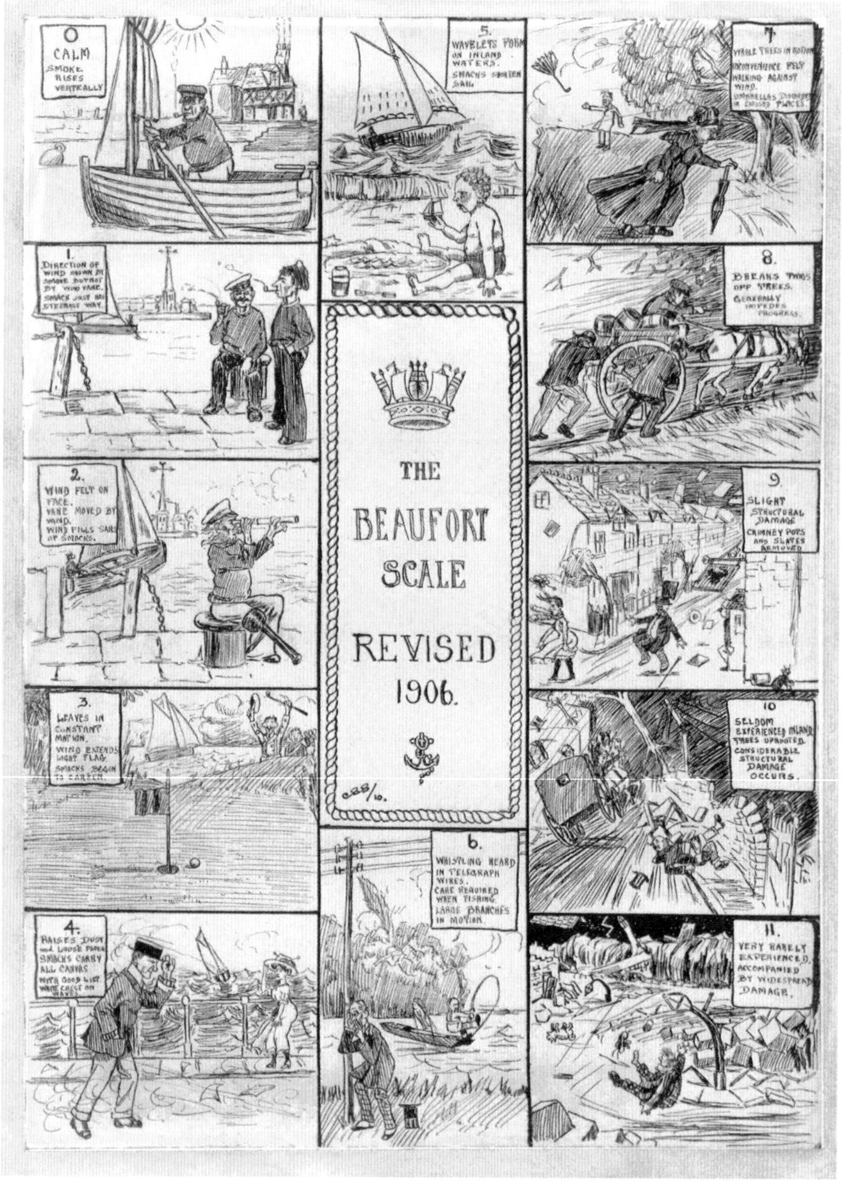

0
CALM
SMOKE RISES VERTICALLY
1.
DIRECTION OF WIND SHOWN BY SMOKE BUT NOT BY WIND VANE.
SMACK JUST HAS STEERAGE WAY.
2.
WIND FELT ON FACE.
VANE MOVED BY WIND.
WIND FILLS SAILS OF SMACKS.
3.
LEAVES IN CONSTANT MOTION.
WIND EXTENDS LIGHT FLAG.
SMACKS BEGIN TO CAREEN.
4.
RAISES DUST and LOOSE PAPER
SMACKS CARRY ALL CANVAS WITH GOOD LIST
WHITE CREST ON WAVES
5.
WAVELETS FORM ON INLAND WATERS.
SMACKS SHORTEN SAIL
THE
BEAUFORT
SCALE
REVISED
1906.
CBB/10.
6.
WHISTLING HEARD IN TELEGRAPH WIRES.
CARE REQUIRED WHEN FISHING.
LARGE BRANCHES IN MOTION.
7.
WHOLE TREES IN MOTION
INCONVENIENCE FELT WALKING AGAINST WIND.
UMBRELLAS DISCARDED IN EXPOSED PLACES.
8.
BREAKS TWIGS OFF TREES.
GENERALLY IMPEDES PROGRESS.
9.
SLIGHT STRUCTURAL DAMAGE
CHIMNEY POTS AND SLATES REMOVED
10
SELDOM EXPERIENCED INLAND
TREES UPROOTED.
CONSIDERABLE STRUCTURAL DAMAGE OCCURS.
11.
VERY RARELY EXPERIENCED,
ACCOMPANIED BY WIDESPREAD DAMAGE.

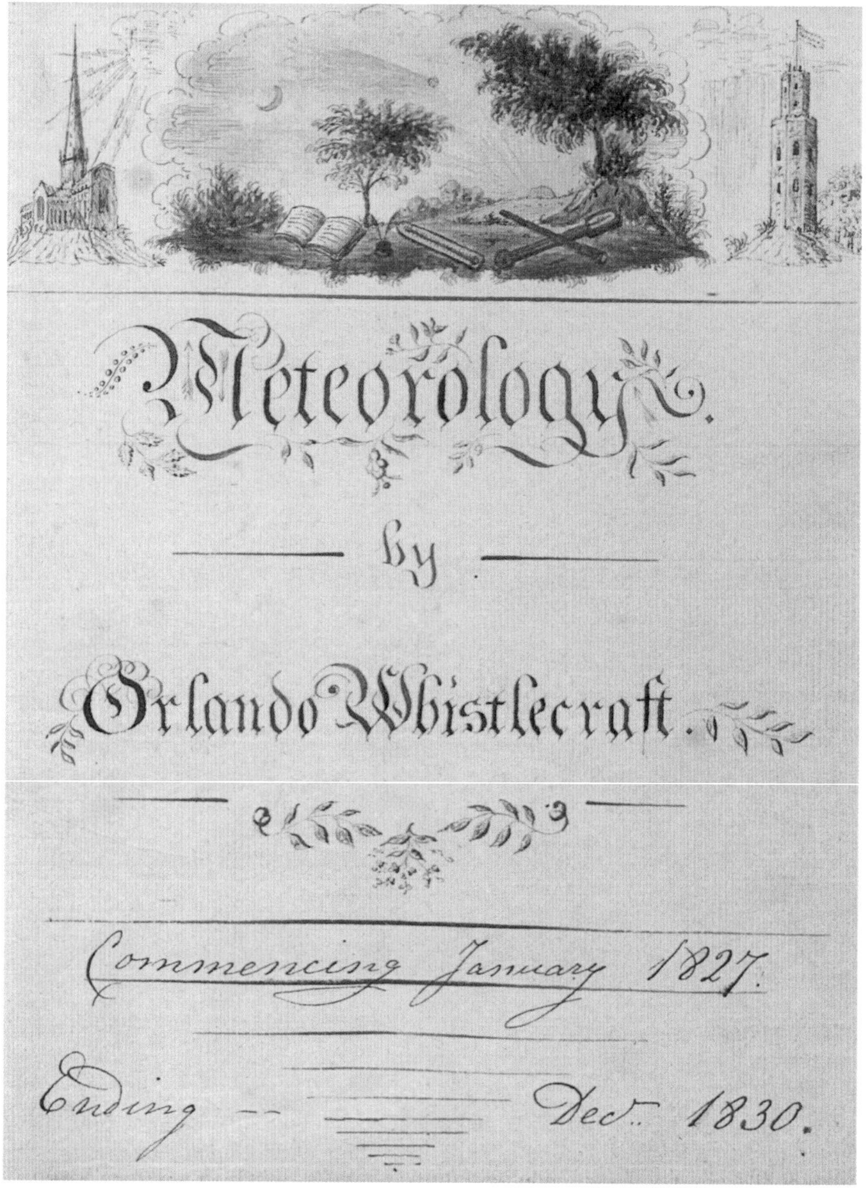

Meteorology.
by
Orlando Whistlecraft.
Commencing January 1827.
Ending -- Dec.r 1830.

對頁左：由氣象學家和探險家喬治・辛普森（George Simpson）編寫的《一九〇六年修訂版蒲福風級表》。在此表中，辛普森將風力的觀測範圍從海洋延伸到陸地上。在跟隨斯史考特船長（Captain Scott）進行那場以悲劇作結的南極探險活動中，辛普森建立了第一座南極氣象站。對頁右：另一位著名的早期氣象學家是奧蘭多・惠斯特克拉夫特（Orlando Whistlecraft），他一直有定期記錄氣象，並製作天氣年曆的習慣。

蒲福是一位才華橫溢的藝術家，在他一些筆記中，滿是細膩而生動的自然標本手繪圖。一八一二年，蒲福在考察安納托力亞（Anatolia）南部的古文明遺跡時，他畫下了這隻蠍蛉（*Panorpa coa*），隨後就被這隻他口中描述的「土耳其極端恐怖分子」螫到了臀部。這張蠍蛉版畫收錄在他的《卡拉馬尼亞》（*Karamania*）一書中。

查爾斯・班森（CHARLES BENSON）

一八三〇～一八八一年

大海就像一大塊玻璃，鳥兒在盤旋，
整個世界彷彿只剩下我們和這些鳥，
除此之外一切都是靜止和寂寥。

時間是一八六二年，「在海上討生活真的太艱苦了，」查爾斯・班森在日記中哀嘆，「如果這次還能活著回去，我再也不出海了。」儘管如此，為了賺錢讓家人過更好的日子，他仍繼續輾轉於不同的商船，此後又工作了二十年。有時，他一年中會有多達五十週都在海上。出海時，班森面對最棘手的問題並不是思鄉、傷感、暴風雨或船隻失事，而是該以什麼樣的「身分」與船上的長官和船員共處。在十九世紀的美國，有成千上萬的黑人在船上工作，但他們的故事以及對航海事業所作的貢獻——幾乎無人知曉。

班森在美國麻薩諸塞州的農村長大，是更早期來到美洲的黑奴的玄孫。儘管他的祖父是參加過美國獨立戰爭的老兵，他自己也是一個自由的黑人，班森在北方的發展前景仍舊很有限。他曾希望當一名鞋匠。但歷經第一段失敗的婚姻後，他便離開家鄉，到港口城市塞冷（Salem）開始新的生活。在那裡，他決定要當一名船員和虔誠的基督徒。一八五〇年代，班森開始了他的航海生涯，先是成為一名廚師，後來又在船上負責餐勤一類事務。

負責餐勤事務的班森不用去做普通水手的危險工作，例如在惡劣的天氣裡爬上桅杆收帆，或在熱帶地區酷熱難耐的天氣中裝載貨物，但他的工作也不輕鬆。他需要經常與軍官打交道：為他們提供膳食、照顧他們的起居、每天早上服侍船長穿衣、刮鬍，然後為船長清掃房間、負責洗衣。於是，班森既不是水手中的一員，又無法得到軍官級別的待遇。身負管理船上倉庫的責任，他還必須時時忍受大家對伙食的抱怨。絕大多數夜晚，班森都會獨自待在自己的小艙室內，或是和廚師（船上僅有的另一位黑人）一起在廚房裡抽煙。有時，班森會做蘋果派或他最愛的「糖蛋糕」（sugar cake）。他也暱稱新婚妻子珍妮為「糖蛋糕」。珍妮是他心愛並深深思念的女子，而那些他剪貼在航海日誌中的美麗女孩的倩影，僅僅足以聊堪告慰。

一八七九年，班森來到「滑翔號」（Glide）上掌理餐勤事務，當年三月該船離開波士頓，要前往馬達加斯加東海岸外的塔馬塔夫（Tamatave，今圖亞馬西納〔Toamasina〕）。船艙裡裝滿成捆的棕色棉花。他每天晚上睡前都寫日誌，記錄海上的座標和白天的天氣，有時則會在日誌中描述船上的任務，或他為船員的小病小痛開的藥。他時而樂觀、時而沮喪、時而滿懷希望、時而孤獨難耐。「滑翔號」在耶誕節前準時返抵波士頓，但在新年到來之前又啟程出海了。「我又回到了無邊無際的大海上，」隨船離開的那晚班森在日誌中寫道，「但也許這是最好的選擇。」幾年後，班森在海上病逝，未能活著返鄉，而他心愛的珍妮就像無數水手的妻子一樣，獨自生活下去，甚至在孩子一個個相繼去世之後也是如此。珍妮守寡了四十年。

一八七九年，班森乘上三桅船「滑翔號」從波士頓出海、前往印度洋。「在哪個時候、或在海上任何一處有舒適可言嗎？我還真不能說自己見識過『舒適』。說到底，是興奮、危險與海上生活能帶來的財富讓我一直待在海上，沒有別的原因了。」他的日誌中充滿了狂放的女子以及女演員的圖片——身穿著舞臺表演服裝，是從有插圖的期刊剪下來、貼到日誌中的。

……萬籟俱寂，船長和副官們在讀書，
水手若不是在看書、縫縫補補，就是在睡覺。
除了水聲和船上的繩索、木料的嘎吱作響，
就聽不到別的聲音了。

Bark Glide from Zanzibar bound towards Magunga

Wednesday Aug 20th current East
Latt 4°17 Long 46°21 Ther 75° Barom 30°12
Wind S. SSE. Course SWbW. WSW. ENE.
Came in with a moderate breeze & partialy cloudy, squally weather. There is a heavy sea running. People overhauling Blocks, rigging &c. Opened a BBL of Flour. 2d Mate found a leak in the deck wett ing the hides. Captain set the Mate at work putting peices in the deck. 8 Pm brisk breeze & heavy sea I am home sick, & want to get home. 159 days out

Thursday Aug 21 current N W 19 miles
Latt 5°03 Long 47°0 Ther 75° Barom 30.10
Wind S. SSE Course ENE. SW. SWbW.
Came in with a brisk breeze, & partialy cloudy weather. 7 Am looks squally all around. Noon pleasant. 1½ Pm rain squall, with stiff breeze. 3 Pm 2d mate caught a porpoise. Captain came near falling down fore hatch. The Boy Wallaces eyes dont seem to gain much. All our men are very dirty in their habits. they wash but seldom. & then mostly about the head and neck. they have plenty lice & Bedbugs in the forecastle. 160 days from home

towards Magunga

20 miles
Barom 30°10
SW. SWbW
tialy cloudy weather
ate trying to stop a
to scrub ship.
pairing sails. Mate
partition between
t has been long
t into execution
through the car
61 days from home

W 40 miles
r 75° Barom 30°10
Course SW. SSE. EbS.
breeze & passing.
p. Mate at work
wind very light.
ng like fun. hens
most every day.
ils "polar". I dont
2 days from home

outward bound

May 2d Bigan to use Chockolate

Aug 12

Homeward Bound

Sept 29th Opened ½ bbl of Tongues

" " "Meal"

October 1st Bigan to use Chocalate Stoped 14th

1879 " " Opened last bbl Beans Nov 21st

2d S.L.

5638 Salem

6874 ~~Madagascar~~ Zanzibar

4163 Madagascar

1st S.L.

4560 Glide

2015 Baston

Tamatave

Latt 49.32.19

18°10'50

Second S.L. First S.L.

Salem 5638

Zanzibar 6874

M-adagascar 4163

Glide 4560

Boston 2015

1880

Peter Sick with Ladies Fever

January 17th off Duty (Total 35 days)

Abse.. Opened Jan 27th

Returned to Duty February 9th

March 12th Healed

Feb 24th off Duty again

March 7th Returned to Duty

January 26th 1880 Missed one of My ...s

1879

5th

finished

...th the little stink bug

...every sixty minutes

... the Day

...e up stink bug jince

...wers just got Busted

Bark Glide from Boston bound towards Zanzibar

Tuesday February 11th
Latt 35°06 Longe 44E Ther 61 Barom 30.53
Wind E. NE Course SbE. SSE
Came in with a moderate breeze and partially cloudy weather, last night it was mostly moderate. At daylight a ship in sight ahead. Made all sail. The weather is raw and cold. The Ther at 8 Am was 54 but grew warmer as the sun came up. Noon gaining on the ship. I have a bad tooth ache. 6 Pm Ship off lee beam. wind light. there is a heavy swell from the SE. Captain has been repairing sails. Mate overhauled windlass, to have it cleaned. People variously employed. 8 Pm moderate breeze and pleasant 51 days from home

Wednesday February 12th
Latt 45.49 Long 1.14E Ther 63 Barom 30.59
Wind NE. NNE Course SbE. SE by E
Came in with light breezes and pleasant, cold weather. At daylight the ship in sight on our lee Bow. 11h Saw a sail ahead standing SSE, also another sail to leeward. Shifted fore and main topgallant sail, Captain took old copper off the waist & replacing it by new copper. 53 days from home

List of Provisions Bark Glide

Bark Glide from Boston bound Towards Tamatave

Saturday May 17th
Latt 38.14 Long 86E Ther 64 Barom 30.30
Wind NW Course SE. SEbS. SSE
Came in with a moderate breeze, & thick misty weather. It was misty, foggy, & a heavy swell all last night. 10 Am cleared away some, but fog was constantly coming from the NW. Caught a large Black Bird. 2d mate dressed it & doped it in pork pickle. & wants it cooked. 8 Pm, moderate breeze & partially cloudy weather. I feel homesick 61 days from home

Sunday May 18th
Latt 38.35 Long Ther 62 Barom
Wind WNW. W. Course SSE
Came in with a moderate breeze & partially cloudy weather. 10 Am wind light. Noon not so much wind & heavy swell running. Cook cooked the bird, Made a pie of it. 2d mate made his dinner off of it. Captain tasted of it & said it was not so bad. I did not taste of it. The cook is as grouty as ever. I'll give the cook my pipe I have done smoking 62 days from home

Bark Glide from Zanzibar bound towards Tamatave

Friday May 14th
Latt 9.05 Long 37.47 Ther 78 Barom 30.05
Wind SSE Course SbE
This day came in with moderate (puffs) Breezes & partially clouded sky. All last night it was squally, with a heavy sea. This morning the sea is in great confusion. It tosses, & tumbles about like mad. I never saw such a sea here before. I have seen many Tide Rips, & heavy ones, but these are the heaviest I ever witnessed. 7 Am cloudy. 10 Am squally. Noon partially cloudy. 2h Pm squally, wind & Rain. Saw leaves, & sticks floating upon the water. 8 Pm weather looks threatening took in light sails. 138 days from home

Lost one chicken overboard.

Saturday May 15th No Observation to day
Latt Long Ther 78 Barom 30.05
Wind SE Course SSE
Came in with brisk breezes and heavy squalls All last night it was Rough & squally. we were under short sail all night. 8 Am heavy squall. 9 Am Called all hands to shorten sail. took in upper topsails Mainsail & c. My bbl of flour fetched away 139 days from home

彼得・布萊克（PETER BLAKE）

一九四八～二〇〇一年

我想人人都該理解，我們都是自然環境中的一部分，不應與自然切割。

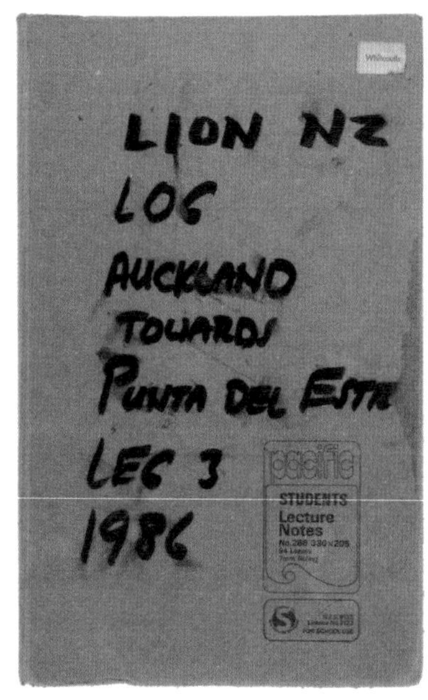

布萊克乘長途遊艇「獅子號」參加惠特布雷德環球帆船賽，此次出海所寫的日誌。在第三段賽程中他們撞上一隻鯨魚，導致剩下的比賽他們必須奮力與時間賽跑。

一九九四年四月一日，成千上萬的市民排隊等在法國西北部布雷斯特（Brest）的碼頭邊，準備歡慶一艘遊艇入港。船長彼得・布萊克剛與朋友羅賓・諾克斯－強斯頓乘著「恩薩號」（Enza），完成了一場環球航行。這場有史以來歷時最短的環球航行一共用了七十四天二十二小時，他們因此贏得了無數人夢寐以求的儒勒・凡爾納航海錦標賽（Jules Verne Trophy）。布萊克是一名魅力十足的紐西蘭人，他是為海洋而生的，一生成就非凡。在三十年職涯中，布萊克不僅在每一場重要航海賽事中脫穎而出，之後還將個人招牌的執著、正直與熱情的性格，投入於環保事業中。

布萊克在奧克蘭（Auckland）的懷特瑪塔（Waitemata）港口北側長大。他的父親曾在二戰期間擔任英國皇家海軍砲艇的艦長，也鼓勵自己的小孩從小應該親近大海、將大海當作遊樂場。布萊克八歲的時候，父親為他造了一艘名為「小彼布號」（Pee Bee）的木質單人小艇。他們還舉行一場下水典禮，只不過典禮上的香檳是用檸檬汁來代替。不久後，布萊克陸續擁有更多的船，一艘比一艘還要大，其中包括了他親手打造的「海盜號」（Bandit）小船。

布萊克的舞臺越來越大。他曾五度參加惠特布雷德（Whitbread）環球帆船賽（譯註：此賽事後更名為 Volvo 環球帆船賽〔Volvo Ocean Race〕，並與美洲盃帆船賽〔America's Cup〕和奧運帆船賽並列為世界三大帆船賽），並在一九九〇年第五次參賽時，引領雙桅小帆船「史坦拉格二號」（Steinlager 2）輕鬆拿下六場分段賽，獲得了空前的大滿貫戰績。此外，以他為首的紐西蘭隊在兩屆美洲盃帆船賽中連續獲勝，打破了此前從未有美洲外的國家成功衛冕的紀錄。在每場重大賽事之前，布萊克的妻子琵帕（Pippa）都會為他準備一雙新襪子以求好運。在一九九四年的耶誕夜，布萊克得到一雙紅襪子，他也將其穿上、前去參加首場比賽，最後贏得了冠軍。從此之後，穿紅襪參賽就成了布萊克的習慣，而他個人的護身符「幸運紅襪」還成為風靡全國的吉祥物。當他在聖地牙哥再度於比賽中獲勝時，紐西蘭舉國上下都在搶購數以千計的紅襪子。

一九九七年，布萊克成為庫斯托協會（Cousteau Society）（譯註：庫斯托協會由雅克・伊夫・庫斯托〔Jacques-Yves Cousteau〕於一九七三年創立，為致力於保護海洋生物的非營利機構）的探險隊隊長及雙桅帆船「南極探險者號」（Antarctic Explorer）的船長，他隨後買下這艘船，並更名為「海洋大師號」（Seamaster）。又過了不久，他被任命為聯合國環境規畫署的特使，著手制訂監測海洋污染的相關航海計畫。二〇〇一年十二月六日，一群海盜在夜間闖進泊於亞馬遜河口的「海洋大師號」船上。布萊克為了幫忙同船夥伴，不幸背部中彈，很快便傷重不治。死後，他被葬在英格蘭南部海邊恩斯沃斯（Emsworth）附近的沃布靈頓（Warblington）教堂墓地。在他的墓碑上刻著從約翰・梅斯菲爾德（John Masefield）的詩〈狂戀海洋〉中節錄的文字：「我必須再次回到大海，回到那孤寂的水天一方，我想乘一艘高大的船，並有一顆星星為我指引方向。」

對頁：二〇〇一年，布萊克乘著「海洋大師號」雙桅帆船，從奧克蘭啟航駛向南美洲，途中不幸被海盜殺害。這是他生前最後一本航海日誌。

DATE Tuesday 28th Nov NOON POS'N 49°52S 117°20W DAY'S RUN 195

TIME	COURSE REQ'D	COURSE STR'D	GPS LAT	GPS LONG	BAR	WIND SPD TRUE	WIND DIR TRUE	SEA STATE	EXT AIR C°	SEA C°
0200	100/110 T	105	49°31'S	119°25'W	1005	12	270°	SLIGHT	7°C	
0300		105	49°35'S	119°13'W	1005	15	270	"		
0400		105	49°35S	118°59W	1005	14	250	SLIGHT	7°C	
0500		106	49°37'S	118°47W	1005	8	250	SLIGHT	6°C	
0600		102	49°39'	118°34W	1006	8	250	"	6°C	4°C
0700		108	49°41S	118°23W	1006	12	250	"	7°C	
0800		104	49°45	118°07	1005	15	300	"	"	
0900		103	49°46'S	117°59W	1005	12	270	"	7°C	
1000										
1100		110	49°50S	117°31	1004	14	W	"	8°C	
1200		110	49°52S	117°20	1003	18	W		6°C	
1300		073	49°50S	117°10W	1002	18	W	SLIGHT	9°C	
1400		066	49°45'S	117°01W	1002	20	W	Slight	7°C	
1500		065	49°44'S	116°51W	1002	25	W	Slight		
1600		065	49°41'S	116°39W	1002	19	W	SLIGHT	8°C	
1700		067	49°38'S	116°28W	1001	20	NW	"	8°C	
1800		070	49°35'S	116°16W	1002	15/20	300	"	9°C	
1900		060	49°33'S	116°07W	1002	15/20	270	"	7°C	
2000		059	49°29'S	115°59W	1002	20	270	"	"	
2100		140	49°30'S	115°51W	1003	13	240	"	7°C	
2200		093	49°31'S	115°38	1003	19	260	"	7°C	
2300		085	49°30'S	115°25	1003	20	250	"	6°C	
2400		105	49°32'S	115°13W	1003	20	260	"	6°C	

TOTAL ENGINE HOURS THIS PAGE

ENGINES ON / OFF — 1 & 2 GENERATORS ON / OFF

REMARKS

STARRY NIGHT - LITTLE WIND - GLOW IN SOUTH AS SUN TRAVELS JUST BELOW HORIZON.

COOL, CRISP, CLEAR MORNING. IT IS A HARD LIFE.

PASTEL ORANGE SKY. ALL IS WELL

Looks like Engines today

#2 0700 Large Wandering Albatross. 50 degree sth is Elusive.

Generator started - Watermaker on - Laundry in progress

All go this shift

Wind Swinging NW with approaching rain

Michael takes a sextant shot at 10AM - like the Canadian elections - still waiting for results

1330 Sails up. Single reef in main & foresail. [illegible] rolled out. Engine stopped. Bliss.

Janet Dangling around in the rigging.

This 50° Line is elusive. On watch end it appears we have bounced off & heading NE. Will try again soon. The wind is failing us. 19:40hrs.

17:45 Guest Chef dinner in progress Michael/Sean

2115 Jibe/Jibe Adjust sails - Start M/E. Motor Sail - Poor Winds.

Rain squall - increase in wind speed w/squall.

More Rain Wind up - [illegible] w/ the squalls.

威廉・布萊（WILLIAM BLIGH）

一七五四～一八一七年

船上那一點點蘭姆酒為我們帶來了很大的安慰，
在特別難熬的夜裡，我常常會喝個一小匙……

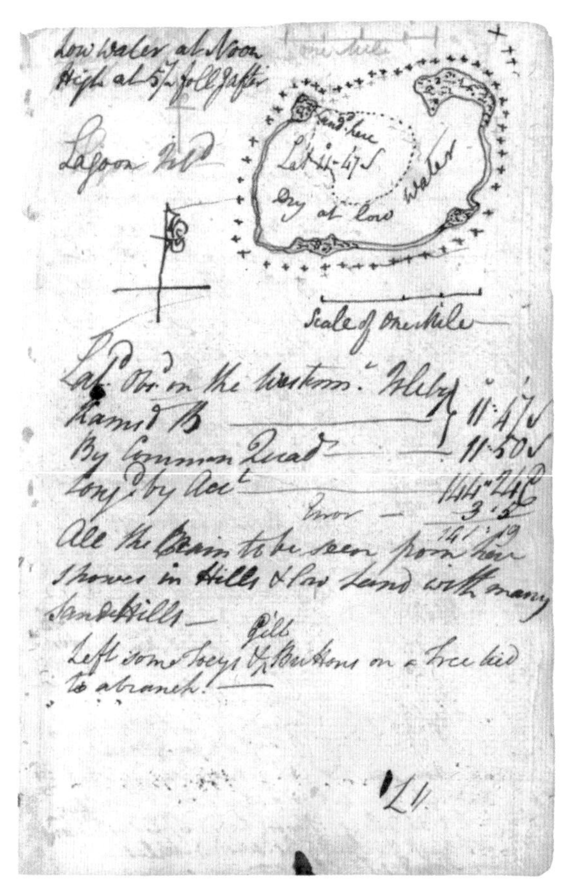

破曉時分，一切已成定局。天剛微亮的晨光裡，一群反叛者聚集在「邦蒂號」（Bounty）甲板上，手持短劍團團包圍身上還穿著睡衣的艦長。船上的小艇被懸吊起來，十九個人被趕上小小的敞船中。不一會兒，他們就被扔在大海上，敞船上只有一點麵包、水和蘭姆酒，而且他們既沒有航海圖指引方向，也沒有武器防身。一七八九年四月二十八日——這可怕的日子成了威廉・布萊一生揮之不去的噩夢。

這場叛亂被寫成小說，後來又被好萊塢改拍成電影，由巨星克拉克・蓋博（Clark Gable）及馬龍・白蘭度（Marlon Brando）主演。自此以後，布萊的大名成了海上惡霸的代名詞——一個唯我獨尊的艦長、一個殘酷成性的虐待狂。而他從前的好友，也就是一手主導叛變的弗萊徹・克利斯提安（Fletcher Christian），則搖身一變——成了站出來為長期受虐的船員出頭、與不公不義抗爭，而且渲染著浪漫主義色彩的大英雄。

然而，若我們仔細深入了解事情的真相，就會發現布萊其實是個正直、能幹、受人尊敬的船長，而非他人所描繪的暴虐、殘忍的角色。確實，布萊不是非常會交際應酬，他的「壞嘴巴」和「火爆脾氣」引發了船員的叛變。但他的航海技術無可挑剔——不論在海上航行或在作戰中——他都勇往直前。他駕駛小小的敞船，在海上航行了五千八百公里，最後安全抵達荷屬東印度群島，最終還為一同被驅逐的忠實夥伴討回了公道。

布萊是一位經驗豐富的航海家。他在七歲時就以船上侍者的身分加入了海軍「蒙茅斯號」（Monmouth）戰艦，隨後一路升遷，在二十三歲時被詹姆斯・庫克選中，當上了「決心號」（Resolution）船長，從此開啟他前往北太平洋的第三次探險。在這次探險中，布萊還完成了「製作航海圖……以及繪製海灣與海港的設計圖」的任務。在庫克遭夏威夷群島上的原住民殺害後，是布萊一路指揮、帶領探險隊成功返回家鄉。在美國獨立戰爭和英荷戰爭期間，布萊先後參加過數次主要的海戰。在承平時期，他則到其他商船上，繼續執行「邦蒂號」最初的任務：從大溪地島向西印度群島運送麵包樹。這項任務目標是要在西印度群島上成功種植麵包樹，以此作為島上棉花種植園的奴隸糧食，並增加棉花產量、擴大英國在亞洲的紡織品出口規模。

一七九七年，布萊繼續回到海軍服役，在坎伯當戰役（the Battle of Camperdown）中英勇作戰，截獲了荷軍一艘旗艦，並捉住一名荷蘭海軍上將。一八○一年，霍雷肖・納爾遜（Horatio Nelson）大為賞識布萊在哥本哈根戰役中的表現。布萊英勇的事蹟為他獲得了澳洲新南威爾斯的總督職位。雖然後來他在一場謀反中遭到罷免，但他還是繼續晉升為藍旗艦隊的海軍中將（Vice Admiral of the Blue）。布萊生平事蹟如此之豐，但那場惡名昭彰的叛亂，或說那個決定命運的早晨，卻大大蓋過了其他事情，成為歷史定義此人的決定性事件。

這個筆記本也參與了布萊一行人從「邦蒂號」被趕下船後那一場驚險的海上求生記。儘管遭遇重重困難，布萊還是抽出時間畫下澳洲海岸的局部輪廓。筆記本曾屬於見習軍官海沃德（Hayward），當他們被趕上敞船時，這本小冊子就放在海沃德的口袋裡。

右圖：布萊編了一份「海盜」名單，詳細描繪了每個叛亂者的外貌特徵，其中包括「弗萊徹．克利斯提安；航海長的助手；二十四歲；身高五英尺九英寸高；膚色深棕偏黑。」後來，這份名單的複本從巴達維亞一路傳到康瓦利斯勳爵（Lord Cornwallis）手中，當時他常駐加爾各答，時任印度總督；名單最終傳到了新南威爾斯總督菲力浦斯之手，成為追捕叛亂者歸案的一項證據。

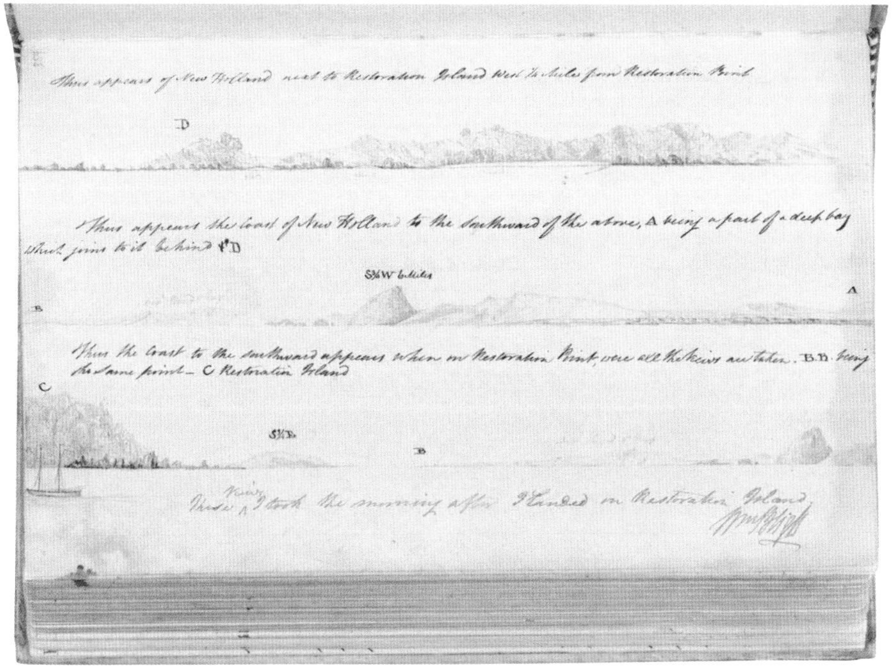

上圖：布萊把筆記中內容謄寫進他的「在天氣允許的情況下，我為每天記錄的美好日誌」中。不可思議的是，他也在日誌中畫下了途中經過的沿岸地形輪廓，上圖是復蘇島（Restoration Island）。

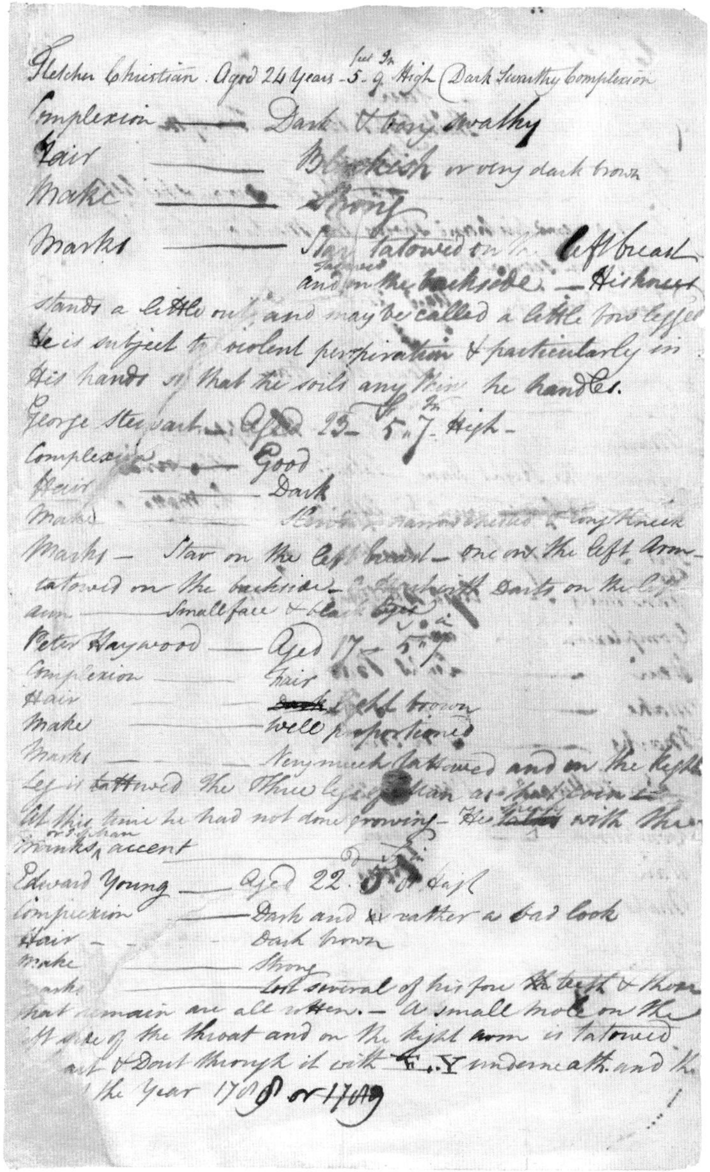

一七九一年，布萊以「普洛維登斯號」（Providence）與「襄助號」（Assistant）的艦長身分重新回到太平洋。這一次，他成功地將麵包果帶到了西印度群島。本頁與後頁所呈現的是他在第二次太平洋之行中完成的畫作：〈愛圖塔基島的獨木舟〉（Cannoe of Whytootackee）、〈大溪地島上的奧瑞魚〉（Oeeree of Otaheite）、〈一條四英尺長的窄頭雙髻鯊〉（Mow Tommattah or Bonnet Shark of Maheite 4 feet long，對頁）、〈大溪地島上名為艾維尼的藍色小長尾鸚鵡〉（The small blue Paroquet of Otaheite called Aiwinnee，第52頁）、〈一隻六英尺長的海豚和一條與實體等長的舟鰤魚〉（A Dolphin six feet long and a Pilot fish the size of life，第53頁右上圖），以及凡迪門島（Van Diemen，今塔斯馬尼亞島）上的鳥類。

386

Mow Tommattah – or Bonnet shark of Otaheite 4 feet long.

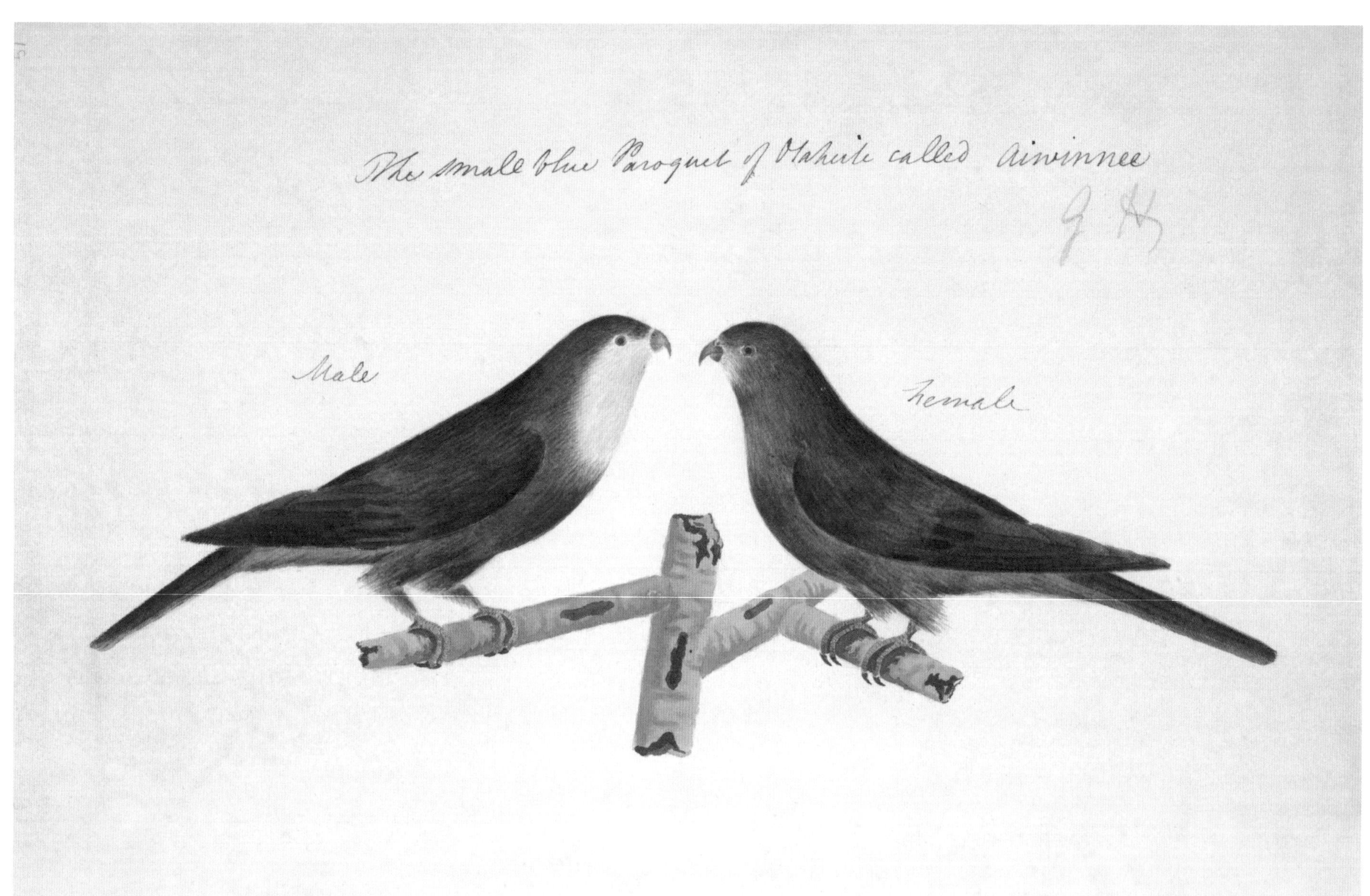
The small blue Paroquet of Otaheite called Aiwinnee
Male
Female

Van Dieman's Land

A Dolphin six feet long.
A Pilot Fish the size of life

large Paroquet of Vandiemans Land

A gull of Vandiemans Land

艾爾瑟・波斯特曼（ELSE BOSTELMANN）

一八八二～一九六一年

我一步一步、有些遲疑地進入水中，
為即將面對的未知世界而興奮激動。

在一艘停在百慕達島外海的探險船上，畫家艾爾瑟・波斯特曼穿著她最喜歡的紅色泳衣，小心地攀上懸在船體外側的金屬梯，一步一步進入海水中。她的手中緊抓著隨身體的動作搖晃不止的鐵鍊。她肩上扛著沉重的銅製潛水頭盔，在全身沒入海水之前，她透過頭盔上的玻璃鏡，看了一眼她居住的小島的海岸線。在海平面之下，是一片鋪滿白色細沙的谷地，和一片搖曳的羽狀珊瑚和紫色海扇。「我下潛到一片仙境之中，」她後來寫道，「我就身在海平面下六英噚（譯註：一英噚等於六英尺，約十一公尺）深的世界。」

深深著迷於眼前一切的波斯特曼不停用鋼針在鋅板上畫出周圍的生物形態。在水下，想描繪眼前所見並不容易，她得時時小心不讓頭部傾斜，以防頭盔和供氧設備掉出去。但她一次又一次下潛到海底。在之後的潛水中，她在海底架起一副鐵製的樂譜架，在上面綁好帆布，用手拿著綁了鉛的畫盤，以油彩作畫。畫筆的木製筆桿前緣接著輕飄飄的筆刷，因為水的浮力而不停向上漂。

波斯特曼出生於德國，與大提琴演奏家門羅・波斯特曼（Monroe Bostelmann）結婚後，很快便移民到美國。門羅的演奏事業遭遇挫敗，於是夫妻倆搬到了德州。在那裡，門羅成了一名棉花農，不久因過勞而死。傷心的艾爾瑟決定搬到紐約，以自由插畫家為職業，好養活自己和女兒。一九二九年，她把一些鋼筆和水彩畫展示給時任紐約動物協會（New York Zoological Society）的熱帶動物研究部門（Department of Tropical Research）主任威廉・畢比，她很幸運當場便獲聘用，即將參加畢比的科學考察專案，並在此後數年居住在百慕達的楠薩奇島（Nonsuch Island）上。她的第一份工作就是替畢比當時希望尋找的水下生物樣本，做出詳細的紀錄。

威廉・畢比是探險界的先驅。他和工程師友人奧提斯・巴頓（Otis Barton）搭乘深海球型潛水器（bathysphere），下潛至海中進行深海考察而聞名於世。在潛水器上的探照燈光照射下，奇妙的深水世界得以浮現眼前。透過一條與海上考察船隻相連的電話線，畢比將自己看到的一切即時向船上的魚類學家葛羅莉亞・霍利斯特（Gloria Hollister，見第 146 頁）報告，她再將這些報告有系統地記錄下來。只要情況允許，生物樣本都會被帶回陸上進行後續研究。波斯特曼以高超的繪畫技巧生動再現了這些奇妙的生物。

在百慕達的考察計畫中，波斯特曼完成了上百幅以科學研究為目的而繪製的畫作、素描，其中許多都被收錄進《國家地理》雜誌等知名刊物。波斯特曼是一位多產的畫家，也為許多童書繪製插圖，另外還從事過布料與壁紙設計、為私人遊艇設計壁飾等。但波斯特曼所畫過最棒的圖像，應屬她筆下那異域狂想般、彷彿是虛構出來的生物發光之作。這些繪畫拓展了一代人看待深海世界的視界。

對頁左：波斯特曼將這幅一九三四年繪於百慕達島外海的畫命名為〈恐怖之淵中的大惡狼〉（Big Bad Wolves of an Abyssal Chamber of Horrors）。在她迷人的深海畫作中，既有美麗的珊瑚，也有被稱作海怪都不為過的奇怪生物。

對頁右：在深海的黑暗闃寂中，兩條巨大的魚游在畢比的潛水器周圍。波斯特曼根據畢比誇張的描述重現了這個場景，並取名為〈完好的潛水艇〉（Bathysphaera Intacta）。

後頁：波斯特曼形容她桌上的海洋生物標本中「大的有一英尺那麼長，小的比豆子還小」，從體型很小的魚到裸鰓類的海蛞蝓——應有盡有。她還寫道，「當我第一次親眼看見黑色或灰色的無鱗大魚時，我的好奇心瞬間化為了熱情。」第 57 頁圖：一條哈氏囊鰓鰻（*Saccopharynx harrisoni*），創作於一九三一年百慕達島外海。

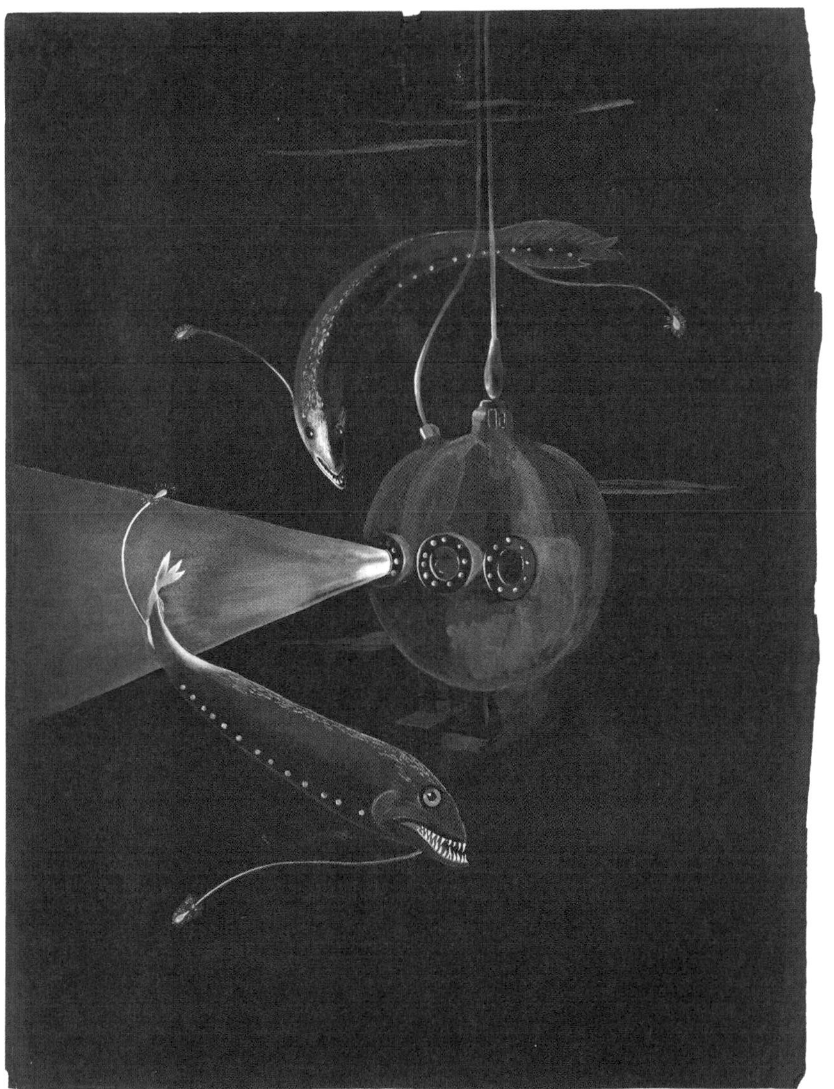

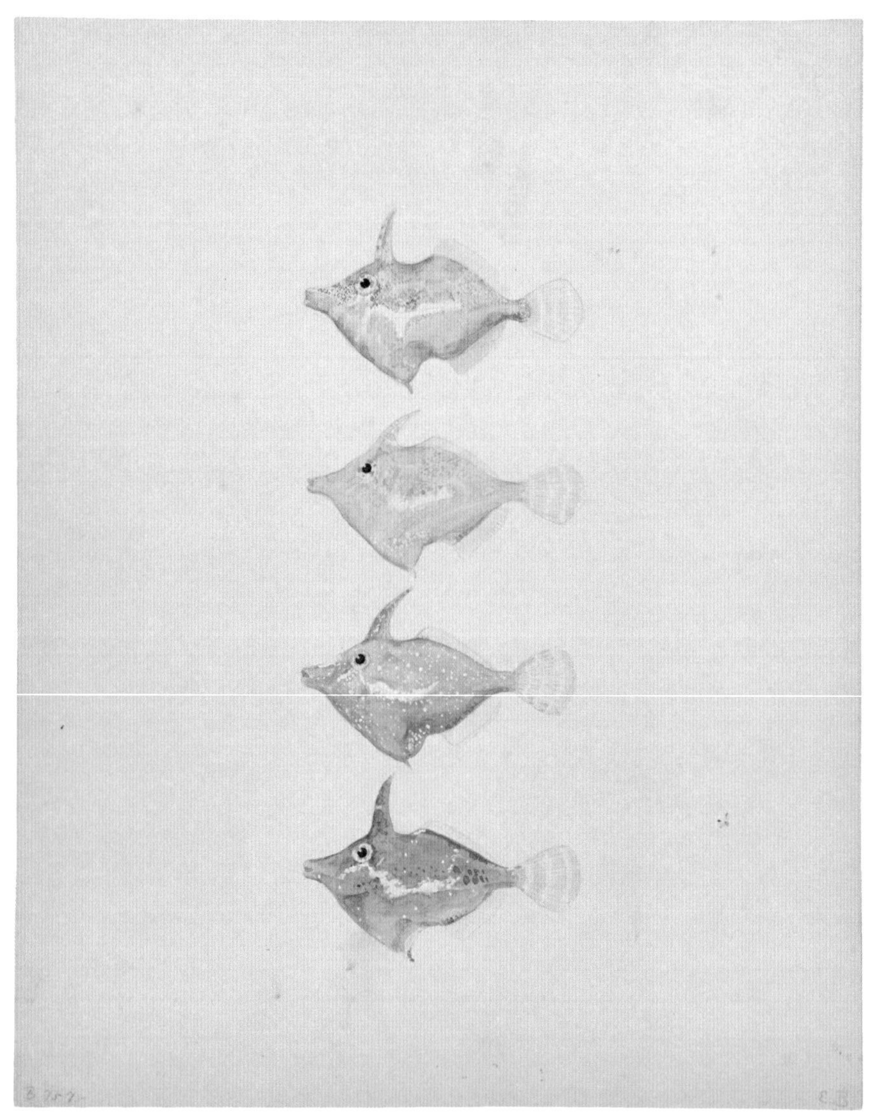

B-811
Elsa Bostelmann

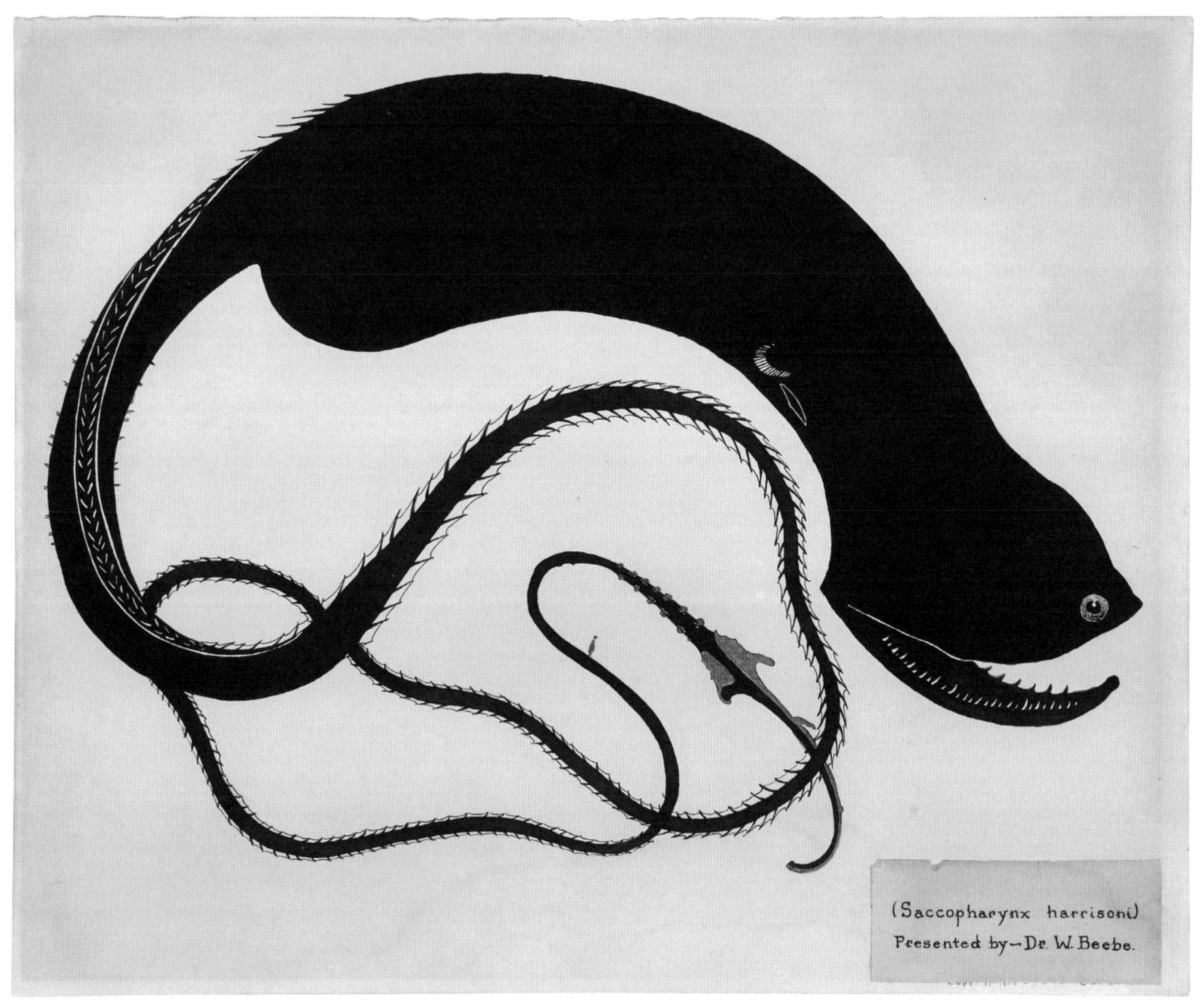
(Saccopharynx harrisoni)
Presented by—Dr. W. Beebe.

下潛就對了

羅賓・諾克斯－強斯頓
（ROBIN KNOX-JOHNSTON）

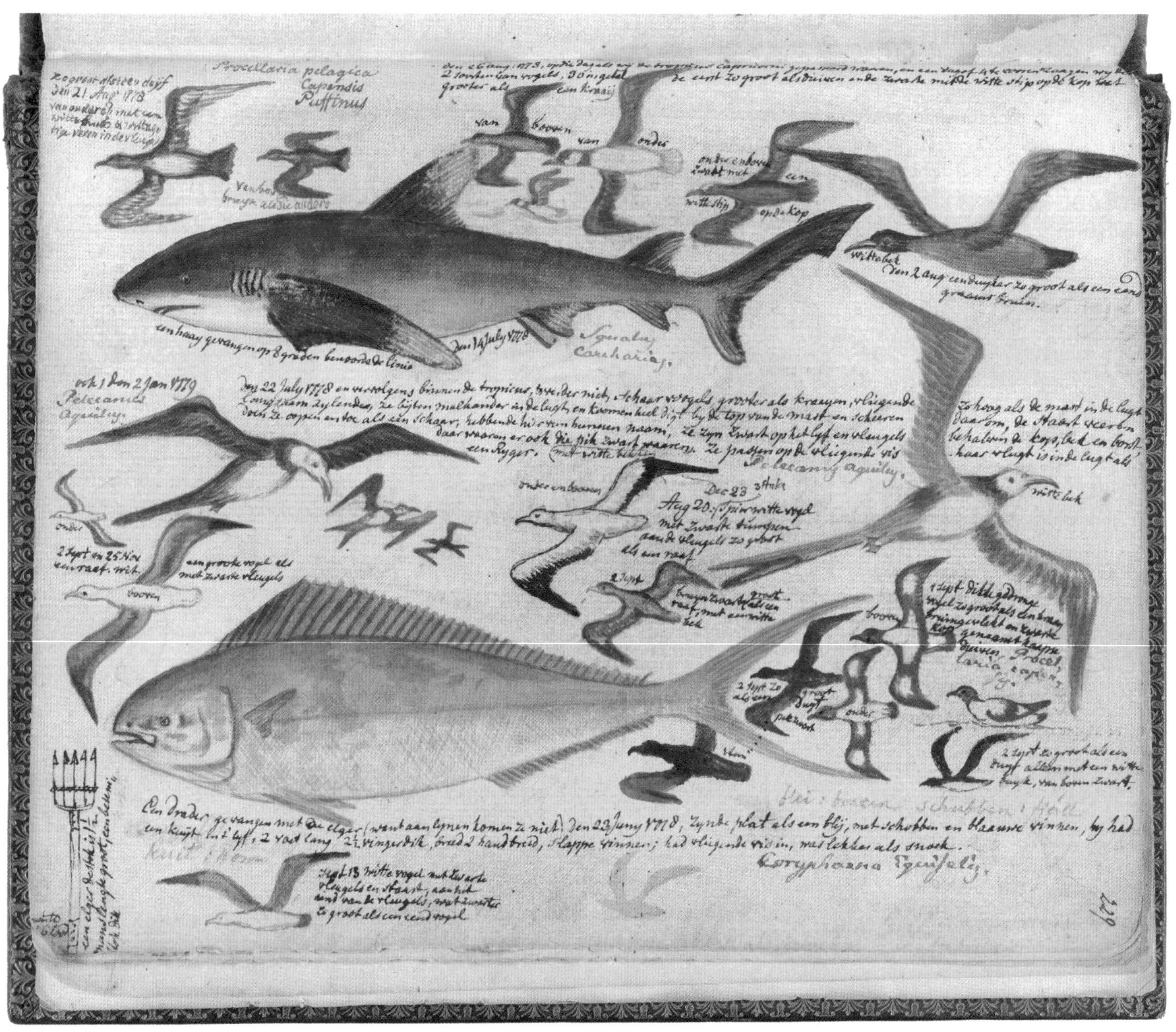

我們將要向更遠的地方前行，
也許會越過冰雪覆蓋的最後一座藍色山峰，
又或者渡過怒吼的波濤或那波光粼粼的海洋。
——詹姆斯・艾爾羅伊・弗列克（JAMES ELROY FLECKER），一九九二年

對頁：一頭大白鯊、棘鬼頭刀和無數隻海鳥——各式各樣的海洋生物出現在勇敢的荷蘭神職人員揚・布蘭德斯（Jan Brandes）的日誌中。他於一七七八年離開歐洲前往東印度群島。

後頁：諾克斯－強斯頓保留著他還在海軍軍校期間，當時所寫的第一本航海日誌。許多年後，他於朴次茅斯家中的桌上展示他在著名的「蘇海利號」（Suhaili）航行中所用的日記本與航海日誌簿。那是世上首見的單人完成不間斷環球航行。

沒人能幫我提防鯊魚——這是獨自一人航海時，很可能面臨到的險境。一九六八年七月，我和另外幾名帆船賽選手在大西洋上分散開，開啟各自的單人不靠岸環球航行。在我行經維德角（Cape Verde）群島，距非洲海岸線大約有四百八十多公里時，就在當下，船艙開始漏水。一旦發生這種情況，你知道你非得跳下船去檢查進水的漏洞在哪裡，並補好它。當時必須在亂成一堆的雜物、備用的釘子，和泡水的工具包之間把潛水面具和呼吸管找出來才行。也是在這種時候，一個人才會開始擔心起是否有鯊魚在附近。

「多慮」在這時候是沒有什麼用。面對困難你不得不勇敢地一頭栽（跳）進去。我發現了那條沿著龍骨縱緣裂開的縫，隨著船的上下起伏，我能看到那條裂縫時大時小。用防水材料封上漏縫是唯一的辦法，但在水下操作遠比聽起來要困難得多。通常，一般做法是把乾棉花扭緊、塞進縫裡，然後把邊角處填平，最後塗漆。幾百年來人們在木船上都是這麼做的。

我在腿上綁了一把刀，反覆數次跳進水中，一面用錘子敲，一面還要時時小心有不速之客來到附近。最後我終於補好了裂縫。我將一條棉花縫進帆布中、塗上松焦油，再用大頭針將布條釘在裂縫處。我用一個馬可尼（Marconi）通信公司的工程師為我安裝新收音機時留下的銅線封好了裂縫。儘管最終的成品看起來有些粗糙，但發明和創造從來就是以實用為出發點的。

修到一半，我返回甲板上喝咖啡和抽根煙。這時，我注意到一隻淺灰色而精瘦的身影正在船的周圍逡巡——鯊魚還是發現我了。我觀察了這條鯊魚足足有十分鐘，希望牠能夠自行游開，因為我不想殺生。這並不是因為我有愛心，而是因為我不想在水裡放血，那樣只會引來更多鯊魚，讓我沒有時間補好裂縫。但這條鯊魚鍥而不捨地在船的四周游著，我只好用步槍射擊牠的頭部。我深吸了一口氣，又翻過船舷下了水，花了一小時將左舷搞定。海上漸漸颳起了微風，右舷只好放著之後再處理了。

一頭栽（潛）進去就對了，這就是你必須做的事，航海也是如此。有時候，你需要做的只是起個頭。不要有那麼多的擔心和規畫，做就對了。這就和生活一樣。你可以永遠待在舒適圈內循規蹈矩，但這樣一來還有冒險可言嗎？不論你做任何事、不管你有什麼樣的解決方案，總會有人跳出來說你是錯的。當然，我也會有自我懷疑的時候。只是，若沒有什麼重大事故——比如再次漏水、桅杆斷裂，或船在原地打轉無法前行——我相信自己一定能到達終點。但，真是如此嗎？

我從來沒有一個人獨處超過二十四個小時！一九六〇年代，我曾在印度開過商船，還在那裡造了「蘇海利號」雙桅小帆船，「Suhaili」這個字在阿拉伯語中意思是「東南風」。我和兄弟一同將船開回了倫敦。「蘇海利號」借鑒了挪威救生艇的設計，用印度柚木打造，是一艘體積雖小，卻無比堅固的船。但我真的能乘著這艘船順利完成環球航行嗎？在這幾個月的時間裡，我能持續靠自己解決所有問題嗎？還是我會把自己搞瘋？我讓自己一直保持忙碌。不需要掌舵時，船上還有很多工作要做，都是些沒完沒了的雜務，如上緊、更換和調整船帆；幫電池充電；檢查索具；填補更多的漏洞，還要帶著一根水手釘（marlinspike）在船上邊走邊檢查所有的繩結固定處是否牢固。用餐時刻一向令人期待。在三萬海里的航行中，我的早餐是雞蛋配一些其他東西；午餐是乳酪和一些其他食物，偶爾奢侈一下可吃點沙丁魚或醃洋蔥；晚飯則是各式各樣的罐頭牛肉和罐頭豌豆。

我在船上可以聽音樂。有時我會放卡帶，如吉伯特與蘇利文（Gilbert and Sullivan）（譯註：吉伯特與蘇利文是英國維多利亞時代的幽默劇作家威廉・吉伯特〔William Gilbert〕與英國作曲家亞瑟・蘇利文〔Arthur Sullivan〕的合稱，兩人在一八七一至一八九六年間共同創作了十四部喜劇，包括《皮納福號軍艦》〔*H.M.S. Pinafore*〕、《彭贊斯的海盜》〔*The Pirates of Penzance*〕和《日本天皇》〔*The Mikado*〕等）或一些古典樂。收音機能收到訊號時，我也會跟著電臺裡的小理查（Little Richard）（譯註：原名理查・韋恩・彭尼曼〔Richard Wayne Penniman〕，生於一九三二年，是一位美國流行創作歌手、音樂人。其音樂與舞臺風格為搖滾樂奠定了基礎，同時還影響了靈魂樂和放克音樂）或隨便什麼人的歌，隨音樂搖擺身體。船上有一百二十罐坦南特淡啤酒（Tennent's Lager）和三千根香煙伴我度過漫長的航

行。基本上我整個處在與世界脫鉤的狀態，惟收音機偶爾收到訊號時例外。但有時收音機又只是更凸顯了我當下有多淒慘。

當我真正感受到自己飽受孤獨折磨時，就會從書中尋求慰藉。我讀常見的海軍航行指南與年鑒，也讀經典名著，如《戰爭與和平》、梅爾維爾的《比利・巴德》（*Billy Budd*）、整套莎士比亞作品集，還有非常應景的達爾文的《小獵犬號航海記》。有時，我也會讀西洋棋技藝書，自己跟自己切磋棋藝、力求進步；以及離開港口之前才買的《聖經》。我還曾經穿著船上的風雨裝（foul-weather gear）讀一整天的《浮華世界》雜誌（*Vanity Fair*）。

但真正支撐著我這個人的「存在」的，非我的日誌莫屬。通常，我會在下午五點收工，然後喝杯啤酒，一邊放鬆暢飲，一邊寫日記。這成了一種為我帶來心理安慰的日常習慣和儀式。而且，我在出海前已想辦法簽了一份出書合約，也靠收到的預付版稅費付清此行大部分的日用品，以及船隻的改裝費用，所以我必須每天產出一些書本內容才行。我先寫航海日誌，後來又寫完了一本日記，確保能及時記錄下航行中的一點一滴。

那時，我沒有任何電子設備可導航。從某種角度來看，我和庫克船長航海時的裝備基本上差不多：只有一個六分儀和一座天文鐘。我根據星星和太陽的位置來確定自己的航線，根據綁在索具上的一小股毛線來大致確定風向，所喝的淡水則來自天上的雲自然降雨。與一世紀前的橫帆船上的水手相比，我的現實條件和他們並沒什麼區別，尤其是連我的收音機也壞掉之後，就和他們一樣都處於與世隔絕的狀態了。自那之後，我無法和任何人取得聯繫。偶爾能遠遠看到的一、兩艘船，絕大多數時候他們都未注意到我。我就像是茫茫大海中的一個小墨點。

因此，從導航的角度來說，準確記錄日誌是很必要的事情。如果遇到最壞的情況，至少也該知道自己在哪裡，或行跡曾經過哪裡。一本好的航海日誌能救人一命。除此之外，我還這麼安慰自己：倘若如我不幸命喪大海，這世上至少還會有一份紀錄，可證明我完成了哪些事情。正如我的出版商在我出發前說的：「等你回來，我們就一起合作出書；如果你不能活著回來，我也只好和你的航海日誌一起出書了。」

每天寫作有助於保持清醒。這是我在商船上工作時訓練、養成出來的習慣。當然，有時海況太差，實在不允許人長時間寫作。不過就算海水從天窗裡灌進來，你也得強迫自己寫，哪怕只是寥寥幾筆。有時，在海上經歷的事確實是筆墨難以形容，比如肆虐的風暴、南冰洋上捲起山峰般那樣高的巨浪，還有熱帶海域那波平如鏡的平靜水面。飛魚在水面上穿梭跳躍；夕陽將天空染成一片朱紅。

擊斃那隻鯊魚幾天後，我終於成功堵住漏縫，將船上的進水排乾。隨後，「蘇海利號」就遭遇了一場暴風。我在日誌中寫下：「我看到那團暴風向我靠近，便調整大三角軟帆，也在下午五點三十分及時讓艄帆就位。趕在暴風真正臨至『蘇海利號』前，我固定了支索帆、快速收起主帆和後帆，並將吊桿固定在鵝頸形吊桿座下方。簡直是打了輝煌的一仗。我在暴風雨中高興地手舞足蹈，還痛快洗了個澡，冰涼的水真是棒極了。」

假如你七十年來幾乎一直在海上航行，有些日子的記憶會漸漸融在一起，難以清楚區辨。但我依然清楚記得獨自在大西洋上的那一天。那天傍晚的日落也美極了。「雲層都被染上了藍色……只有一朵是金色的，」我在日記裡潦草記著，「景象美不勝收，真希望自己當下有辦法將它給畫下來。」

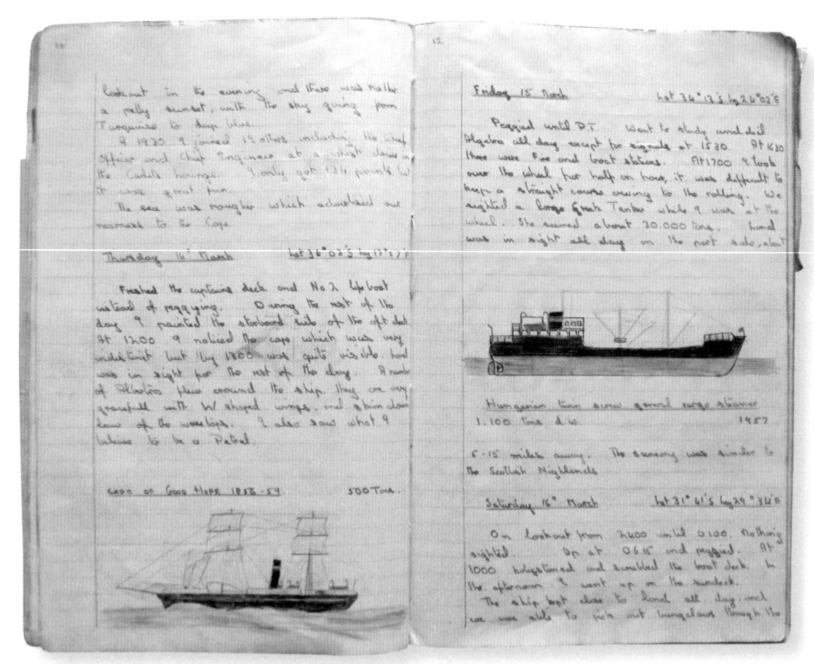
Lookout in the evening and there was rather a pretty sunset, with the sky going from Turquoise to deep blue.
At 1930 I joined 19 others including the Chief Officer and Chief Engineer at a whist drive in the Cadets lounge. I only got 134 points but it was great fun.
The sea was rougher which advertised our nearness to the Cape.

Thursday 14th March — Lat 36°07'S Long 17°57'E

Finished the captains deck and No 2 lifeboat instead of peggying. During the rest of the day I painted the starboard side of the aft deck. At 1200 I noticed the cape which was very indistinct but by 1800 was quite visible. Land was in sight for the rest of the day. A number of Albatross flew around the ship. They are very graceful with W shaped wings, and skim down low of the wavetops. I also saw what I believe to be a Petrel.

CAPE OF GOOD HOPE 1858-59 — 500 Tons.

Friday 15 March — Lat 34°13'S Long 24°03'E

Peggied until D.T. Went to study and did Algebra all day except for signals at 1530. At 1630 there were Fire and Boat stations. At 1700 I took over the wheel for half an hour, it was difficult to keep a straight course owing to the rolling. We sighted a large Greek Tanker while I was at the wheel. She seemed about 30.000 tons. Land was in sight all day on the port side, about

Hungarian twin screw general cargo steamer
1,100 Tons d.w. — 1957

5-15 miles away. The scenery was similar to the Scottish Highlands

Saturday 16th March — Lat 31°41'S Long 29°34'E

On lookout from 2400 until 0100. Nothing sighted. Up at 0615 and peggied. At 1000 holystoned and scrubbed the boat deck. In the afternoon I went up on the sundeck.
The ship kept close to land all day, and we were able to pick out bungalows through the

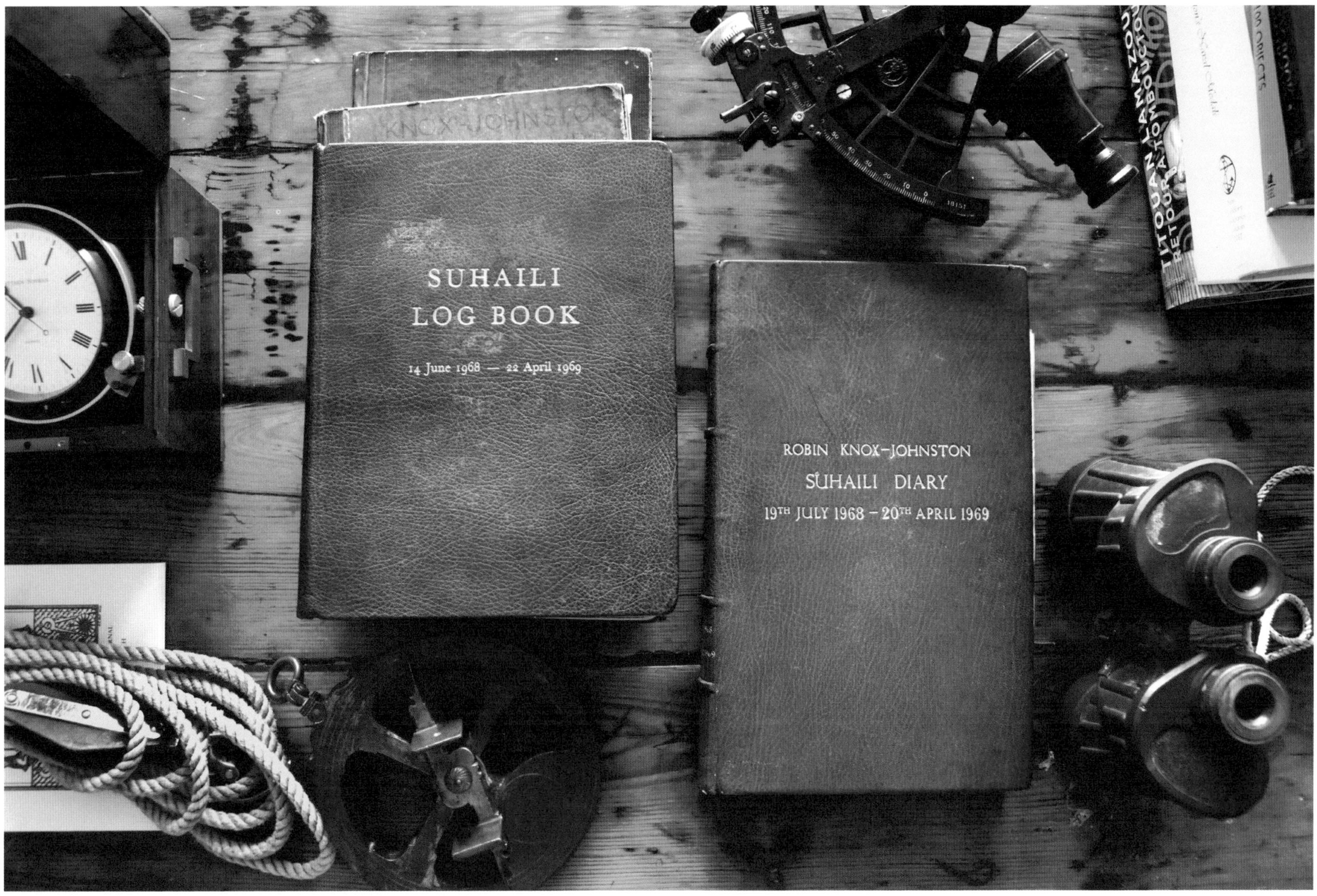
SUHAILI
LOG BOOK
14 June 1968 — 22 April 1969
ROBIN KNOX-JOHNSTON
SUHAILI DIARY
19TH JULY 1968 – 20TH APRIL 1969

安妮・布雷希（ANNIE BRASSEY）

一八三九～一八八七年

船上進了太多的水，根本無處可安坐，
除非我把自己牢牢綁在什麼地方，
或者硬是塞到船上的小空間中。

隱蔽的小溪和山洞中，出現了一支小獨木舟隊，上面載著身披海獺皮、手持弓箭和長矛的火地島人。火焰在船底燃燒，他們憤怒地划著槳，向「陽光號」（Sunbeam）靠近。安妮・布雷希抓起了一些珠子和鏡子，希望這麼做能安撫這些原住民，但當下水流十分強勁，很快就把「陽光號」帶走了。「我很惋惜他們沒能得到這些奢侈品，其心中的失望可以想像。」布雷希淡淡寫道。

如果「陽光號」受到原住民的包圍，故事結局大概就會完全不同。據說，火地島上居住著巨人族和食人族。那是一八七六年的十月，布雷希一家已經乘坐「陽光號」進行環球航行三個月了。他們此行從最初就遇到了挑戰：風暴中，巨大的海浪打上船，差一點帶走他們的船長與大女兒；曾一度險些沉船；還有一次則遇到火山噴發，塵暴捲到海上，甲板上落滿了火山灰和黑色塵埃。「令人欣慰的是，」布雷希發現，當艙裡再次湧進了滿滿的水、船隻還顛簸著前進時，「孩子們竟然不知恐懼為何物。」

安妮・艾爾納特（Annie Allnutt）與湯瑪斯・布雷希（Thomas Brassey）結婚時，她年方二十一，不久後先生成了一名國會議員，後又成為海軍大臣。湯瑪斯熱愛航海，因此婚後不久，兩人就大膽地出海遠行了。全程參與航行的還有他們的孩子，以及家中的所有寵物：兩隻哈巴狗、幾隻猴子、幾隻異地得來的鳥、一隻馬來西亞柔佛蘇丹所贈（像手鐲一樣緊緊趴在安妮手臂上）的小食蟻獸，還有一隻太平洋島國酋長送給安妮的豬。不過，一隻來自哥多華（Cordova）的小美洲獅被直接送到倫敦，畢竟孩子們都在船上，安妮認為把美洲獅送去動物園才是明智之舉。

安妮每天都會寫長長的信件回家，描述他們足跡所至的世界各地風土民情。她的家人強烈建議她讓這些文章出版問世，然後就有了《「陽光號」航海記》（*A Voyage in the 'Sunbeam'*）這本書。安妮對於細節的敏銳洞察力、她的個人魅力、幽默和好奇心，以及她對遙遠異地的生動描述，讓她獲得大批讀者支持，這本書最終也成了暢銷書。

雖然偶爾感染使她衰弱的瘧疾，但安妮・布雷希對每一場探險都傾注滿滿的熱情。她還試圖在世界各地建立聖約翰救護機構（St. John Ambulance）的分支，以此目標為己任，該救護機構是致力於提供急救、並教授急救知識的慈善單位。然而，顛簸的旅行還是帶走了她的生命。一八八七年九月，安妮得了一場久久未癒支氣管炎，身體虛弱的她在澳洲外海因感染瘧疾而去世。她死後被葬在了印度洋，最後一本日記是在身後出版，題名為《最後的旅行》（*The Last Voyage*）。深陷喪妻之痛的湯瑪斯將這本書題獻給了兩人的孩子：「我們無時無刻不在思念著她！⋯⋯ 我們知道她曾盡自己一切努力，力求這個世界變得比她所看到的更美好。」

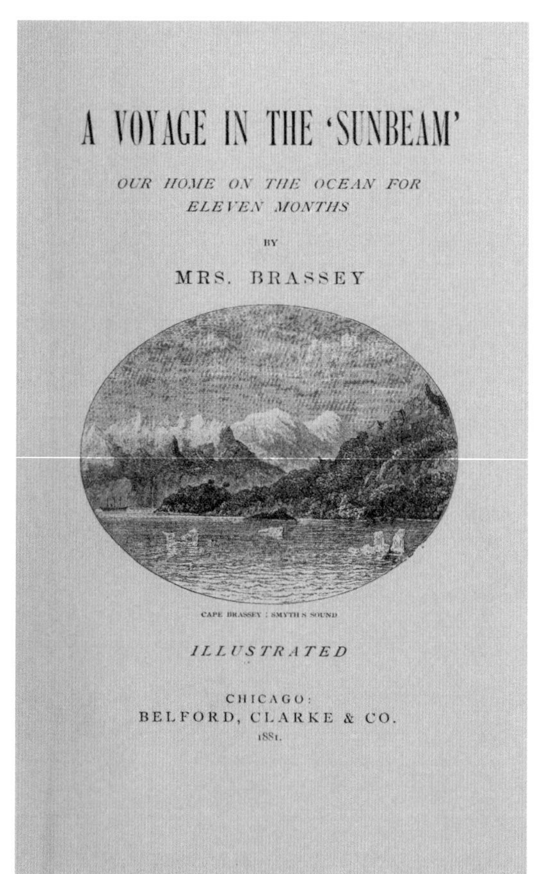
A VOYAGE IN THE 'SUNBEAM'

OUR HOME ON THE OCEAN FOR ELEVEN MONTHS

BY

MRS. BRASSEY

CAPE BRASSEY : SMYTH'S SOUND

ILLUSTRATED

CHICAGO:
BELFORD, CLARKE & CO.
1881.

布雷希描繪自己所到之處的方式，是藉由攝影並收藏其他專業攝影師的作品，她還在「陽光號」上布置了一間暗房。她筆下的一家人環球航行的紀錄，曾翻譯成十七種語言、出版過九種不同版本。

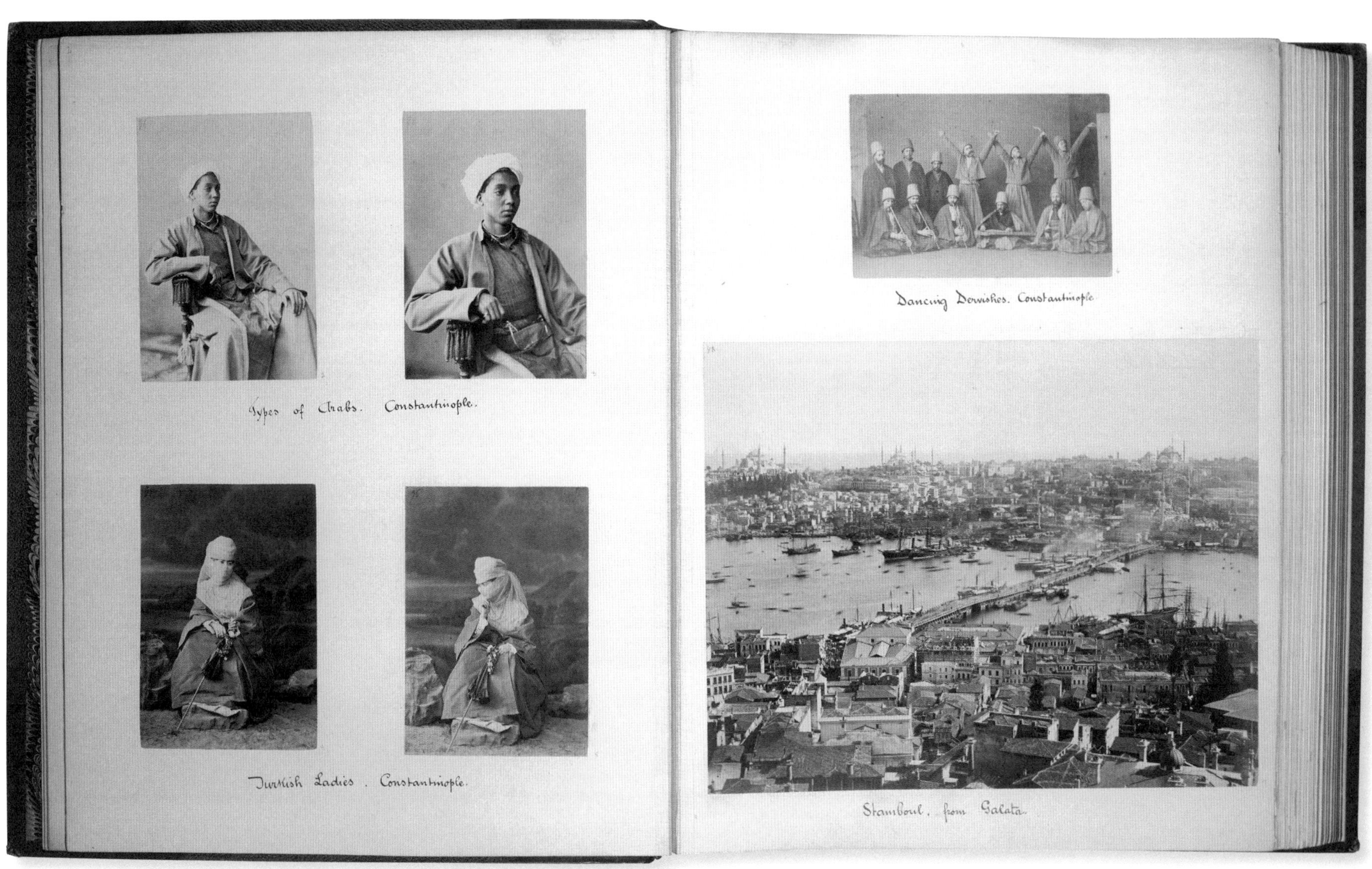
Types of Arabs. Constantinople.
Turkish Ladies. Constantinople.
Dancing Dervishes. Constantinople
Stamboul, from Galata

加布里耶・布雷（GABRIEL BRAY）

一七五〇～一八二三年

這些傢伙都是走私犯。
這些假漁民根本不捕魚，
他們的口袋裡永遠裝滿了錢。

長久以來，能夠記錄未知海岸線的製圖能力，都被視作一名優秀水手應具備的其中一項重要技能，也是海軍軍官所受正規教育中一門重要的課程。雖然越來越先進的製圖技術與迅速發展的攝影術漸漸代替了繪圖的需求，但軍官與航海人員依舊將繪圖當作自己的閒暇嗜好，以及一種能向家人、朋友描繪自己的旅程的途徑。手繪畫作常會隨著信件一起寄回家，之後也許還會被珍藏在代代相傳的家庭相簿裡。

加布里耶・布雷是水手之子，十五歲時就以一名艦長的隨侍身分加入了海軍。他在航海生涯的前六年內，曾服役於六艘不同的船。一七七〇年，布雷成功通過了海軍上尉的考試，但那時並沒有船供他服役。一七七三年的斯皮特黑德（Spithead）海上閱兵時，幸運之神降臨於正在皇家遊艇「奧古斯塔號」（Augusta）上幫忙的布雷身上。他悄悄畫下閱兵場面的素描，用整晚的時間完成這幅畫。第二天，他將畫作當成禮物獻給英王喬治三世（King George III）。國王顯然非常喜歡這幅畫，當場便宣布要為布雷晉升。

布雷是一位十分敏銳的藝術家，他在擔任海軍上尉並隨「帕拉斯號」（Pallas）巡防艦前往西非和牙買加的途中，創作了無數水彩畫。當時船上的艦長是威廉・康瓦利斯勳爵（Sir William Cornwallis），也是後來著名的海軍上將比利・布魯（Billy Blue）。他與納爾遜為好友，並在英法戰爭期間擔任「海峽艦隊」（Channel Fleet）的艦長。由於家族中人脈不足的緣故，布雷無法在擁有上尉軍銜後繼續升遷。於是，他轉而登上了緝私艦，指揮「活躍號」（Sprightly）、「進取號」（Enterprise）、「敏捷號」（Nimble）和「打擊號」（Scourge），保衛沿海地區、防堵走私。

一七七五至一八一五年間，為了支付與美國和法國的戰爭費用，英國強制針對各種奢侈品課稅，另外也對含食用鹽在內的日常用品徵收高額的稅。此舉促使英吉利海峽兩岸具有商業頭腦的漁民透過「交易」（即走私）來增加收入。大部分運往英格蘭的烈酒和煙草都會行經根息（Guernsey）島。來自根息島、康瓦耳的漁民便紛紛駕駛梯形帆帆船前進該地，並躲在隱蔽的小水灣中等待交易。據估計，在某段時期英國人所消費的茶中，只有百分之二十上繳了進口稅。而在肯特郡，非法進口的琴酒數量之多，當地人甚至會用來清潔窗戶。布雷的工作是攔截走私物品，在海上巡邏，有時還要上岸突擊檢查。據說在某個關鍵時機，他還曾擊退一名揮舞著雷筒槍銃的法國人。在所有驚險刺激的故事落幕後，布雷在多塞特擔任一名快樂的教會委員，安享晚年。

布雷擔任海軍上尉時曾經搭乘「帕拉斯號」前往非洲和加勒比地區視察並保護沿海地區的貿易站。他在自己的船艙裡利用鏡子畫出這幅自畫像。對頁左圖：一名水手扛著他的吊床。對頁右圖：此畫描繪的是布雷的友人正在欣賞他航海日誌中的這幅畫（左圖）。

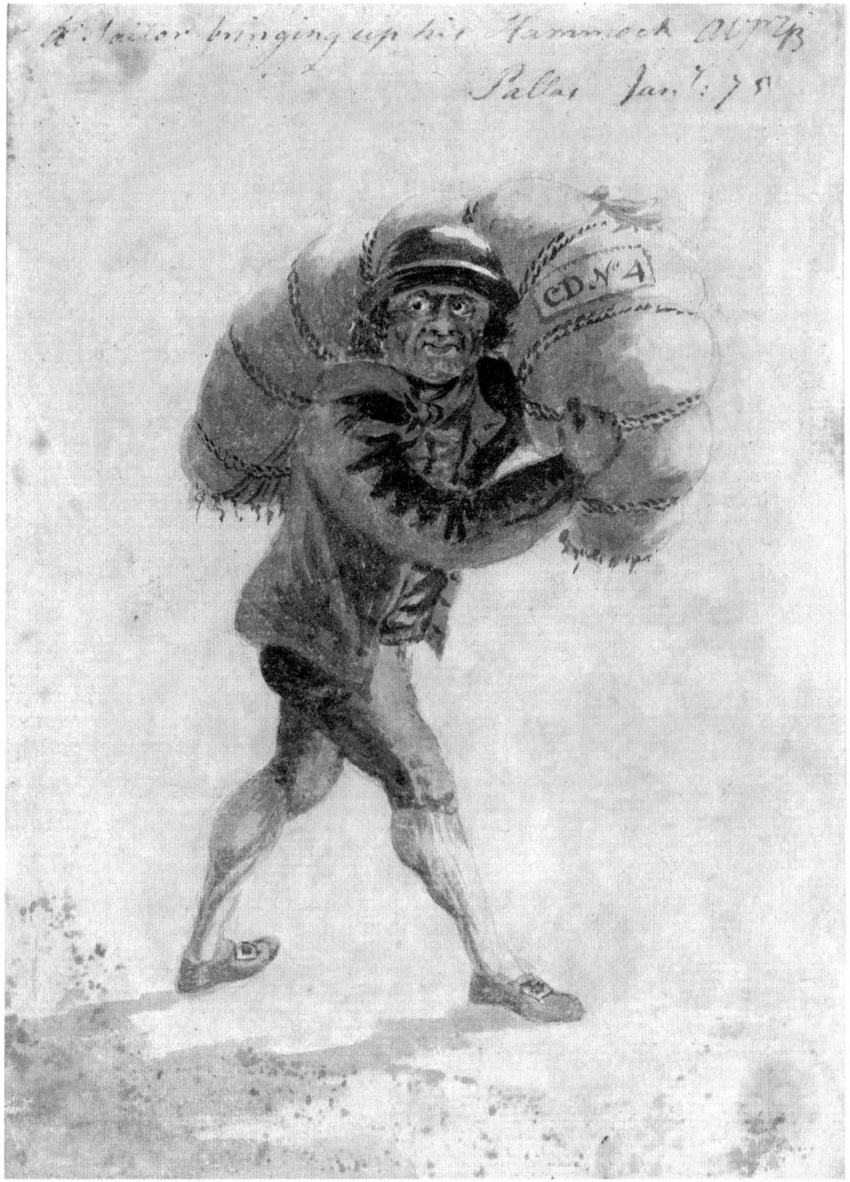
A Sailor bringing up his Hammock
Pallas Jan. 75
CD.N°4

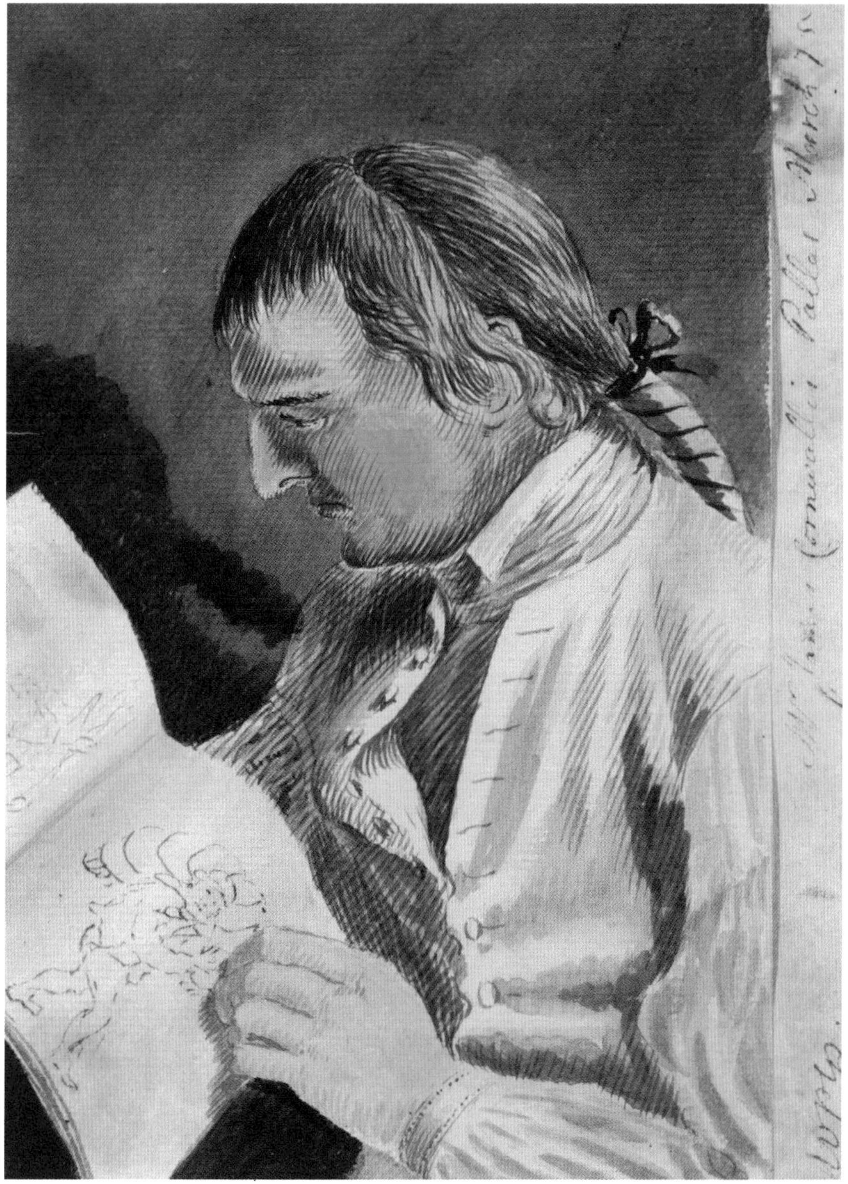

強尼・布羅克曼（JOHNNY BROCHMANN）

一九〇一～一九五七年

就這樣，那舉世聞名的海岸
出現在了海天交界處……

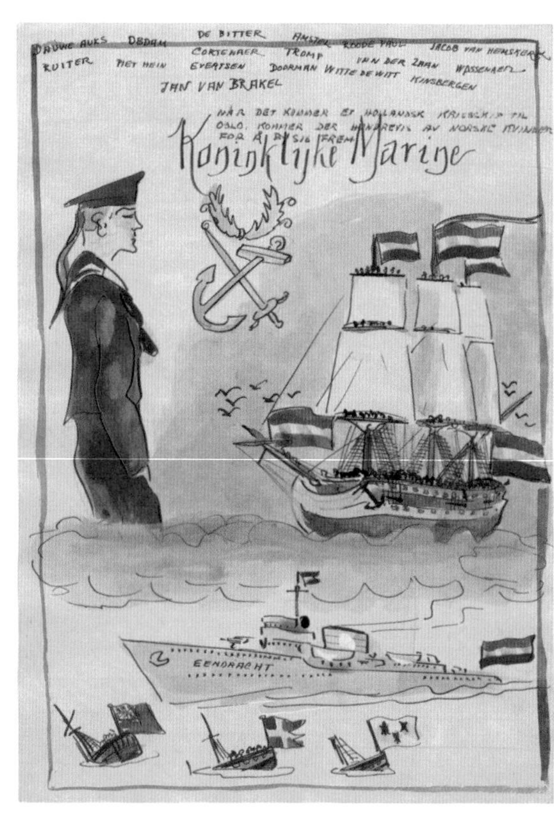

如今已少有人知道水手約翰尼斯（Johannes，或作「強尼」・布羅克曼）的名字，但他的畫作卻記錄了劃時代的重要事件，以及航海發展史中關鍵的轉捩點。他於一九〇一年出生在挪威的克里斯提安納（Christiana），在一九二〇年代曾是挪威皇家海軍軍校的學生。只要是在海上航行，他都持續作畫不輟，一直到二戰爆發為止。他的父親迪德里克（Diderik）是一名船長，還有一副因演唱水手歌而馳名的好歌喉。同時，他也負責編輯一份航運報。強尼在此背景下，會承襲家族的航海傳統而入行，也就不足為奇了。

十六歲時，他首次重要航行是隨「利根峽灣號」（Lygenfjord）汽船出海。這艘船最初是在格拉斯哥為一位希臘籍企業鉅子而建的，後來轉售他人，於一戰期間為挪威－美國郵輪航線（Norwegian America Line）運送郵件和貨物。布羅克曼是「船上最年輕的水手」，他在自己的素描本封面上用鋼筆自豪地寫道。布羅克曼在美國與挪威之間往返，這段期間他於船上服役，恰恰也是德國的U型艇在北大西洋不斷擊沉美國商船的危險時期。後來，美國海軍終於在一九一七年參與戰事。

一八三八年，布魯內爾（Brunel）用橡木打造的「大西方號」（Great Western），首度用十五天的時間橫渡大西洋——在當時是一項重要創舉。新世紀到來，像「茅利塔尼亞號」（Mauretania）這種具備蒸汽渦輪引擎和四葉螺槳的郵輪，則可進一步將航行縮減至五天以內。挪威－美國郵輪航線定期提供橫越大西洋的客運服務，載著歐洲的乘客前去紐約，而後又多了一條東非航線。在鼎盛時期，他們旗下運行中的船隊共有數量超過二十艘的船。承平時期，空中客運業將跨大西洋旅程時間從數天縮短到數小時，激烈的商業競爭之下，郵輪公司將重心轉向了貨物的集裝箱運輸業務。一九八四年，公司最後的兩艘郵輪被賣給冠達郵輪公司（Cunard）。而「利根峽灣號」也難逃被航速更快的船隻淘汰的命運，一九四〇年代二戰期間，該船被德軍截獲，後又被一艘英國潛艇擊沉。

一九一九年，布羅克曼在「卑爾根峽灣號」（Bergensfjord）遠洋客輪上擔任航信士的助理。這艘船是新一代輪船中的佼佼者，船上配備了馬可尼無線電和電燈，可容納一千兩百名乘客，其中大部分是盼望逃離戰爭的恐怖陰影、欲至新世界展開新生活的歐洲移民。一九二〇年，布羅克曼進入了荷坦（Horten）的海軍學校。後來，他的航行範圍主要都在挪威北部沿海，或南下到溫暖的西班牙和加納利（Canary）群島附近海域。在這些旅程途中，他仍舊作畫。

一九七〇年代，布羅克曼之子哈羅德（Harold）將布羅克曼的九本畫冊捐給了溫哥華海事博物館（Vancouver Maritime Museum）。布羅克曼的海事教學生涯將他從迦納（Ghana）和西印度群島，一路帶到了加拿大新斯科細亞（Nova Scotia）省。而他最終選擇定居在海灣群島（Gulf Islands）的鹽泉島（Salt Spring Island），更時常駕著他那艘「低語號」（Whisper）遊艇，在附近海域乘風破浪。他是鹽泉島遊艇俱樂部會長。一直到今天，他們仍將布羅克曼當年用過的六分儀當作船藝獎的獎盃來頒發。

布羅克曼的畫冊帶我們回到一九二一年他所乘的船上，行經大西洋的許多地方，也向北抵達北部挪威（Nordenfor Nordkap）。他畫了大量不同國籍的船隻，包含郵輪和貨船、飛剪船、戰鬥艦、明輪船、液貨船、拖船和捕鯨船，畫冊中還剪貼了各式各樣得自畫報和漫畫中的圖片。

NORDENFOR NORDKAP
1921
TOFTOF
TOFTOF
KADET BROCHMANN
DONK
PONK
TØSKERE
GØTEBORG
ARGENTINSK SKOLESKIB
ARMADA ARGENTINA
NIELS IUELL
„YANKEEN"
STYRMANDS-
ELEVEN
DEN
FASTE
FAMILIEFORSØR-
GEREN (MASKINIST
MEDECINEREN
VIKAGUTTEN
SKIPPEREN
DEN NORSKE SJØMAND
I KONGENS KLÆR

MERCATOR
NEWPORT
CEORG STAGG
SJØGUTEN
BESTEVAER
SKOLESKIBE
CIVILE

AMERIGO VESPUCCI
SAGRES
PRESIDENTE SARMIENTO
ALMIRANTE SALDANHA
SOUMEN JUTSEN
MILITÆRE SKOLESKIP
HORST WESSEL
LEGG MERKE TIL EN
HVILKENSOMHELST NORSK
KVINNE SOM ER I FØLGE
MED EN ELEV FRA ET
UTENLANDSK SKOLESKIP. HUN SETTER
ALTID SNYTESKAFTET SÅ HØYTT AT
DET REGNER NED I DET. SLÅR ALDRIG
FEIL.

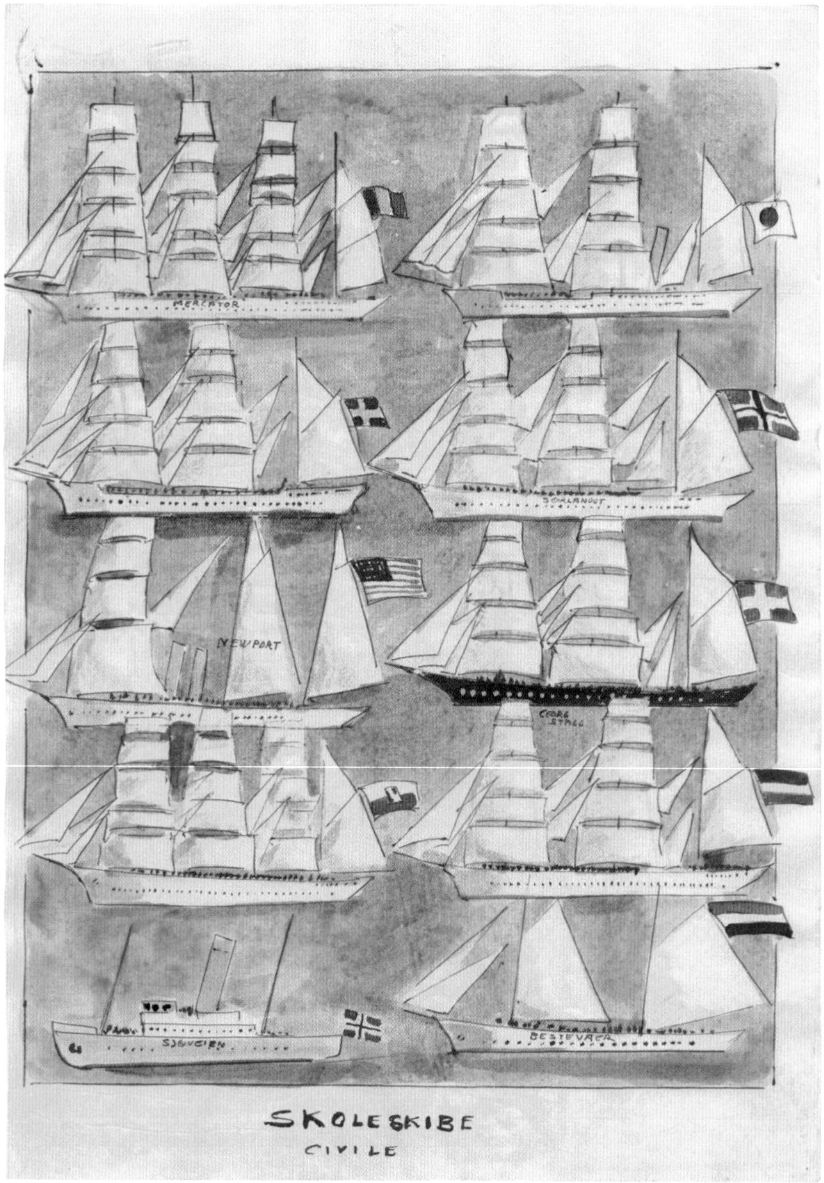

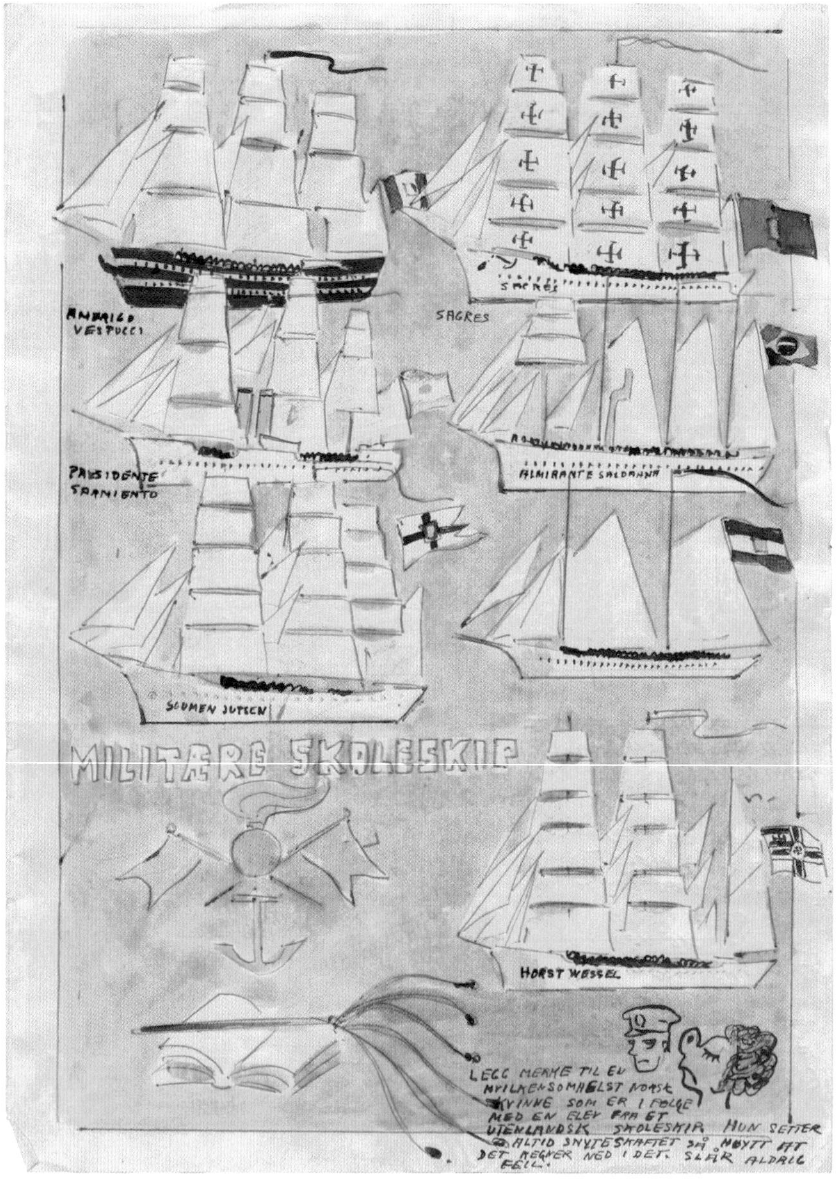

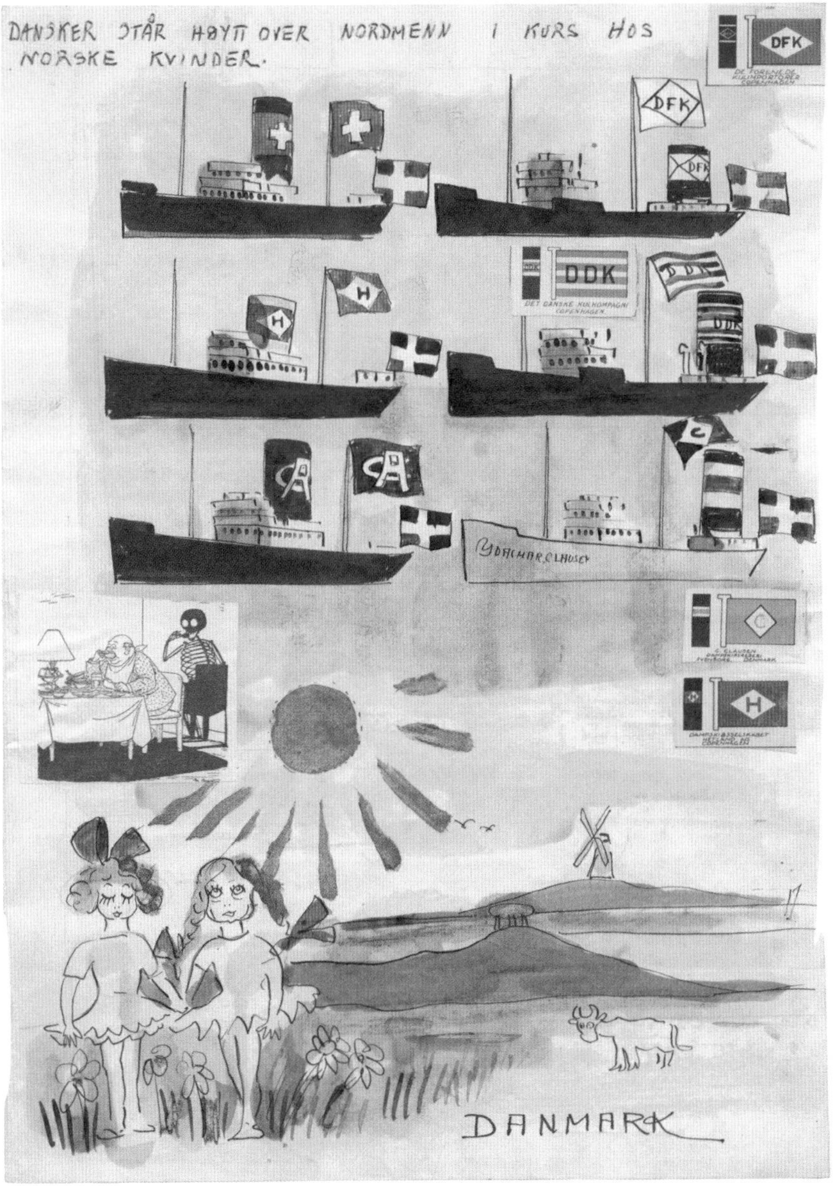

DANSKER STÅR HØYTT OVER NORDMENN I KURS HOS NORSKE KVINDER.

DANMARK

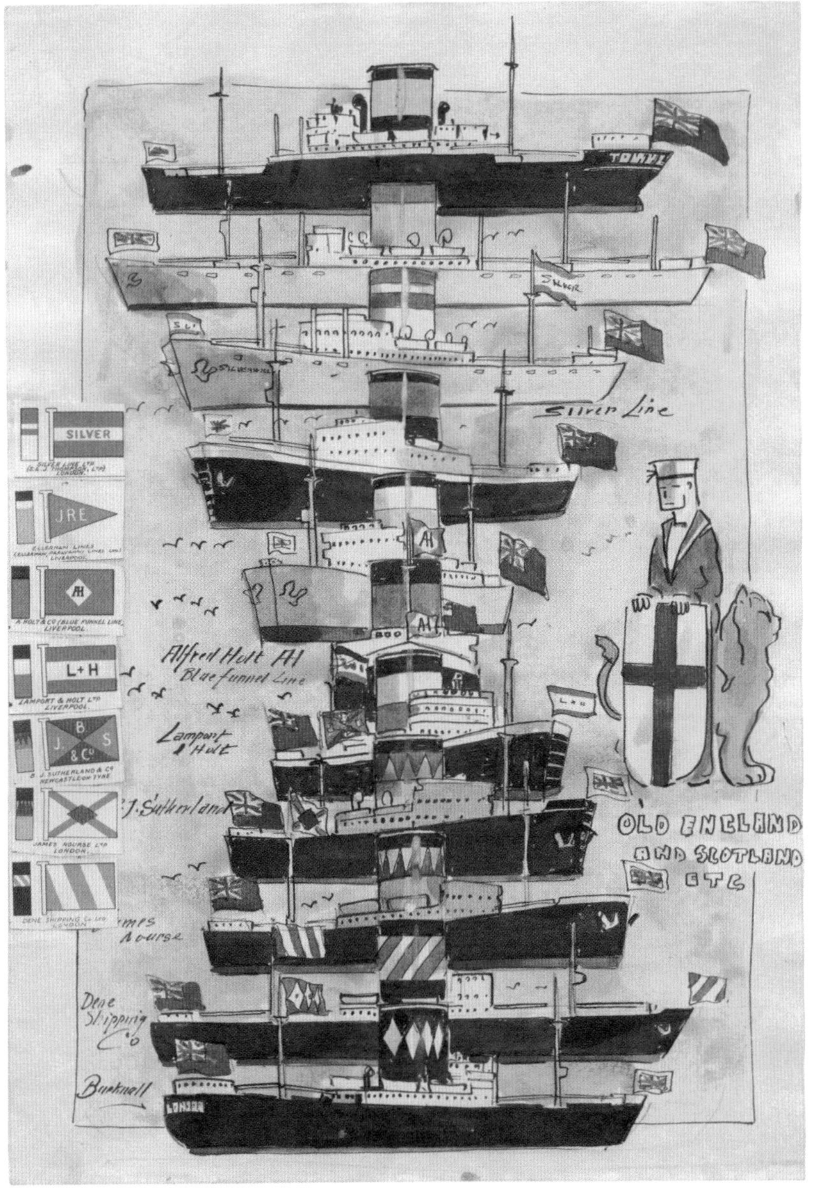

DERE BRUKER FOR STORT AGN!
I AALESUND BRUKAR ME TJUKKARE SNØRE, NAAR ME VE HA FISK
SLIKT SØKKE VILDE DØM LE AV HJEMME I FREDRIKSTAD
FOR TJUKT SNØRE!
DE KANKE VENTE AT FAA FISK MED SAA SMAA KROKER!
FORLITET AGN PAA!
FOR STORE KROKER!
FOR LANGE FORTOMMER PAA DET SNØRET!
HER FINNS VEL INGEN FISK VEL!
FISKING

NORSKE HVALBAATER
FORSØKER AT
STYRE UT FRA
LAS PALMAS

法蘭西斯·奇切斯特（FRANCIS CHICHESTER）

一九〇一～一九七二年

我想我是在船開始翻滾當下醒來的……
也或許海浪擊中船時我就醒了。四下一片漆黑。

法蘭西斯·奇切斯特多次被問到為何要在天空中和海上出生入死，他的答案很簡單，「因為冒險讓我的生命更加強大。」他出生在英格蘭西南部的德文（Devon）郡，經歷了不快樂的童年後，他離鄉前往紐西蘭發展。那年他才十八歲，口袋裡只有十金鎊。他在林業和房地產事業中獲得了成功，也因此致富。奇切斯特買了一架德·哈維蘭虎蛾機（de Havilland Gipsy Moth），並在紐西蘭空軍基地學會了駕駛飛機。一九二九年他回到英國探親，隨後決定駕駛飛機前往澳洲，為此他買了一架飛機，經歷十九天單人飛行後，安全抵達雪梨，在當地受到熱烈的歡迎。他是世界上第二個完成這一趟危險航程的人。

一九三一年，奇切斯特的目標是成為全世界第一個獨自飛越塔斯曼（Tasman）海的人。他只帶著一只六分儀、幾張對數圖表和一個綁在腿上的速寫本，在窄小的駕駛艙內飛行。中途他曾兩度降落，其中一次是在豪爵（Lord Howe）島上，在那裡，他的飛機沉沒，因此他必須重建飛機才能再次起飛、平安抵達目的地。到了澳洲之後，奇切斯特又展開創舉——獨自飛往日本；他希望藉此開啟一場史詩級環球探險。然而飛機後來撞上了電線，導致奇切斯特受重傷，飛機也受損到無法修復的地步。

出院後，奇切斯特誓言要東山再起，自此轉而加入了航海競賽。二戰結束後，他先上船擔任領航員，隨後又在一九五三年擁有屬於自己的船：「虎蛾二號」（Gipsy Moth II）。之後一年，他診斷出罹患肺癌，醫生還告訴他只剩下六個月的生命。但他身體的復元狀況堪稱理想，足以讓他奪下一九六〇年第一屆單人橫渡大西洋航海賽的冠軍。年屆六十五歲時，奇切斯特因完成了單人環球航行而享譽全球。一九六六年，他駕駛新的「虎蛾四號」（Gipsy Moth IV）雙桅帆船從普利茅斯出海，用兩百六十六天完成了環球航行，中途只在澳洲靠岸停泊一次。而他心目中的英雄約書亞·史洛坎（Joshua Slocum）在一八九八年，則是歷時三年多才完成首次單人環球航行，中途還多次靠岸。

奇切斯特回到故鄉時，超過二十五萬人聚集在港邊歡迎他的歸來。沒過多久，世界各地陸續為他舉辦了慶功晚宴。一九六七年，英女王也用先祖伊莉莎白一世手持的同一把劍——當時是用來授予完成環球航行的英國第一人法蘭西斯·德雷克爵位——將奇切斯特冊封為爵士。

奇切斯特最終仍在一九七二年死於癌症。「虎蛾四號」曾在倫敦的格林威治展出一段時間，與著名的飛剪船「卡提薩爾克號」（Cutty Sark）並陳於乾式船塢中。所幸，「虎蛾四號」並未就此湮沒於歷史當中，該船現在為一個公益信託組織所有，當作訓練用船——依舊激勵著一代又一代的後輩冒險家。

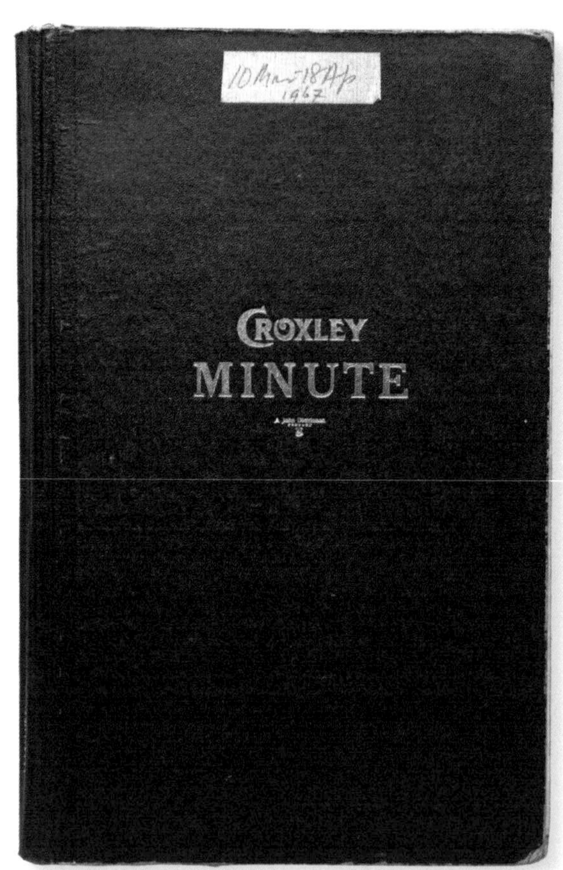

在環球航行創舉中，奇切斯特當時所寫的幾本珍貴日誌的其中之一。一九六七年三月二十六日，晚間九點零五分，他寫下「大新聞！今天我走完一半路程了……」。奇切斯特在這次航行中不僅破了紀錄，還訂定了新的成功標準。關於他當時駕駛的帆船，日誌這麼描述：「『虎蛾四號』的脾氣又壞又難操作，需要三名『船員』通力合作才駕馭得了。這三名船員分別得是一名領航員、一頭能轉動舵柄的大象，以及一隻手臂超過二點五公尺長的黑猩猩——負責到甲板底下操作船上的設備。」

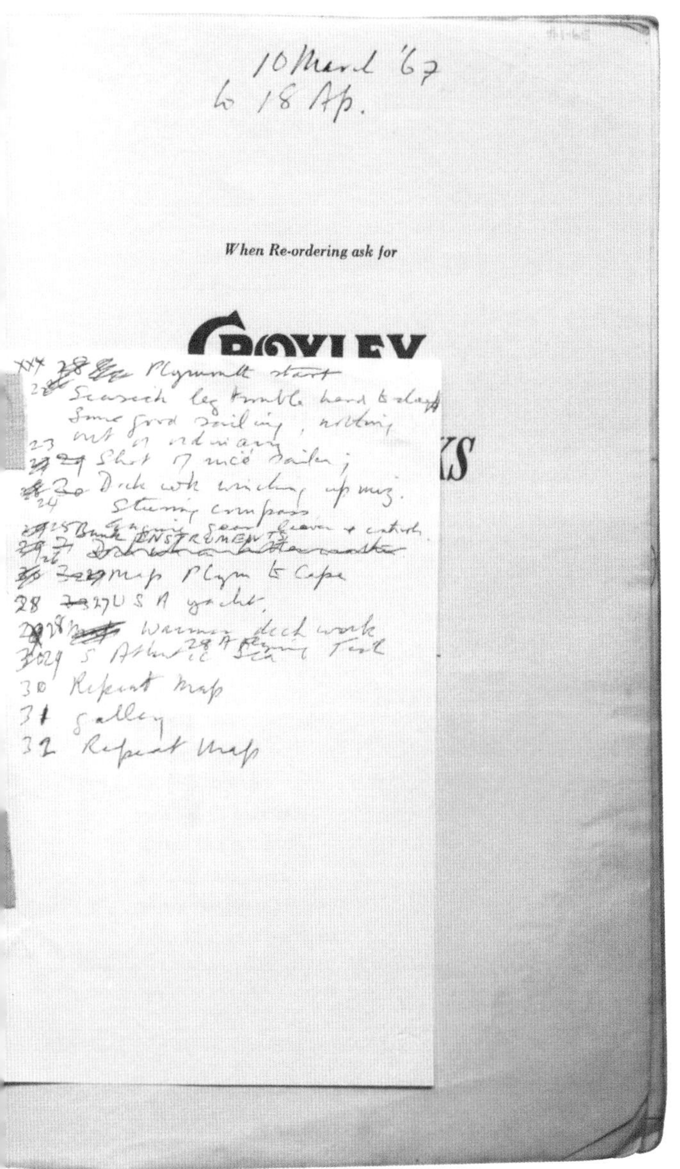
When Re-ordering ask for

路易斯・喬里斯（LOUIS CHORIS）

一七九五一～一八二八年

願上帝保佑我們的船不在這片海域遇難！

路易斯・喬里斯是個德裔烏克蘭人，出生於葉卡特里諾（Ekaterinoslav，今烏克蘭聶伯〔Dnipro〕）。一八一五年，當時的喬里斯是生活在聖彼德堡的年輕藝術家，獲選將參與一場偉大的冒險。他以官方繪師的身分，登上了由政治家魯緬采夫伯爵（Count Rumyantsev）贊助，並由奧托・馮・科策標（Otto von Kotzebue）所指揮的「魯里克號」（Rurik）探險船。此前，還不滿二十歲的他就曾擔任植物繪師，參加過一次前往高加索地區的遠征探險，並從此在莫斯科藝術圈中漸漸累積了一些聲勢。此次探險的目的，是要在阿拉斯加沿海尋找一條能夠穿過白令海峽的航道，這樣一來俄國人便得以不必繞過合恩角（Cape Horn）、直接為他們在加州和阿拉斯加之間的貿易站提供補給。「魯里克號」上載著二十七名探險隊員，其中包括馮・科策標船長，以及一個由德國詩人暨植物學家阿德爾伯特・馮・夏米索（Adelbert von Chamisso）帶領的小型科學考察團。

「魯里克號」在七月時從聖彼德堡出發，繞過南美洲，短暫於智利停留後，就一路向北穿過太平洋、前往堪察加（Kamchatka）半島過冬。一八一六年夏天，探險隊探索了白令海峽和烏納拉斯卡（Unalaska）的阿留申（Aleutian）群島。在秋天來臨之際，他們前往加州補充新鮮肉類和蔬菜，並在十月大部分的時間內，都將船停泊在舊金山灣內。這讓喬里斯有充足的時間來記錄當地的居民和野生動物。他寫道：「岩石上幾乎到處都有海獅趴著。陸地上還有很多的熊。西班牙人想要找樂子的時候，就會活捉幾隻熊，然後讓熊和公牛決鬥。」

從一八一六年十一月到隔年三月，船隊在夏威夷島（當時稱為桑威赤群島）停留了數月，他們在這裡巡遊、測繪和記錄。到了秋天，第二度前往北極的喬里斯得到更多機會能在日誌中記錄所見所聞。他們的探險船在一八一七年夏天又來到北極，但他們受到疾病和超乎預期的覆冰量威脅，馮・科策標因此不得不決定在七月返航。在途經關島、菲律賓、南非和倫敦後，這支探險隊於一八一八年八月完成了環球航行，回到聖彼德堡。

喬里斯在一八一九年前往巴黎，找到法國最傑出的印刷商，用先進的平板印刷技術來複印自己在環球科學考察中完成的畫作。他藉由預售的方式，賣出了一百多本裝幀奢華的對開本珍藏畫冊，爭相購買的大群顧客中有俄國沙皇、法國國王和普魯士國王。

帶著對冒險始終無法抗拒的心，和錢多得把口袋都要燒穿似的飄飄然，喬里斯一八二七年又離開了法國前往南美洲，希望能研究當地的原住民，並以他們為主題寫生作畫。但此行卻讓喬里斯有去無返。從維拉克魯斯（Veracruz）沿墨西哥灣海岸北上墨西哥城的途中，喬里斯和同伴遇上劫匪襲擊，並遭到殺害。

喬里斯的畫冊中有一些目前已知因紐特人（Iñupiat）最早的人像描繪，他們居住在今天的楚克奇海（Chukchi Sea）南部海岸的科策標（該地以探險船船長命名）。畫冊中還有白令海峽沿岸的其他原住民族。

對頁：〈堪察加海上的聖保羅島之景〉（Vue de l'ile de St Paul dans la mer de Kamtchatka）描繪一位尤皮克人（Yupik）頭戴獨特的曲木製半圓錐形帽子、身穿海豹腸做的帕可外套（parka）；正划著短艉小輕艇準備獵海獅。

Choris del.

Imp. Lith. de Bove dirigée par Noel ainé & Ce

Vüe de l'île de St Paul dans la mer de Kamtchatka (avec des lions marins)

阿拉斯加沿海許多原住民族——如阿留申人和因紐特人——都有在嘴唇下方穿孔並佩戴唇部飾物的傳統。從不同的飾物，可看出佩帶者所屬部族領土的地域性，和此人的社會地位。最初這些飾物都是由骨頭或海洋生物的牙齒製成。隨著與外界交流越來越頻繁，他們也會用貿易換來的藍色玻璃珠當作裝飾。

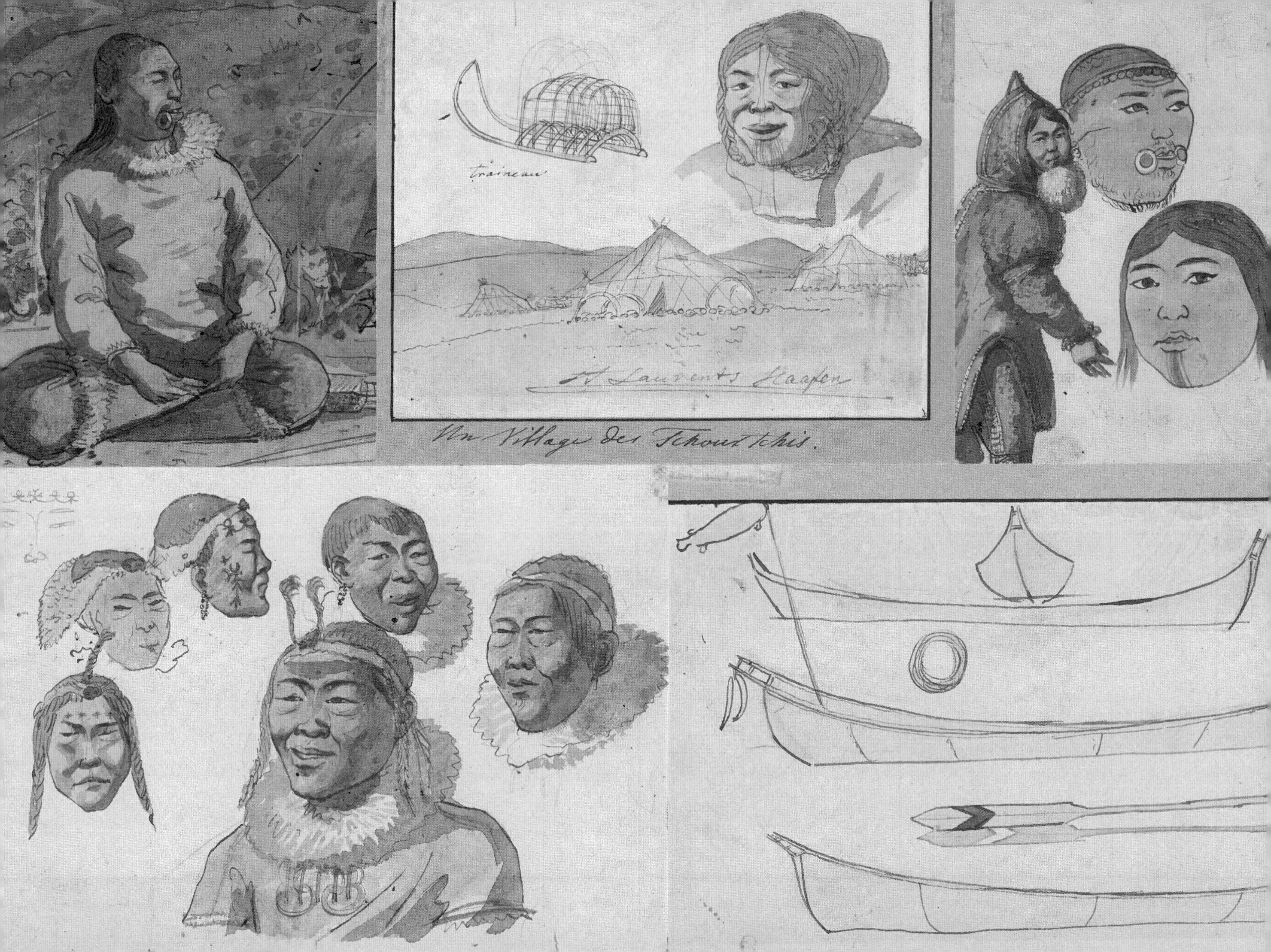

traineau
St Laurents Haafen
Un Village des Tchoutchis.

對頁：喬里斯透過近距離觀察，描繪了一群海獅。有人說，喬里斯「眼中的大自然是什麼樣子，他畫出來的作品就是什麼樣子。他的藝術創作精髓就是真實；畫作流露出清新而富有活力的人生觀；對事物的描摹中亦展現了他的原創性」。

下圖：科策標在他的航行報告中，加入了許多根據喬里斯的素描所繪的插圖，其中包括這幅他在北美相當南邊觀察到的「加利福尼亞人舞蹈時頭頂的髮型」，原圖繪於今天的舊金山。

XII
Lith. de Langlumé.
Coiffures de danse des habitans de la Californie.

弗瑞德立克·邱池（FREDERIC CHURCH）

一八二六～一九〇〇年

願上帝保佑我們的船不在這片海域遇難！

幾世紀以來，航海家出於各種不同原因，而動身前往遙遠的北方。早期的探險家試圖找到傳說中的各條西北航道（Northwest Passage）。相形之下，漁民和捕鯨者更稱得上真正的先鋒拓荒者。在這之後，藝術圈也開始對高緯地區的風景著迷不已。美國畫家弗瑞德立克·邱池在捕鯨業逐漸衰退的年代，致力向大眾傳遞饒富壯麗景象、嚴酷艱險的環境和迷人浪漫主義情調的北極圖景。一八六一年，當他那幅耀眼的布面油畫〈冰山〉（The Icebergs）在紐約亮相時，一家報紙這麼描述：「是我們國內前所未見、極致壯麗的藝術創作。」

此前，邱池曾遠行至南美洲並將旅行中見到的奇觀繪成風景畫，他因為這些畫而在藝術圈聲名大噪。一八五七年，他又去參觀了壯觀的尼加拉（Niagara）瀑布。一八五九年，邱池響亮的名氣，加上倫敦向他發出的展覽邀請，讓他決定登上「梅林號」（Merlin）汽船向北探索。在一個月的航行中，他們穿越北大西洋前往紐芬蘭和拉布拉多等地。抵達後，他租下「正直號」（Integrity）雙桅帆船以便更加接近冰原地區。邱池不僅克服了暈船，甚至還划著小划艇，穿梭在冰山之間寫生。

他的牧師友人路易斯·諾布勒（Louis Noble）當時便與他同行，兩人後來更合著了航海旅行的相關著作：《與畫家親歷冰川後》（*After Icebergs with a Painter*），於是此書又燃起大眾對邱池畫作益發大的興趣。「我們曾一度把海中捲起的大浪當作獵物來追逐；我們馳騁的荒野就是那片海；所乘的駿馬則是那艘如有雙翼的小船；我們的手臂是鉛筆和鋼筆；獵袋則是我們的公文夾、油彩盒和筆記本。」有趣的是，在《冰山》於美國登場、而後尚未移至英國展出這段期間，邱池又在畫上補了一根破損的桅杆，也許既是一種比例尺，也是向遇難的「法蘭克林」探險隊（Franklin）致哀。到今天，邱池的畫作依然提醒著我們：在如此廣闊——也有其脆弱一面——的環境之前，人類的力量總顯得易於傾危。

路易斯·諾布勒與邱池一同完成了一八五九年的北極探險，並將他們的經歷寫成一本書。在書中，他寫道：「那光影交錯、色彩斑斕而變化多端的景象，再加上無數光線的反射，就瀰漫在我們四面八方。」

對頁：邱池從波士頓前往新斯科細亞和紐芬蘭，然後再北上拉布拉多。他的寫生簿是為日後繪畫提供靈感的素材庫，包括傑作《冰山》也是靠這本寫生簿完成的。邱池於一八五九年七月四日創作了這幅油畫習作。

威廉・柯次（WILLIAM COATES）

一八六五～一九一七年

上帝保佑我！
命如草芥，適逢恐怖時刻。

他藉由作畫來逃避戰爭帶來的恐懼。無論是來自頭頂上雙翼飛機的轟炸、不知埋在何處的地雷引爆後旋即奪命，或是遭水中潛艇發射的魚雷擊沉——隨時可能灰飛煙滅的陰影如影隨形。每天，這艘英國小船上的人都因為命運未卜而戰兢度日，船長則透過畫畫暫時忘卻眼前的困境，直到夜深。船長在自己的船艙內，用顏料和鋼筆重新想像他們在第一次世界大戰九死一生的場景，並假裝自己身處一艘十八世紀的雙桅船上。可惜，他的氣數將終，最後來不及完成這本畫冊。

世人對英國皇家海軍後備隊（Royal Naval Reserve）司令——威廉・赫伯特・柯次（William Herbert Coates）所知甚少。就跟成千上萬的男子一樣，他受到一九一四年的徵召，並相信眾志成城、同心協力下，戰爭一定會在耶誕節之前結束。但他也像成千上萬的男子一樣，有去無回。他指揮的「克拉克頓號」（Clacton）曾是屬於大東方鐵路公司（Great Eastern Railway）的海峽小型郵政船，也是自戰爭初期就被海軍徵用的數百艘船艦之一，供軍方用作掃雷艇。「克拉克頓號」於十二月離開朴次茅斯，前往奧克尼（Orkaney）群島進行了一次訓練航行，隨後便與艦隊會合、前往馬爾他，再繼續挺進希臘的林諾斯島（Lemnos）。根據溫斯頓・邱吉爾（Winston Churchill）的部署，協約國的船隊要在這裡會師，共同強行突破達達尼爾海峽（Dardanelles），直逼君士坦丁堡。

一九一五年三月十八日的第一次嘗試演變成一場災難。一處出人意料的土耳其雷區摧毀了五艘協約國戰艦。「克拉克頓號」最後得負責將部隊運送到作戰區，並載回傷患到醫療船上。在一九一五年四月二十五日這天，該船還負責運送士兵至加利波利（Gallipoli）半島上一片荒蕪的赫勒斯角（Cape Helles）。這是一場血腥的大屠殺，奧斯曼帝國的子彈從城堡上如雨點般打下來，數以千計名士兵陣亡。儘管協約國後來贏得了一處小小的據點，最終他們仍將人員撤離此處。

一九一六年八月三日，「克拉克頓號」在愛琴海遭一艘德國U型潛艇擊沉。共有五人傷亡，其中有兩名軍官和三名船員，但柯次在這次沉船中得以倖存，並參加了另一天的戰鬥，他也因為「英勇表現」而被授予殊功勛章（DSO，Distinguished Service Order）。他甚至還完整地保留了他的寫生簿。沉船中大難不死的柯次隨後被任命為「知更鳥號」（Redbreast）指揮官。「知更鳥號」是船隊中的傳令艦，同時也是偽裝商船（Q-ship；或作Q型船），被稱作「神祕的船」。其任務是在最危險的前方作為誘餌，引開德國U型潛艇的水面攻擊。一九一七年七月十五日，該船被UC-38號潛艇鎖定追蹤，最終遭擊沉。指揮官柯次和四十三名船員殉職。最後，有人發現少數幾具屍體，將其埋葬在附近一座島上。

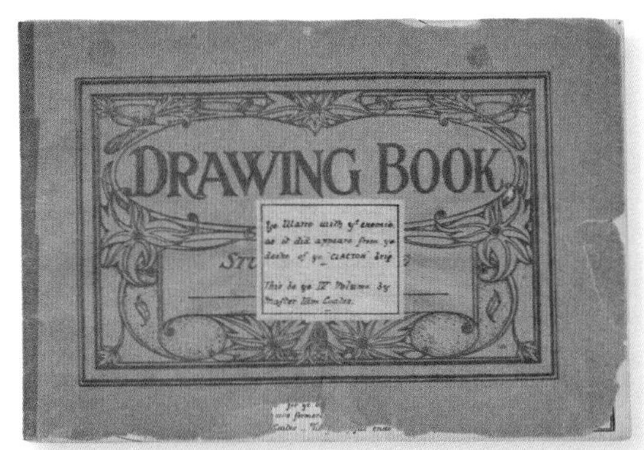

柯次在第一次世界大戰硝煙瀰漫的戰場上所用的畫冊，很幸運地得以留存下來。對頁的畫是柯次自己想像出來的「羅恩號」（Rowan），在畫中遭到德國飛機「怪異鳥」（monstrous bird）轟炸。後頁，則是柯次眼中「克拉克頓號」船長室的室內空間圖。另外他也描繪了在他想像中，自己與船員在終戰後去當海盜，在托土加（Tortuga）埋藏寶藏的場景。

ROWAN.
Mercy me ; wee libe in fearſome tymes.
For ye Huns , by meanes of Blacke and Magick Arts , hath debised a monſtrous Bird , ye which, it is said, spits fyres & arrowes. This Beaste attacked ye hired armed brig, ye "ROWAN", dropping bombes & lances , & retired. She retourned an houre later with more bombes, — but ye "ROWAN" plied ye beaste soe diligentlie with musquet shotte that ye bird fled. About ye ſame tyme ye fine brig, ye "SNAEFELL", was fired on by ye gunne, commonlie knowne as "Bulgar Bill", & hitte atte ye sterne.
It is said that ye abobe foule birds hath eben attacked ye large frigate "ENDYMION", ye MONITOURE, & ye "SNAEFELL", H.M. armed brig, but were soone driben off.

QUARTER GALLERY
TENEDOS
YE DARDANELLES
Castel
Castel
YE GALLIPOLI PENINSULA
YE GOLFE OF XANOS
MAGNETICK
Ye Cabbin of ye Captayne.
in ye Olde Brig, ye "Clacton"
Anno Domini 1915.

And when ye Warre be over
I warrant Coates once more
will feeke hys Treafure-trover
on Cerne's golden fhore.
1789.
Ye Societie of ye Tortoife.
And often-time he thinketh
of ye ftirring days of olde
when ye treafure fo ill-gotten
was hid by pyrates bolde.
Olde Songe.

亞德里安・寇能（ADRIAEN COENEN）

一五一四～一五八七年

這種生物皮膚沒有鱗片，帶有一種皮革質地，
泛著鉛灰色……在喉嚨中，活像啤酒桶那麼大的舌頭，
看上去簡直就像一塊肝臟。

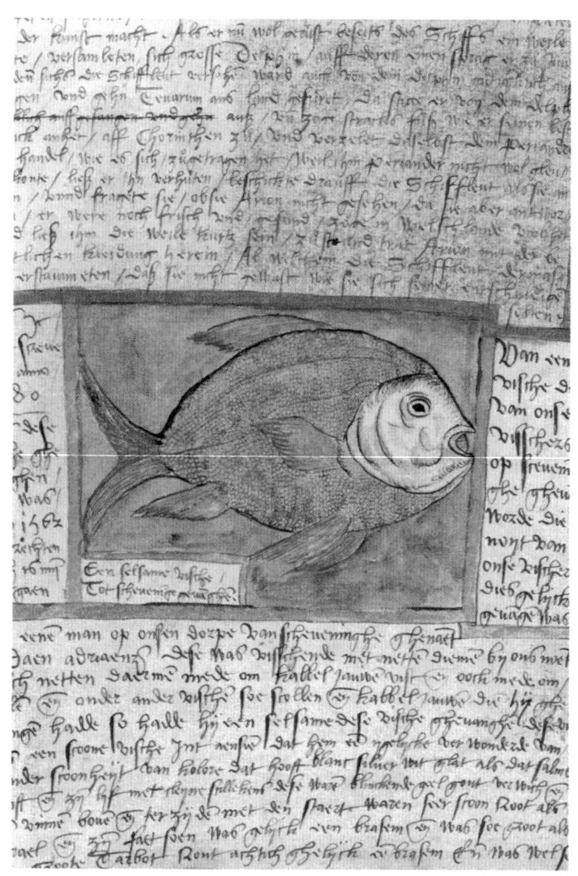

一五七七年，在荷蘭斯海弗寧恩（Scheveningen）的漁村中，亞德里安・寇能開始著手創作他的《魚之書》（*Visboek*）。此後超過三年的時間內，他傾注了自己對沿海風貌、水域、漁場以及海洋生物的全部知識，寫就一部洋洋灑灑八百頁、充滿濱海生活情趣的大部頭著作。亞德里安早先是漁民，後來曾身任沉船貨物管理員和漁市拍賣商。儘管未受太多正規教育，他卻因雄心勃勃的著書計畫而聞名、結識了許多專家、學者和荷蘭的貴族。沒過多久，他甚至與威廉一世（奧蘭治親王）建立起私交。

漁夫和水手陸續送來他們捕到的珍奇生物，他將其中的許多樣本乾燥處理、製成標本，並陳列在家中。學術界授予他閱覽珍貴典籍的許可，他因而得以查閱大量珍稀資料並藉此著述。包括海牙法院的院長柯內利斯・瑟伊斯（Cornelis Suys）在內的贊助人也送來了一些書冊，其中描繪了許多稀奇古怪的海洋生物。

寇能還研究內容博學的巨著，如奧勞斯・芒努斯（Olaus Magnus）的《北地之民的歷史》（*Historia de Gentibus Septentrionalibus*）。他將這些著作中海洋相關的敘述去蕪存菁，再加上自己的見解，繪製成獨具風格的圖畫。在寇能自己的書中，他描述了魚類容易被聲音吸引的特質，並介紹一種用鈴鐺釣魚的方法。他還根據自己的觀察，繪製了一幅「海豚賞樂」的場景：漁夫彈奏著豎琴，引來好幾隻海豚隨琴聲環游在船的周圍。演奏結束後，海豚紛紛用尾鰭大力拍打水面，彷彿在對美妙的音樂喝采答謝。

寇能的書就像一口滿載好奇心的寶箱，有海事相關的素描、歷史年鑑和神話故事等主題，同時也是一部根據親身經歷寫成、讚頌漁民生活的海洋世界大全——有海妖、獨眼巨人，還有人魚。儘管寇能對人魚的存在始終存疑，說道：「到一五七九年為止，我還從未碰過任何一個親眼見過人魚的人。」女身與男身的人魚形象卻依然頻繁出現在他的書中。他還講述了某些奇異漁民的故事。其中有一位一四〇三年在荷蘭小鎮皮爾默（Purmer）被人發現的奇女子：她在海中覓食與休息，渾身是苔蘚和黏液。

寇能是個精明的商人。他著書不僅為了傳播知識的目的，更將書本當作一筆大生意來經營。他定期將自己的日誌陳列於海牙市政廳，向前來觀賞展覽的人收費。不僅如此，他還展出自己珍奇的收藏品，比如一隻巨魷，最終還將它賣給了富有的收藏家。寇能的《魚之書》對於十六世紀當時的海洋生物、漁業與造船技術的發展，寫下了詳盡而有深度的記述，故而是一份珍貴的紀錄。不僅如此，此書還是獻給有關海洋的奇思異想的禮讚：在那片蔚藍海水的深處，藏著無數超乎想像的驚喜。

寇能在一五四六年十月二十一日於地方上的漁市，買下了一隻巨大的大王烏賊。他還研究了當地漁民捕獲的其他魷魚，並引述皮耶爾・比隆（Pierre Belon）的法文文本。在左圖以及右頁的最右方，可見到他所繪製的一整排的淡水魚。

後頁：《魚之書》中最美的其中一張畫作便是這條飛魚。有人在熱帶海域發現了牠，暱稱為「海燕」（sea swallow）。書中另一幅令人稱奇的畫作是〈以真實尺寸繪製的鯨魚肖像畫〉（The true Portrait and size of a Whale），畫中鯨魚是於一五七七年捕獲的。

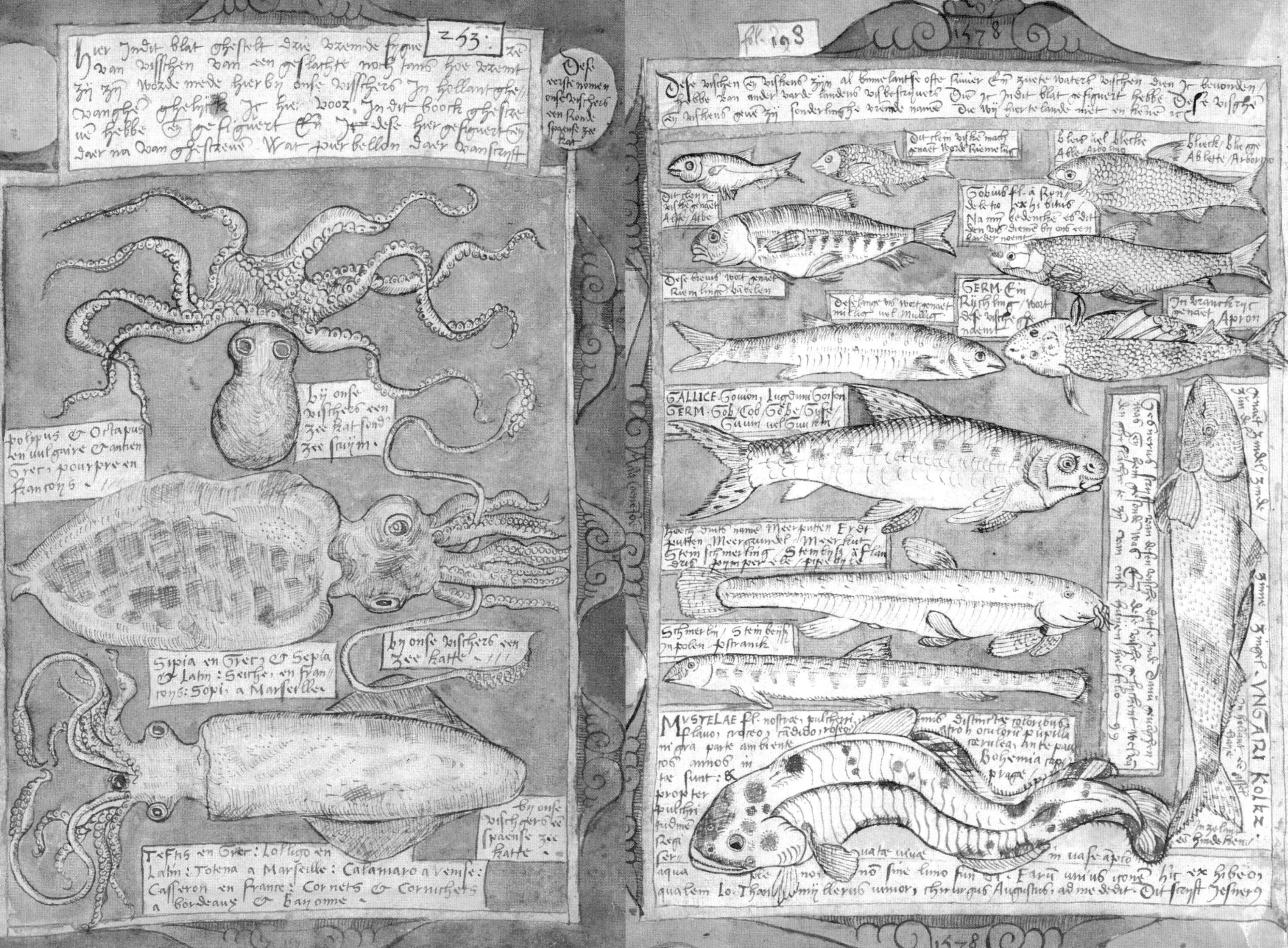
253:
fol. 198
1578
GERM·
GALLICE
Apron
MVSTELAE
VNGARI KOLKZ
1578

Von etlichen Fischen die Ihre farb endern.

HIRVNDO

Fliegender Rotfisch

1577
45

逐水漂流

羅茲・薩維奇（ROZ SAVAGE）

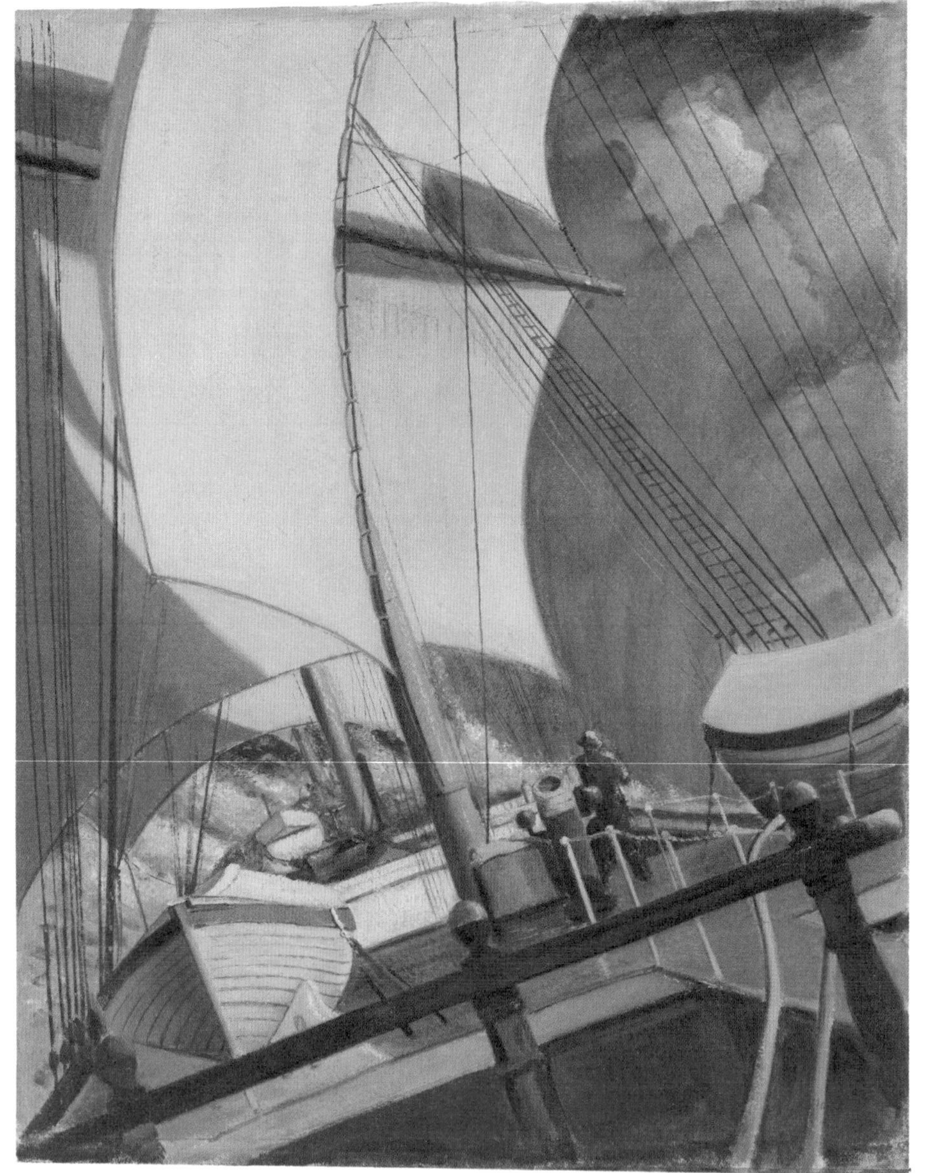

勇氣是抵抗和掌控恐懼，而不是讓恐懼消失。

——馬克・吐溫（JAMES ELROY FLECKER），一八九四年

那是二〇〇五年一個週六夜晚；北緯二十五度三十九分、西經二十四度二十四分。若我是一般人，這時也許正在和朋友喝一杯。但偏偏我不是，不再是了。我開始了這份工作，並在這新的生活模式中，投入了所有可能投入的東西。此刻，我正孤獨地躺在一艘已經離非洲西海岸八百公里遠的小型遠洋划艇中。我的目的地是離我尚有三千兩百公里之遙的地方：西印度群島的安提瓜（Antigua）島。

風向著我吹，所以我把船錨放下以防船被風往後帶。我躺在小船艙裡的鋪位上。這個空間的長寬幾乎只有一張雙人床那麼大，在我頭部後方逐漸變窄、大約窄到剩四十五公分寬。艙頂最高處還不到一公尺。這是個溫馨但不太舒服的空間，而且躺著比坐著合適。

這裡的空氣黏黏的，也不流通。這個小船艙是個浮力室，能夠幫助船身在翻船後自行扶正。為了防止睡著時有風灌進艙內，我關上了艙口和通風孔，只留下頭頂上方一個小通氣口，以利空氣流通。某些夜晚，我能透過這個通氣口看到星星和月亮，這時天幕上的星月會隨著小船搖擺，彷彿在我眼前的夜空漫天舞蹈。但今晚並非如此，而是個陰沉、漆黑的夜晚。

我的零食袋在船艙地板下的儲物櫃不斷飄出淡淡巧克力和薑糖味。起初這讓我有點嘴饞，而現在則已讓我聞到有些噁心了。現在我的口中發乾——如果我知道自己會被困在艙內動彈不得好些時間（想要小解只能上去用駕駛艙裡的便盆，這很討厭），我往往會刻意要自己少喝水。船艙裡不安靜，不過四周聲響是很能撫慰人的那種。船身嘎吱作響；水拍打在船上；我頭後方的舵被水渦捲得嗞嗞作響。在這些聲音的間隙裡，我還聽到了大海的嘆息，和海風的呼吸吐納。

當船錨泊在海上時，船身的運動是不一樣的：有時抽動、有時拉緊，就像一隻拴上了皮帶的小獵犬一樣。我們左搖右擺，有時還繞了一整圈。有時晃到高處時，連著船錨的鏈子都被拉緊了，我們就會被猛地拽回去。偶爾，一波巨浪像特快列車一樣湧過船的一側，整艘船會傾斜到將近六十度。

我並不害怕。大海很粗暴，但我的「賽德納號」（Sedna）曾在更艱險的情況下證明了它的適航性。但我也不會懈怠、失去警惕。即使在睡著的時候，我的耳朵也能分辨任何陌生的聲響，任何船槳、船舵或是船錨可能發出的異響。這是個漫漫長夜。我先看了一會兒書，然後打了個盹，夢見了約拿和鯨魚，發現才十點半。要到早上八點天才會亮，所以我只好用那部 iPAQ 掌上型電腦寫寫日記打發時間，螢幕上的背光是黑暗的空間中唯一的光源。剛剛開始下雨了，雨水啪嗒啪嗒打在艉部艙口的玻璃上。腦中思緒在此時開始模糊，先變成漫無目的白日夢，最終化為了一場好夢。

以上是我昨晚寫下的文字。今天，我又是在錨泊中度過時間。南邊颳來的二十節（譯註：節〔knot〕是速度單位，一節等於時速一海浬，約等於每小時一點八五公里）強風，讓我根本無法順利向前划。低壓最終會被風帶走，因此我只需要再多撐個一天就好了。要接受。是我正在學習的一件事，這在海上尤其重要。我必須保持耐心。風實在是太大了，哪怕是從艙口往外探頭，想檢查船上裝備都很困難。

在海上划船是什麼樣子？根據我過去兩天的經驗，你會看到我大部分時間躺著、聽音樂和吃巧克力。但毫無疑問，這種狀態滿快就要結束，然後我會到舵手座中坐定，輪番體驗疲憊、酷熱、冰冷、潮濕和恐懼。若天氣允許，或許還能一絲不掛。VHF 無線電裡偶爾會劈哩啪啦傳出幾聲接收到的信號。在橫渡大西洋划船賽（Atlantic Rowing Race）的剩餘時間裡，充滿了坐等事情發生的狀態。再過幾天就是我的生日了，我的思緒開始飄向家的方向。和我同輩的大多數人，現在都在過著生兒育女的生活。我卻在大西洋上閒蕩。

但這是我唯一的出路。俗話說，在海上度過糟糕的一天總勝過在辦公室裡度過美好的一天。在家鄉時，我並不快樂，覺得自己只是在城市中漂泊，每天西裝革履坐地鐵通勤，漫無目的、不知何去何從；感受不到自己真正在生活。大海為我提供了一條出路。當然，我現在也在漂泊，但至少這是我心之所向——或者說，只要風向對了，我就能接著划槳、向著心中所想的地方啟航。

我愛上大海了嗎？很多人在知道我要參加橫渡大西洋划船賽時，都提出這樣的疑問。我

遇到了很多真正熱愛海洋的人，他們迫不及待下一次的啟程、巡航，或單純只是在水上玩耍。我知道箇中原因。人們熱愛他們所熟知的大海。我曾經歷過美妙無比的時刻：安靜地在月光映照下的平靜水面上划著船；沿著翻騰的藍色巨浪前緣衝浪；或是看著夕陽緩緩沉入金色的水中。但我也經歷過相反的情況：恐怖的巨大風暴掀起洶湧波濤；在我划船工作準備告一段落時突然來一個碎浪把我打成落湯雞；還有那些時隱時現的海浪，總是出其不意打得人暈頭轉向。

我對大海的憤怒還不到早期划艇選手約翰•費爾法克斯（John Fairfax）那麼強烈的程度。他曾被海浪激怒到忍無可忍，竟將魚叉射向海浪——十足的枉然一場。大海有這麼多的缺點，依然不減我的熱愛？我愛大海的孤寂、野性和美麗。當然了，假設海水不要總是灌進我的船裡；不要總擺出那副廣大到嚇人（偶爾是無邊無際得恐怖）的一面，我們之間的關係一定會更和諧。

在接下來幾個月裡，這艘小船就是我的全世界。我又在掌上型電腦寫了些日記。衛星資料顯示，我已經超過兩組人馬，所以肯定不會墊底了。我來這裡的初衷並非真為了比賽，而是想要冒險，試圖證明自己能做得到。幾天之後就是耶誕節了，我早已在船上準備了冷凍的蔓越莓雞，著實令人期待。但我真正想要的耶誕節禮物，是朝向東北前進的一路上暢通無阻。

第 90 頁：由船員暨藝術家約翰・艾弗雷特（見第 116 頁）所作的一幅畫，描繪的是一艘於公海上航行船隻的甲板。熟悉大海各種脾性的他於一八九八年首次出海航行，後來在一九二〇年代隨多桅貿易帆船無數次橫渡大西洋，往來於不同國家的港口，例如從布里斯托（Bristol）到德州；從加來（Calais）到瓜達魯佩（Guadalupe）；從阿弗赫到牙買加。

對頁：歐文・史坦利（見第 236 頁）在一八四八年帶領「響尾蛇號」（Rattlesnake）遠航，前去科學考察時所繪的〈因無風而停航：放下工作泡水去〉（Becalmed near the Line – Hands to Bathe）。畫中描繪了船員們跳進海裡做海水浴的場景。

約翰・金斯利・庫克（JOHN KINGSLEY COOK）

一九一一～一九九四年

我們緊密地擠成一團，
四肢和軀幹彷彿都不分彼此了。

一九三〇年代在倫敦皇家藝術學院學習藝術的約翰・金斯利・庫克，於世界大戰爆發之際被任命為愛丁堡藝術學院（Edinburgh College of Art）的講師。在聖約翰醫療隊（St John Ambulance brigade）短暫工作一段時間後，他加入了海軍商船隊（Merchant Navy）並成為一名無線電通訊官。一九四〇年十二月，他加入大西洋護航艦隊，成為解放馬爾他祕密行動中的一員，並因此遭德國和義大利的圍攻轟炸。一九四一年十月二十四日，在返回直布羅陀的航程中，他所在的「帝國海雀號」（Empire Guillemot）被一艘義大利魚雷轟炸機擊沉。倖存者被沖上了當時部分屬於法國被占領區的阿爾及利亞海岸，並遭到俘虜。庫克和其他水手成了戰俘而遭關押。直到一九四二年，於北非登陸的盟軍才解救了這批人。

回家休養了幾個月後，庫克再次返回海軍商船隊，被派駐地中海的加油船上。一九四五年八月，約翰・金斯利退伍，終於能回愛丁堡接下職務。他在學校教授許多年的雕刻與平面設計，一九六〇年成為設計學位的主任。在整個戰爭期間，庫克經常用他在艦橋中找到的廢紙，如信封、包裝紙和舊航海圖表來作畫，描繪自己的船上生活。後來，他時常緬懷沉船當時的回憶，於是畫了一些該場景的回顧作品，並寫了一本尚待出版的戰爭回憶錄。

左圖：於戰時的海軍商船隊服役期間，庫克經常為船員畫肖像，也有幾幅他的自畫像留存至今。這幅自畫像繪於一九四一年三月二十五日，就在不久前上岸休息時，一場不幸的網球事故在他臉上留下了一個黑眼圈。也許就是畫中有半張臉沒入陰影中的原因。

對頁：庫克的許多速寫都畫在廢棄的舊航海圖表背面，這兩幅畫分別是〈沿愛爾蘭海岸北行的護航艦隊〉（Northbound Convoy off the coast of Ireland）和〈站在橋上的大副，一九四一年三月二十八日早上六點〉（The Mate on the Bridge 6am. March 28th 1941）。

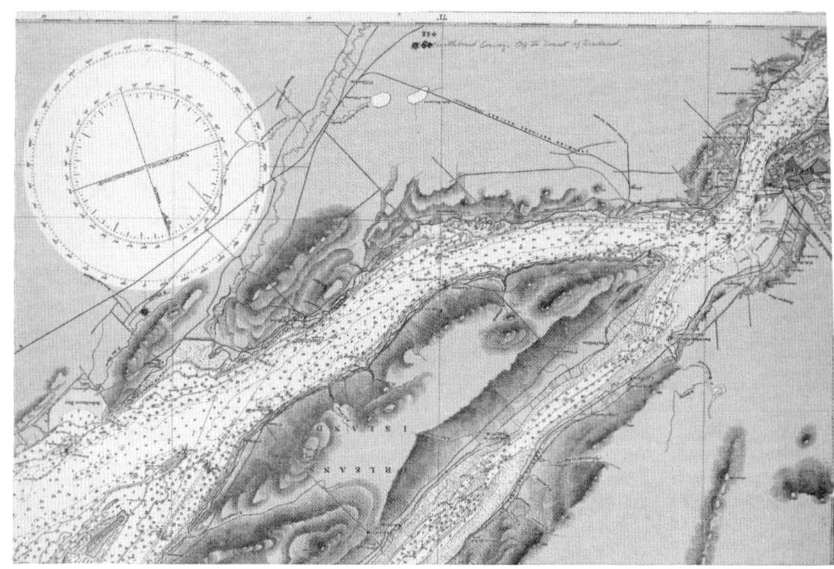

Kingsley Cook.

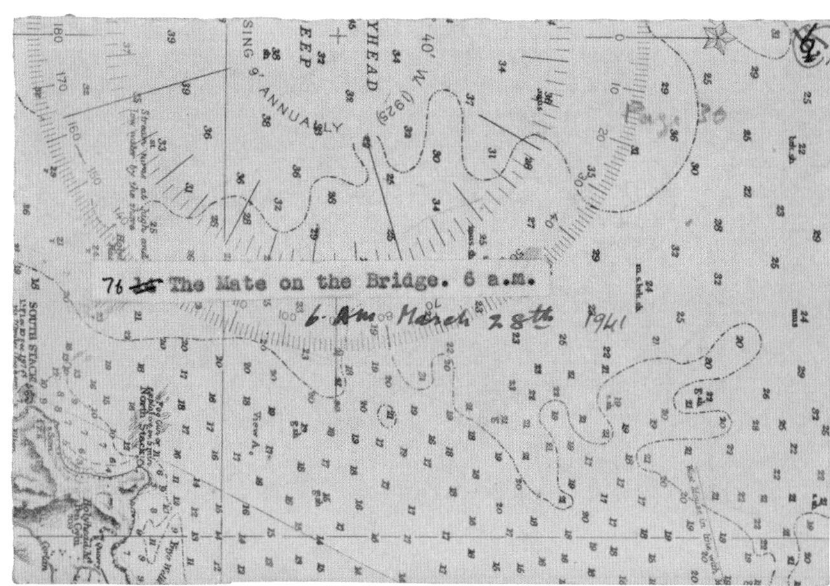
76 The Mate on the Bridge. 6 a.m.
6 AM March 28th 1941

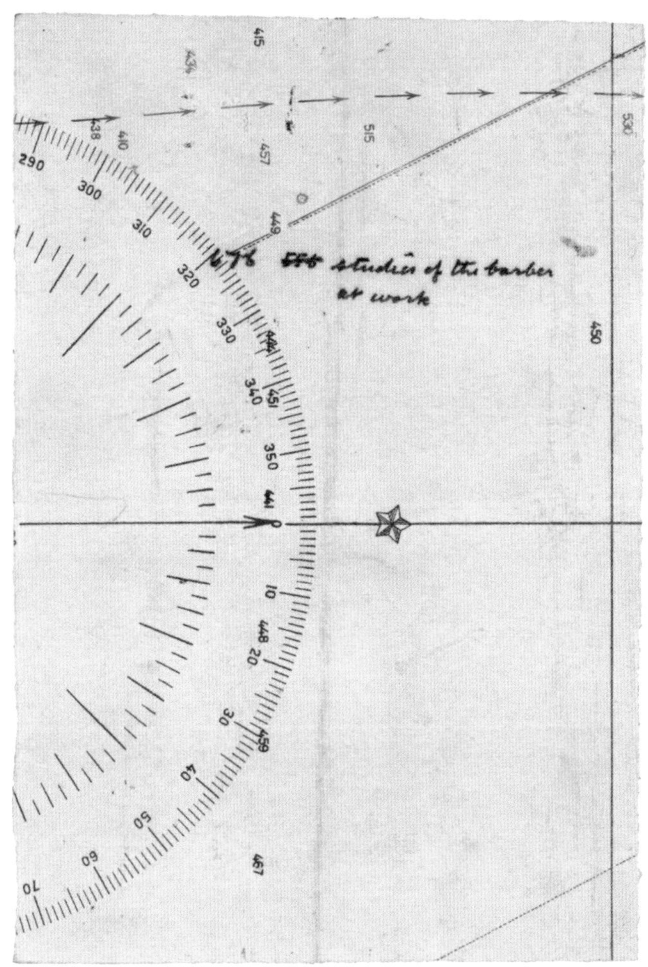

對頁：後來，庫克著手創作一份講述他軍旅生涯的手稿，時間跨度是從他入伍起，一直到他在阿爾及利亞獲釋為止。回憶錄之後會配上插圖，有的是現場的素描圖稿，有的則是根據回憶重新創作，其中一例即為這幅具感染力、描繪「帝國海雀號」一九四一年十月二十四日沉沒場景的畫作。

本頁左圖：「第四工程師在幫總指揮官理髮……從旁觀察工作中的理髮師」，這是一幅畫在一張航海圖背面的素描。

上圖：〈直布羅陀探照燈，一九四四年六月七日〉。一九四一年十月，「帝國海雀號」在直布羅陀航行途中遭義大利魚雷轟炸機擊沉。庫克和其他活下來的船員好不容易從阿爾及利亞上岸，卻被監禁在當地一整年。

對頁：左圖為一處不知名的海岸；右圖為〈駕駛室裡輕鬆的站姿，一九四一年〉（Informal pose in the Wheelhouse, 1941）。

愛德華・克里（EDWARD CREE）

一八一四～一九〇一年

颱風減弱了一些，
但我的早餐除了一些冷肉和一瓶啤酒之外，
什麼都沒有。

一八四一年四月二十九日，愛德華・克里醫生坐在廣州城牆附近畫畫。在跟隨皇家海軍艦艇「響尾蛇號」（Rattlesnake）運兵船駐紮於中國海域的十一個月中，他把握住所有機會探索當地。但自從英國對滿清政府開始採取軍事行動起，本來愉快的郊遊往往會使人陷入險境。正如克里畫筆下所描繪的，在一聲尖銳的「鞭響」中，一顆炮彈從船上射出。在快速撤回船上後，他發現自己的草帽邊緣多了一個彈孔。他在日記中平淡寫下：「距離太近會破壞美感。」

一八三七年，就在維多利亞女王登基的前幾天，英國海軍部隊任命當時二十三歲的蘇格蘭裔英國人克里擔任助理外科醫生。而後十年，他在遠東地區目睹了鴉片戰爭，以及針對中國南方沿海的海盜的掃蕩行動，與隨之而來的諸多劫掠和殺戮。克里以同情和坦率的方式記錄下這一切，但他還是得參與可怕的戰後處理。在任何衝突中，雙方都會受到損傷，而身為外科醫生，克里只負責救治傷患，無論他們為誰而戰。

氣候和生活環境令一切變得更艱難。除了足以致死的外傷外，部隊中還有很多人死於痢疾、腹瀉、霍亂和發燒。「死亡正為我們的部隊帶來浩劫，太讓人難過了，」克里寫道，「想想我們喝下肚的水中所混到的田中污濁死水，出現這種疫情我並不意外。」

克里在皇家海軍服役了三十二年，參與過在波羅的海與俄國的戰爭，還目睹克里米亞戰爭期間，發生於塞巴斯托波（Sebastopol）和金伯恩（Kinburn）的圍城戰。但並非所有船上生活都是在戰爭的恐怖中度過，克里充分把握機會享受旅行之樂。他是個親切、對生活充滿熱忱的人。在局勢較樂觀的時候，他會花時間畫畫和寫作、拜訪朋友，或在某個遙遠的島上午睡。他喜歡跳舞，會痛快加入船上的宴飲作樂，而且一路從錫蘭到香港都享有不少年輕貌美的女孩作伴。歡樂的相處後往往是淚眼分別的結局，比如在亭可馬里（Trincomalee）與他最愛的「小仙女」艾蜜莉・佩特（Emily Pett）離別時就是如此。

「一個人來到此地所見的一切，都相當新穎有趣。」克里在他的第一次航行中寫道。他對探索新事物的熱情從未冷卻。整個職涯之中，他在日誌裡寫下了超過一百萬字，並完成了將近一千七百幅水彩畫和素描。

以戲劇性的歷史事件為背景，克里用繪畫記錄了海上生活、他身為外科醫生的職責，以及在戰爭當下或承平時所見到的風土民情。圖中是一八四一年廣州的繁忙海港。

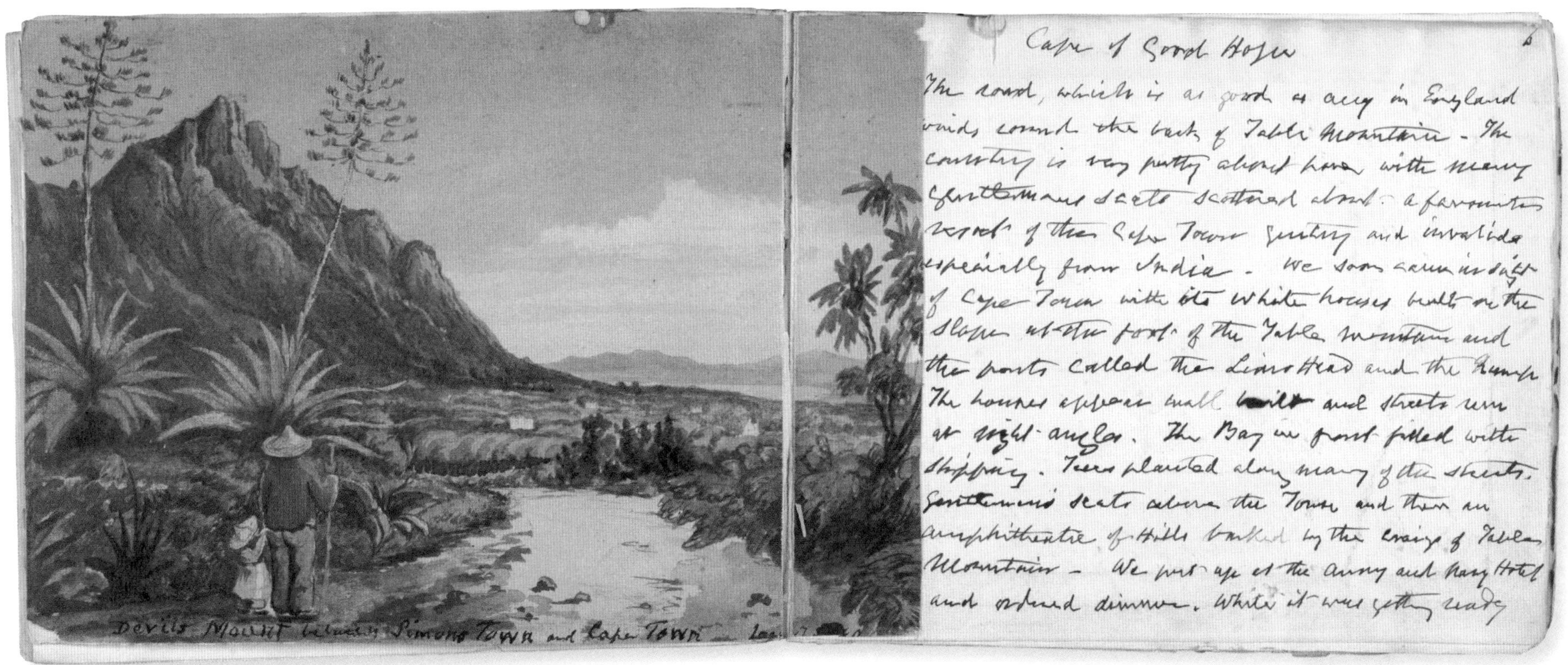

Devil's Mount between Simons Town and Cape Town

Cape of Good Hope 6

The road, which is as good as any in England
winds round the back of Table Mountain - The
country is very pretty about here with many
Gentlemans seats scattered about. a favourite
resort of the Cape Town gentry and invalids
especially from India - We soon came in sight
of Cape Town with its white houses built on the
slope at the foot of the Table mountain and
the points called the Lions Head and the Rump
The houses appear well ~~built~~ and streets run
at right angles. The Bay we found filled with
shipping. Trees planted along many of the streets.
Gentlemens seats above the Town and then an
amphitheatre of Hills backed by the craigs of Table
Mountain - We put up at the Army and Navy Hotel
and ordered dinner. While it was getting ready

身為一名敏銳的藝術家和多產的日誌作者，克里幾乎天天在他的日誌中寫字、畫畫。一八四〇年，他在好望角度過了二十六歲生日，創作了這座位於賽門鎮（Simon's Town）和開普敦之間、他稱為「魔鬼的山」（Devil's Mount）的山峰圖。

有些人被全身潑了豌豆湯。如果他們忍不住大聲叫喊，
（軍官們）就會在他們舌頭上塗上焦油，
並用小鐵環和焦油毛刷刷舌頭。
最終，某些人會被投入海中、幾乎是半溺斃狀態……
到中午一切都結束了……船行駛得很輕鬆，
水手獲准在軍官發放的定額內，暢飲蘭姆酒到酒醉。

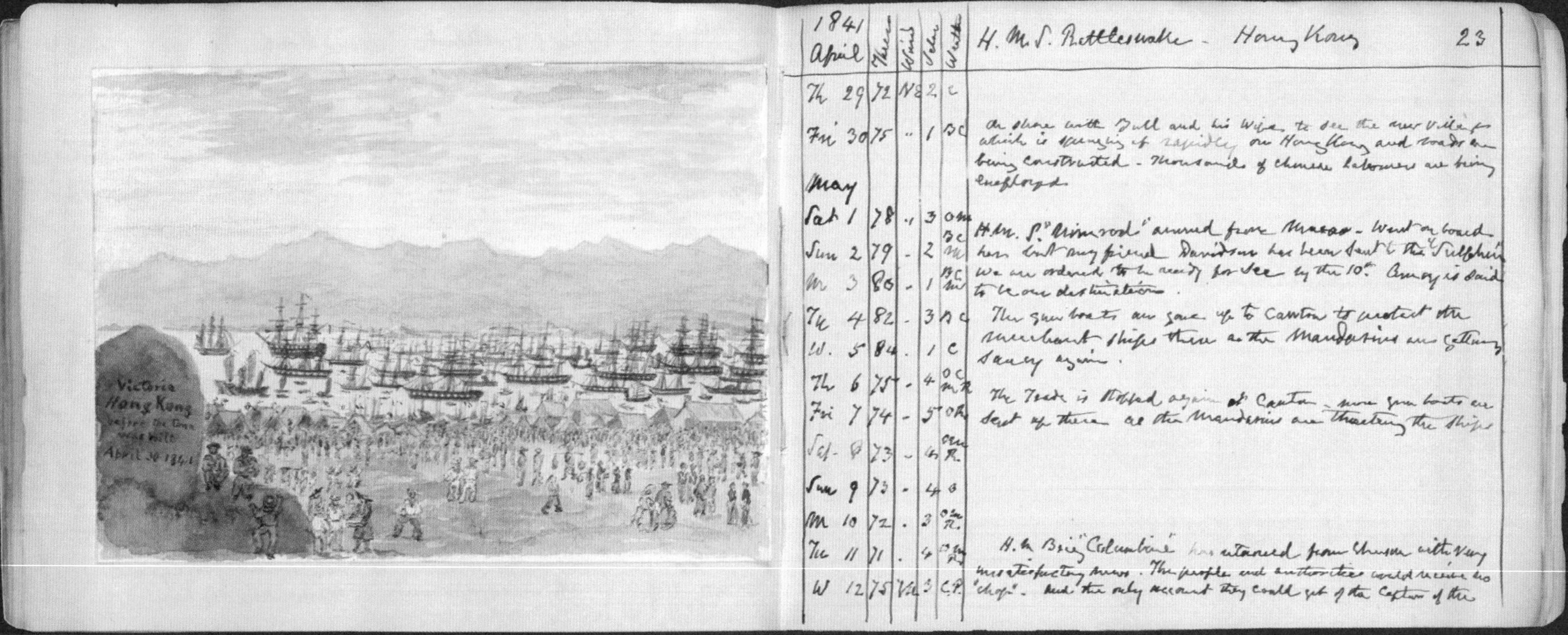

一八四一年四月十九日：「去了香港，那裡的人都住在帆布下。」僅僅兩週後，這個村莊已經「人滿為患……到處都在修路。上千名華人勞工被安排在這裡勞動」。

對頁：船隻航行到即將跨越赤道時，就表示歷史悠久的儀式和當時新發明的傳統就要在船上展開了。此圖畫的是「響尾蛇號」船上煞有其事舉辦的「跨越赤道慶典」。「海神涅普頓，」克里於一八三九年十一月二日寫道，於上午九點三十分出現，「在手持著鼓、笛子和號角的大夥人簇擁下出現了……我事先用半加侖蘭姆酒賄賂了老海神，所以現在被允許待在艦艘甲板上。」

Crossing the Line

亞倫・庫希曼（AARON CUSHMAN）

一八〇〇～一八五六年

見到一大群抹香鯨……我們放下的四艘小艇
抓不到半條鯨魚……這次放下了九艘船，
終於抓住了一條。但是魚叉斷了，然後鯨魚逃走了……

捕鯨是人類在十八世紀開闢的新疆界。一七一二年，一艘船被暴風雨帶到南土克特漁場之外，碰巧遇上一群抹香鯨。船員設法捕殺了一隻，驚訝地發現牠身上的油脂比所有已知的潤滑油都好用。幾年之內，美東海岸的捕鯨港口如雨後春筍般出現。船長們追逐著抹香鯨航行到地圖上的邊緣地帶，並調查新的海岸線、繪製洋流圖，再開闢遠洋貿易站。從蠟燭到化妝品；從肥皂到路燈——鯨脂可用在任何地方。作為一種潤滑劑，鯨脂很快就讓全國上下的鐘表順利地滴答作響。從火車頭到蒸汽動力織布機，新式重型機械也在不斷發展更新。捕鯨的利潤可觀，但危險也不小。

同樣位於麻薩諸塞州的新貝德福（New Bedford）逐漸趕上南土克特，也成為重要的捕鯨中心。由於鯨油價格持續走高，在市場上永遠供不應求，捕鯨業需要更多的船隻和更多的人手投入。唯一的問題是鯨魚數量在急速減少，近海捕鯨場的鯨魚被過度捕撈，因此幾乎滅絕，船主們於是將目光投向更遠的海域。

亞倫・庫希曼是「傑奧・霍蘭號」（Geo Howland）捕鯨船上的新科船長，一八四二年五月在一場強勁的東風中啟航，三年多後的一八四五年十一月返回。他大部分時間都沿著南美洲西海岸的南北線巡航。就和許多新貝德福的船長一樣，庫希曼也是個虔誠的貴格會教徒，生性節儉，避免炫耀鋪張；他鼓勵底下的水手祈禱、要經常想想自己的家鄉、保持清醒、避免岸上的誘惑。當缺乏補給時，捕鯨船會在秘魯或加拉巴哥（Galapagos）群島靠岸，但船長都會希望越少靠岸停留越好：出海最好就是不停地搜索和捕撈，在港口會衍生出其他風險，比如船員跳船。庫希曼的筆記中提到了這一點，還提到他需要招募船員來替補。

在淘金熱風起雲湧的年代，舊金山是個很受歡迎的跳船地點。其他人則會在較大的熱帶島嶼上試試手氣。大溪地、馬克沙斯（Marquesas）群島及夏威夷都成了重要的錨地。還有人指示船長只應該帶最少量的船員——足以應付船上作業的最基本量——前往太平洋即可，到了當地再招募人手上船。由於大多數捕鯨船員得在航程結束後才會拿到工資（利潤中的極小部分），因此那些跳船的人通常是口袋空空地下船。

另一方面，捕鯨船的投資人和商人都能大發利市。「傑奧・霍蘭號」的擁有人是一位新貝德福的船業鉅子。這艘船便是以他的名字來命名。在霍蘭的書中，他寫說庫希曼當了近二十年船長，直到一八五六年帶領「長矛輕騎兵號」（Lancer）出海時，才因心臟病發於海上過世。「傑奧・霍蘭號」於一八五二年回到加拉巴哥群島，遇上一群企圖逃跑的犯人占領該船，後來一艘瑞典護衛艦又將船奪了回去，搜刮走船上船員所剩的資源。這些船員靠著雨水和烏龜來維生。事發當時，「傑奧・霍蘭號」的船長是山繆爾・克倫威爾（Samuel Cromwell），他將貯油桶鋸成兩半，用半個桶子當船，才得以划到安全的地方。

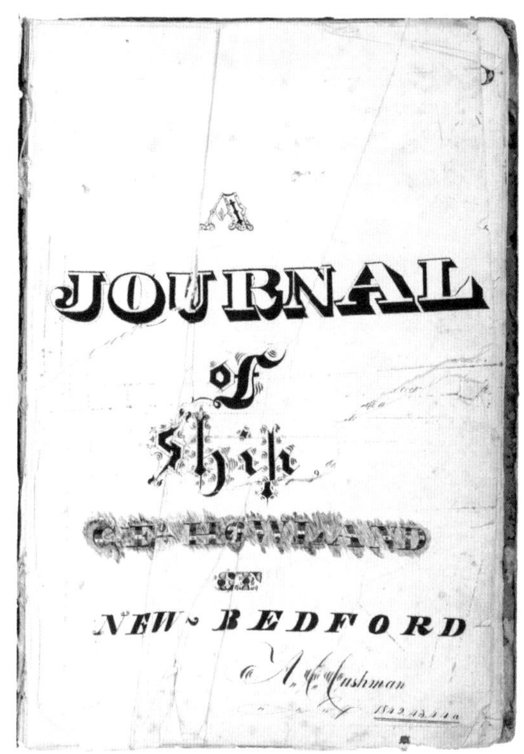

右頁：庫希曼於一八四二至一八四五年在太平洋航行中所作的航海日誌。許多頁上都畫了鯨魚尾巴（是看到的鯨魚而非捕獵到的鯨魚），而捕到的鯨魚才會整條畫進日誌中。他還畫了許多其他船出現的場景，無論是隔海相望還是「像鯨魚一樣群聚」一處的場合。不同船的船員聚會時，會結識彼此、一起吸煙、跳舞並交換捕鯨遇到的荒誕不經故事。

其中一名水手山繆爾・華特森（Samuel Watson）因小型捕鯨船翻船意外而溺斃。庫希曼在畫中畫了一口漂浮在海上的棺木紀念他。一旦鯨魚被魚叉叉中並在掙扎中逐漸失去力氣，捕鯨人就會反覆用長矛刺進魚身，以削弱牠的「生命」（就是對心臟或肺部猛刺以致死）。當鯨魚噴出紅血，就是受到致命一擊的跡象。

Towards Paita A.O.C.

S. Geo. HOWLAND
FROM NEW BEDFORD
TOWARDS
The
PACIFIC OCEAN
A. C. Cushman Comdr.
1845
Lat. 11. 50 S. by Obs
Long. 78. 10 W. a Chr
Lat. 11. 14 S. by O
Long. 87. 35 W.

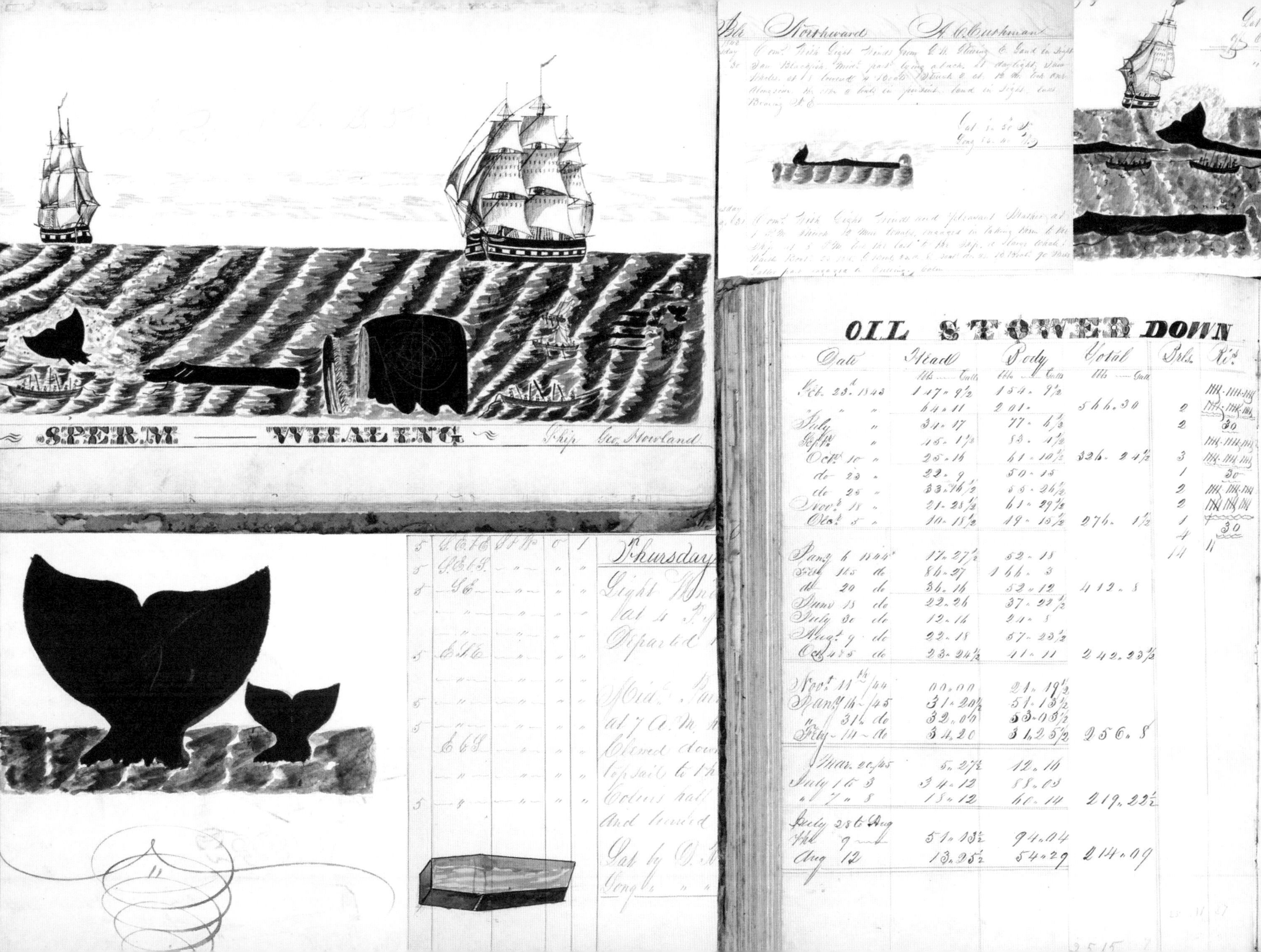
SPERM — WHALING
Ship Geo. Howland
OIL STOWED DOWN
Date
Head
Body
Total
Brls.
Thursday

約瑟夫・德巴爾（JOSEPH DESBARRES）

一七二一～一八二四年

鮮少有任何已知的海岸像這裡一樣，
有那麼多的海灣、海港與河口。

因為瑞士不靠海，所以並非以海事人才輩出而聞名的國家。但有一位瑞士測量員對航海領域的貢獻之大，遠超過任何航海探險界的先驅。儘管在今天已鮮為人知，但約瑟夫・弗瑞德立克・瓦萊・德巴爾（Joseph Frederick Wallet DesBarres）曾是十八世紀最有影響力的製圖師之一。他一生大多時間都在加拿大度過，在那裡活到了一百多歲。德巴爾的海圖對於陷入險境與機運渺茫的船來說，以及在戰爭與承平時——均能派上用場。他還曾教導詹姆斯・庫克以更細膩的方式來製圖。

（在過去）所有國家的水手都製作過各式的海圖，但是在印刷機出現之後，海圖的印製主要掌握在擁有海上霸權的國家手中，如十五和十六世紀的西班牙和葡萄牙、十七世紀的荷蘭、十八世紀的英國。法國在一七二〇年率先成立水文局，隨後英國海軍部也開始依樣畫葫蘆。一八〇〇年的西班牙、一八二七年的俄國、一八三〇年的美國等國都一一效法。到十九世紀末時，包括德國、日本、義大利和智利在內的其他國家，也都開始繪製並印刷自己的海圖。

然而，全球唯有倫敦成為真正製造和銷售這些必備導航工具的重鎮，而英國海軍部隊製作的圖更在此領域具有權威地位。一七六〇至一七七〇年代，德巴爾為英國測繪了整個北美東岸，他製作的圖在美國獨立戰爭期間被廣泛使用。「海圖集」（Neptune，該詞原指古羅馬神話中的海神）的英文 Neptune，呼應到「地圖集」的 Atlas ——兩者意味很類似。德巴爾的大製作——四卷對開《大西洋海圖集》（*Atlantic Neptune*）於一七七七年發給了英國艦隊，其中記錄了有史以來最準確的海圖資訊。

上圖：詹姆斯・庫克的任務是對紐芬蘭進行一次新的考察，紐芬蘭是座比愛爾蘭更大的島嶼。這一項艱巨的任務執行於一七六二至一七六七年間，耗費庫克總共五年。他製作的原始紐芬蘭海圖被收進《海軍手稿珍藏集》（*Admiralty Manuscript Collection*）中。

大約在一七五二年，德巴爾移居英國，並在伍爾威治（Woolwich）的皇家軍事學院研修，隨後在皇家美洲軍團（Royal American Regiment）的一次任務中，登船橫越大西洋。他參加了為英國奪取加拿大管治權的魁北克戰役，還調查聖勞倫斯灣與河流的入口，並在攻陷要塞後，考察了當地的港口和盆地。當庫克在紐芬蘭考察時，德巴爾也被海軍部派去調查芬地灣（Fundy）和新斯科細亞。

這些海岸線錯綜複雜，「沿岸布滿幾乎數不清的島嶼、岩石和淺灘，」他寫道。製作這些圖表幾乎占用了他十年的黃金歲月。大多艱苦的工作是在夏天乘開放式小艇完成的，到了冬季德巴爾會回到他的莊園休養，他把莊園命名為弗瑞德立克城堡（Castle Frederick）。在他的同輩人紛紛去世後，他依然在製作新的海圖。儘管一份海軍部報告中描述他是個「自私、沒朋友且毫不妥協」的人，「再多的缺點，也不減他卓越的表現」。

對頁：德巴爾被委任監督一批新海圖的製作。一七七七年，《大西洋海圖集》在美國獨立戰爭的緊張氣氛中問世，成果包含約兩百五十張圖表。此圖為德巴爾繪製的〈新斯科細亞八景〉（Eight views of Nova Scotia）。

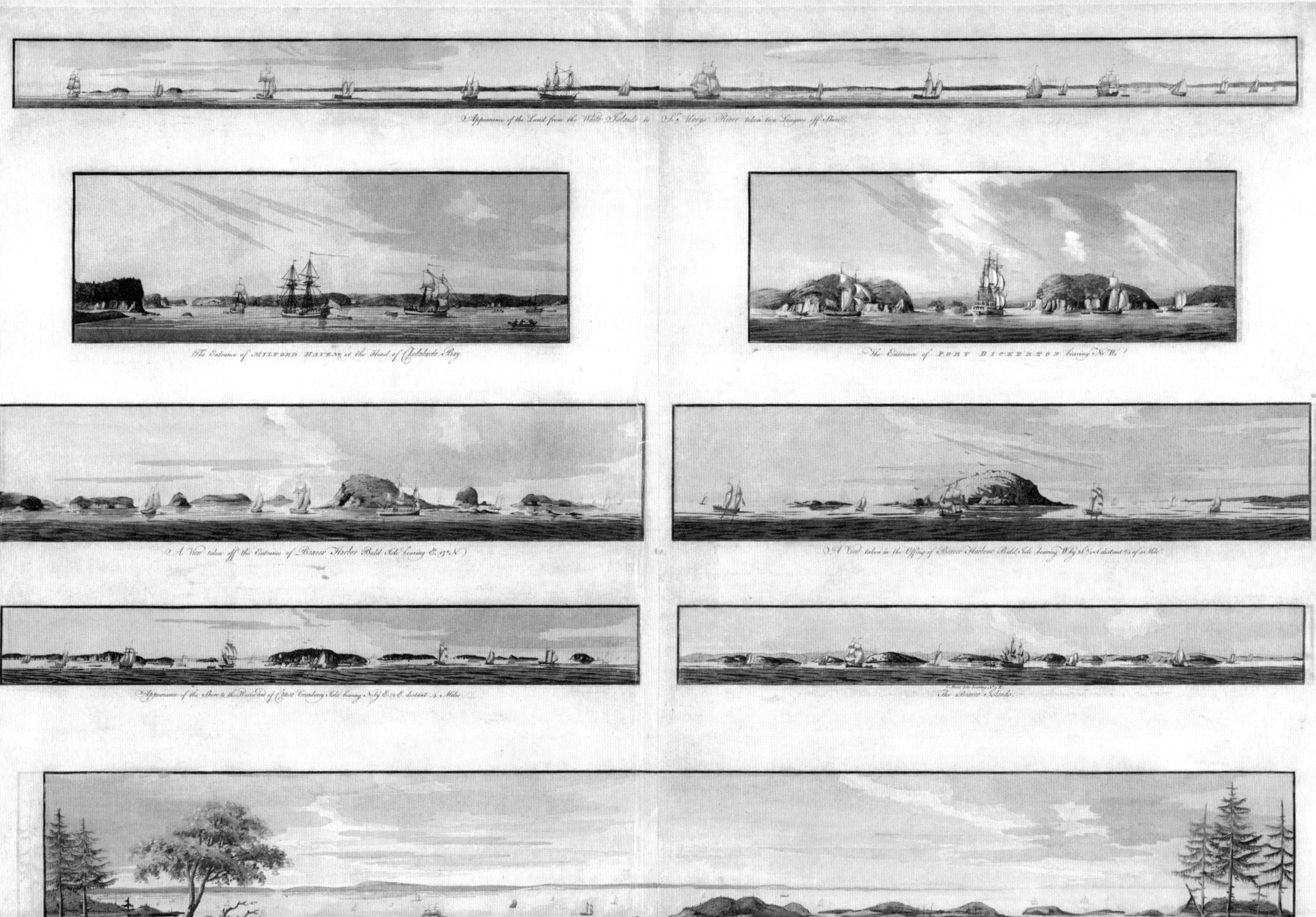

Appearance of the Land from the White Islands to St. Marys River taken two Leagues off Shore.

The Entrance of MILFORD HAVEN at the Head of Chedabucto Bay

The Entrance of PORT BICKERTON bearing N.W.

A View taken off the Entrance of Beaver Harbor Bald Isle bearing E. 15° N.

A View taken in the Offing of Beaver Harbour Bald Isle bearing W by S ½ S distant ¾ of a Mile.

Appearance of the Shore to the Westward of East Cranberry Isle bearing N by E ½ E. distant 4 Miles.

The Beaver Islands.

Appearance of the S.E. Part of NOVA SCOTIA taken from CANSO ISLAND Shewing the distant land of RICHMOND ISLES the GUT of

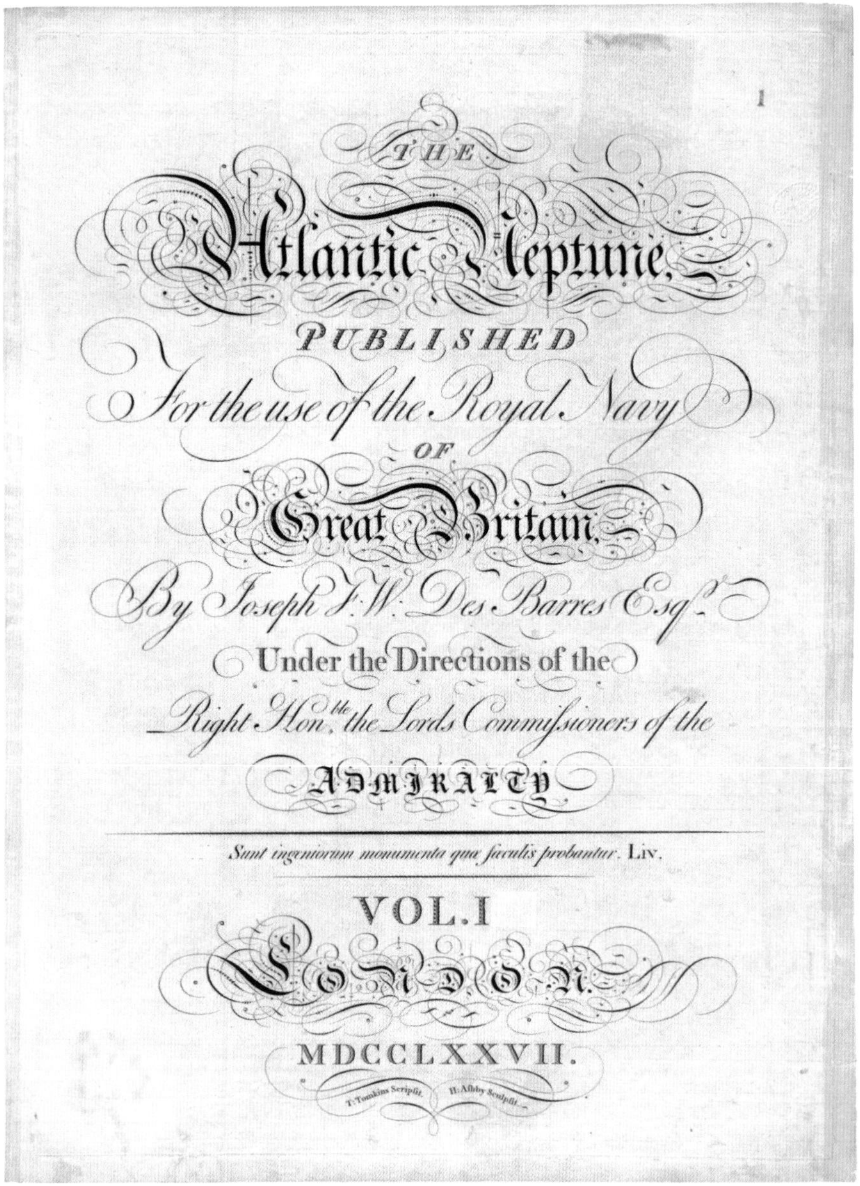

1

THE

The Atlantic Neptune,

PUBLISHED

For the use of the Royal Navy

OF

Great Britain,

By Joseph F.W. Des Barres Esq.r

Under the Directions of the

Right Hon.ble the Lords Commissioners of the

ADMIRALTY

Sunt ingeniorum monumenta quæ sæculis probantur. LIV.

VOL.I

LONDON.

MDCCLXXVII.

T: Tomkins Scripsit. H: Ashby Sculpsit.

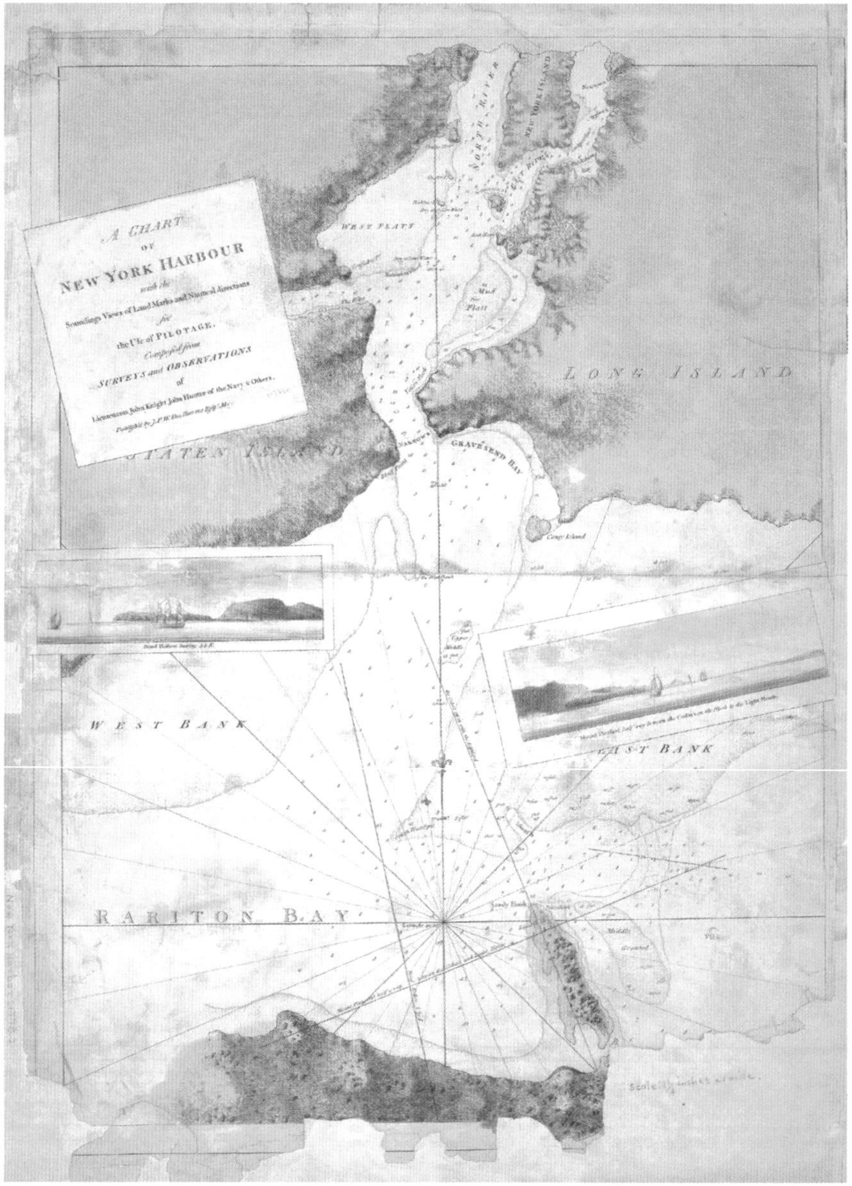

A CHART
OF
NEW YORK HARBOUR
with the
Soundings Views of Land Marks and Nautical directions
for
the Use of PILOTAGE.
Composed from
SURVEYS and OBSERVATIONS
of
Lieutenants John Knight John Hunter of the Navy & Others.

WEST FLATT

LONG ISLAND

STATEN ISLAND

GRAVESEND BAY

WEST BANK

EAST BANK

RARITON BAY

對頁左：《大西洋海圖集》的書名頁，海圖集以對開本的形式出版，從新斯科細亞延伸到墨西哥灣。後來，英國將這些圖表送給剛建國的美國的海軍部隊，成了一份無價的「分手禮」。

對頁右：在勘測水準上，德巴爾絲毫不遜於庫克，但他缺乏庫克的探索精神。他於一七七九年五月發表〈紐約港海圖〉（New York Harbour），其中包括「水深資料、海岸景觀和引航所需的航海方向」。

右圖：德巴爾的海圖不僅在技術上優於先前的圖表，而且印刷精美，具有「超越其功能性的藝術性」。他還標準化許多符號，例如「航行危害」（navigational hazards）符號至今在航海圖上依然可以看到。

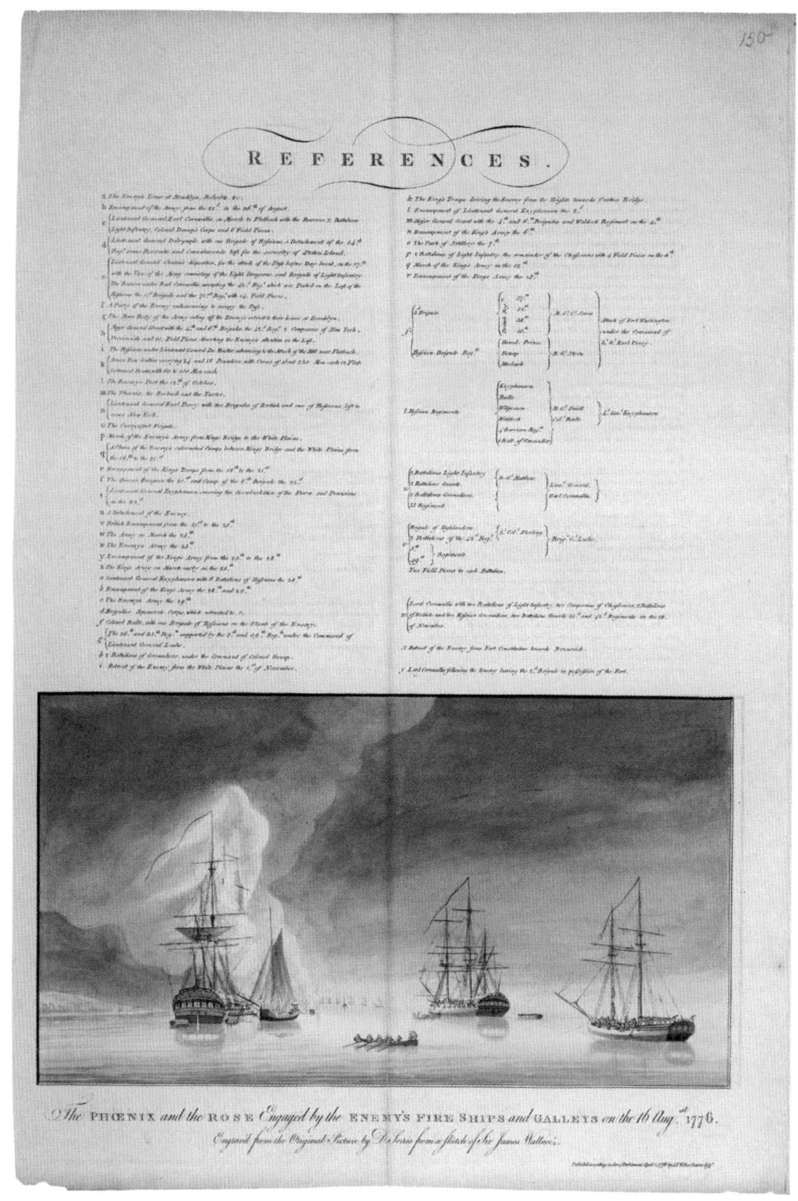

法蘭西斯・德雷克（FRANCIS DRAKE）

一五四〇～一五九六年

主啊，請來阻撓我們、給我們更巨大的挑戰、
讓我們冒險航向更加廣闊的海域；海上的狂風暴雨彰顯您的神力，
在不見陸地的地方，我們自會找到引航的星星。

對仇家來說，德雷克是「一頭惡龍」（El Draque）、一個海盜和惡霸；是「七海（Seven Seas，譯註：是一種舊式英語的說法，泛指地球上所有的海域，包括北極海、南極海、北太平洋、南太平洋、北大西洋、南大西洋和印度洋，與今日我們熟知的四大洋概念不同）的公害」。而對於他家鄉的崇拜者來說，他是瀟灑的海上英雄、船長和探險家，更逐漸形塑出伊莉莎白女王時代的海盜傳奇典型。此年代也是大英帝國與其他大國之間的權力分配正在重整的時候。德雷克帶著船員航到世界的盡頭，搜索大型帆船的蹤跡，以劫掠這些船內裝載的豐富南美洲黃金。

德雷克出生於英國德文郡的塔維斯托克（Tavistock）附近，是一個教區牧師的長子，從小在一群普利茅斯水手身邊成長。最初他在還是個男孩時，就跟隨威廉・霍金斯（William Hawkins）的商船隊出海，前往特內里費島（Tenerife）、加納利群島和其他歐洲港口進行交易，隨後又登上載滿奴隸的船離開獅子山（Sierra Leone），前往交易奴隸和其他貨物的西印度群島，在那裡賺得豐厚利潤。一五七〇年代初，德雷克大部分時間都在船上當指揮官，劫掠巴拿馬地峽邊境的貿易基地，掃蕩新西班牙（New Spain）總督轄區的沿岸堡壘，累積了一筆可觀財富。在有勢力的贊助者支持下，他下一趟出海遠征將帶回更多這樣的財富。

一五七七年十一月十五日，德雷克從普利茅斯出發，帶了五艘船和一百六十四名船員，在這次航行中他即將成為世上首位環球一周的船長。他的旗艦是有一百五十噸排水量的「鵜鶘號」（Pelican），船身裝有鉛板保護層和雙層木板，船上配有十八支火槍。半途中，德雷克將「鵜鶘號」更名為「金雌鹿號」（Golden Hind），以彰顯一位紋章中有一頭紅鹿圖樣的贊助人。一五八〇年九月，他返回普利茅斯港，船上八十名船員只剩五十六名一同隨船返還，但這是一次滿載而歸，一共帶回了三十多噸的金、銀、珍珠和瓷器。半數財寶都上繳給女王和國家，也償清了所有國債，就連伊莉莎白女王也親自登上「金雌鹿號」，為德雷克封爵以示祝賀。德雷克選定「小處成就大事」（*sic parvis magna*）為自己的座右銘。可惜的是，有關這場著名環球航行的第一手資料，都在一六九八年懷特霍宮（Palace of Whitehall）一場大火中燒毀了。

德雷克並不滿足於過著鄉紳或政治家的安定生活。於是他很快又回到海上，身負洗劫西班牙殖民地的任務，並於一五八七年闖入卡迪斯（Cádiz）港和科倫納（Corunna）港焚毀西班牙船（史稱「燒掉西班牙國王的鬍子」）。當西班牙的艦隊集結完畢，前來攻打英格蘭時，時任副海軍上將的德雷克指揮船員用炮火擊退敵方。一直到五十五歲左右，德雷克都在海上航行，但他的好運也將告終。他在波多黎各沒能攻下防禦工事嚴密的聖胡安，隨後便很快去世了。雖然他躲過狂轟旗艦的炮彈，卻逃不過痢疾侵襲。德雷克死後，其他人將穿戴著全副盔甲的他放入鉛製棺材中，以海葬方式沒入巴拿馬外海淺水區域的海底。直到今天，都還有潛水者在附近海域搜尋德雷克的葬身處。

德雷克于一五八五年開啟了「西印度群島之旅」。他從普利茅斯出發時，船隊共有二十一艘船，以及近兩千名士兵。他先在維德角群島洗劫了聖地牙哥（繪有飛魚的上圖）；又在哥倫比亞占領了卡塔赫納（Cartagena，繪有蜥蜴的下圖）。對頁為義大利製圖師巴普提斯塔・博雅齊奧（Baptista Boazio）手工上色的作品，即是在讚頌這次出海行動的斬獲。

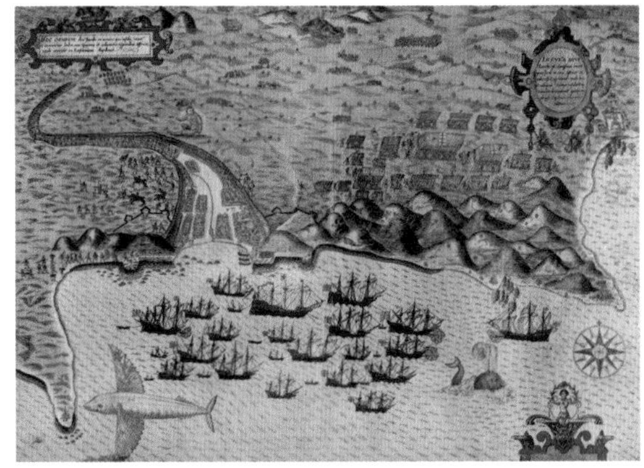

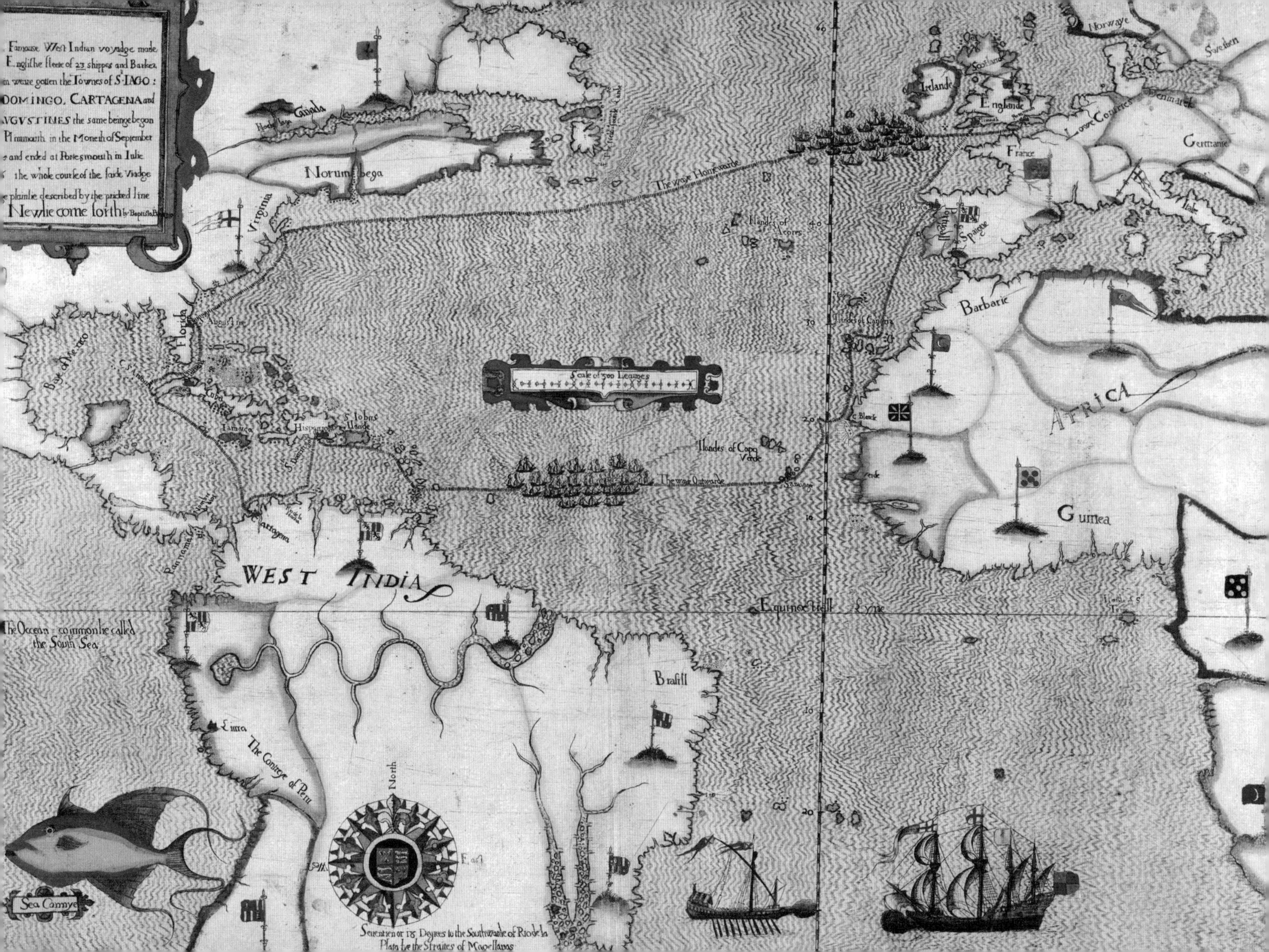
Famouse West Indian voyadge made
Englishe fleete of 23 shippes and Barkes
in weare gotten the Townes of S. IAGO :
DOMINGO, CARTAGENA and
AVGVSTINES the same beinge begon
Plimmouth in the Moneth of September
and ended at Portesmouth in Iulie
the whole course of the saide Viadge
plainlie described by the pricked line
Newlie come forth by Baptista B
Canada
Norumbega
Virginia
Florida
Baye of Mexico
Cuba
Iamaica
Hispaniola
S. Iohns Ilande
Cartagena
Pannama
WEST INDIA
The Ocean commonlie called the South Sea
The Contrye of Peru
Brasill
North
East
West
Sea Carnye
Seventien or 18 Degrees to the Southwarde of Rio de la Plata lye the Straites of Magellanas
Scale of 300 Leagues
The waye Homewarde
The waye Outwarde
Ilandes of Acores
Ilandes of Canaria
Ilandes of Capo Verde
Equinoctiall Lyne
Irelande
Scotlande
Englande
Norwaye
Swethen
Denmarck
Lowe Countries
Germanie
France
Portingall
Spaigne
Italie
Barbarie
AFRICA
Guinea

OPIDVM S Augustini
S AVGVSTINI

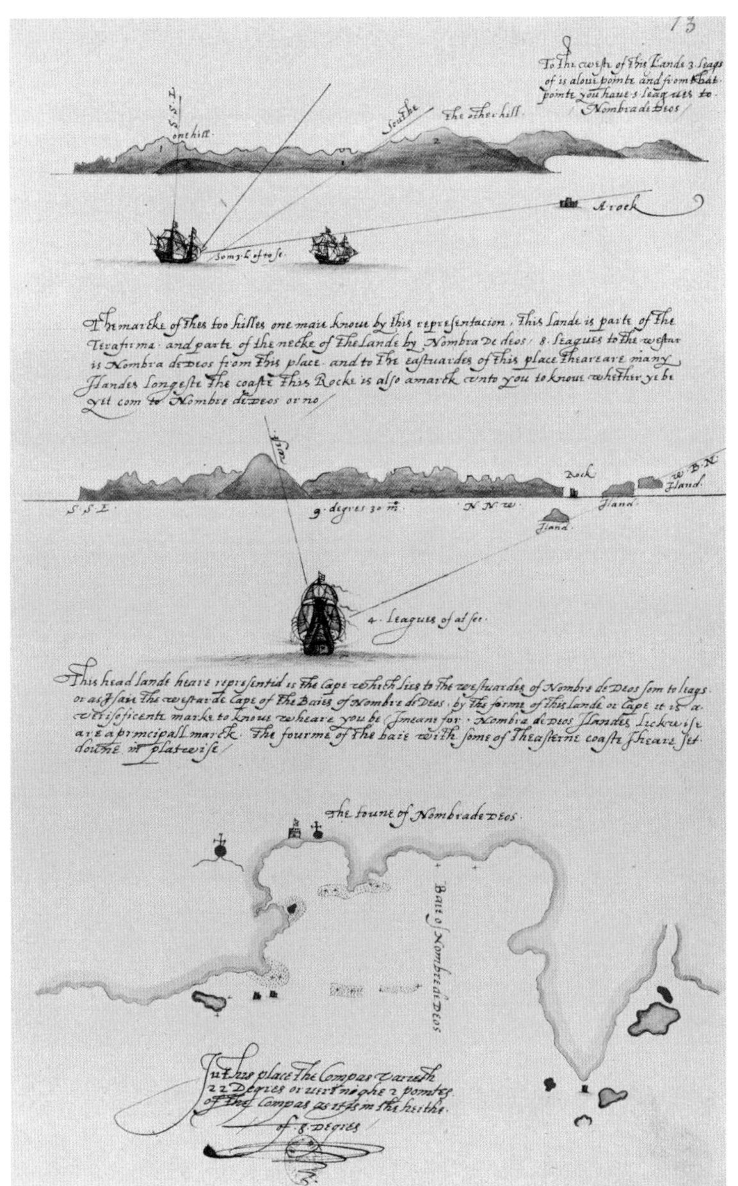

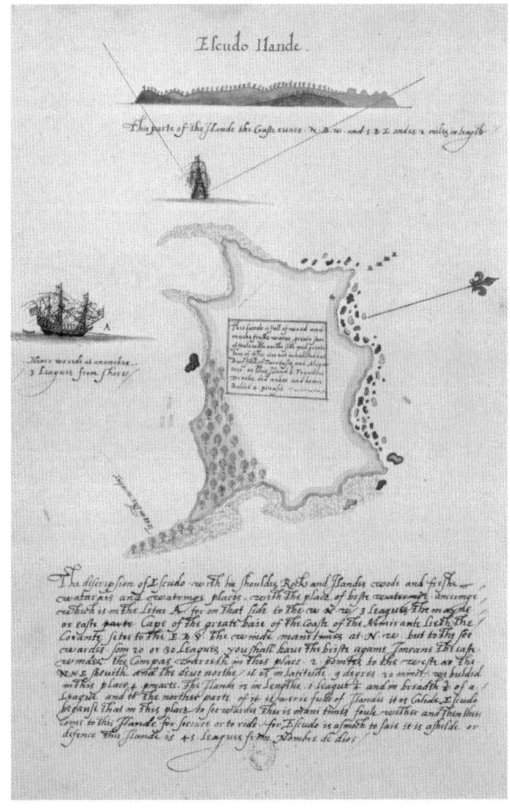

對頁：〈德雷克的突襲〉（Drake's Raid）。這幅手工上色的聖奧古斯丁地圖是已知最早描繪歐洲人在美國定居點的圖畫。在圖中，英軍艦隊在近海停泊，步兵則在岸上進攻。博雅齊奧在畫中的鬼頭刀魚（Dorado）一旁寫道：「在白晝的日光下，這種魚身影非常美麗；到了夜晚，魚身則泛著一種金色光澤。」

本頁：一五九五年是德雷克最後一次襲擊中美洲的西班牙人。在這本珍貴的航海日誌手稿中，船隊的引水人記錄了即將對日後探險航行大有用處的資料，並述說德雷克死於巴拿馬一事。

約翰・艾弗雷特（JOHN EVERETT）

一八七六～一九四九年

藝術家和水手有很多的共通之處
——兩者都是浪跡天涯的流浪者。

約翰・艾弗雷特是個非常內向的人，他只有在海上的時候才會感覺如在家般自在。他至少參與過十六次重大航行，卻從未出版過回憶錄，也極少展出或出售他的畫作。艾弗雷特的母親出身貴族，父親則是鄉村牧師。身為兩人唯一的兒子，艾弗雷特的收入平平，對行銷自己也不感興趣：他只是想畫畫。

他的本名為赫伯特・巴納德・約翰・艾弗雷特（Herbert Barnard John Everett），但大約自一九〇一年起，他對外自稱為約翰。他曾就讀於倫敦斯萊德美術學院（Slade School of Fine Art）和巴黎的朱利安學院（Académie Julian），卻在日後走上了一條不尋常的路。一八九八年，他到倫敦碼頭進行登記，成為「伊基圭號」（Iquique）帆船上的船員，航向雪梨後返國。次年在倫敦，艾弗雷特回到斯萊德美術學院，在走訪康瓦耳和法國、做了短途寫生之旅後，他決定將海洋繪畫當成自己日後的專攻領域。結婚後，他找來一艘七百噸的多桅帆船，與妻子一同前往塔斯馬尼亞島度蜜月。每年八月他都會前往考斯（Cowes）為帆船賽作畫，還會去法國畫海港風光。在大多「本該」待在家的時間裡，他往往會乘他的「海象號」（Walrus）小艇出海。不意外地，他的家庭生活備受影響，婚姻也告吹。

隨著一戰爆發，出於戰時的安全法規，艾弗雷特無法去戶外寫生。幸運的是，資訊部（Ministry of Information）委派他繪製倫敦的河景。他獲得了作畫的官方特許，之後有一整個夏天，他天天在碼頭上度過。一九一八年，艾弗雷特加入海軍商船隊，並於一九二〇年從布里斯托出海前往美國德州，回程則是乘大西洋輪船返國。隨後，他參與了更多的海上航行。艾弗雷特的作品反映出長期在船上生活所獲得的知識，是海洋情懷與現代主義的交融展現。他是優秀的製圖員，在風帆、繩索和索具中發現具節奏與規律的美感。他也嘗試過攝影，但同時一直堅持著油畫寫生。

二戰爆發，為他的海上冒險生涯畫下句點。他依然憑著記憶和長期積累的素描素材，開始創作更多饒富想像力的航海畫。其中，他畫下自己長久以來都很嚮往、卻從未登船出海的「卡提・薩爾克號」（Cutty Sark）。對於像艾弗雷特這樣的人來說，海洋代表自由，而空曠的海平線則是真正的慰藉。在朋友的鼓勵下，他將一生的繪畫成果於死後幾乎全捐給了國家，其中包括約一千零五十八幅油畫和數百幅素描。

艾弗雷特於一八九八年乘「伊基圭號」帆船完成了他第一次海上航行，當時年紀為二十一歲。他們這一代人親身經歷了巨大的變革：見證跨越英吉利海峽的第一班飛機、大型貨運帆船的沒落，以及新型產業和全球衝突的興起。一戰期間，他受英國資訊部委託為倫敦碼頭和泰晤士河繪製素描和油畫。對頁為「格雷斯通城堡號」（Greyestone Castle）。

The Lady Lina a very
rigged
was originally on Cape

對頁：艾弗雷特的素描本中充滿用鉛筆、鋼筆、水彩和水墨顏料所作的素描草圖。他曾擔任深水海員頻繁出海遠航，但也會沿著英格蘭的海岸作畫，並用多年時間研究泰晤士河上的航運情形。

右圖：從一九二〇年代起，艾弗雷特開始嘗試裝飾藝術（Art Deco）風格的特殊構圖、富節奏感的形狀，和強烈的對比用色。他在一九二〇年乘上「伯克代爾號」（Birkdale）多桅帆船從布里斯托航行到美國德州的沙賓河口（Sabine Pass）。從陽光的照射角度來看，這幅畫是他爬到前桅杆的頂部後，向下回望的俯視圖。艾弗雷特畫出了隨風鼓動的船帆，上部前帆的陰影落在主帆上。

偽裝塗漆法（Dazzle）是藝術家諾曼・威爾金森（Norman Wilkinson）於一九一七年發明的偽裝塗漆工藝，以應付德國潛艇持續對英國商船造成的巨大損失。這種做法透過在船身上用對比色繪製有棱角的圖案，在遠距離時可造成一定程度的視覺扭曲，得以混淆敵人對船體大小、航向和速度的判斷。

對頁：艾弗雷特在船上航行時，針對海水創作了大量的繪畫習作，以捕捉不同光線照射在水面上的效果。這裡有一整頁描繪海岸線與海景的畫稿，有些圖中還畫有海平線遠處的船。作品中亦包含遠眺牙買加和瓜德羅普（Guadeloupe）島的景色。

愛德華・范肖（EDWARD FANSHAWE）

一八一四～一九〇六年

總的來講天氣都很好，我也很適應熱帶氣候。
我希望能去畫些素描。

身為一名傑出的皇家海軍軍官，愛德華・根尼斯・范肖爵士（Sir Edward Gennys Fanshawe）亦堪稱十九世紀會登船出航的那種典型紳士。他十四歲就已有出海經驗，之後藉著個人的才能與家庭人脈在海軍中穩定晉升。六十年後，在一八八七年歡慶維多利亞女王金禧紀念（Queen Victoria's Golden Jubilee，譯註：即五十週年紀念，此處指紀念維多利亞女王在位五十年的紀念活動）的海軍活動中，仍舊能見到他的身影。除了有英國的騎士、海軍大臣和新成立於格林威治的皇家海軍學院（Royal Naval College）院長等身分，范肖也是一位有才的業餘藝術家。

朴次茅斯海軍學院（Naval College）所培養的一代代年輕軍官，在接受海岸線測繪與記錄航海日誌的訓練時，校方都鼓勵學生在課堂上多多繪畫，以此增進觀察力、謹慎和精準度等技藝上的掌握。隨著他們從海軍學校見習生升上海軍上尉，他們也一路在日誌裡描繪航行中所見的風景與沿海地形。但在此之後，除了那些對繪畫有興趣的人之外，大多數的軍官都不會繼續畫畫。在海上服役期間，范肖的畫筆從未離手，故而畫下他多次出海航行的見聞。

一八四〇年，他首次出航是搭乘輕型巡防艦「達芙妮號」（Daphne），在敘利亞海岸附近參與對阿克雷（Acre）的轟炸，並冒險上溯尼羅河流域。一八四四年，他在東印度群島附近航行，在婆羅洲擊退了海盜、從此讓自己升上艦長一職。從一八四八年起，他又乘上「達芙妮號」回到太平洋，開始了歷時三年的長期航行。范肖隨身帶著庫克船長的探險記，並且天天閱讀。他造訪了皮特凱恩（Pitcairn）群島、聽說了「邦蒂號」水手叛變的故事，還與斐濟皇室和大溪地戰士共進晚餐。在返程途中，他應英格蘭銀行的要求將墨西哥白銀運回倫敦，從中獲得巨額酬勞。

范肖在海上的職業生涯見證了那個時代許多重大海軍技術革新：從帆船動力到蒸汽動力，最後還發展出利用潛艇來作戰。從一八六一年起，他擔任查坦造船廠（Chatham Dockyard）的監督主管，在此期間，該船廠打造了第一艘鐵甲戰艦「阿基里斯號」（Achilles）。在服役即將結束前，范肖分別擔任北美洲和西印度群島分艦隊的總司令，於一八七八年在朴次茅斯擔任總司令，並參與研發最新的海軍武器：魚雷。一九〇六年十月二十一日，他在特拉法加爾日（Trafalgar Day，譯註：特拉法加爾日是紀念英國海軍於一八〇五年十月二十一日在特拉法爾加戰役〔Battle of Trafalgar〕中戰勝的日子）於倫敦去世。儘管木製戰艦的時代早已遠去，他仍熱切追蹤著海軍的最新發展。范肖的個人座右銘是「理性是生活的指導原則」（*dux vitae ratio*）。

左圖：瑟魯・艾潘尼薩・卡考鮑（Seru Epenisa Cakobau，或Thakambau），是巴烏（Bau）首領塔諾亞（Tanoa）的長子。范肖於一八四九年十月與他會面。他是一位相當正直且有實力的人，後來成為統一後的斐濟王國首位公認的統治者。

對頁：一八五二年，「達芙妮號」在合恩角附近運送墨西哥白銀。該船在馬薩特蘭（Mazatlan）海域碰上颶風，桅杆被撞平，之後這艘船就在船具裝配不足的情況下航行。

蘿絲・德・弗雷西內（ROSE DE FREYCINET）

一七九四～一八三二年

人生苦短！我希望能盡可能活得精采，
而且永遠不後悔自己的決定。

在一八一七年九月十六日夜深人靜時，一名年輕女子穿過法國土倫（Toulon）的街道，朝著海港方向悄悄走去。她裝扮成男人的樣子，打算躲進丈夫的船裡偷渡，那艘船便是著名的「烏拉尼號」（Uranie）。第二天早上，他們就要出海前往太平洋和澳洲，進行為期三年的科學考察，最後還要環遊世界一周。這名女子在碼頭的入口處含糊說出口令，好不容易爬上了船，卻發現眼前面對著一群軍官。當被要求證明身分時，一位朋友兼同謀者認出了她，也出面解圍，聲稱她是自己的兒子。

正是蘿絲・德・弗雷西內的丈夫、同時也是艦長路易・德・弗雷西內（Louis de Freycinet）與她共謀了這次的偷渡計畫。與此次事件相關的報導，在引起了巴黎官方的群起憤慨後，也成了新聞頭版內容。記者誇張地描述這位藐視傳統的年輕女子多麼無恥又冒失，說她不僅拿自己的小命開玩笑，還冒險賭上丈夫的職業生涯。一直到「烏拉尼號」離開直布羅陀時，蘿絲才有十足把握自己能安全地繼續待在船上，並以指揮官妻子的身分示人。

漫長的旅程中也出現了各種挑戰。探險隊的隨船畫家雅克・阿拉戈（Jacques Arago）記錄下蘿絲在面對危機四伏的大海、長達幾個月單調生活，以及船上一百二十五名男子時所展現的勇氣。她曾碰上致命的毒蛇、可怕的海盜襲擊，以及危及生命的幾次食物中毒和瘧疾，但都活了下來。在幾座太平洋島上完成科學考察和標本收集後，「烏拉尼號」到達了雪梨。在那裡，德弗雷西內一家受到熱烈歡迎，並欣賞了當地的頂尖劇團帶來的表演。

然而，厄運在回程降臨。「烏拉尼號」撞到福克蘭群島（Falkland Islands）附近的一塊岩石。隨著海水不斷湧入，軍官和船員只能帶著物資和考察紀錄爭相棄船。根據阿拉戈的紀錄，蘿絲的「身旁就是正在燃燒的燈籠和幾個越漂越近的火藥桶，她卻無所畏懼地看著這一切，她為大家悲慘的遭遇感到難過，甚至忘記了自己的不幸」。在他們十週後獲救時，艱難刻苦的情狀畢現——「我瘦到把自己嚇到了，」她寫道，「我的臉色蒼白而泛黃，眼眶凹陷。總之，看起來像鬼一樣。」

最終他們安全返回家鄉，這時醜聞已被人淡忘。他們的愛情和冒險故事與當時代法國社會的想像力一拍即合，德・弗雷西內一家受到了眾多巴黎沙龍的款待。甚至連國王路易十八也表達了同情，並指出蘿絲這種為婚姻奉獻的行為應該得到諒解，因為很少有人願意像她這樣。儘管官方文獻沒有將這位女性寫入紀錄中，在新幾內亞島上新發現的一種鴿子和兩種蕨類植物的命名中，都間接提及了蘿絲・德・弗雷西內。她的丈夫路易還以蘿絲之名來為太平洋上的一座島嶼命名。「命名確定了，」她愉快地在家書中寫道，「我的名字現在已和世上一個小小的角落連結在一起。」

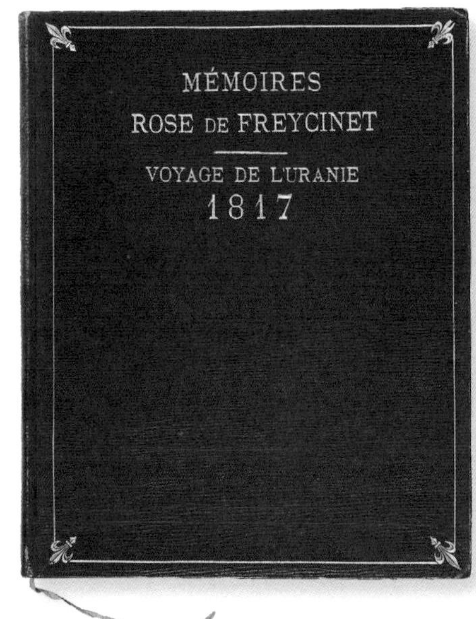

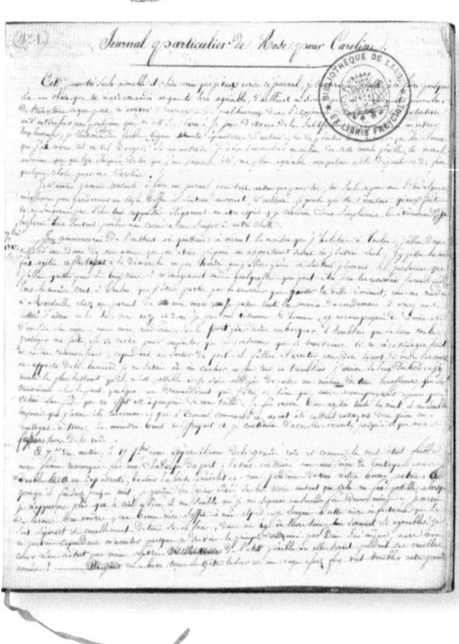

蘿絲與朋友卡洛琳・德・南特伊（Caroline de Nanteuil）的書信累積成一份航海日誌，提供了在法國海軍嚴禁女子登船的時代，從女性角度來看海上生活的深刻見解。對頁圖描繪的是從「烏拉尼號」往岸上看鯊魚灣的場景，由阿方斯・佩利翁（Alphonse Pellion）所作。畫中站在右側帳篷入口處的就是蘿絲。

Mr. Pellion

Baie des Chiens-Marins,

Observatoire l'Uranie

瓦斯科・達・伽馬（VASCO DA GAMA）

一四六〇～一五二四年

我並不懼怕黑暗。
與其活得了無生趣，還不如徹底死亡。

對頁：一五一九年所出版恢弘壯麗的《米勒地圖集》（*Miller Atlas*）中，圖中為極具想像色彩的印度洋。這部地圖集是一部傑作，展現了當時葡萄牙人對世界的認知程度，更是個囊括當時代最高機密等級的海事知識寶庫：內容以達・伽馬的航海日誌及其他水手所作的海圖為參考基礎。

航海這件事，曾經很有可能打造出新的世界秩序。一四九八年，當瓦斯科・達・伽馬向東航行至印度洋時，一個來自義大利、名叫克里斯多福・哥倫布（Christopher Columbus）的特立獨行之人正在第三次向西航行，且最終抵達美洲大陸，宣稱為西班牙發現了「新世界」。他們兩人都在追尋同樣的目標：一條通往亞洲的海上通道。這不是某種挑戰人類知識極限的狂想，反而可謂相當大膽且務實的計畫，目的是要顛覆當時由伊斯蘭文明強勢主導的全球貿易活動，期望透過與東方文明交流，達致新的全球勢力平衡。

當時，葡萄牙已經是一股強大的海上勢力，而達・伽馬身為國王家族中的成員，就在這個時候登上歷史故事的舞臺。正值約三十五歲的達・伽馬曾於葡萄牙海軍接受航海官的訓練。因為有過一些航行經歷，他證明了自己的韌性，成為葡萄牙王室在海外船隊的貿易巡迴大使。航行的目的不僅是為了有新的發現，達・伽馬的首要任務更是要與各地統治者建立良好關係、構築貿易網絡，以及進一步推動基督教的發展。一四九七年啟程時，船隊共有四艘船，包括兩艘橫帆大帆船（nãos）──他的旗艦「聖加布里耶爾號」（São Gabriel）、他哥哥保羅（Paulo）指揮的「聖拉菲爾號」（São Raphael）；一艘補給運輸船；以及由尼古勞・科艾略（Nicolau Coelho）所指揮、裝有大三角帆的卡拉維爾帆船（caravel）「貝里歐號」（Berrio）。

達・伽馬從里斯本向南航行、沿著非洲西海岸前進，並繞過好望角進入了未知的水域。到了隔年一月，當他接近莫三比克一座穆斯林城市時，船隊被迫停下來休息、修整和補給物資。之後，趁著四月季風之間的空檔，船隊離開了馬林迪（Malindi，今天的肯亞），並在一位古吉拉特裔（Gujarati）引航員伊本・馬吉德（Ibn Majid）協助下，航行到卡利刻特（Calicut）。到了四月二十九日，他們在離開大西洋後首度見到北極星，最後也終於在一四九八年五月十八日，「經過一連二十三天都沒見到任何陸地之後，我們看到聳立在八里格（譯註：1 里格等於 5.556 公里）外的高大群山」。他們到達了西高止山脈（Western Ghats）。

經過了十個月的航行，前往印度的大膽探險也圓滿完成。這可說是歐洲航海史上前所未有、最為偉大的其中一趟航行，更標誌著一個思想得以迅速傳播，以及東西方關係將顛覆性重塑的新時代到來。在返航途中，達・伽馬不得不逆著猛烈的季風穿越印度洋，且船上的壞血病猖獗，為他的船隊帶來沉重打擊；該病在達・伽馬的船上爆發也是史上首次受到廣泛矚目的案例。為了節省資源，他甚至下令燒掉一艘船。他的哥哥保羅在返程途中去世。達・伽馬於九月九日終於抵達葡萄牙時，為兄長哀悼了九天，然後才進入首都，接受舉國上下為他凱旋所舉行的歡慶。

右圖：一五五八年成書的《葡萄牙總督的印度歲月》（*Lives of Portuguese Viceroys in India*），該書手稿中的達・伽馬畫像，現存於紐約皮爾龐特・摩根（Pierpont Morgan）圖書館。

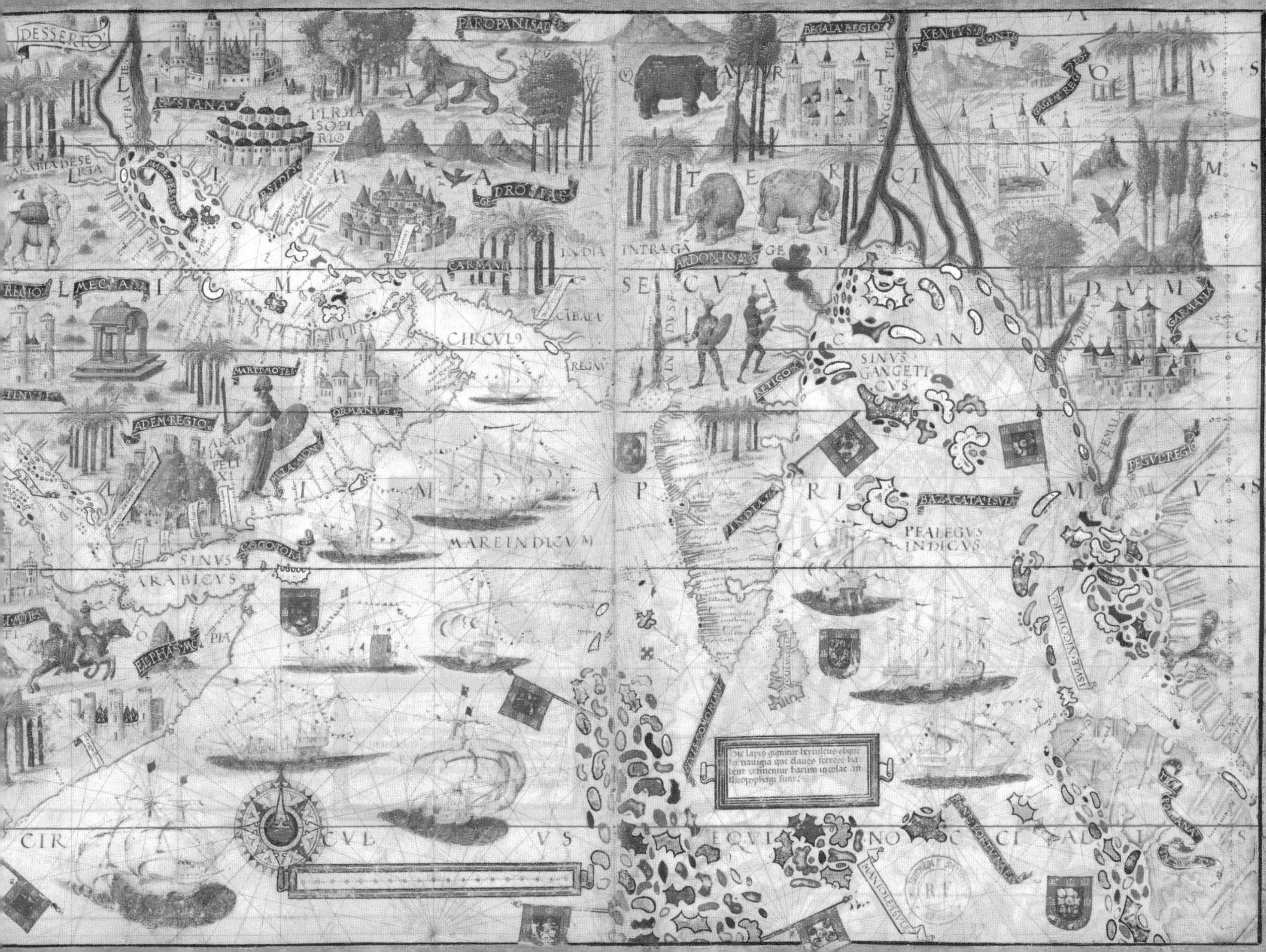

DESSERTO
PAROPANISAE
SVSIANA
BEGALA REGIO
XENTYS MONTS
GANGES
GEDROSIA
CARMANIA
INDIA INTRA GÃ
MECA
CIRCVLVS
MARTE MOTES
ADEM REGIO
ARABIA FELIX
SINVS ARABICVS
COCOTORA
MARE INDICVM
ELEPHAS MO
SINVS GANGETICVS
BAZACATA ISVLA
PEALEGVS INDICVS
PESVRE REGIO
Hic lapis gignitur herculeus obque hec nauigia que clauos ferreos habent retinentur harum incolae antropophagi sunt.

他們是商人，與白摩爾人交易，
那時的港口正停著四艘他們的船——
滿載金、銀、丁香、胡椒、薑和銀戒指，
還有大量的珍珠、首飾和紅寶石……他們說，
這些對我們來說無比珍貴的寶石、珍珠和香料在他們那裡非常多，
多到要用籃子來裝……

右圖：《葡萄牙總督的印度歲月》中關於一五五四年佩德羅・馬斯卡雷納（Pedro Mascarenhas）船隊及沉船的描繪。對頁右圖：一幅描繪達・伽馬探險隊的帆船於一四九七年繞過好望角的插圖，可見於里斯本科學院（Academia das Ciencias in Lisbon）中珍藏的《武裝記憶》（*Memoria das Armadas*）一書中。

對頁左圖：這份手稿是達・伽馬在一四九七年首次印度之行中唯一留存下來的航海日誌複本。現已散佚的原件曾由水手亞爾・瓦羅（Álvaro Velho）保管，但他當時沒有立即隨探險隊返回葡萄牙，而是在甘比亞和幾內亞逗留了八年。

Nº 204
C. Aro

Descobrim.to da India por Vasco da Gamma

Em nome de Deos Amem / Na era de mjll iiij lR bij
mandou elRey dom manuell o prim.ro deste nome em portugall / a descobrir quatro
nabios os quaes hiam em busca da especiaria / dos quaes na
bios hia por capitam moor V.co da gama e dos outros hum
delles paullo da gama seu jrmaão e do outro njcollao coelho

Partimos de Restello hum sabado que eram oyto dias
do mes de julho da dita era de 1497 noso caminho
que deos noso S.or leixe acabar em seu serujço amen /

Primeiramente chegamos ao sabado seguinte a vista das canarias
e esa noute pasamos a sota vento de lançarote e a noute seguinte
ante amanhecer emos com a terra alta / onde fezemos pescaria obra
de duas oras e logo esta noute ao anoitecer eramos
atraves do Rio do ouro / E foy a noute tamanha a cerraçam
que se perdeo paullo da gama de toda a frota por huma parte e
pelo outra o capitam moor / E depois que amanheceo non ou
vemos vista delle nem dos outros nabios / e nos fezemos o ca
minho das jlhas do cabo verde como tinhamos ordenado que quem
se perdese que seguise esta rota / Ao domingo seguinte ao a
manhecer ouvemos vista da jlha do sall / e logo dhy a huma
ora ouvemos vista de tres nabios / os quaes fomos demandar e
achamos a naao dos mantimentos e njcollao coelho e bertolameu
diz que hia em nosa companhia ate a mjna / os quaes
tambem tinham perdido o capitam moor / E depois de
juntos seguimos nosa rota e faleceonos o vento e andavamos

Partio Vasq da gama pera a Jndia a oyto de Julho por capitão mor co quatro vellas /3. pera seguire ho descobrimento da Jndia e hua carregada de mantimentos pera se co elles e co a gente della Reformare, das quaes ... erão os capitaes /—

Paullo da gama

Jrmao de Vasco da gama á tornada pera portugal, Varou e os baixos Antre quiloa e mombaça, aos quaes chamão de S. Rafael por respeito da Nao que asi se chamaua, e a gente della se Repartio pellas duas da companhia, —

S. grauiel

Vasquo da gama

goncallo nunez

Nicolao coelho

意外之旅

斯拜德・安德森（Spider Anderson）

Towards Darwin – grey green emerald sea with big black pilot whales
60 psa

只有航海者才能感受到生命深刻而悽楚的美。
只有這樣的人才品嘗過生命中的矛盾對比——他已探索了兩種無窮的形式，
那就是外在的宇宙與內在的自我。

——羅克韋爾・肯特（Rockwell Kent），一九二四年

身為一名海洋藝術家，我一生中大多時間都在努力描繪那些一般人難以描繪的東西，企圖捕捉下永不停歇、不止息、永無休止的瞬間。這就是海洋為世上許多人靈感泉源的原因。我認為大海的不確定性反而使其更加有魅力。無論計畫多麼周詳，航行總是會朝向意想不到的境地發展。海風與海水主宰著你；天氣支配著航程；而大海則帶來意外的驚喜，使你作畫的筆刷拿它沒轍。我曾感受鯨魚游過船體下方，也在早晨的甲板上捕捉過飛魚。在海上，我曾經與死亡擦肩而過，體會到極度的恐懼，但也從中獲得自己最為真切地「活著」的感覺。我還見過一些直到現在也無法解釋的事情，更別說要理解那些事了。

在我的藝術作品裡，我試圖將海上那些難以想像的情形展現在他人眼前。我用油畫、水彩、鉛版雕刻來創作，在作品那一方小天地中，摸索、拼湊出一條軌跡。我創作中的每一點痕跡，都能以小見大——在部分中見到整體。我在大海上，或在海邊工作已有五十多年，每每見到一幅手繪草稿，或閉上眼睛回憶過去的海上航行時，記憶就如潮水般湧現。隨著歲月流逝，記憶也會逐漸退去，因此我在航行中畫下的圖稿就更顯珍貴。

我第一次出海是在一九六四年耶誕節，而且是在颳大風的日子。父親是一名水手，他為我和弟弟造了一艘上了清漆的小划艇，是一艘「木鞋」（Sabot）型平艄小艇，我們將它命名為「暴風雨號」（Stormy）。我們一下子看到這艘船進水，一下子要拼命把水舀出去——兩兄弟興奮地放聲大叫，而父親則手握舵柄，在我們耳邊輕聲指導如何操作。在我們的船進退往復的過程中，母親就在岸上看著。第一次出海的經歷很嚇人，但一切又是那麼激動人心。自此之後，我的航海生涯就一直是在興奮、恐懼和自由共同交織成的情緒中度過。首航後的一年之中，我們又乘著「暴風雨號」出海過許多次，有時航程只有一小時，有時則長達一整天。

然後，我們首度航行到看不到家的地方。再之後，更是整晚出航未歸。我和學校的一個朋友沿著布利斯班（Brisbane）河順流而下，在河岸用我們的小艇露營。當時，我們把一張床單充當船帆，那年我才十歲，便已深深地迷上此道。在二十幾歲時，我為了在一艘橫帆船上的生活，放棄了藝術學院的學業，並從此愛上與桅杆為伍的艱辛生活。在一次環球科學考察的航程中，我努力工作並成為「風之眼號」（Eye of the Wind）上的二副，還因而加入一個國際性航海與探險家組織。我曾以畫家身分參加過一次前往巴布亞紐幾內亞的航行，我們乘著自己打造的當地樣式獨木舟，沿一條傳統貿易航線航行。在那兩年間，我將所見所聞統統記錄進寫生簿中。

在即將滿三十歲之際，我又踏上另一次非常不同的探險旅程。這一次，我是「奮進號」（Endeavour）的副駕駛，當時要為世上第一個超高壓氦氣球飛艇掌舵：那可是完全未經試驗的全新設計。我們好幾度面臨生命危險，但由於準備得夠充分，最後都順利化解危機。大夥很高興能在仔細計算過風險的情況下，踏出舒適圈。儘管這次是在天上航行，但怎麼說也是一次出航，我在途中也記錄了一些「輕量級」日誌。

要成為一名優秀的船員，你必須尊重大海。這是一件有趣的事，因為它打破了陸地生活的成規。大海永不妥協。它會帶你走向自給自足，讓你更加徹底地相信自己。我是天性很害羞的人，但大海賦予我一種從未想過自己擁有的自信。大海也給了我勇氣，讓我知道自己能勇於渴望更多的東西。探索大海其實相當於對自己的探索。大海同樣鼓舞了許多出現在本書中的——也是我心目中的——航海英雄，如奇切斯特、布萊、諾克斯－強斯頓、羅德尼・路斯，以及我的澳洲好同胞法蘭克・赫利。好奇心彷彿是在他們體內流動的血液。他們堅定地走進那片未知的世界。

然而，真正有意義、或足以改變人生的旅程，並非得是出生入死的冒險不可。當然不是這樣的。我立刻就想到了桑迪・麥金農（Sandy Mackinnon）和他的《傑克・德・克勞的意外之旅》（*Unlikely Voyage of Jack de Crow*），書中記述的旅程既出人意料之外、也妙不可言。他是一位不甘於平靜生活的美術老師，在假期裡借了一艘小型「鏡報」帆船（譯註：鏡報帆船是一種富英國特色的帆船，其名稱取自英國《每日鏡報》〔*Daily Mirror*〕。鏡報帆船具有很好的穩定性和易操作性，是帆船運動員學習比賽技巧時的首選之一，在英國、澳洲、愛爾蘭、瑞典、加拿大、紐西蘭和美國等地受到歡迎），從英國的威爾斯順著運河航行，抵達倫敦。

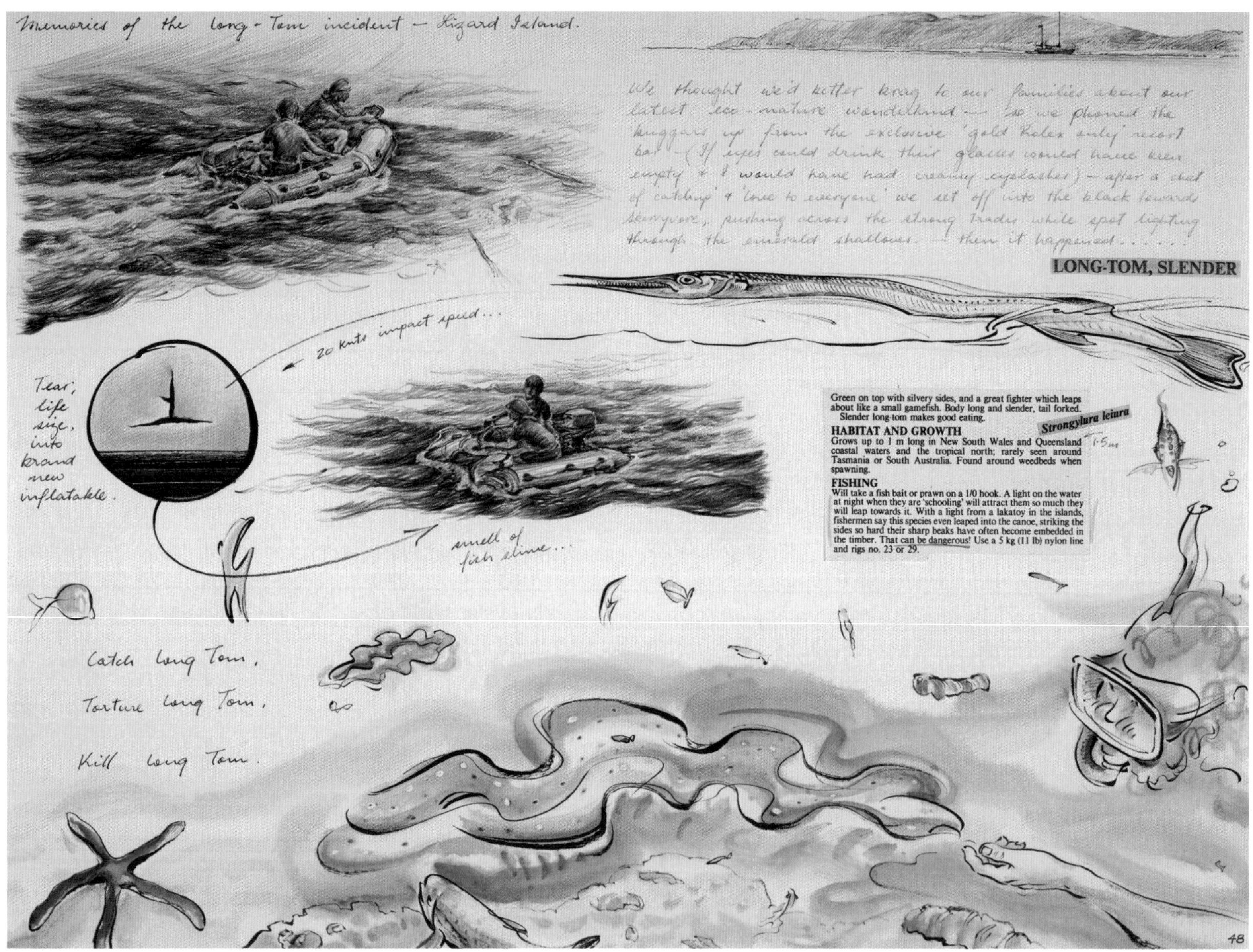

Memories of the long-Tom incident — Lizard Island.
We thought we'd better brag to our families about our latest eco-nature wonderland — so we phoned the buggars up from the exclusive 'gold Rolex only' resort bar — (If eyes could drink their glasses would have been empty & I would have had creamy eyelashes) — after a chat of 'catchup' & 'love to everyone' we set off into the black towards Skorpyore, pushing across the strong trades while spot lighting through the emerald shallows — then it happened.....
LONG-TOM, SLENDER
20 knts impact speed...
Tear, life size, into brand new inflatable.
smell of fish slime...
Green on top with silvery sides, and a great fighter which leaps about like a small gamefish. Body long and slender, tail forked.
Slender long-tom makes good eating.
Strongylura leiura
HABITAT AND GROWTH
Grows up to 1 m long in New South Wales and Queensland coastal waters and the tropical north; rarely seen around Tasmania or South Australia. Found around weedbeds when spawning.
1·5m
FISHING
Will take a fish bait or prawn on a 1/0 hook. A light on the water at night when they are 'schooling' will attract them so much they will leap towards it. With a light from a lakatoy in the islands, fishermen say this species even leaped into the canoe, striking the sides so hard their sharp beaks have often become embedded in the timber. That can be dangerous! Use a 5 kg (11 lb) nylon line and rigs no. 23 or 29.
Catch Long Tom.
Torture Long Tom.
Kill Long Tom.
48

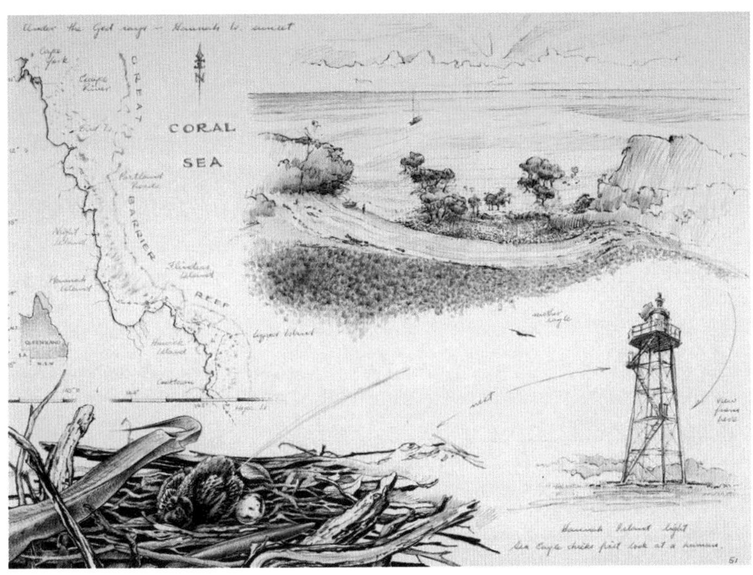

但是他並沒有就此停下來，還繼續越過海峽，或以帆航行、或划槳逆著河流上溯；穿過無數水閘；經過六個月、長達六千五百公里的航行後，一路航抵黑海。

至少在我看來，這種航行堪稱完美：規模雖然小，卻充滿冒險；有點不尋常，但非常有趣。所有的事情都可能出差錯，所以你必須永遠做好準備。這就是為什麼我尊重畫家身分的麥金農；而同樣的，我也敬佩水手身分的他。他的船不大，眼界卻寬廣——他在航行時，是用放眼天下的格局在看世界。

成為一名海上（或任何領域的）藝術家，都得對各種可能性保有敏銳機警的態度。好奇心是維繫藝術生命的脈動，而且藝術家得要不斷觀察和記錄。這些紀錄不見得一定是傑作，但這些草圖得具有一定的啟發性、有助於憶起過去的事情。一份圖稿就是一份視覺上的線索，外表看起來怎樣並不重要，只管用鉛筆畫下來就好。不久之後，甚至可能幾年之後，這份圖稿將幫助你回想起那個瞬間、那一天、當下的環境、船帆在風中擺動的樣子，以及海浪是怎麼不住地湧動。或者最起碼，它能啟發你想起某一段回憶，或是刺激你踏上下一場旅行。這就是寫生簿之所以這麼珍貴的原因：可以帶我們回到過去或開啟未來，指引我們去往各式各樣的海岸。假如我的船沉沒或是房子失火了，我首先要帶著逃跑的絕對是寫生簿，因為其他東西統統不若寫生簿那般無可取代。

安德森與同為藝術家的妻子金（Kim）於蜜月期間駕駛雙桅小帆船「史凱利沃爾號」（Skerryvore）環遊世界。他在海上和岸上所創作的草圖詳盡描繪了一生四處漫遊的生活。「我從小就嚮往大海，」他表示，「我徜徉在書中的文字，並對海洋心生憧憬。我在海上逐波漂蕩、向風借力前行、收集雨水飲用、從大海捕魚為食……我試著不在海上留下任何痕跡，盡可能地關心海洋。」他的建議是：「起錨，然後出發。事先得做足準備。因為此行一去，可能就要在外好一段時間。」

約瑟夫・吉伯特（JOSEPH GILBERT）

一七三二～一八二一年

這個國家有非常多的山，而且完全被冰雪覆蓋……
這裡的土地非常貧瘠、寸草不生，
只有水陸兩棲的鳥類與海怪才會於此處出沒。

吉伯特的「決心號」日誌詳細記錄了他在一七七二年一月三日至一七七五年三月二十二日期間，隨詹姆斯・庫克出海的航行歷程。下圖為他們在復活節島短程之旅中的考察紀錄。對頁：一幅大尺寸「決心號」航海路線圖；配有插圖，由吉伯特繪製和落款。

雖然探險隊長或艦長在達成著名的航海任務後、因而獲得榮譽並不為過，但在甲板下、船槳邊或桅杆高處，身為螺絲釘的船員更是每艘船之所以能正常運作、航行的不可或缺部分。一代又一代有才華的航海大師將他們的船帶往世界各個角落，但他們大多數人的名字卻已被世人遺忘，其中一位便是約瑟夫・吉伯特。他在詹姆斯・庫克的第二次著名探索之旅中擔任「決心號」（Resolution）船長。

吉伯特是農家子弟，很可能從小就開始出海，只是關於他早年生活的紀錄早已散佚。他加入皇家海軍後便一路晉升，在一七六四年成為了配有三十二門炮的軍艦「根息號」的艦長。就跟庫克一樣，吉伯特在拉布拉多和紐芬蘭沿海從事勘察工作多年。當上艦長的吉伯特返家後，又於一七六九年前往普利茅斯灣進行一項新的考察任務，任務成果的精確度引起了庫克注意。四十歲時，吉伯特比他當時的艦長（庫克）稍年輕幾歲，但航海技術卻絲毫不遜色。庫克在寫給海軍部的報告中表示，吉伯特在考察活動中所展現的「判斷力和勤勉精神，以及他在其他知識領域的專業度無人能及」。

「決心號」於一七七二年夏天從普利茅斯出海，主要任務是「向南極拓展更多的了解與發現」，同時也繼續探索赤道地區。這支探險隊三次造訪紐西蘭，經過對高緯度地區的一系列調查，終於終止了當時傳說中南極與澳洲相連，或從麥哲倫海峽向南延伸會接上「南方大陸」的臆測。然而再往南，因為冰雪與濃霧的關係，南極卻仍未被發現。

在大部分航行中，吉伯特的任務是帶領船隻對近岸海域進行考察。在紐西蘭夏洛特皇后峽灣（Queen Charlotte Sound）時，庫克划著裝載於船上的輕型艇，參加一場集體狩獵活動，吉伯特則乘著快帆船出海，探測他們於當地已發現之岩石區水深。在大溪地附近海域，他及時救了船上一行人，因為他們差一點就要撞上珊瑚礁，後來才用救難艇收回了船錨。一七七四年在萬那杜（Vanuatu）馬勒庫拉（Malekula）島，上級派遣吉伯特搭乘一艘武裝船去為「決心號」尋找合適的錨地。於艾羅曼加（Erromango）島靠岸時，他們與當地住民起衝突，兩方打了起來，在一陣箭頭塗了毒的箭雨與飛鏢襲擊中，吉伯特設法讓全體船員安全撤回船上。

庫克用他的名字來命名吉伯特島（Gilbert Isle），這是火地島附近的一個小島。儘管他說「這是我見過最荒涼的海岸」，但其實是此話背後帶有肯定的正面意義。在他們安全返航途中，吉伯特根據此一探險之行製作了許多精美圖表，庫克還贈予他一只手表。此後，吉伯特再也沒有出海遠航，但他的長子喬治（George）參與了庫克那時運不濟的最後一次太平洋航行。吉伯特在退休後依然非常活躍，先後被任命管理希爾內斯（Sheerness）的海軍造船廠、最富盛名的朴次茅斯造船廠，以及位於泰晤士河上的伍爾威治和德特福德（Deptford）繁忙的造船廠。

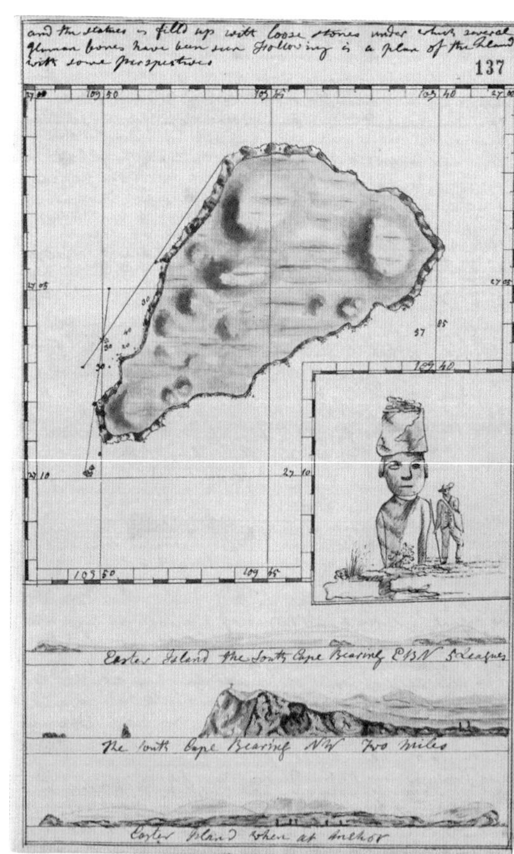

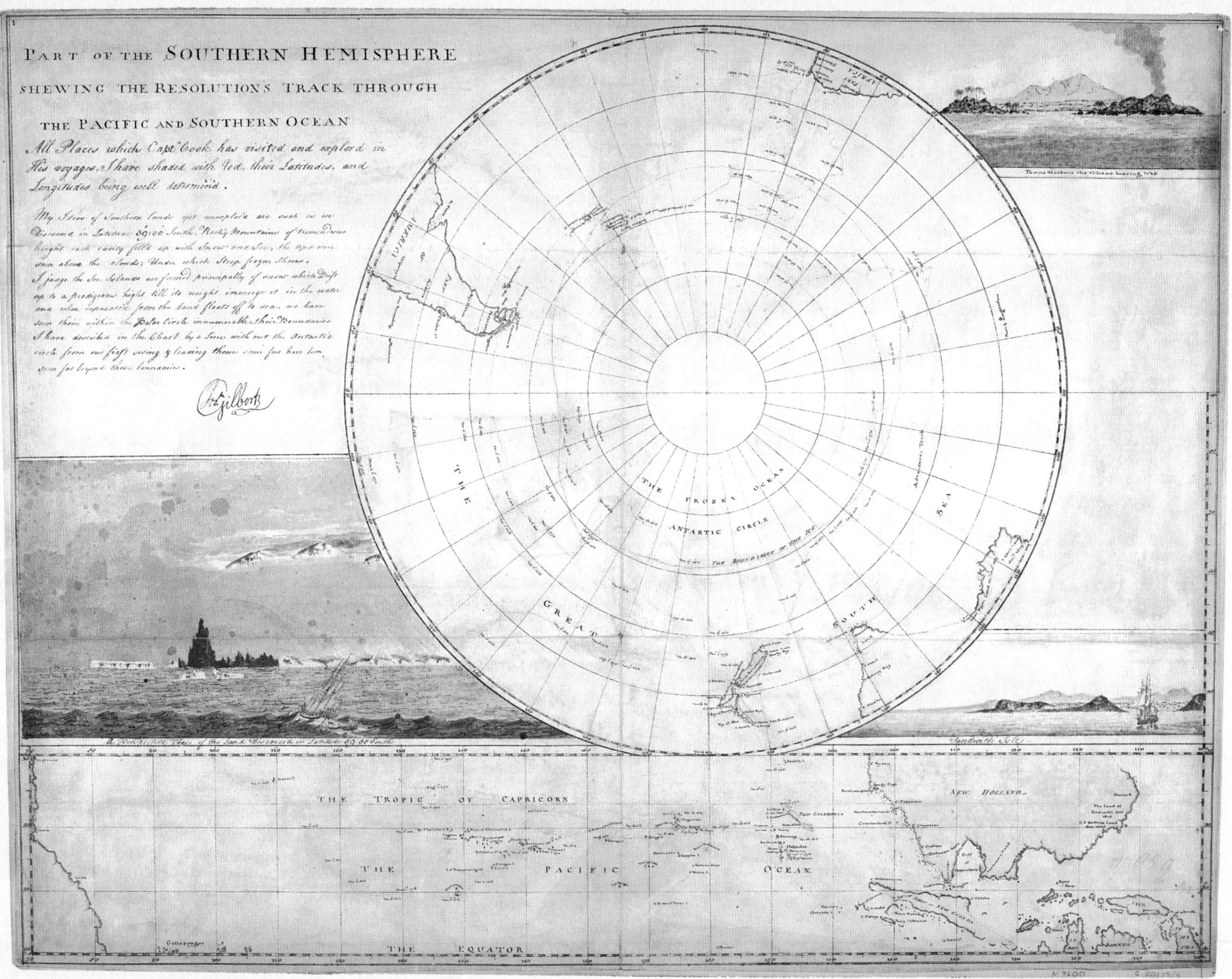
PART OF THE SOUTHERN HEMISPHERE
SHEWING THE RESOLUTION'S TRACK THROUGH
THE PACIFIC AND SOUTHERN OCEAN
All Places which Capt.n Cook has visited and explord in His voyages, I have shaded with red. their Latitudes, and Longitudes being well determin'd.
My Ideas of Southern lands yet unexplor'd are such as we Discovered in Latitude 59:00 South. Rocky Mountains of tremendous height each cavity fill'd up with Snow and Ice, the tops were seen above the clouds; Under which Steep frozen Shores.
I judge the Ice Islands are formed principally of snow which Drift up to a prodigious hight till its weight immerge it in the water and when separated from the Land floats off to sea. we have seen them within the Polar Circle innumerable. their Boundaries I have described in the Chart by a Line with out the Antartic circle from our first seeing & leaving them some few have been seen far beyond those boundaries.
Jo.s Gilbert
THE FROZEN OCEAN
ANTARTIC CIRCLE
THE BOUNDARIES OF THE ICE
THE GREAT SOUTH SEA
AMERICA
Sandwich Isle
THE TROPIC OF CAPRICORN
NEW HOLLAND
NEW CALEDONIA
THE PACIFIC OCEAN
THE EQUATOR

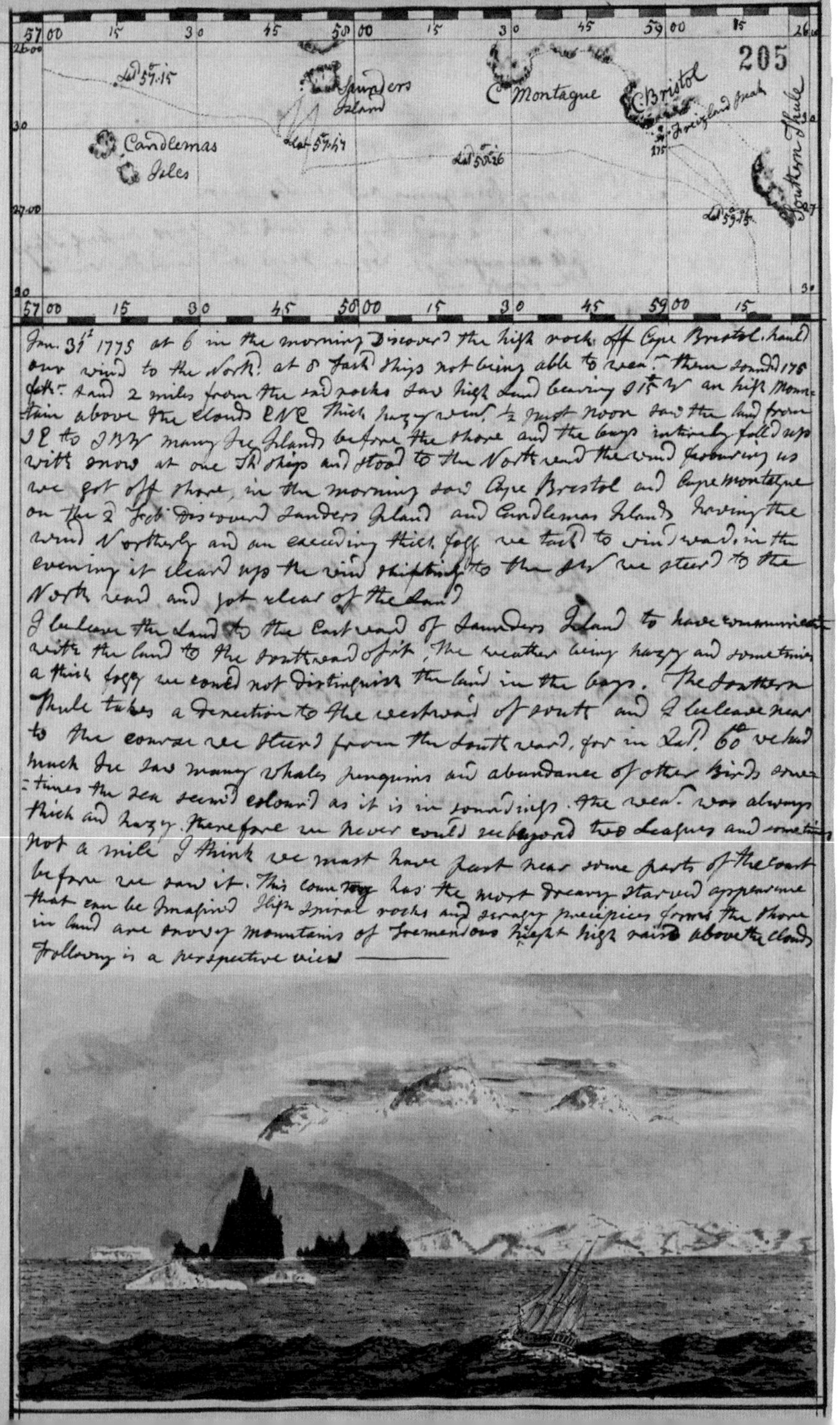

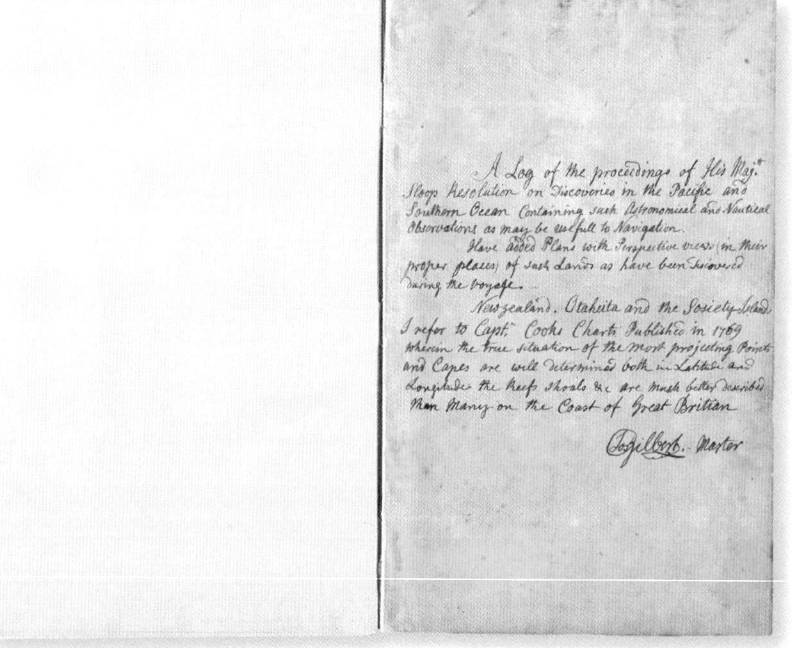

A Log of the proceedings of His Maj.ty Sloop Resolution on Discoveries in the Pacific and Southern Ocean Containing such Astronomical and Nautical Observations as may be useful to Navigation.

Have added Plans with Perspective views (in their proper places) of such Lands as have been discovered during the voyage.

Newzealand, Otaheita and the Society Islands I refer to Capt. Cooks Charts Published in 1769 wherein the true situation of the most projecting Points and Capes are well determined both in Latitude and Longitude the Reefs Shoals &c are much better described than many on the Coast of Great Britian

J. Gilbert. Master

吉伯特著名的航海日誌的書名頁（上圖）上寫著：「一部關於陛下的單桅縱帆船『決心號』探索太平洋與南冰洋之任務的日誌……」左圖為他以畫筆描繪在南聖威治群島（South Sandwich Islands）崎嶇海岸邊，第一眼所見到的景色。對頁左圖描繪了萬那杜的塔納島（Tanna）上的火山，以及合恩角和麥哲倫海峽東西兩側的荒涼海岸；庫克在當地以「吉伯特」來命名一座小島。

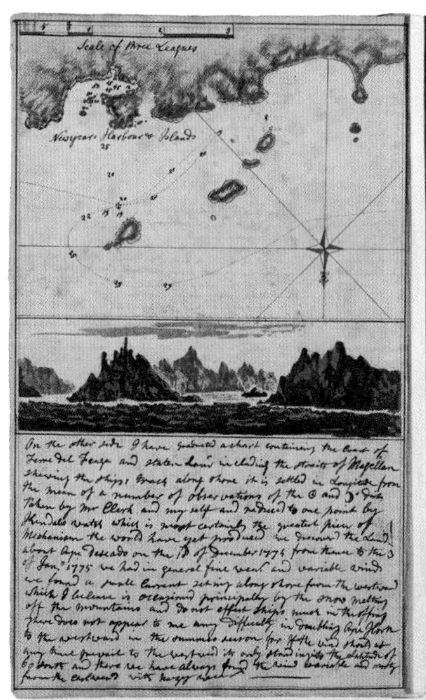

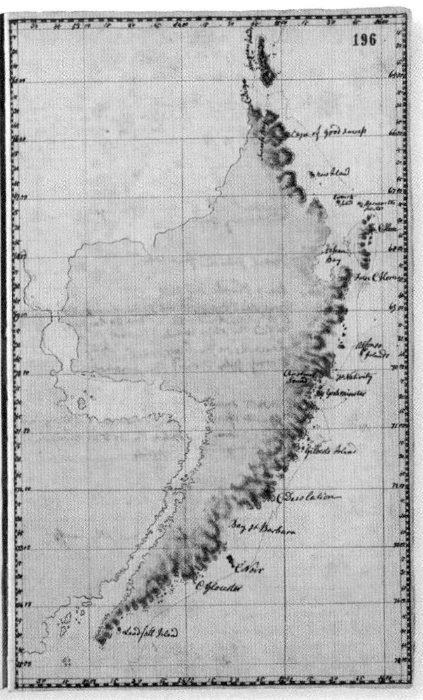

一七七三年一月十七日……我們面前有三十七座「冰島」。
我們穿過大片結構鬆散的冰層，航行至碰到大片的冰原……
冰原向南延伸到視線盡頭之外……
冰面下的很多隻鯨魚從氣孔噴出水氣……
一如既往地給了船員一人一杯「白蘭地」。

康拉德・格魯能貝格（KONRAD GRÜNENBERG）

一四二〇～一四九四年

一路上船顛簸得太厲害，許多朝聖者都病了。
那天晚上我們非常小心地行駛，因為水下有許多暗礁。

一四八〇年，一位符騰堡伯爵在從耶路撒冷返鄉的路上寫道：「有三件事我們既不好鼓勵、又不好否定，那就是婚姻、戰爭和前往聖墓教堂的朝聖之行，因為三者很可能有個好開始，卻沒有好結局。」十字軍東征的路途總是充滿血腥與危險，但仍堪稱中世紀規模最大的一種航海事業。在公元一〇〇〇至一三〇〇年間，數以十萬計的人從西歐的港口出海、踏上征途。東征行動為船東帶來了財富，並促進了整個地中海地區船舶設計的創新。在接下來幾世紀中，新一代的朝聖者熱衷於複製當年的征戰路線，甘冒重重危險，也要「見證聖地」。在此潮流中，旅遊業誕生了，紀念品和旅行指南開始出現在市場上。到十五世紀末，已經可以在威尼斯預訂前往聖地朝聖的套裝行程。

康拉德・格魯能貝格是一位熱衷於結交權貴的德國騎士，業餘愛好是描繪紋章圖案，以及畫出騎士參加馬上比武的場景。在一定的熱忱與好奇心驅使下，他登上了一艘駛往亞得里亞海（Adriatic）的船——大概可類比成今日的郵輪行。格魯能貝格出身於一個商賈之家，儘管並未（如某些檔案所述）躋身產業大亨或大建築師之列，但因為擁有貴族頭銜，格魯能貝格依然算是地方名流。他的父親是康士坦茲（Konstanz）的市長。這個繁華小市鎮坐落於德國南部的康士坦茲湖邊，也位在從義大利沿萊茵河延伸至北歐的貿易路線上。格魯能貝格本人之後成了一名建築師，並被推選為地方議會的議員，負責監督市政建築。他用閒暇時間投入紋章學研究，其筆下繪製的許多紋章圖樣是現存作品中數一數二精緻的。

一四八六年四月二十二日，格魯能貝格踏上前往中東的旅程。他沿著標準路線航行，途經威尼斯並在那裡購買了充足的葡萄酒和活雞，再從當地乘「雅法號」（Jaffa）航向南方。他在日記中抱怨船員的素質不良、同行的乘客要不是無法入睡就是暈船；同時也補充了一些旅行建議：「在行李中最好裝滿義大利脆餅和兩、三條不容易壞的麵包。」這趟航程中曾多次靠岸，而非一口氣行至目的地。格魯能貝格大為讚賞築於羅德島（Rhodes）達爾馬提安海岸（Dalmatian）以及克里特島（Crete）上坎地亞（Candia，今赫拉克良〔Heraklion〕）等地的堡壘。

他在聖地停留了約二十天，每天騎著驢出行，還得躲避劫匪和野獸，並盡力在糟糕的食物和骯髒的旅館等條件下求生。在離家三十三週後，格魯能貝格終於光榮返鄉、將自己的旅行見聞寫成著作。根據他日記所載，在一個月光皎潔的夜晚，他在耶路撒冷的聖墓教堂受封爵士。當然，他是旅程中的幸運兒。在他筆下記錄的三十名同行者中，至少有九個名字旁用紅色筆跡標記了「死亡」。

在一四八七年寫成的這部非凡遊記中，格魯能貝格描繪了從威尼斯搭乘「雅法號」前往聖地的旅途上，他所經過的達爾馬提安海岸的諸多城鎮。「雅法號」是一艘由大型威尼斯三列槳座中型艇（trireme）改裝成的客船，共有三根桅杆；總計五十八個槳位，一槳配三名槳手，共有約一百七十四名。據估計，船上可以運載約一百二十名朝聖者，另外還有商品、行李和一貨艙的羊。

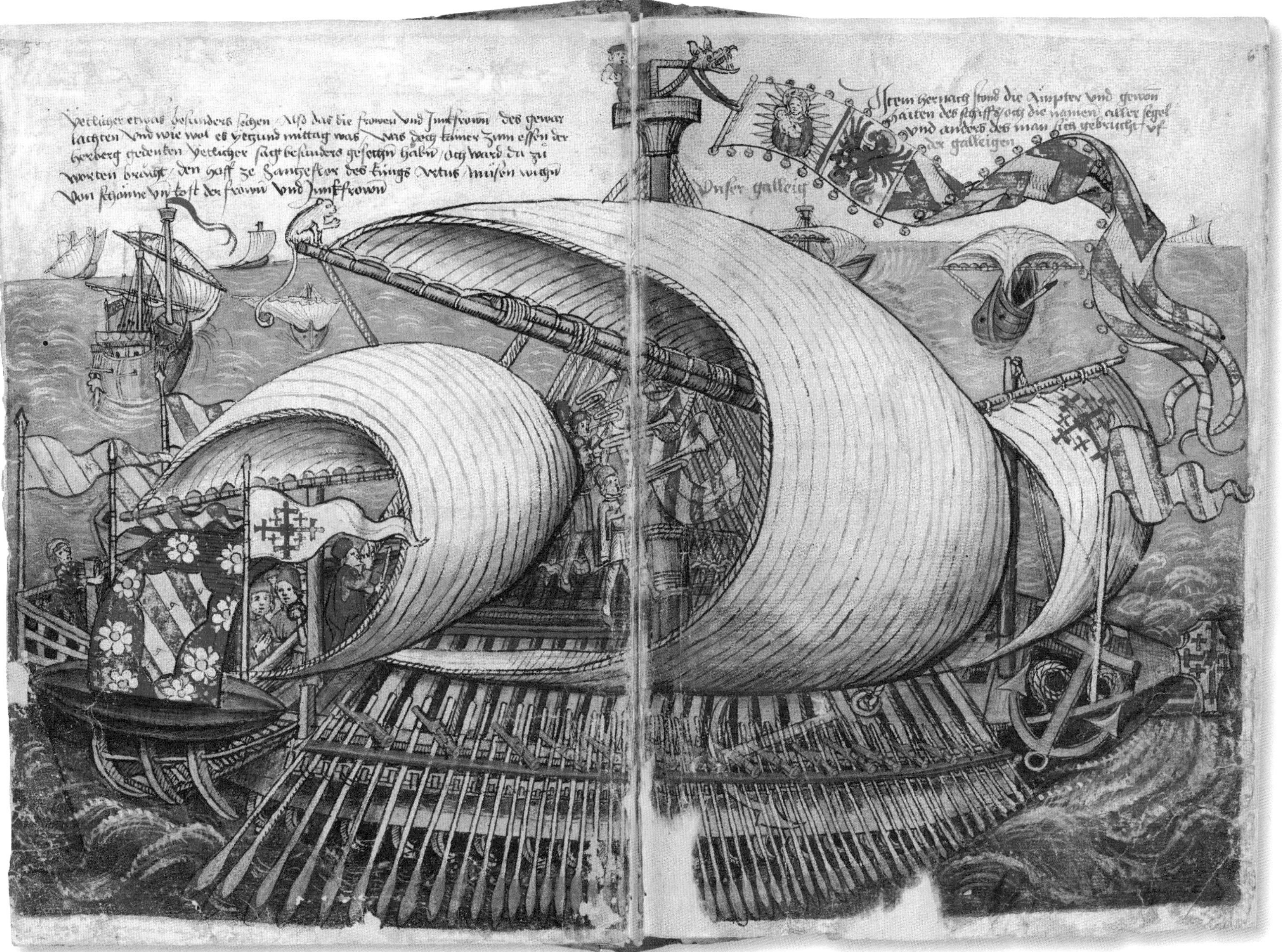
5
Vetlicher etwas besunders sechen / Also das die frowen und Junkfrowen des gewar
lachten und wie wol es yetzund mittag was / was doch keiner zum essen der
herberg gedenken vetlicher sagt besunders gesechen haben / Och ward da zu
worten bracht / den hoff ze Sangester des kungs Artus müsen wichen
von schöne und tost der frowen und Junkfrowen
6
Item hernach stond die Ampter und gewon
haiten des schiffs / och die namen aller segel
und anders des man sich gebrucht uf
der galleigen
Unser galleig

鄭和

一三七一～一四三五年

至於當洋正行之際，烈風陡起，
怒濤如山，危險至極。

鄭和是中國明朝宮廷的一名太監。他的官位一路受到拔擢，最終成為明朝廷位高權重之人，當上等同於海軍上將兼任外交官的內官監（譯註：明朝宦官衙門之一，通掌內史名籍，總督各職。明初掌管宦官的選拔考核事務，是內官最重要的機構之一）太監，並受命率領此前世界上前所未見的最大規模木船艦隊。船隊是由九桅中式大帆船組成，中國人稱為「寶船」，上面滿載著瓷器、絲綢和精美的藝術品，目的是要透過貿易為中國（Middle Kingdom）換來他們渴望的寶貝：象牙、犀角、玳瑁和寶石、稀有木材、香料，還有藥材和珍珠。

從一四〇五年起，鄭和帶領船隊在中國海和印度洋進行了七次史詩級航行，從臺灣到波斯灣（Persian Gulf），再到非洲東岸。中國人也從阿拉伯商人那裡得知歐洲的存在。儘管如此，他們並不想去歐洲，因為「遠西地區」只有羊毛和葡萄酒，對中國來說似乎並不吸引人。這位「海軍上將」一定曾親自記錄下航海日誌或圖表，但所有的原稿都散佚了。幾世紀以來，中國以外鮮有人知道鄭和下西洋的故事，而就連在自己的國家，官方也將鄭和的航海事蹟隱藏起來。新任皇帝不願消耗國庫去建造更多船，他嚴禁海上貿易，反將資金集中用於修建長城，更否認鄭和的歷史地位。後來的皇帝則更擔心有人在聽說鄭和的航海事蹟後起而效尤。

有關中國明代的文獻提及了鄭和的艦隊，如果這些編年史的內容確鑿可信，那麼一四〇五年的這支探險隊便是由超過兩萬七千名船員、六十二艘巨型寶船，以及上百艘小船組成。

這幾乎是超乎想像的天文數字，但旅行家馬可・波羅和摩洛哥學者伊本・白圖泰（Ibn Battuta）都清楚描述了這些載滿航海家、水手、醫生、官兵、文士以及藝術家，且長度達一百二十多公尺的多桅帆船。鄭和的隨行官員鞏珍所寫的日記，成了後來鞏珍於一四三四年出版的著作《西洋番國志》的原始資料。還有幾位隨船官兵也記錄了航海日誌，但這些文字至今只能見於稍晚完成的一般性敘事內容的木刻版畫，其殘留下來的斷簡殘編中。

在鄭和生前，曾有無數為他建造的宮殿和紀念碑，在他走訪過的地方，人們也紛紛立起石碑。一九一一年，有人在斯里蘭卡挖出一座石碑，上面雕刻了鄭和於一四〇九年第二度造訪該島之行。從南京出發之前，鄭和安排人用三種語言：漢語、泰米爾語和波斯語刻碑紀念，文中祈求印度教神靈賜予奠基於貿易基礎之上的世界和平；還讚美了佛陀一番；並記錄了船隊在不同地區登岸時，給當地人帶去的慷慨餽贈。在今天的南京有一座在原址上重建的鄭和墓，但這只是一個衣冠塚。根據傳說，鄭和在第七次——也是最後一次——下西洋航程中去世後，被葬在印度西部馬拉巴海岸（Malabar Coast）一帶的海中。就像許多其他航海者一樣，鄭和沒有活著返鄉。

鄭和為中國帶回許多的奇珍異寶，其中就包括這隻索馬利亞的阿居蘭（Ajuran）帝國於一四一四年獻給永樂帝的長頸鹿。對頁左圖：這張星圖上畫了一條從荷莫茲（Hormuz）到卡利刻特的航線。對頁右圖：據說，這些「異域圖紙」是鄭和根據旅行者間口耳相傳的故事，並結合自己在航行中的見聞繪製而成的。

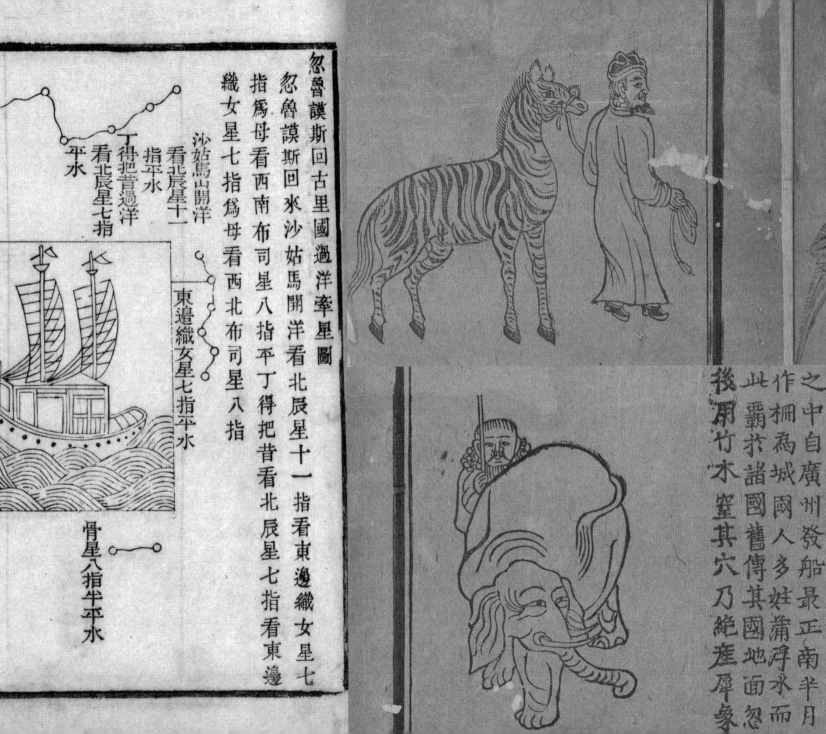

忽魯謨斯回古里國過洋牽星圖

忽魯謨斯回來沙姑馬開洋看北辰星十一指看東邊織女星七指爲母看西南布司星八指平丁得把昔看北辰星七指看東邊織女星七指爲母看西北布司星八指

北辰星十一指平水

平水

丁得把昔過洋看北辰星七指

指平水

沙姑馬山開洋看北辰星十一

東邊織女星七指平水

西北布司星八指平水

西南布司星九指平水

骨星八指半平水

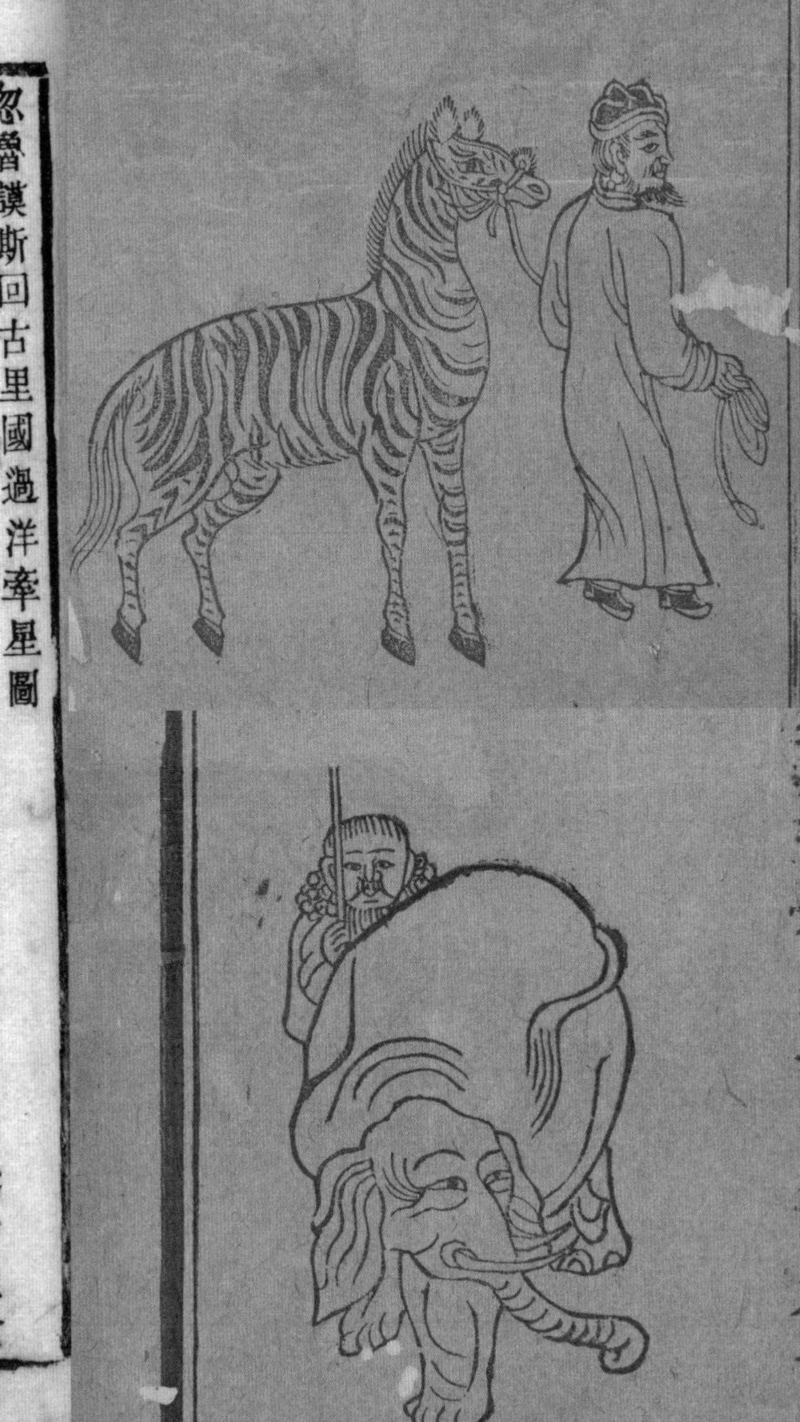

之中自廣州發船最正南半月
作柵爲城國人多姓蒲浮水而
此霸於諸國舊傳其國地面忽
後用竹木窒其穴乃絕産犀象

艾瑞克・海索堡（ERIK HESSELBERG）

一九一四～一九七二年

空氣和水溫都很宜人舒適，我們幾乎都光著身子。
只有拍照的時候，我們才穿上內褲。

挪威的偉大航海家輩出。比如南極英雄羅爾德・阿蒙森（Roald Amundsen）是一九〇六年第一個通過西北航道的人。還有人道主義者暨海洋學家弗里喬夫・南森（Fridtjof Nansen），他曾經以「前進號」（Fram）向北極挺進。挪威另有一位選擇在溫暖水域航行的航海藝術家，他勇敢踏上了多數人認為註定要失敗的航程。這位深具個人魅力的探險隊領導者眼界之大，總是勇於迎向挑戰，他就是挪威人索爾・海爾達。但這次航行的引航員是由艾瑞克・海索堡擔任，他憑藉高超的航海技術，為同行者保住了小命。即使在最危急的情況下，他依然態度樂觀，堅持唱歌與作畫。

海索堡出生於泰勒馬克（Telemark）的布雷維克（Brevik），他和海爾達從小就認識，也曾在一所航海學校受過訓練，並以職業船員的身分工作過五年。他出海到過世界各地許多地方，還在德國學過繪畫。二戰期間海索堡滯留在德國，以室內裝潢為業，以此營生。之後，他與一名當地女子結婚，並在戰爭結束後返回挪威。一九四七年，海索堡當時是職業畫家，海爾達向他發出邀請：上船成為他的引航員、乘巴沙木筏「康提基號」（Kon-Tiki，譯註：康提基〔Kon-Tiki〕是南美洲印加帝國的太陽神）出海。海索堡收拾了他的六分儀、素描本和吉他，義無反顧地出發了。

在一百多天的航程中，六名船員順著洋流和東南信風，從秘魯一路漂流到玻里尼西亞，航行近四千五百海里，希望能驗證南美洲史前人類可能走過同一條航線的理論。一九四七年八月七日，「康提基號」在土亞莫土群島（Tuamotus）撞上了拉羅亞環礁（Raroia）的礁石而解體。這六名男子奮力游泳，最終安全上了岸，千辛萬苦涉水的他們鬍鬚淩亂、渾身濕透，一身狼狽不堪。過了一段時間，來自另一座島的某些村民來到這裡，與他們一同載歌載舞、共享美食。不可能完成的航行，最終成功了。

島民用當地傳說故事中一位航海英雄的名字塔內－馬塔拉烏（Tane-Matarau）來稱呼海索堡。探險結束後，他生活在一艘自己建造的船「提基號」（Tiki）上，也將船駛到地中海，在當地成為畫家與雕塑家並作曲。在里維拉（Riviera），他結識了畢卡索，還認識了尚・考克多（Jean Cocteau）和喬治・西默農（Georges Simenon），並與另一位極富天分的挪威藝術家卡爾・奈沙赫（Carl Nesjar）合作。晚年時，海索堡回到挪威度過餘生。

從「康提基號」的探險航程歸來後，海索堡根據他的航海日誌內容，於一九四九年出版一本航海書冊，名為《康提基號與我》（*Kon-Tiki og Jeg*）。這本書被翻譯成包括英語在內的多國語言。

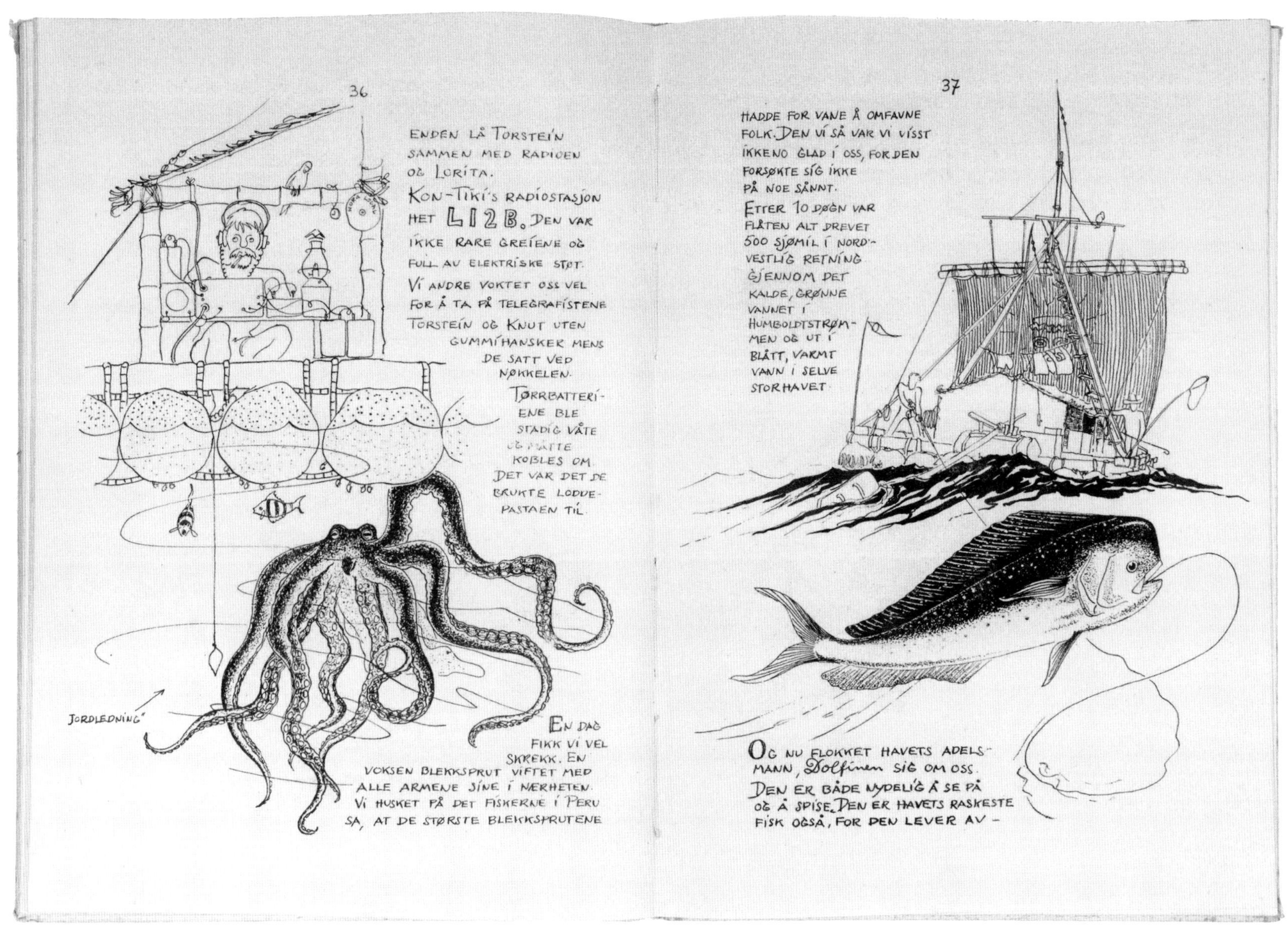

36

ENDEN LÅ TORSTEIN SAMMEN MED RADIOEN OG LORITA.

KON-TIKI'S RADIOSTASJON HET LI2B. DEN VAR IKKE RARE GREIENE OG FULL AV ELEKTRISKE STØT.

VI ANDRE VOKTET OSS VEL FOR Å TA PÅ TELEGRAFISTENE TORSTEIN OG KNUT UTEN GUMMIHANSKER MENS DE SATT VED NØKKELEN.

TØRRBATTERIENE BLE STADIG VÅTE OG MÅTTE KOBLES OM. DET VAR DET DE BRUKTE LODDEPASTAEN TIL.

EN DAG FIKK VI VEL SKREKK. EN VOKSEN BLEKKSPRUT VIFTET MED ALLE ARMENE SINE I NÆRHETEN. VI HUSKET PÅ DET FISKERNE I PERU SA, AT DE STØRSTE BLEKKSPRUTENE

37

HADDE FOR VANE Å OMFAVNE FOLK. DEN VI SÅ VAR VI VISST IKKENO GLAD I OSS, FOR DEN FORSØKTE SIG IKKE PÅ NOE SÅNNT.

ETTER 10 DØGN VAR FLÅTEN ALT DREVET 500 SJØMIL I NORDVESTLIG RETNING GJENNOM DET KALDE, GRØNNE VANNET I HUMBOLDTSTRØMMEN OG UT I BLÅTT, VARMT VANN I SELVE STORHAVET.

OG NU FLOKKET HAVETS ADELSMANN, *Dolfinen* SIG OM OSS. DEN ER BÅDE NYDELIG Å SE PÅ OG Å SPISE. DEN ER HAVETS RASKESTE FISK OGSÅ, FOR DEN LEVER AV-

EKVATORDAPEN: LIV BLEV DØPT CHLOE:

MESSAGERIES MARITIMES

BAPTÊME DE LA LIGNE

DANS L'OCÉAN PACIFIQUE

PAR LONGITUDE OUEST 102,09

Aito poapoa

Nous soussigné PÈRE TROPIQUE certifions que le 23 Janvier de l'an 1937 THOR HUYERDAHL [sic] passager à bord du COMMISSAIRE RAMEL a été imprégné d'onde amère selon les rites séculaires en quantité suffisante pour être enrôlé et dument enregistré dans les troupes de ligne de Nos vastes Etats. Il s'engage à servir désormais Notre cause selon l'esprit du Large et le souffle qui nous anime. En foi de quoi, Nous délivrons le présent certificat et nous le baptisons du nom de DAPHNIS

Le commandant

La Père Tropique

COMPAGNIE DES MESSAGERIES MARITIMES
PAQUEBOT
COMMISSAIRE
RAMEL

Le Procureur

L'Astrologue

TAHITI

PARIS

« Le Procureur d'un jour redit ici l'essentiel de son accusation. Le lieu du baptême de la Ligne : « Puisque nous ne les avons jamais vus l'un sans l'autre, Puisque nous n'avons pas le cœur de les séparer, Il faut les noyer ensemble. »

Avec le salut cordial d'un passager qui a reçu beaucoup de joie du gentil spectacle que vous donnez tous les deux

Serge Lehmebach.

一九三六年，二十二歲的索爾・海爾達在平安夜與二十歲的莉瓦（Liv）結婚；他們想要回歸自然，於是便搭乘「大溪地號」雙桅帆船前往馬克沙斯群島度了一年的蜜月。此跨頁內容均翻印自他的原版日誌內頁。

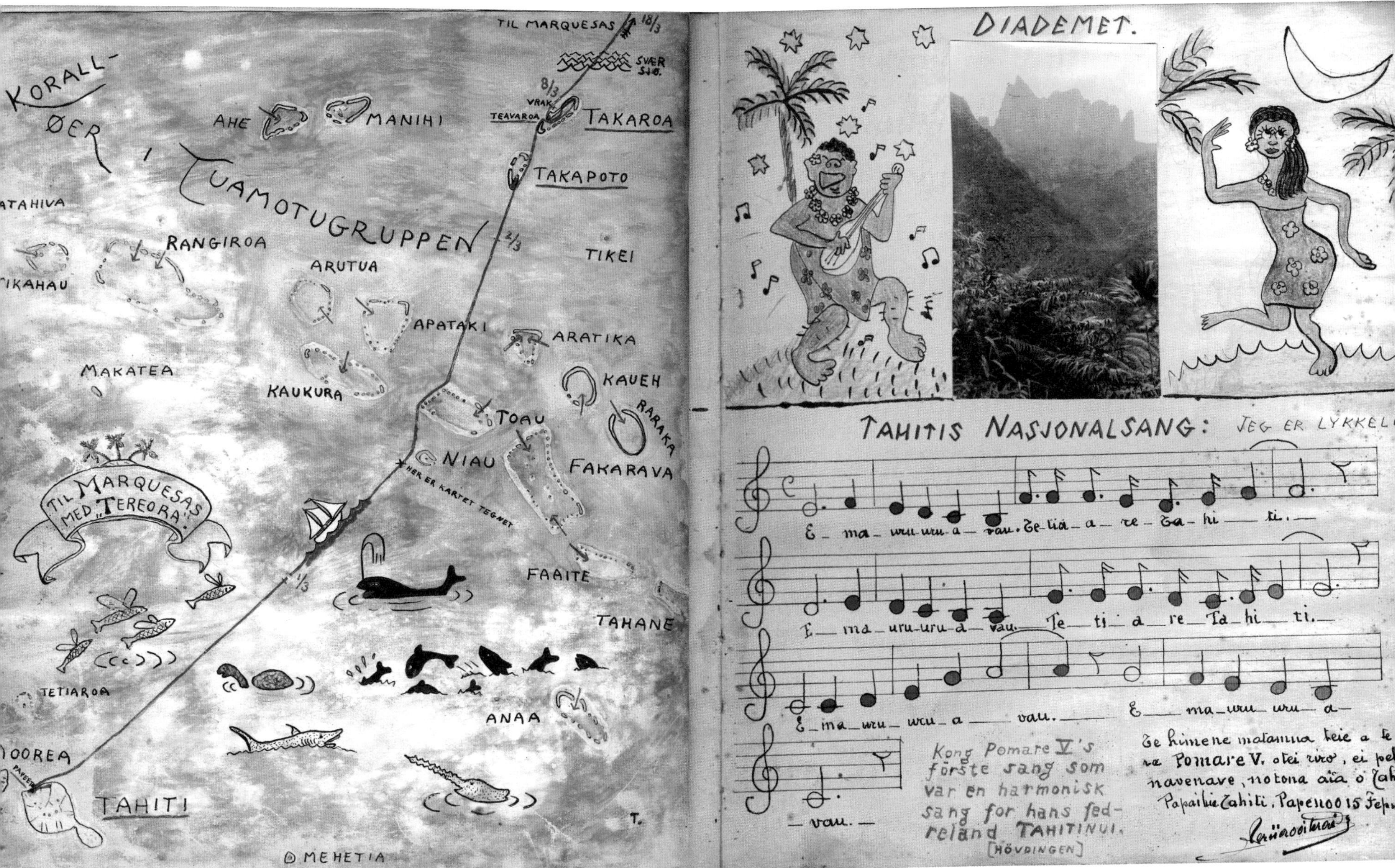
KORALL-
ØER I TUAMOTUGRUPPEN
TIL MARQUESAS
SVÆR SJØ
AHE
MANIHI
TEAVAROA
VRAK
TAKAROA
TAKAPOTO
RANGIROA
ARUTUA
TIKEI
APATAKI
ARATIKA
MAKATEA
KAUKURA
KAUEH
RARAKA
TOAU
NIAU
FAKARAVA
HER ER KARTET TEGNET
TIL MARQUESAS MED „TEREORA"
FAAITE
TAHANE
TETIAROA
ANAA
MOOREA
PAPEETE
TAHITI
MEHETIA
DIADEMET.
TAHITIS NASJONALSANG: JEG ER LYKKEL
E ma uru uru a vau. Te tia a re Ta hi ti.
E ma uru uru a vau. Te ti a re Ta hi ti.
E ma uru uru a vau. E ma uru uru a
vau.
Kong Pomare V's første sang som var en harmonisk sang for hans fedreland TAHITINUI.
[HÖVDINGEN]
Te himene matamua teie a te
Pomare V. otei riro, ei pe
navenave, no tona aia o Tah
Papaihia Tahiti. Papenoo 15 Fep.

葛羅莉亞・霍利斯特（GLORIA HOLLISTER）

一九〇〇～一九八八年

無論珍稀與否……
每一條魚都在楠薩奇（Nonsuch）島上被仔細研究過。

霍利斯特手中拿著海扇浮上水面，威廉・畢比則為她托著沉重的潛水頭盔和氧氣管。她還乘球形深海潛水器打破了女子潛水的深度紀錄。

所有人都看著絞車被拉緊，水面上冒起氣泡。然後，一顆金屬球從水中升上來，隨浮波流動，然後被緩緩拉過船舷欄杆，放到了甲板上。艙口蓋開啟，一名女子爬了出來，臉上泛著喜悅的光芒。一九三〇年六月十一日這天是葛羅莉亞・霍利斯特三十歲生日，她剛下潛到比當時任何女性下潛過的深度都還要深的海中。

身為知名的博物學者威廉・畢比的首席技術助理，霍利斯特是畢比在楠薩奇島的百慕達海洋探險考察隊的成員之一。他們的考察目標是要尋找、分類該地區所有的水中生物。在緊接著幾次的潛水中，霍利斯特又下潛到令人難以置信的三百六十八公尺深（一直到她過世之前，沒有其他女性能打破她締造的水深紀錄）。在封閉而狹窄的球形深海潛水器（bathysphere）裡，她透過小小的熔融石英窗向外凝視，讚嘆鰻魚和柳葉魚的幼魚在牠們的世界中優游，這樣的世界迥異於實驗室魚缸，水中生物在原生環境裡更顯自在優雅。

一九二四年從康乃狄克女子學院（Connecticut College for Women）畢業後，霍利斯特取得了哥倫比亞大學的動物學碩士學位。之後，她在洛克斐勒研究學院（Rockefeller Institute）擔任癌症研究助理。到了一九二八年，她申請了畢比所在的紐約動物學會熱帶動物研究院的職位。當時，畢比正在尋覓擅長解剖的專業博物學家，欲延攬進他的探險團隊、一同前往百慕達。霍利斯特很快就成了畢比珍貴無比的人才。畢比在潛水器中下潛時，她不僅是相連起的通訊線路另一端可靠的好夥伴，更是個經驗豐富的魚類學者。霍利斯特自創一種處理魚類標本的方法，能將魚身變透明，因此讓人可看得更清楚、更方便做研究。百慕達人稱之為「魚的魔法」。

霍利斯特還隨畢比與他的研究團隊執行過另外兩次更深入的考察計畫。之後更獨當一面，領導該部門人員進行三次探險活動。一九三六年，她開始在圭亞那展開探險，前往開厄土爾瀑布（Kaieteur Falls）。她帶領探險隊穿過茂密的熱帶叢林，發現了在此之前只有當地原住民才知道的四十三座瀑布；另外也發掘出許多熱帶雨林動物相中的新物種，包括一種小型的金蛙，以及半鳥類、半爬蟲類的麝雉（Canje pheasant，或作Hoatzin）。

就如她的導師畢比，霍利斯特深知地球生態系統的脆弱，並決心盡可能保育環境。一九五〇年代初，她與丈夫安東尼・亞納伯（Anthony Anable）共同成立了米安諾斯河峽谷保護委員會（Mianus River Gorge Conservation Committee），致力保護天然棲地不受人類社會發展的影響。讓她感到難過的是——人類對自然的破壞力十足，但在生活中面對緊張壓力時，卻往往投向自然的懷抱。「人類的天性，」霍利斯特寫道，「往往受到衝動驅使、想逃開咎由自取的景況，意圖不時重新親近大自然——且是未受人類自己的工業活動所破壞的自然——暫時與之重修舊好。」

一本航海日誌的封面，以及幾頁威廉・畢比藉深海潛水器中的通訊電話向葛羅莉亞・霍利斯特口述、由對方記錄的文字內容。畢比在一九二八年邀請霍利斯特和其他幾位女科學家、藝術家加入他的研究行列時，此決定遭到質疑。他回答說，團隊成員是男性還是女性並不重要。「研究者最重要的，」他說，「是兩耳之間的人體器官。」

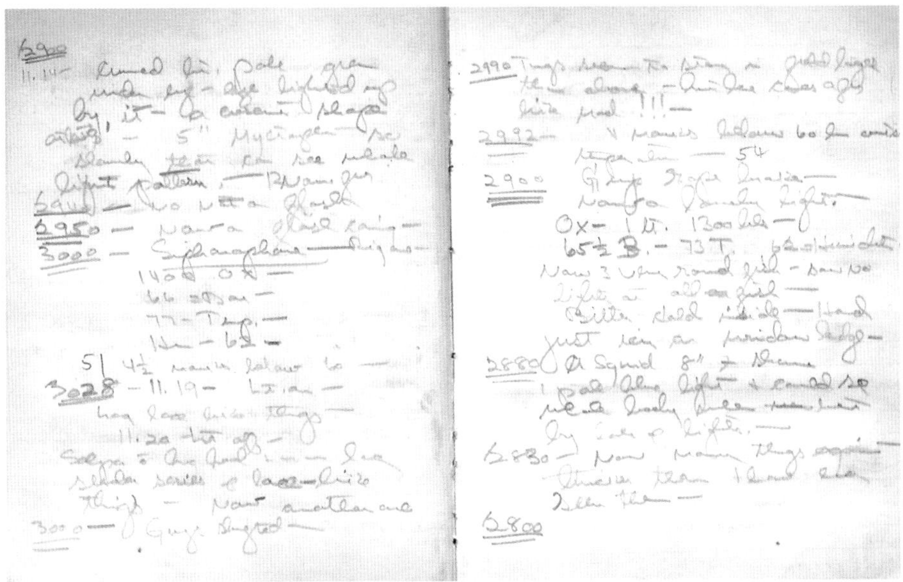

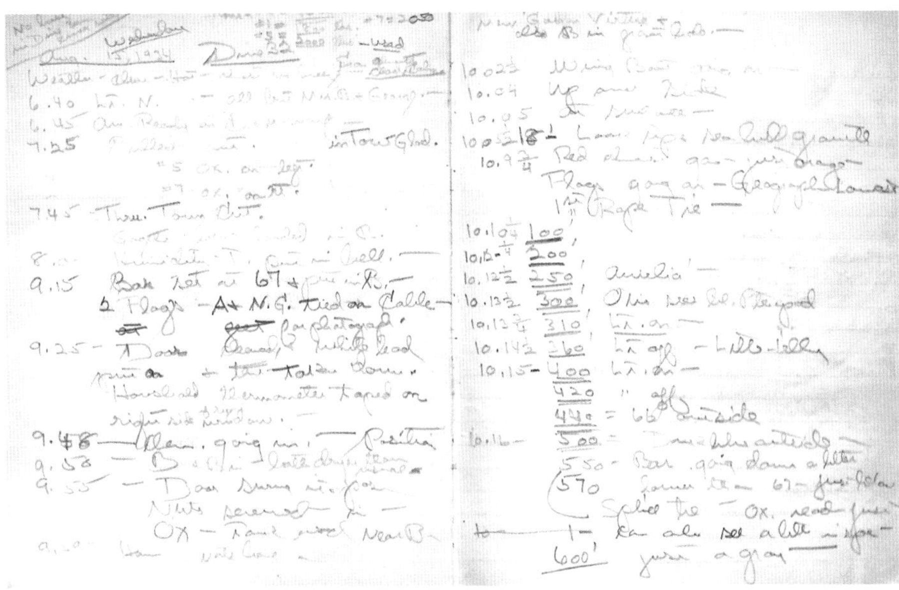

法蘭克・赫利（FRANK HURLEY）

一八八五～一九六二年

**海豹和企鵝對於在極地遇到船難的人，
真是格外溫順好客。**

如果法蘭克・赫利的母親當時千方百計的阻撓得逞了，也許她兒子永遠不會成為探險家。赫利太太固執地認為這個孩子不應參與航海探險，還背地裡寄了一封信給探險隊長，試圖力勸對方不要接受她兒子加入探險行列。「他從來就無法刻苦求生，」她寫，「還有很嚴重的肺病，我覺得他一旦出海，就不能活著回來了。」

詹姆斯・法蘭西斯・赫利（James Francis Hurley）出生於雪梨市郊。他中斷學業後在煉鐵廠找到工作，也存錢買到自己的第一部照相機（是柯達布朗尼相機〔Kodak Brownie Camera〕）。不到一年，他就成了攝影專家，不久又買下一部濕板照相機（plate camera），他更在二十歲時，就投入當時方興未艾的明信片攝影產業。一九一〇年，二十五歲的他不顧母親反對，跟隨道格拉斯・莫森帶領的遠征隊前往南極洲。他在那次探險中表現優異，因而受邀擔任厄內斯特・沙克頓的「堅忍號」探險隊正式的隨隊攝／錄影師，而這次航行最後演變成一場史詩級的荒野求生記。

一九一四至一九一七年，沙克頓那命運多舛的「堅忍號」探險是史上最著名的其中一場探險活動，而赫利在他的日誌中記錄了這場南極之旅的每一段艱辛歷程。這群人能夠平安回到家已經是場奇蹟，更令人不敢置信的是竟還能帶回赫利珍貴的皮面日誌及玻璃照片。該次探險的目標設定為：人類首度通過南極點，穿越南極大陸。不顧前方有厚冰堆積的警報，「堅忍號」探險隊仍舊於一九一四年十二月從南喬治亞島（South Georgia）格力維肯（Grytviken）的偏遠捕鯨站出發、前往威德爾（Weddell）海。一九一五年一月至二月間，這艘船被牢牢困在冰塊之間，經過漫長而無助地隨水漂流後，最終在同年十月二十七日撞毀。

在大塊浮冰上的撤退過程中，赫利與沙克頓大多共用一個帳篷。他們在大浮冰上紮營了數個月，後來才孤注一擲出發尋找陸地、以確保有個暫時安全無虞的落腳處。一九一六年四月十五日，全體人員乘著三艘從「堅忍號」上搬下來的救生艇，涉險渡過海況不佳的海域，抵達象島（Elephant Island）。隨後，沙克頓與五名同伴又一起駕駛加固過的「詹姆斯・凱爾德號」（James Caird）救生艇，航行一千三百公里、穿越驚濤駭浪，到達了南喬治亞島，此行替仍受困偏遠小島的隊員帶來了救援。

這是一次折磨人的航行。但赫利和其他留在島上的同伴所面對的艱難生存條件卻鮮為人知。他們當時住在象島上，把翻過來的救生艇用帆布繫在一起作為臨時住所，並取名為「舒適的家」（the snuggery）。在這四個月裡，這擁擠又寒冷的「家」中住了二十二名男子，他們靠捕企鵝和海豹維生。一九一六年八月三十日，他們終於被智利的「野丘號」（Yelcho）拖網漁船救出，並與一行人稱之為「老闆」的沙克頓重聚。赫利幾乎每天都寫日記，或在日誌中作畫，他的樂觀和勇氣大大鼓舞了夥伴。他寫道，「到最後，我們渾身髒到一種根本不能再更髒的境界。」

赫利的日誌詳述了他每天需要面對的生存困境。在一九一六年的象島上，他們用岩石壓固兩艘救生艇，搭了一個家。這是可令讀者有臨場感的第一手資料，紙面上的斑駁保存了當時焚燒鯨脂來生火、太陽照射、暴風和南極的雪留下的痕跡。

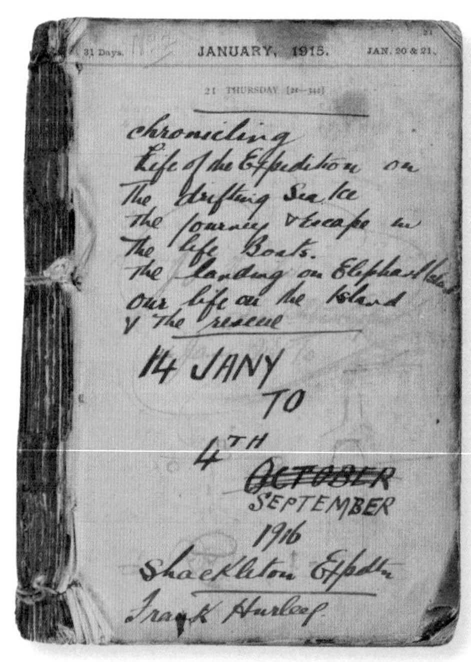

赫利並未因此次經驗而退縮，後來又在兩次世界大戰中擔任澳洲官方選派的攝影師，並於一九二九年與莫森再次一同回到南極。他在一九六二年逝世前，為自己博得二十世紀最偉大的其中一位攝影師的美譽。

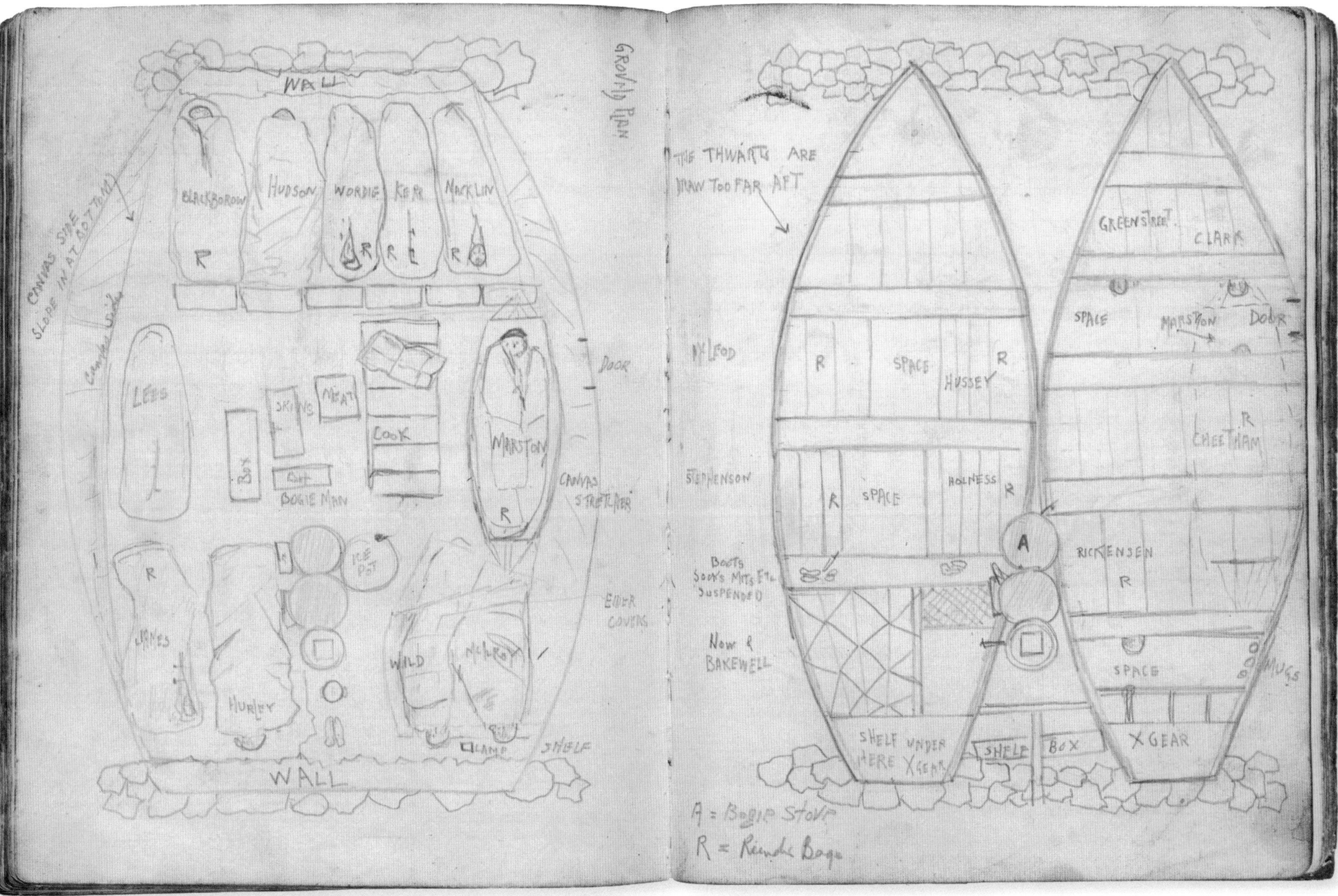
WALL
GROUND PLAN
CANVAS SIDE SLOPE IN AT BOTTOM
BLACKBOROW
HUDSON
WORDIE
KERR
MACKLIN
LEES
SKINS
MEAT
COOK
BOX
BOGIE MAN
MARSTON
DOOR
CANVAS STRETCHER
ICE POT
JAMES
HURLEY
WILD
McILROY
EIDER COVERS
LAMP
SHELF
WALL
THE THWARTS ARE DRAW TOO FAR AFT
GREENSTREET
CLARK
SPACE
MARSTON
DOOR
McLEOD
SPACE
HUSSEY
CHEETHAM
STEPHENSON
SPACE
HOLNESS
A
RICKENSEN
BOOTS SOCKS MITS ETC SUSPENDED
HOW & BAKEWELL
SPACE
MUGS
SHELF UNDER HERE X GEAR
SHELF
BOX
X GEAR
A = Bogie Stove
R = Reindeer Bags

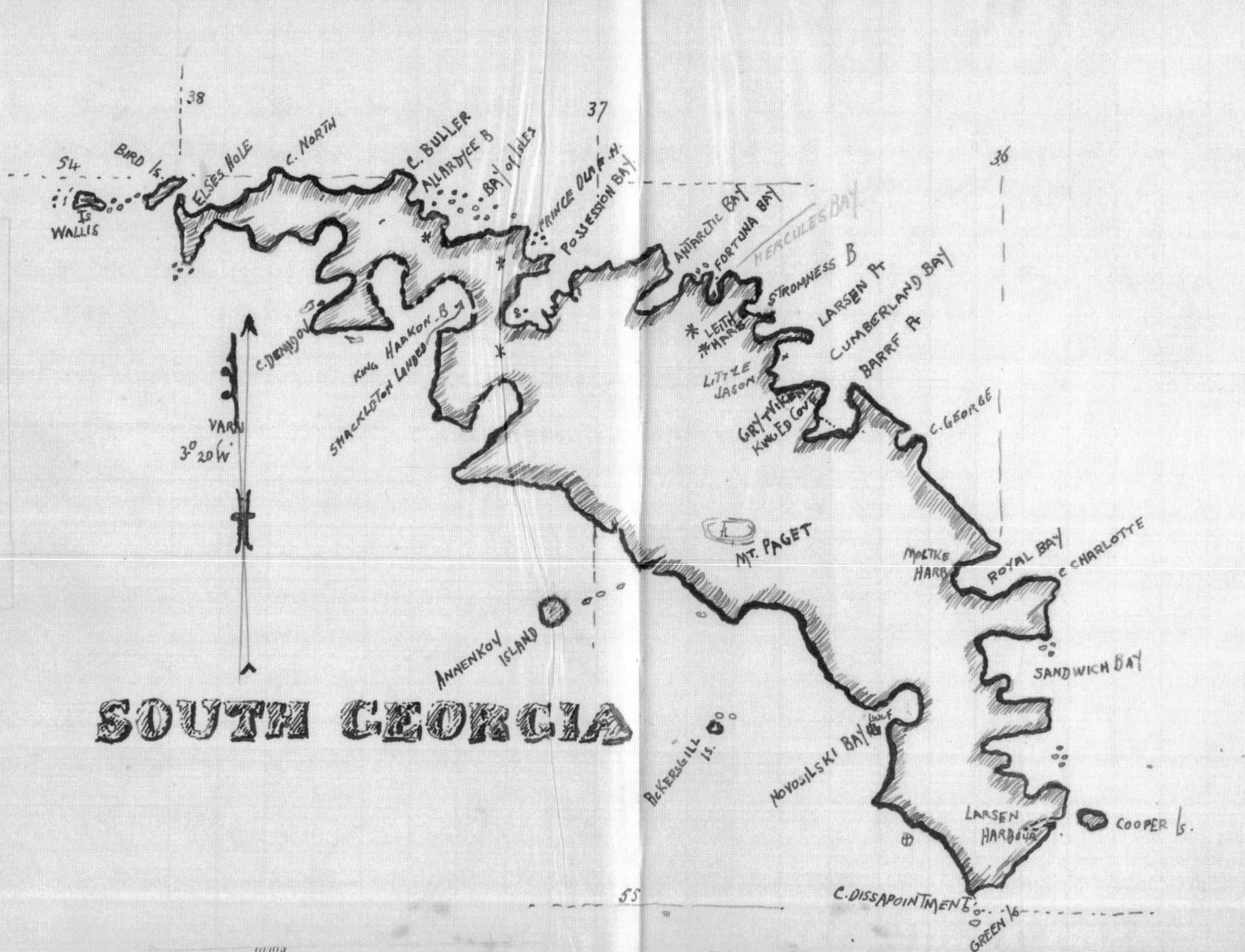

38
37
36
54
BIRD Is.
WALLIS Is
ELSES HOLE
C. NORTH
C. BULLER
ALLARDYCE B
BAY of ISLES
PRINCE OLAF H.
POSSESSION BAY
ANTARCTIC BAY
FORTUNA BAY
HERCULES BAY
STROMNESS B
LEITH HARB
LARSEN Pt
CUMBERLAND BAY
BARRF Pt
LITTLE JASON
GRYTVIKEN
KING ED COVE
C. GEORGE
C. DEMIDOV
KING HAAKON B
SHACKLETON LANDED
VARN
3° 20' W
MT. PAGET
MOLTKE HARB
ROYAL BAY
C CHARLOTTE
SANDWICH BAY
ANNENKOV ISLAND
SOUTH GEORGIA
PICKERSGILL Is.
NOVOSILSKI BAY
LARSEN HARBOUR
COOPER Is.
55
C. DISSAPOINTMENT
GREEN Is

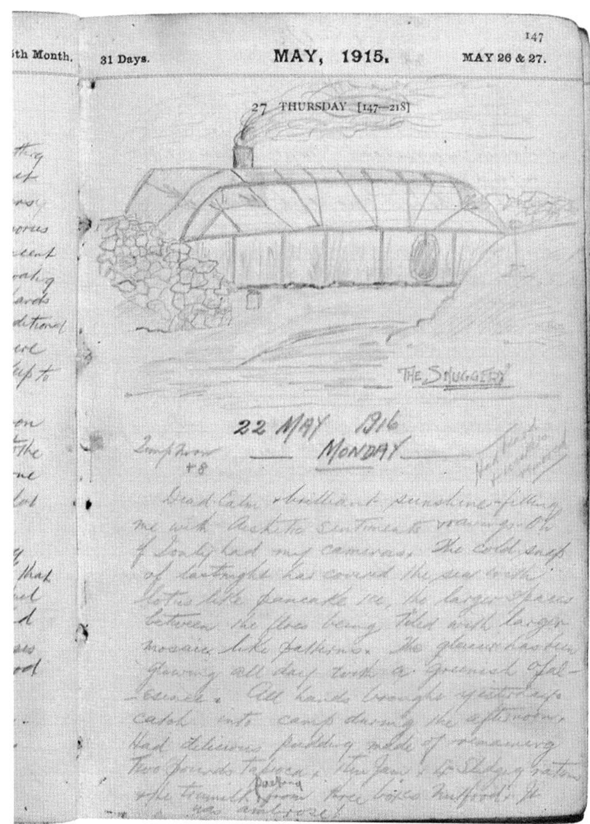

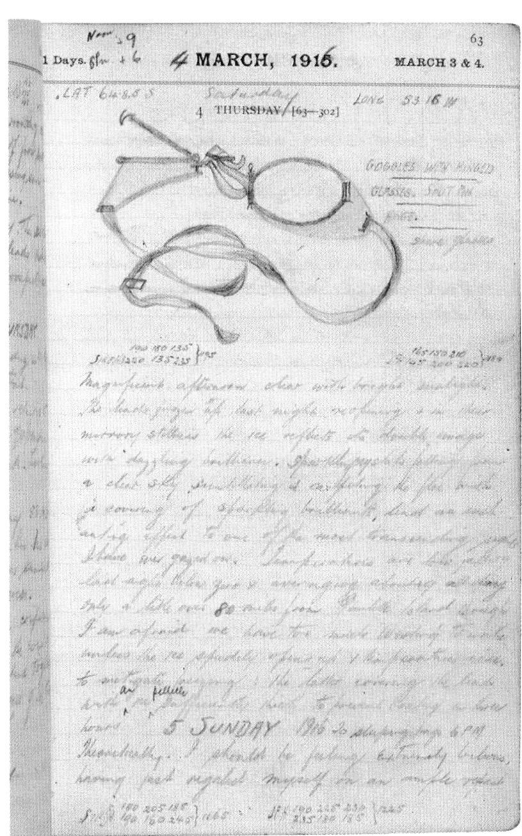

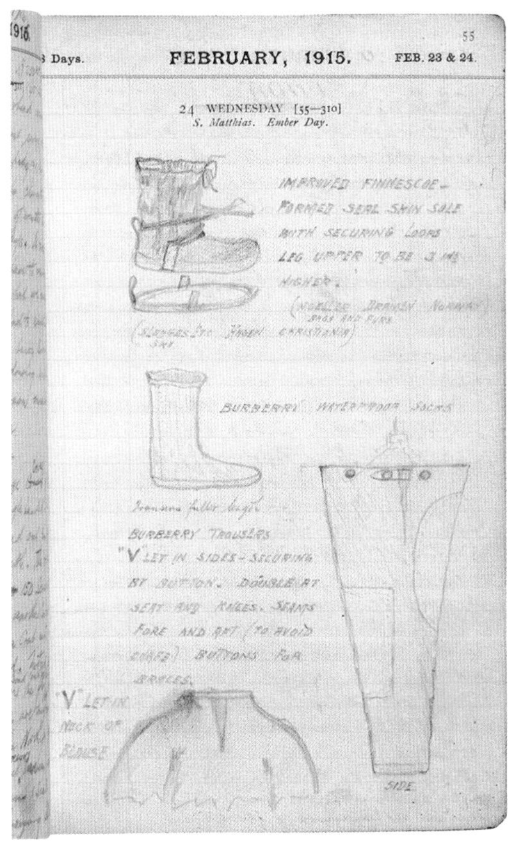

對頁：一幅後來所作的南喬治亞島地圖，圖中標出位於西海岸沙克頓當年設法登陸的海灣。他們就是從那裡出發，經過艱苦跋涉、穿越內陸到達位在斯通內斯（Stromness）灣的捕鯨站。赫利饒富創新精神，他不斷改良裝備和身上的服裝。一九一七年，他又回到南喬治亞島，為他們的南極影像紀錄拍攝更多鏡頭。

一九一六年五月一日星期一……

在船屋裡住下來……兩艘倒扣的小艇，

一前一後架在矮牆上，這就是我們的屋頂……

牆上覆蓋著從帳篷中取出的帆布。

一個小鯨脂燃燒爐裝好了，為環境增添溫暖宜人的氣息。

多年以後，赫利又回到極地地區，只是這次乘坐的是「發現號」（Discovery），此行是由道格拉斯・莫森來指揮。在赫利的日誌中，可見到許多照片，都是由他本人沖洗出來，再剪貼進日誌中。他用同行夥伴的照片裝飾在耶誕節當天的伙食菜單頁面的四周。

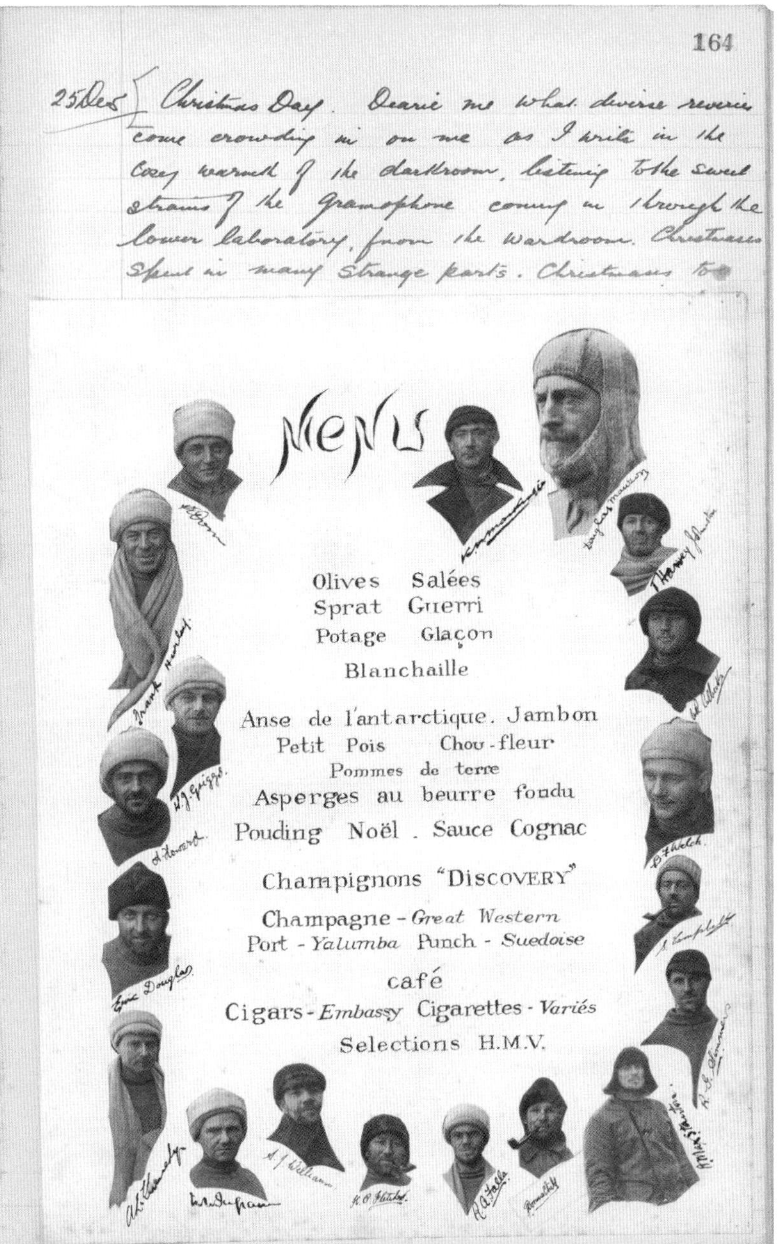

164

25 Dec. Christmas Day. Dearie me what diverse reveries come crowding in on me as I write in the cosy warmth of the darkroom, listening to the sweet strains of the Gramophone coming in through the lower laboratory, from the wardroom. Christmases spent in many strange parts. Christmas to-

MENU

Olives Salées
Sprat Guerri
Potage Glaçon
Blanchaille
Anse de l'antarctique. Jambon
Petit Pois Chou-fleur
Pommes de terre
Asperges au beurre fondu
Pouding Noël. Sauce Cognac
Champignons "DISCOVERY"
Champagne - *Great Western*
Port - *Yalumba* Punch - *Suedoise*
café
Cigars - *Embassy* Cigarettes - *Variés*
Selections H.M.V.

11

group is a symbol. a punctuation at the termination of civilization which stops emotions with an abrupt stop & makes one ponder — not over past chapters, but the blank pages of the future.

A gentle swell from the waiting sea sways the ship ere those last cheers die. They echo strangely, like a far off call from all the world — not merely cheers, but whisperings from everywhere. This is the significance: The well wishes of the world go with you, but civilization sits in judgement of your actions & achievements. Go forth

"To seek, to find and not to yield".

SOUTHWARD TO THE CROZETS

HEAD OF BULL SEA ELEPHANT

1858 MILES

After disembarking the pilot, we round the breakwater and emerge into a flat calm blue and silver sea.

Scarcely have I enjoyed a prospect more tranquil and attuned to my nature. Our ship, drowsing leisurely along, creates the only disturbance on the sun bur[illegible] blue. Gently she parts the waters, hustling them in sparkling foam, which lapping against our sides make pleasant whisperings.

The 'hospitable city' has passed behind the land, and only its outlying borders, straggling over the foot slopes of Table Mountain are visible. The mountain is a vision of loveliness. Through an almost imperceptible haze, which diffuses details, it rears like a superb

伊藤熊太郎（KUMATARO ITO）

一八六〇～一九三〇年

非得到緩緩西沉的太陽隱沒之後，
我才會停手，
暫時擱下對新發現裸鰓類生物的描繪工作……

一九〇七年，「信天翁號」（Albatross）汽船前往菲律賓考察當地、四周的島嶼和附近水域中的水產資源，可謂美國有紀錄以來最全面的其中一次海洋考察行動。這項任務計畫是由休・麥考密克・史密斯（Hugh McCormick Smith）帶領，他是一位著名的魚類學家，也是美國的漁業局長，後來更成為史密斯森（Smithsonian）協會所整合的博物館群的動物學策展人。此次與他同行的是對繽紛海底世界充滿嚮往的日本畫家伊藤熊太郎。

伊藤曾師從畫家中島仰山（Nakajima Gyozan），並在東京大學動物學系擔任自然史繪師。他和史密斯因為對金魚有相同的愛好而結識。儘管「信天翁號」的船齡不小，卻仍然是美國艦隊中（甚至可能是當時世界上）最適合用來科學考察的探險船，而這次考察需要的裝配規模之大，更是此前這艘船參與過的任何探險行動都比不上的。從多山的小型陸地，如呂宋島和棉蘭老島，到漲潮時幾乎會被淹沒的碎岩石——菲律賓群島是由大約七千一百座獨立島嶼所構成。

當地也有極為多樣化的生態系，如岩岸、珊瑚礁、紅樹林、河口灣、深海盆地、淡水湖泊以及河流。這個小型科學團隊用了各種方法對水生生物進行採樣，包括海底拖網、採泥器、浮游生物網、地曳網、釣魚線和夜燈等。他們還常常用炸藥來採集巖礁魚類——在今天看來是非常不可取的。還有許多稀有標本是從當地漁民的船上或在岸上的集市購得。

我們對伊藤的生活細節所知甚少，但從畫稿和筆記來看，他的創作充分體現身為一名畫家所具備的精湛技巧與耐心。每一條魚或海洋生物的樣本在採集後，都會被保存在酒精中，然後所有相關資料都會用筆記載到無數的日誌和筆記簿中：是在何處、何時、用什麼方法捕捉的、捕撈設備為何、生物生活在何種生態棲地、水溫等。可靠的彩色攝影技術還要再幾十年後才問世，因此精確的素描在當時相當重要。隨著時間的過去，標本統統會失去鮮豔的顏色，尤其是存放在乙醇中的標本。所以伊藤先在宣紙上畫好草圖，再藉由細緻的觀察進行補充和注釋。

當「信天翁號」於一九一〇年五月返回舊金山時，團隊已製作了四百八十七張海底拖網、兩百七十二組炸藥、一百一十七張遠洋拖網、一百零二張曳網、七十五組夜間照明器、十七個刺網捕撈組、六組施毒設備（硫酸銅，用於潮汐池），除此之外還有日常使用的釣魚餌和釣線。此趟航行是有史以來成效最顯著的其中一次海洋探險。據估計，他們收集的生物樣本數量達四十九萬之譜。

裸鰓類（nudibranchs）通常被稱為海蛞蝓，但實際上是沒有殼的海洋腹足軟體動物；身體有各式各樣的外形與顏色，並得到名副其實的暱稱，如「小丑」（Clown）、「燦爛」（Splendid）、「舞者」（Dancer）和「飛龍」（Dragon）。伊藤還曾應休・麥考密克・史密斯之邀在華盛頓工作了一年，每天描摹、畫下採集者收集來的標本。

17

not differentiated into stalk and club. Sheath short (2 mm) and thin greenish blue. Tentacles dark purplish brown, 4 mm long, tubular widest at the distal end (1 mm) which is split on the posterior dorsal margin for about one mm. (These are very changeable in form and are constantly in motion as the animal moves about feeling and exploring in all directions). Branchiae tufted at base the division tripinnate; the main branches are pale yellowish green excepting broad dark green streaks on their anterior faces. Ultimate divisions purplish brown. Anal papilla situated opposite the anterior division of the branchiae and about as far from the lateral one as this anterior is from [illegible].

Measurement of expanded animal
length 83.0 mm., diameter 10.0 mm., altitude 22 mm. Height of branchial plume – 18.0 mm, expansion of branchial plume 28 mm.

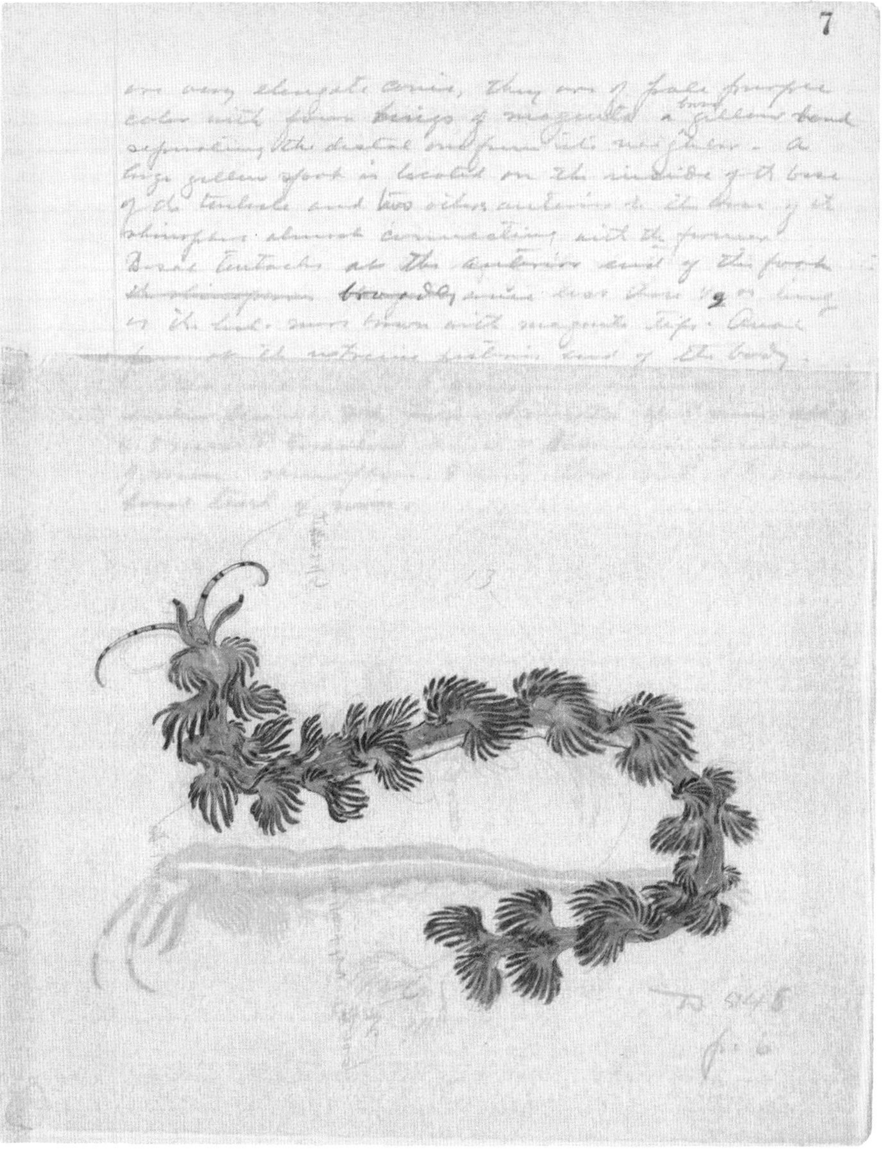

7

are very elongate cerata, they are of pale purple color with four rings of magenta & a broad yellow band separating the distal end from the [illegible]. A large yellow spot is located on the inside of the base of the tentacle and two others anterior to the base of the rhinophore almost connecting with the former. Oral tentacles at the anterior end of the foot [illegible] are less than 1/2 as long as the [illegible], more brown with magenta tips. Anal [illegible] at the extreme posterior end of the body.

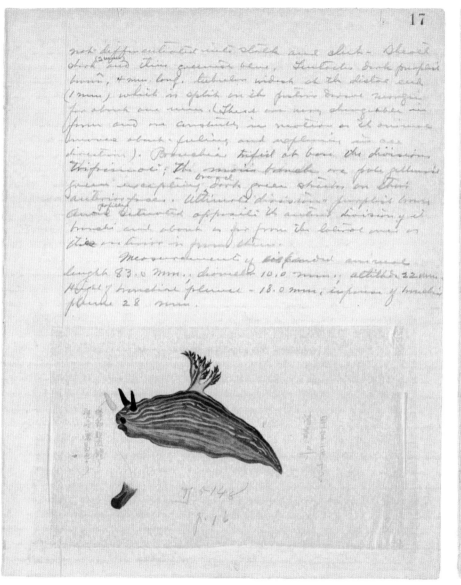

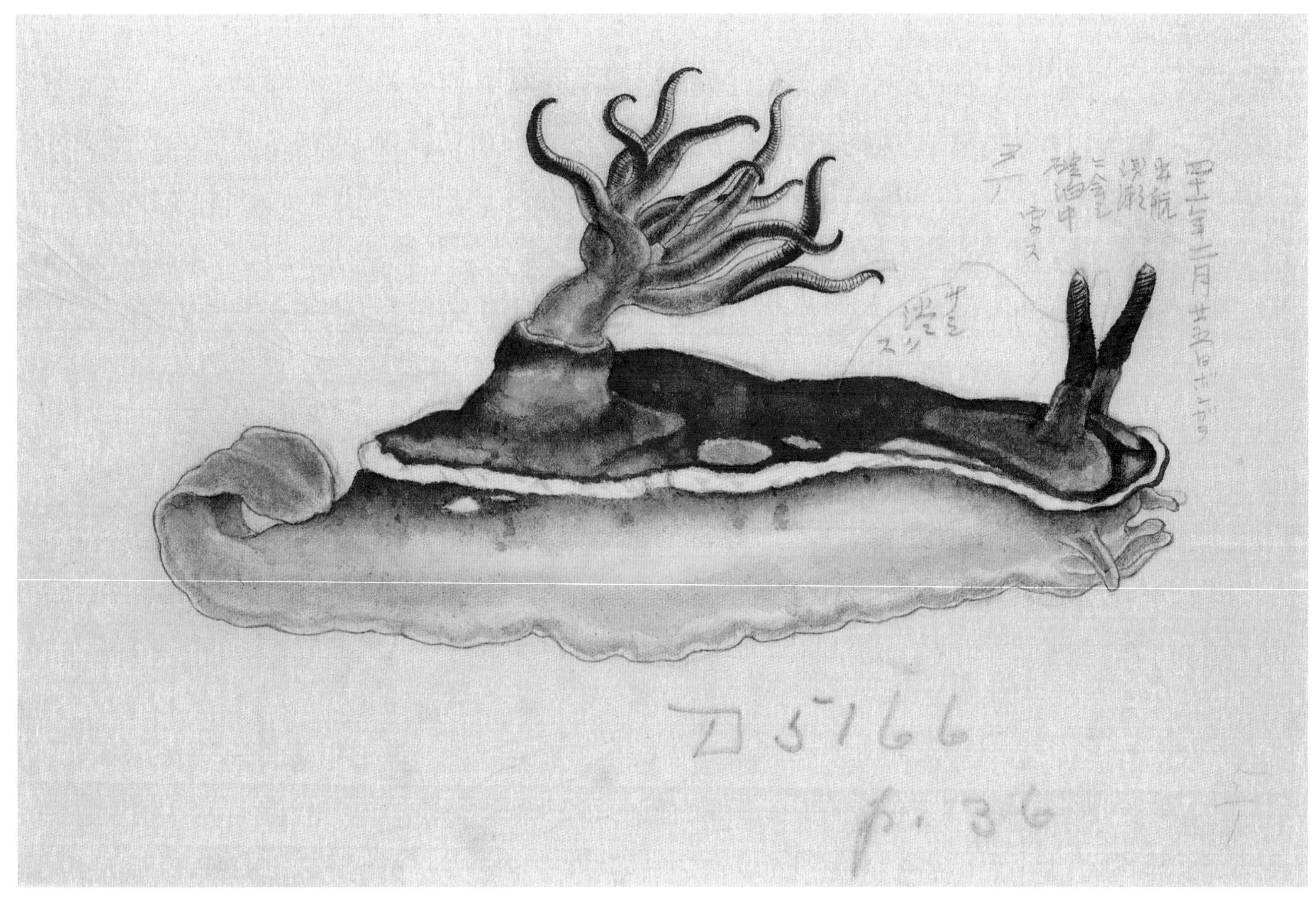
p. 36

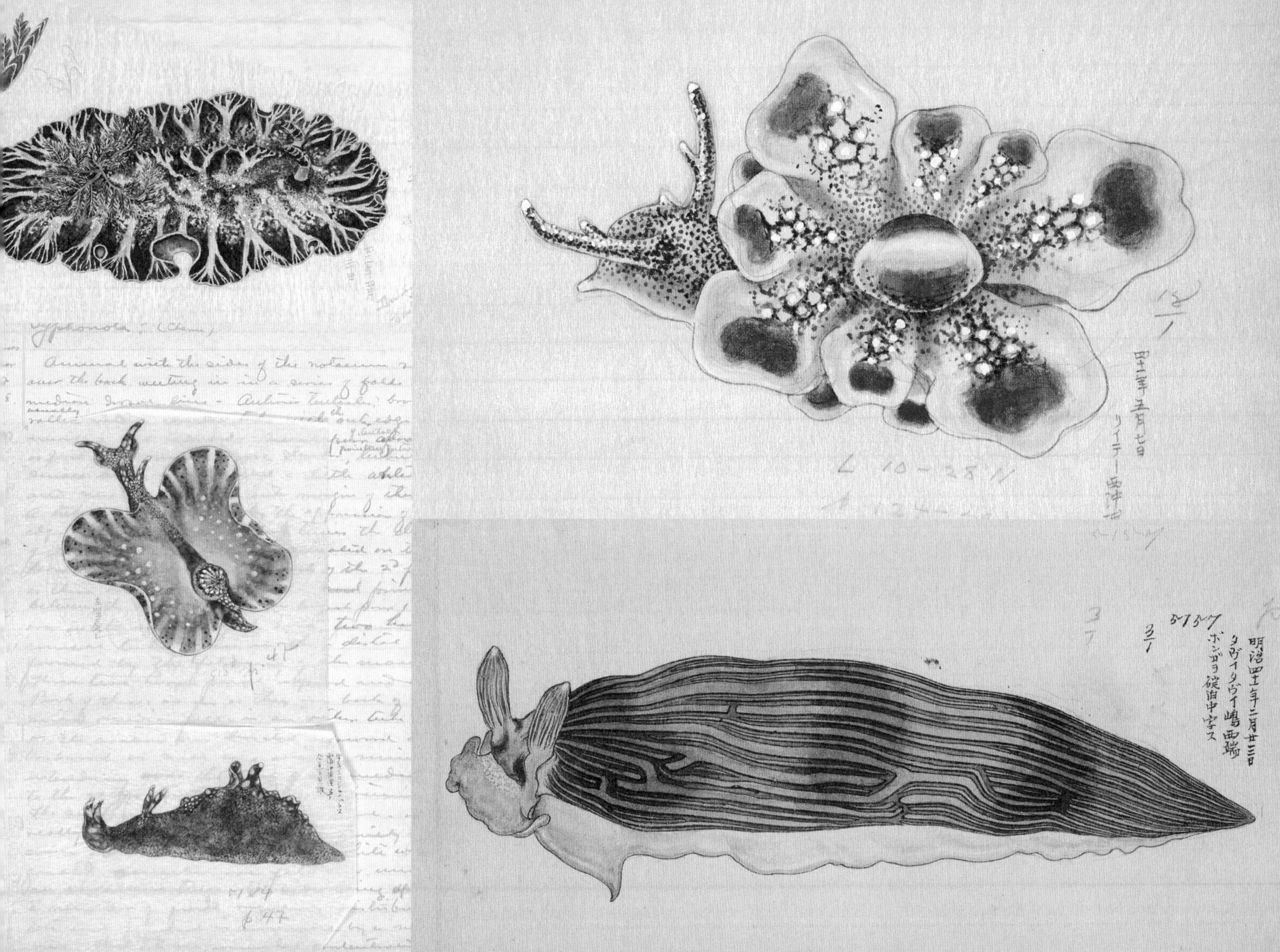

羅克韋爾・肯特（ROCKWELL KENT）

一八八二～一九七一年

在甲板上，颶風來襲。我從來沒有感受過這樣的風。
大海被風颳得扁平，海浪的波峰都被削平了，
重重拍擊後又化成霧氣散去……

以插畫家、作家、設計師、航海人員和冒險家等多重身分來說，很少有人能在這些領域表現出可媲美羅克韋爾・肯特的勤奮和多才多藝。然而，今天他的名字除了書籍藏家之外幾乎很少人會知道。他是一名早期現代主義的特立獨行者，也被稱為「流浪的神祕主義者」，同時還是堅毅的個人主義者，要輕率為肯特標籤、分類可說不太可能。在他職涯巔峰時期，他的作品幾乎無所不在。

他出生在曼哈頓島北部的哈德遜河畔，曾師從許多影響力十足的畫家，如紐約藝術學院（New York School of Art）的威廉．馬里特．切斯（William Merritt Chase）。他後來還到哥倫比亞大學修習建築學。一九〇五年，他首次冒險前往緬因州外海的蒙希根（Monhegan）島。在那裡，美麗的海岸成了他恆久的創作題材，不久後他的繪畫作品便公開展出了。肯特為諸如紐芬蘭這種偏遠的地方著迷，他航行過火地島附近的危險水域；還曾住在伊格洛赫綏特島（Illorsuit，格陵蘭島西海岸外的小島）上的狩獵聚落中。

他在繪畫工作室的牆外找到了自由，而且喜歡感受肩上沉重背包的重量，或強勁的風襲來、吹到臉上那鹹鹹的海水。一九一八年夏末，他帶著九歲兒子洛基（Rocky）到美國邊陲的阿拉斯加。他的第一部回憶錄《野性》（*Wilderness*）為他贏得了新一代華特・惠特曼（Walt Whitman）的美名。一九二六年，他向出版商提議自己可以為《白鯨記》（*Moby-Dick*）一書畫插畫。他為這部三卷本裝幀的小說用筆刷與鋼筆繪製了驚心動魄的圖畫，書籍一出版便立即售罄。不久後，平裝版也上市了。這部作品在復興梅爾維爾（Melville，《白鯨記》作者）聲譽以及打響肯特知名度上，發揮了不少作用。

隨著戰事的腳步接近，他將注意力轉向進步主義政治上頭。雖然他的愛國情操從未減少，但他對社會主義的聲援為自己引來了爭議。戰後，他主張裁減核武軍備，並且應延續與美國戰時的盟友、後來的對手蘇聯建立友誼。他的觀點使他在冷戰時代選錯了立場，儘管他畢生從未加入共產黨，卻在一九五〇年被沒收護照。經過十年纏訟，他的旅行權終於恢復。肯特曾在莫斯科普希金博物館（Pushkin Museum）舉辦過一次廣受讚譽的畫展，隨後他將八十幅畫作和數百幅版畫贈送給蘇聯人民。以後見之明角度來看，此決定實在萬幸，因為他的農莊幾年後遇上了雷擊並遭到燒毀。在一九六七年，肯特獲頒國際列寧和平獎（International Lenin Peace Prize）。

然而，肯特在美國卻從未恢復聲譽。他想要重建房屋，但早已失去了年輕時的活力。一九七一年他因心臟病發而去世時，《紐約時報》稱他為「一個深思熟慮、不討喜、極為獨立、怪異卻也善良的人」，也說此人「在書籍製作這項藝術上，帶來了不朽的貢獻」。此一評價對於這麼樣有冒險精神的人來說，是相當平淡的總結。正如他某次告訴記者的那樣，「你想要用一句話概括我這一輩子嗎？可以，那就是：我只活這麼一次，我想要盡最大的可能，按照我自己的想法來生活。」

上圖：肯特曾嘗試跟隨挪威水手「威利」．伊特洛克（Willie Ytterock），駕駛一艘只用二十五美元買下並改裝的救生艇，航行越過合恩角，但最後濃霧和大風逼得他們回到岸上。為紀念自己徒步走過火地島的這趟旅行，肯特畫了這幅自畫像。

對頁：肯特曾多次造訪格陵蘭島。一九三四至一九三五年間，他就住在伊格洛赫綏特島上的村莊中、一幢他自己搭建的小屋裡。這幅畫呈現的是他過冬的地方。

Disko Ið.
Nugsuak
Umanak
Satut
Agpat
Uvkusigsat
Kekertat (of Emanuel's story)
Umanak Fiord
Nugsuak
Inland Ice
Kangerdluarsuk
Kangerdlugssuak
Mt. Hoyt
Upernivik
Pan American Airways Corp. Ice Cap
Sarkak (of Emanuel's story. There are no houses there now)
Mt. Jas. N. Rosenberg
General Electric Co. Ice Cap
Mt. Regals
Mt. Walsh
Igdlorssuit Sound
Igdlorssuit
Mt. Zigrosser
Point Steff.
Ubekjendt Eiland (Unknown Island) now Kjendt Eiland
Ingia
Peter Freuchen Point
Karrats Fiord
Karrat Ið.
Umiako
Mt. Bill Kittredge (R.R. Donnelley and Sons Co. The Lakeside Press, Chicago)
Nugatsiak
DISCOVERIES
[see Chapter XXXVIII] of the Kent Greenland Sub Polar Expedition, 1931-2. Lest the backers of the expedition be disappointed with its results it must be explained that some-one, unfortunately, had already given names – and what names! – to the larger bodies of land and water. We have, however, done our best with what remained. But: the expedition – continuing its work through 1934-5-6 – is faced with a deficit in cash and supplies. Should there be generous souls or corporate bodies desirous of furthering the aims of the expedition we should feel that it would be advancing the glory of America to write their names upon the map – even if we have to scratch out the old ones. Think of a "Liggett & Meyers tobacco co peninsular"! Or "——'s Applejack sea"!
Motor boat of the expedition.
"City of Ausable Forks" (Essex County, N.Y.)
Rockwell Kent

回到海上

阿爾費德・富克斯（Arved Fuchs）

我發現，任何經歷都是一種冒險。

——安澤爾・亞當斯（Ansel Adams），一九八四年

對頁：「決心號」和「冒險號」於一七七三年向南啟程。庫克深知在探險中帶上畫家的必要性，於是在同行者中，包括約翰（Johann）和格奧爾格・福斯特（Georg Forster），以及威廉・霍奇斯等自然主義畫家均受邀登船。這張照片是描繪南極地區冰原最早的圖像資料。

在準備遠行的時候，總有人問我同樣的問題：「你為什麼又要去充滿危險的海上？」「你這次不想去個溫暖的地方嗎？」我時常找不到合適的說法解釋為什麼我會一而再、再而三出海？為什麼我不斷受到南冰洋對我的召喚？通常我的答案會很模稜兩可：「因為那片海很美妙」，或「因為我們這次要去考察的海岸很有意思」。但這些答案連我自己都無法說服，更別提要說服那些發問的人了。這種彷彿被施了咒語、無法自拔的感覺很難解釋得清楚。大海既美麗又駭人；既令人快樂也帶來絕望。

我從小在德國靠近北海那一帶長大。祖父母居住的夕爾特（Sylt）島就是我所有回憶的開端：在海邊，目光越過層層海浪眺望向遠方——地平線的後方有什麼？從那一刻起，大海之於我，就代表了冒險、樂趣和自由——即使後來我在海上遇到種種艱難與危險的時刻，大海所代表的意義依然如舊。前往世界上最驚濤駭浪的海域所環繞的南極大陸，對於任一艘船來說都是種冒險。而想要隻身前往，或只和一小隊船員一同駕駛帆船前去南極洲的人，都得要有夠強大的信念才行。我在一九八九年第一次來到這裡，乘坐的是在智利租用的老式DC-6飛機。那感覺就像乘太空船降落在另一個星球上，我所有的感官受到強烈衝擊，一切都來得太快。坐船抵達南極在感受上就不一樣了，整個過程較緩慢，我便有足夠時間在心中慢慢醞釀、有所期待。

一九八九年，賴因霍爾德・梅斯納（Reinhold Messner）和我拖著沉重的雪橇，走了兩千五百公里，完成人類史上首度不借助犬隻或機器、完全以徒步方式穿越南極大陸之行。我們為極地歷史添上一筆新紀錄，但我仍覺得我們的旅程已頗為順利。同樣想要橫越南極洲的厄內斯特・沙克頓甚至從未真正踏上南極大陸的土地。他和他的船隊成員在「堅忍號」沉沒後被迫在冰上求生、之後還傳奇地乘著小船前往象島、又再登上「詹姆斯・凱爾德號」救生艇出發前往南喬治亞島上的捕鯨站求援的歷程，實在是令人難以置信。我曾經乘著一艘復刻小艇，循這條路線走了一次，心中充滿對沙克頓和他的領航員法蘭克・沃斯利（Frank Worsley）無限的崇敬之情。我是在自願且準備充分的情況下開始這趟旅程的；然而對當年的他們來說，這卻是不得不的選擇。在沙克頓之前乘木船南下到這片未知海域的航海家，手中的六分儀和圖表上，大多都是一片空白——那得要怎樣的勇氣和高超的航海技術才辦得到？

在這片海域航行，還讓我想到十五歲就隨捕鯨船和貨輪出海的德國水手愛德華・達爾曼（Eduard Dallmann）。一八五九年，他和一名船長一同航行到太平洋，再向北進入了冰層遍布的白令海和楚克奇海域。唯一一次在海上讓我感到害怕的經歷，是受困於夫蘭格爾島（Wrangel Island）附近的時候。那一次我們差一點就完蛋了，但經過千辛萬苦，我們終於找到出路，同時救了我們的船並保住小命。達爾曼還在南極洲指揮過「格陵蘭號」（Grönland）蒸汽船去探索部分的南極半島（Antarctic Peninsula）地區，試圖要找到新的捕鯨場。我不支持捕鯨活動，但很尊敬身為航海家的達爾曼，以及他在嚴苛環境中確保船員和船隻安全的行為。

詹姆斯・庫克於一七七三年，才首次乘著「決心號」橫越南極圈，他目睹了連綿不絕的冰山，自己卻從未踏上南極大陸。他擁有那個時代世界上最好的船，最先進的航海技術和經驗最豐富的水手，卻還未有無線電和電子導航設備。與庫克同行的畫家威廉・霍奇斯和亨利・羅伯茨（Henry Roberts）所繪的畫稿讓我們得以想像當年的極地之旅會是什麼光景。一直要到一八二〇年一月，才終於有水手透過霧氣瞥見南極大陸的海岸線，他們是由威廉・史密斯（William Smith）和愛德華・布蘭斯菲爾德（Edward Bransfield）帶領的英國船員；由法比安・戈特利布・馮・別林斯高晉（Fabian Gottlieb von Bellingshausen）帶領的俄國船員；以及隨後在十一月抵達的「英雄號」（Hero）上的納坦尼爾・帕爾默（Nathaniel Palmer）及美國海豹獵捕探險隊。而隨著史密斯搭乘「威廉斯號」（Williams）雙桅帆船出海探險的年輕人查爾斯・波因特（Charles Poynter），則是有史以來首位用鉛筆勾勒出南極洲那若隱若現海岸線的人。

南極洲擁有美麗卻嚴酷的環境，四周是波濤洶湧的海域。南極內陸地帶空曠荒涼，而沿海地區則擁有豐富多樣的物種。數以十萬計的鳥類會聚集在企鵝群落的棲地；海象在陽光下懶洋洋地打著盹、恣意舒展身上厚重的脂肪；海狗則強悍地追趕著任何膽敢靠近地盤的入侵者。動物們對陌生的訪客並不害怕，然而這種無憂無慮卻為此地的動物帶來了劫難。在一九〇四年至一九六四年間，每年約有五萬頭海豹因人類提煉海豹油而喪命。同一時期，超過一百萬隻大型鯨魚在捕鯨站被屠宰。不可思議的是，連企鵝都逃不過人類的毒手，牠們也會被用作大鍋的燃料。當年這段血腥歷史所留下的疤痕，如今依舊可見於南極沿海地區：廢棄的捕鯨站、生銹的機器、半沉的漁船和在日光下曝曬的白骨。

The Resolution & Adventure 4 Jan 1773. Taking in Ice for Water. Lat 61. S.
W. Hodges

上圖：詹姆斯·庫克的「決心號」和「冒險號」，由威廉·霍奇斯繪於一七七三年一月四日。作品名為〈採冰取水，南緯六十一度〉（Taking in Ice for Water, Lat 61°S）。庫克在日誌中寫道，「這次取了十五公噸很好的淡水。」

對頁：霍奇斯創作了許多戲劇張力十足、以荒涼而空曠的南極海域與冰山（庫克稱之為「冰島」）為主題的畫作。這批探險隊員駕著船穿過冰原、迷霧和天寒地凍，更驚險躲過撞上冰山沉船的命運，卻未能親眼見到真正的南極大陸。

Ice Island

W. Hodges

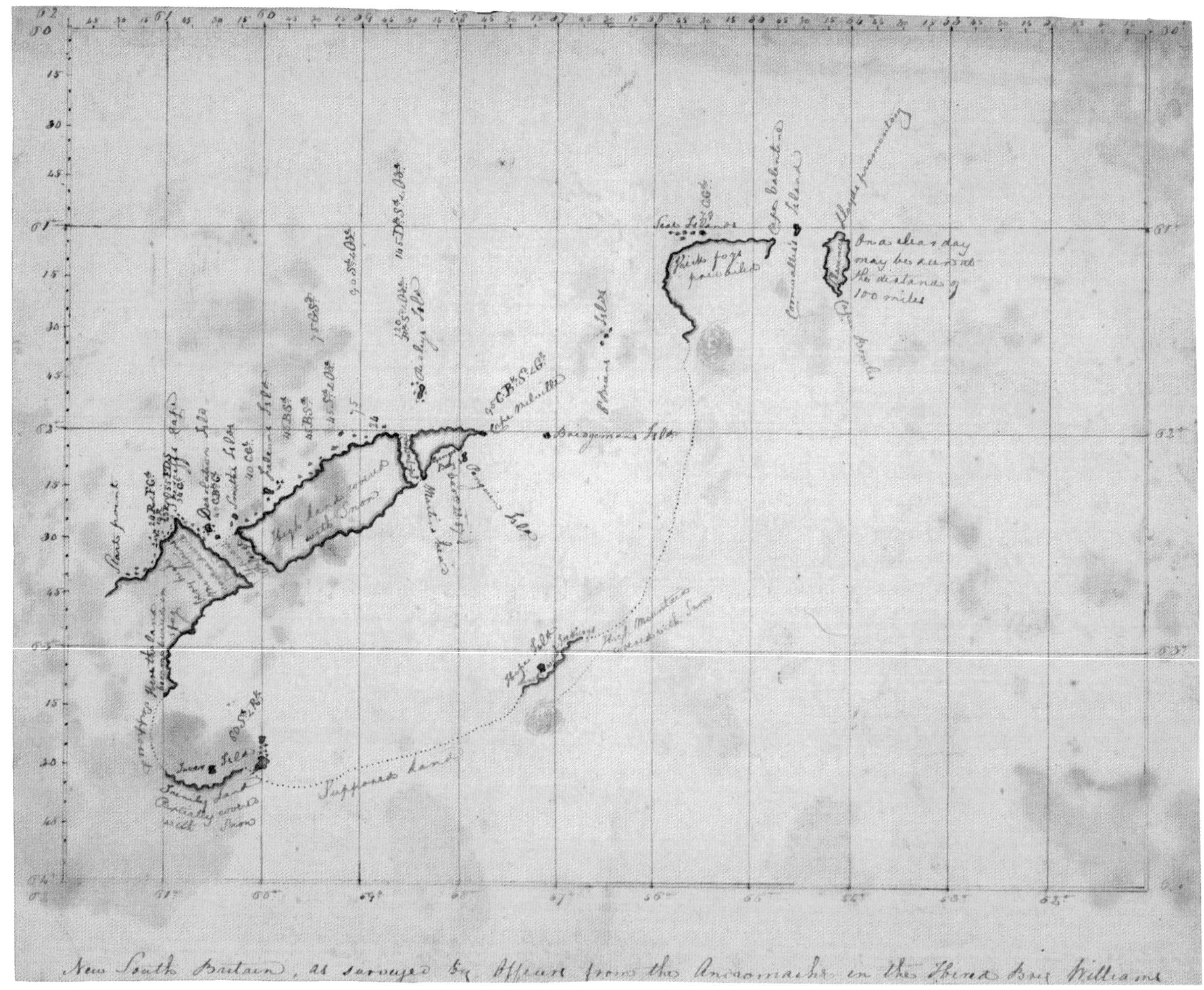
High land covered with Snow
On a clear day may be seen at the distance of 100 miles
Supposed land
New South Britain, as surveyed by Officers from the Andromache in the Brig Williams

對頁：查爾斯・波因特乘「威廉斯號」前往南昔得蘭群島（the South Shetlands）的該趟航行，是一次真正具開拓意義的旅程；當時他人在船上當見習生。一八二〇年一月，這批船員成為有史以來第一批透過濃霧看到南極大陸海岸線的人。波因特繪製的這幅圖也是人類首次描繪出南極大陸海岸線的圖表。

下圖：喬治・F. 埃蒙斯（George F. Emmons）在一八三八年至一八四二年間加入了威爾克斯探險隊（Wilkes Expedition）。此圖為埃蒙斯與「孔雀號」（Peacock）發現南極大陸、並在當地考察，當時他所使用的日誌封面；後來的埃蒙斯還經歷優異不凡的海軍生涯。在這本日誌中他詳細記述、描繪了溫哥華到舊金山之間的許多太平洋港口、南極洲和南冰洋。

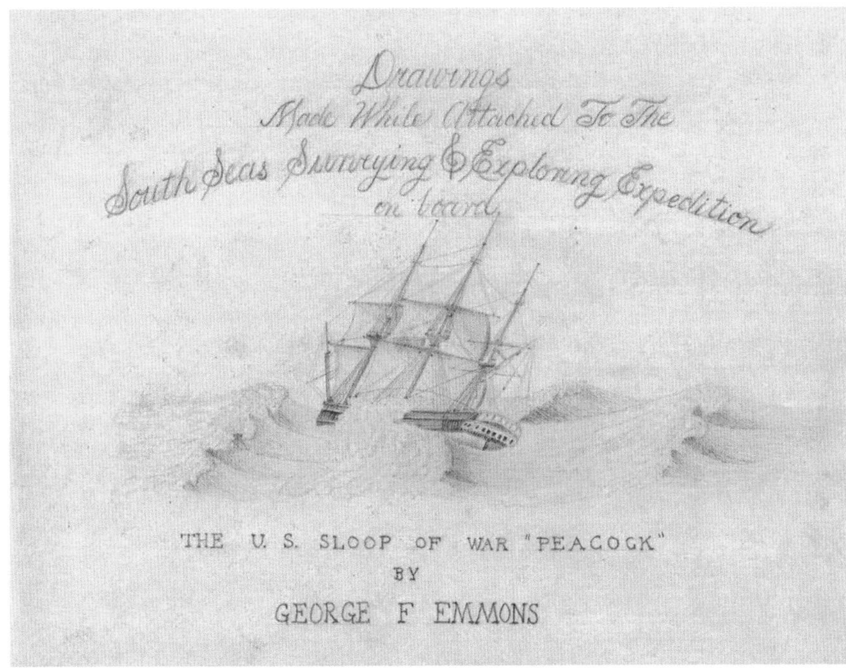

後頁：揚・布蘭德斯的日誌中充滿好奇心和驚嘆之情。他自一七七八年開始為荷蘭東印度公司工作，描繪了船上的活動、神奇的海洋生物、沿海地形，以及供人在船艙裡閱讀時當零食吃的香蕉。

現今，從南美洲去南極洲的郵輪，啟航處正是其他許多航線不幸的航程終點——合恩角一帶。從合恩角到南極半島之間，約有一千公里之遙，即使對配有穩定器和高科技導航系統的現代船隻來說，通過德雷克海峽（Drake Passage）依舊挑戰重重。在船上，乘客們瑟縮在甲板上可擋風的角落，目不轉睛盯著信天翁飛掠浪尖的英姿，巨大的翅膀從洶湧的海面上低空滑過，卻不沾一滴海水。

當洶湧的海面上現出第一批巨大浮冰時，所有的暈船與不適都可以拋諸腦後了。我拍攝了成千上萬幅冰山的照片，但沒有任何一張能與親眼所見的壯觀相提並論。世上再沒有什麼事物能像這裡的冰山一般，讓我在造物主的傑作前感到謙卑、渺小如斯。空曠無垠的大海、冰川、遼闊的天空——對我來說就是一切，也是變化不止的一切。在這裡，不用幾分鐘，你對於自己和這個世界的理解，會比天底下任一座大學所能教給你的還多。

總會有人說：「冷冰冰的海水、冰山或是一條鯨魚究竟能教會你什麼？何必呢？你究竟為什麼一再想回到海上？」提出這些問題的人一定永遠也不明白航海家心中的祕密：大海就是我們想去的地方。

Nov 27 Dec 1 1778
boven
onder
Madera op den 28 Juny 1778 gezien
A. ZW+W
de Staaven
WZW
B
Madera verkort in het voorbyZylen

Het Yland Java uit de Bogt van Anger
90.
De Bogt van Anger
Gasterosteus ductor
P. G: Hanne

班傑明・雷・史密斯（BENJAMIN LEIGH SMITH）

一八二八～一九一三年

一切順利。

大家都相信我們能夠平安回到家。

危險隨著浪潮襲來。凍結的浮冰將木船牢牢卡在冰岸上。船身的木板破裂，海水湧了進來。大夥只有兩小時的時間把物資運到冰上，然後看著船像一塊石頭般地沉沒。隨後幾個月裡，露在水面上的桅杆一點點破開冰面，但這幾乎不能為大家帶來多少安慰。北極的冬天很快要來臨，他們迫切需要一個避難處，好度過漫長的冬夜。這是史上第一次有人在法蘭士約瑟夫地群島（Franz Josef Land）過冬。他們徒手用草皮和石頭搭起一個小屋，裁下帆布，跨過牆延展開來權充屋頂。隊長班傑明・雷・史密斯對所有人說：「我會盡我所能，保證你們的安全。」語氣中滿是不言而喻的信心。

身為一名激進派政治家的兒子，雷・史密斯有足夠的金錢來做自己感興趣的事。他曾就讀劍橋大學，並在一八五六年於內殿律師公會（Inner Temple）取得律師資格。但最終，他選擇將自己的一生奉獻給科學和探險事業。他是一名能幹的船員，還擁有自己的船。一八七一年，他駕駛「桑普森號」（Sampson）帆船前往斯匹茲卑爾根島和七島（Seven Islands），並在之後多次回到那裡——不僅為了捕獵，他還對灣流做了寶貴的海洋學研究。一八八〇年，雷・史密斯建造了「艾勒號」（Eira），一路向北穿過厚重的冰面，前往才剛被發現、且只有部分海岸線經過測繪的法蘭士約瑟夫地群島。一八八一年，在雷・史密斯的第二次航行中，他乘坐的「艾勒號」在諾斯布魯克島（Northbrook Island）的芙羅拉角（Cape Flora）遭到冰封。

船員在臨時搭建的小屋裡忍受著嚴冬，狩獵北極熊為食，一面等著太陽光再度回到這片極地。雷・史密斯始終保持著寫日誌的習慣，他的日誌是一份忠於事實、樸實無華的紀錄。每逢週六晚餐後，大家都會得到雙份的格羅格（grog）加水烈酒，大家會奏樂並唱著船歌度過這一晚。在星期天神聖的禮拜活動結束後，則會有一份豪華的咖哩北極熊肉當早餐。一八八二年六月二十一日，他們用桌布和多餘的襯衫做帆，乘著四艘小艇，開始了危險的南下之旅。四十二天後，他們看到了新地島（Navaya Zlynka）的海岸。在馬托奇金（Matochkin）海峽的入口附近，他們終於遇到了從英格蘭出發尋找他們的艾倫・揚爵士（Sir Allen Young）和他指揮的蘇格蘭「希望號」（Hope）捕鯨船。

雷・史密斯是一流的極地探險家，但不同於那個時代的許多其他探險家，他是個真正謙虛的人，他拒絕接受榮譽，還讓別人代表他去參與公眾集會，更未發表過探險經歷相關的著述。據他的家人表示，他總是把家門的鑰匙放在背心口袋裡。在所有人都認為他已失蹤的數月之後，某天清晨，他不想吵醒任何人，自己悄悄用鑰匙開了門回家。雷・史密斯的一生沒有太多遺憾，卻對自己曾丟失的一只防水箱耿耿於懷——箱內裝滿了他測量的深水洋流資料。箱子在小艇最終安全抵達岸上時被撞下了船。不過最重要的是，每個人都活著回來了。

雷・史密斯的船「艾勒號」（Eira 在威爾斯語中意思是「雪」）是一艘三桅帆船，搭載五十馬力的蒸汽機和二十五名船員。這艘船在一八八一年第二次前往法蘭士約瑟夫地群島的航行途中遭逢災難。八月二十一日，一堆巨大的浮冰被潮水推向船、撞破了船身，該船因而進水並迅速沉沒。上面這幅水彩畫由一位不知名的藝術家所繪，而雷・史密斯自己畫的素描（對頁左）則為後來發表在《畫報》（*Graphic*）上的一幅版畫提供了明確的素材。

THE SINKING OF THE "EIRA," AUGUST 21, 1881

亨利・馬洪（HENRY MAHON）

一八〇九～一八七八年

痊癒後出院了。
每天喝萊姆汁，一直喝到月底為止。

現代人都知道壞血病是由缺乏維生素C引起的。一七四〇年，安森（見第20頁）的環球航行中死亡人數驚人，其中多數人就是死於壞血病，這讓壞血病在歐洲引起了許多關注。根據蘇格蘭醫生詹姆斯・林德（James Lind）的說法，壞血病在英國艦隊中導致喪命的人數比法國和西班牙軍隊的總人數加起來還要多。一七四七年，「索茲斯柏立」號（Salisbury）上的隨船外科醫生林德在比斯開灣（Bay of Biscay）巡查時，進行了首次臨床實驗。

許多隨船外科醫生都曾加入「柑橘類水果能治癒痼疾」之理論建立與實驗的行列。另外有更多開明的船員（其中最知名的就屬庫克船長）也曾提出一些建議：比如保持良好通風、食用水芹或醃菜等蔬菜、讓海員注意個人衛生並定時清洗衣物和床鋪、適當使用硫黃和砷來燻蒸甲板下方區域——都能夠提升船隊成員的健康。有些人藉由蒸餾海水來獲取淡水，或靠著煮沸啤酒來抵抗壞血病，同時也以此提振士氣。當庫克在紐西蘭的德斯基峽灣（Dusky Sound）沿岸地區考察時，庫克的船員用紐西蘭陸均松（rimu）的樹皮和雲杉針，再加上一點茶樹汁來製作啤酒。漸漸地，檸檬汁也被添加到水手日常配額的格羅格加水烈酒中，甚至成了美國人為英國水手取的綽號「limejuicer」（後來縮短為limeys）的起源。

愛爾蘭隨船醫生亨利・馬洪是實踐至上理論的另一位宣導者。他曾在都柏林的皇家外科醫學院（Royal College of Surgeons）和巴黎的醫學院（Écolede Médecine）就讀。一八三五年，他成為皇家海軍的外科醫生；隨後於一八四六年獲頒年度最佳航行日誌的相關獎項。一八四〇年，馬洪在運囚船「伊莎貝拉號」（Isabella） 上服務。一八四二年，他隨「巴羅薩號」（Barossa）與三百四十八名男囚一起抵達范迪門地（Van Diemen' s Land，今塔斯馬尼亞島）。馬洪還參與「三寶瓏號」（Samarang）於婆羅洲和中國南海所進行為期四年的探險考察，並在這段期間將他醫學方面的才能，轉移到動物學研究上：用精確的醫學眼光在日誌中描述並描繪新物種。最後，他成為紐西蘭歐洲退休軍人協會的正式外科醫生。馬洪在職業生涯中挽救了無數人的性命，晚年於都柏林逝世，死因不詳，但很可能是正常衰老死亡。馬洪被安葬在傑爾姆山公墓（Mount Jerome Cemetery），他的墓碑上刻著「疲倦的人在此安息」。

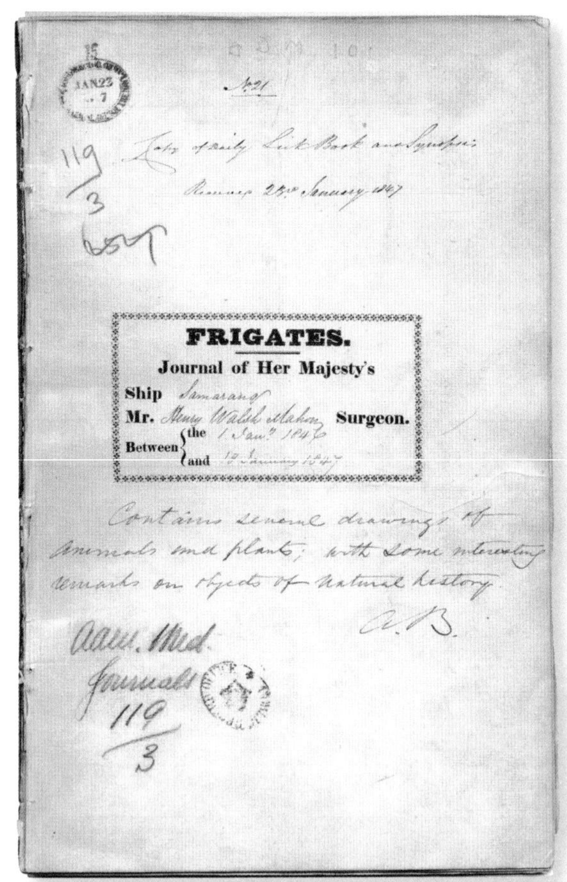

一八四六年一月一日至一八四七年一月十八日間，馬洪在巡防艦「三寶瓏號」上所用的日誌本。當時他們正在考察婆羅洲海岸和中國的周邊海域。除了在業餘時間涉獵動物學之外，他也以醫務人員的身分，忙於照顧「三寶瓏號」上的兩百名船員。

對頁：馬洪的日誌中的一頁，描繪了壞血病於人體外在的表現特徵，此圖繪於一八四一年至一八四二年、他在運囚船「巴羅薩號」上當外科醫生期間。患有壞血病的水手的四肢會逐漸變僵硬，皮膚上有瘀傷和潰瘍，痊癒了很久的骨折舊傷又再次斷開。據估計，在十六至十九世紀之間，兩百多萬於船上工作的人死於此病。

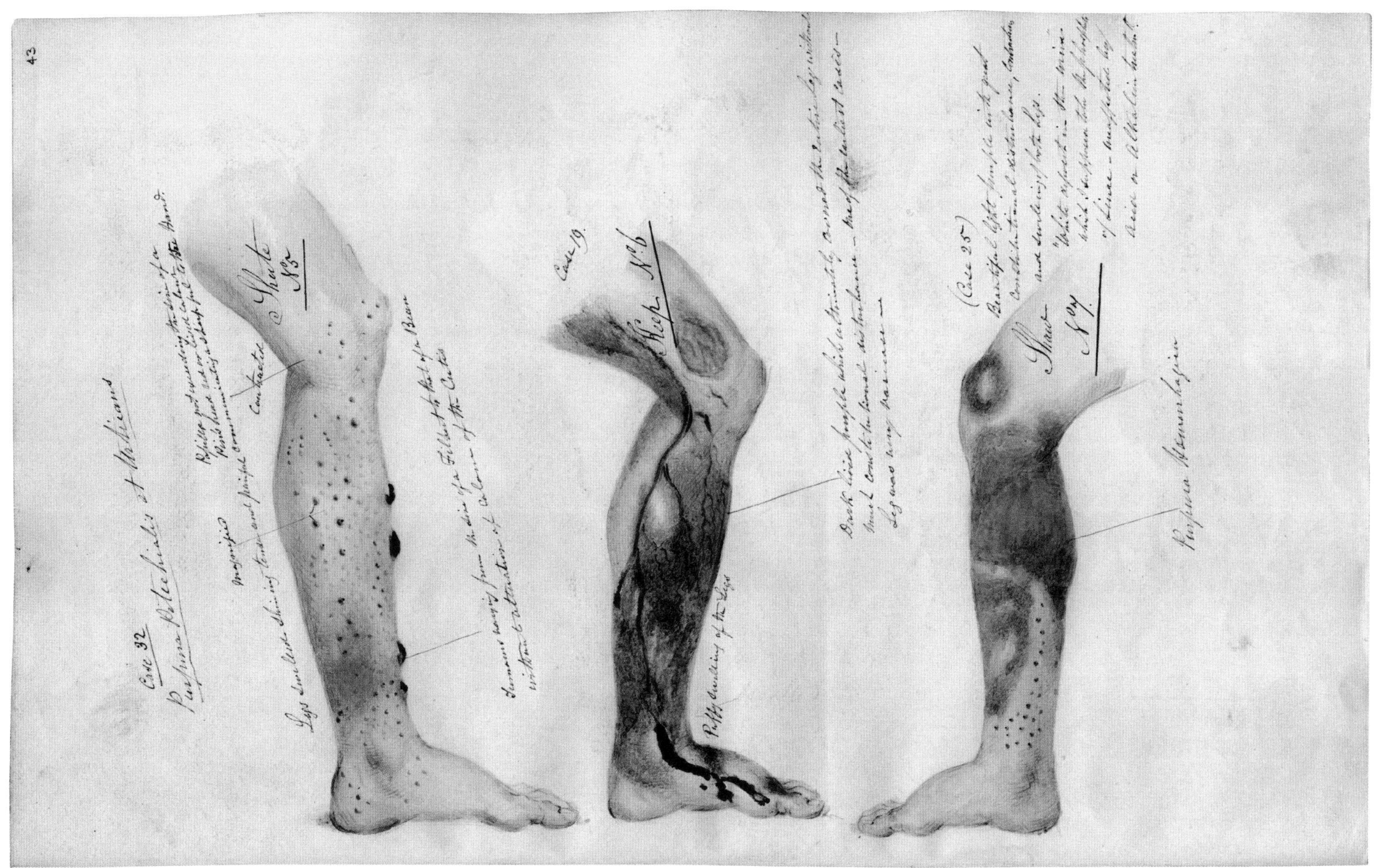
43
Case 32
Case 19.
(Case 25)
Purpura Hæmorrhagica

The Cassia Alata or
Acapulco of Manila
Leguminosæ Tribe Mimosæ
Arthur Adams delt.

對頁：藥用植物翼柄決明（*Cassia alata*，或作 Senna）的葉子具有「通便和抗菌功效」，在菲律賓被稱為「akapulko」。助理外科醫生暨博物學家亞瑟・亞當斯（Arthur Adams）在馬洪的航海日誌中畫下了這幅手繪圖，當時船上已得到這些物資補給。

左圖：馬洪的日誌中三條海蛇的手繪圖。其中，身上有條紋的貝爾徹海蛇（*Hydrophis belcheri*）雖然膽小卻有極強毒性，毒液比最毒的陸地蛇類要高出百倍。馬洪指出，「一位『伍爾夫號』（Woolf）上的軍官被這種蛇咬了一口，幾小時內便死了。」

內維爾・馬斯基林（NEVIL MASKELYNE）

一七三二～一八一一年

不準確的觀測，或未經驗證的觀測，
比什麼都沒觀測還糟糕。

在一七六三年，某次前往巴貝多（Barbados）的航行中，一位熱愛數學的年輕牧師手中掌握著人類和所有國家的命運。他被派去測試一場航海競賽中運用的新技術，其結果將大大改變世界。後來，他在一群「計算員」的輔助下，製作出將天空製作成網格圖的著名《航海天文曆》（*Nautical Almanac*）。然而在那之前——當他的船在橫越大西洋的海路上緩緩前行之際——他仍獨自一人在日誌中，以筆跟墨水詳盡地做著計算。

隨著不斷探險、擴張和貿易往來，全球化的野心在歐洲各國人心中滋長。這時，能否準確測定經度就成了亟需克服的難題，數學家、航海家、天文學家和儀器製造商都熱切投入此道，想為船隻解決問題。航位推算導航（dead-reckoning）是一種藉由過去所記錄的船速和航向，並配合最新已知船位，來估算航位的技術；其中，還得考量許多其他因素，如洋流和季風。這種有用的方法過去常在船上使用，可憑藉太陽或北極星的高度來測算緯度。觀察太陽或恆星的位置能讓我們在陸上或海上推算出當地時間，但經度的祕密卻依舊懸而未決。

這時代的航海人需要新的工具和新的方法。西班牙從一五六七年開始頒布皇家獎勵政策，不久後荷蘭也跟著仿傚。英國政府則於一七一四年正式通過〈經度法案〉（Longitude Act）並明訂：如有人可將經度判定的尺度縮小到半度以內，就能獲得兩萬英鎊的獎勵。約翰・哈里森（John Harrison）最終製造出的航海鐘達到了這樣的準確度，但此儀器數量稀少且造價高昂；水手也是到幾十年後才開始放心使用它。

內維爾・馬斯基林起初只是一名活躍且有進取心的劍橋畢業生，之所以參與這段歷史，要從他一七六一年乘船前往聖赫勒納（St Helena）島說起，當時之所以航行至該島，是為了觀測金星淩日的天象。雖然厚厚的雲層讓他無法順利觀測，但馬斯基林卻在此行中改良了藉由觀察月球和恆星之間角度、並以六分儀來測算經度的技術。之後，他還幫忙改進能夠預先計算出月球未來的位置、且使用上更為簡易的「月距法」（lunar-distance method），並制定出一系列航海天文曆——這些表格對航海與製圖學在未來幾年中的發展至關重要。月距法需要複雜的數學計算和嚴謹的操作，但非常可靠，還能立即供人使用。

馬斯基林強烈建議海軍在考察過程中，帶著航海鐘和科學觀察員同行。庫克於一七六八年乘「奮進號」展開他的首次航行時，使用的是月距法來計算經度，而他後來也十分依賴經改良過的航海鐘。在前往巴貝多的考察之行結束後，馬斯基林從一七六五年起擔任了十五年的皇家天文學家。他生性安靜，且致力於以自身技藝來造福他人。他在格林威治公園山頂的天文臺上夜復一夜地觀測星空。靠著一次次嚴謹的記錄及規模浩繁的計算，他讓全世界的領航員艱苦的生活變得輕鬆了一些。雖然他並沒有創造出任何聞名於世或極具突破性的發明，但身為組織大量人員與資料的彙編者，他確實為海事領域留下了寶貴無比的遺緒。

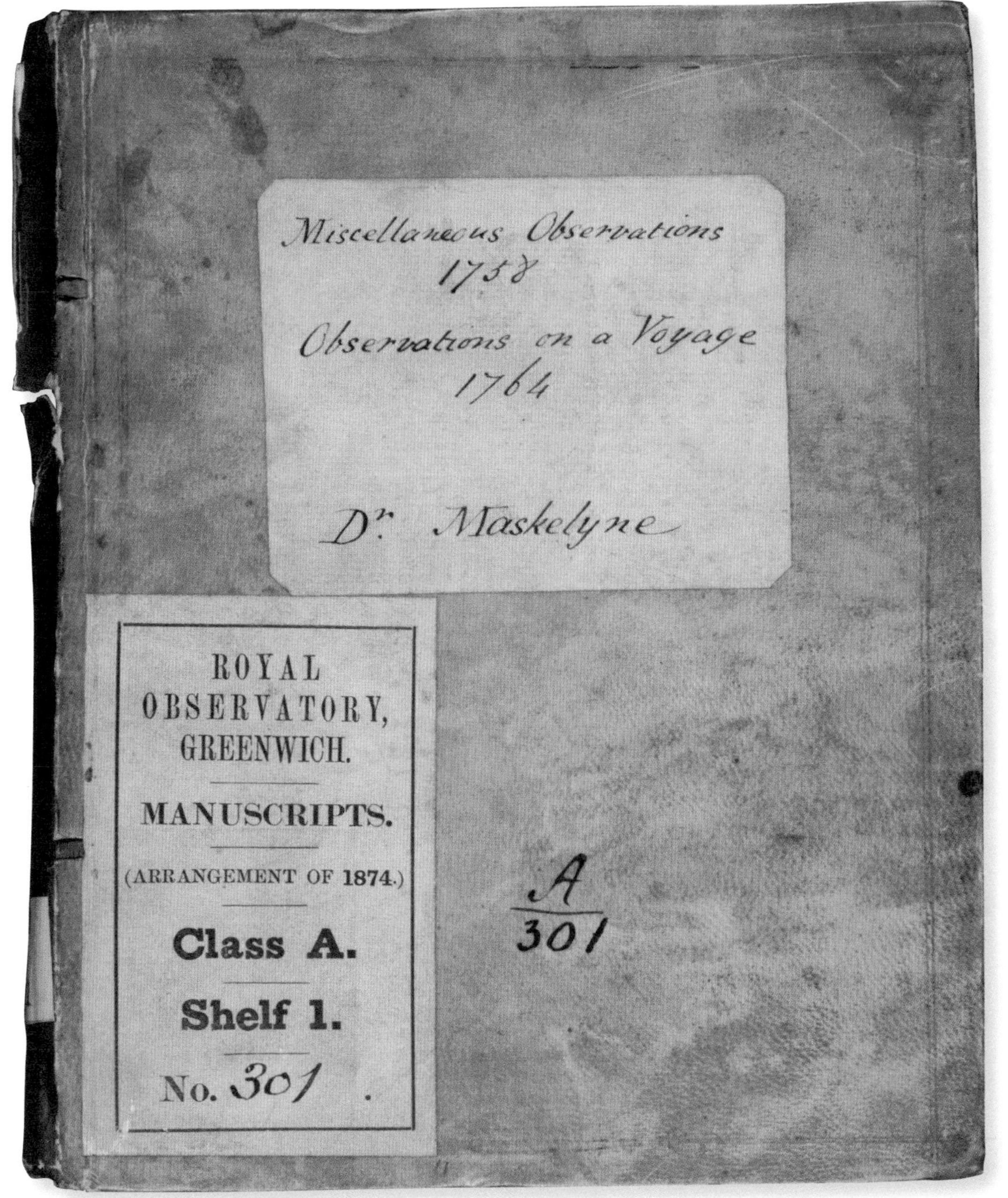

對頁：經度委員會評估並考量了許多在海上測量經度的替代方案，馬斯基林也常貢獻他的專業意見。這是海軍上尉威廉· 切瓦斯（William Chevasse）所規畫的「海事椅」（marine chair）設計圖，可用來觀察木星的衛星。

左圖：這本記事簿中有一七五八年馬斯基林尚在擔任助理牧師時所寫的零星觀測紀錄；以及一七六四年他在巴貝多返航途中的觀測紀錄。

1770	Watch. H — Time by Watch H	M	Time by Transit Clock H	M	S	Watch. K — Time by Watch H	M	Time by Transit Clock H	M	S	Thermom.	
☽ March 19	2.	10	1	57	49	2.	8	1.	55.	49	37	10 th. 34
♂ 20	0	15	0.	6.	0	0	14	0	5	20	35	
☿ 21	0	26	0	20	30	0	28	0	23	12	33	
♃ 22	0	10	0	7	56	0	14	0	12	59	34½	W.B.
♀ 23	0	20	0	21	25	0	17	0	19	49	34½	W.B.
♄ 24	0	26	0	30	53	0	31	0	37	41	38½	W.B.
☉ 25	0	16	0	24	19	0	14	0	24	30	39	
☽ 26	0	21	0	32	47	0	15	0	29	23	40	W.B.
♂ 27	0	16	0	31	12	0	18	0	36	17	38½	W.B.
☿ 28	0	20	0	38	39	0	16	0	38	9	38	
♃ 29	0	26	0	48	5	0	23	0	49	2	38½	W.B.
♀ 30	0	13	0	38	29	0	12	0	41	54	42	W.B.
♄ 31	0	18	0	41	57	0	10	0	43	49	46	W.B.
☉ Apr. 1	0	29	1	1	28	0	28	1	5	48	47	
☽ 2	0	24	0	59	55	0	15	0	56	42	47	W.B.
♂ 3	0	42	1	21	26	0.	30	1	15	41	43	
☿ 4	0	33	1	15	53	0.	25	1	14	36	44	
♃ 5	0	45	1	31	22	0	41	1	34	34	43	
♀ 6	0	30	1	19	48	0	23	1	20	26	43	W.B.
♄ 7	0	25	1	18	17	0	28	1	24	21	43	W.B.
☉ 8	0	32	1	28	48	0	19	1	24	15	42	W.B.
☽ 9	0	17	1	17	16	0	13	1	22	9	44	W.B.
♂ 10	0	33	1	36	49	0	21	1	34	5	41	
☿ 11	0	31	1	38	19	0	18	1	34	59	43	W.B.
♃ 12	0	41	1	51	51	0	27	1	47	55	41½	W.B.
♀ 13	0	26	1	40	19	0	15	1	39	47	42	W.B.
♄ 14	0	22	1	39	49	0	8	1	36	40	42	
☉ 15	0	16	1	37	19	0.	6	1	38	34	44½	
☽ 16	0	18	1	42	51	0	7	1	43	30	49	
♂ 17	0.	19	1	47	22	0	5	1	45	26	50	
☿ 18	0	19	1	50	52	0	5	1	49	22	50	
♃ 19	0	17	1	52	22	0	6	1	54	19	49	
♀ 20	This day the watches went down, having been forgot to be wound up; H stopped at 5. 31. 19 & K at 5 13 42											
☉ 22	Mr. Kendal came down & wound up both watches and set them going nearly with mean time.											
	2.	0	4	0	44	2.	4	4	4	45	46	

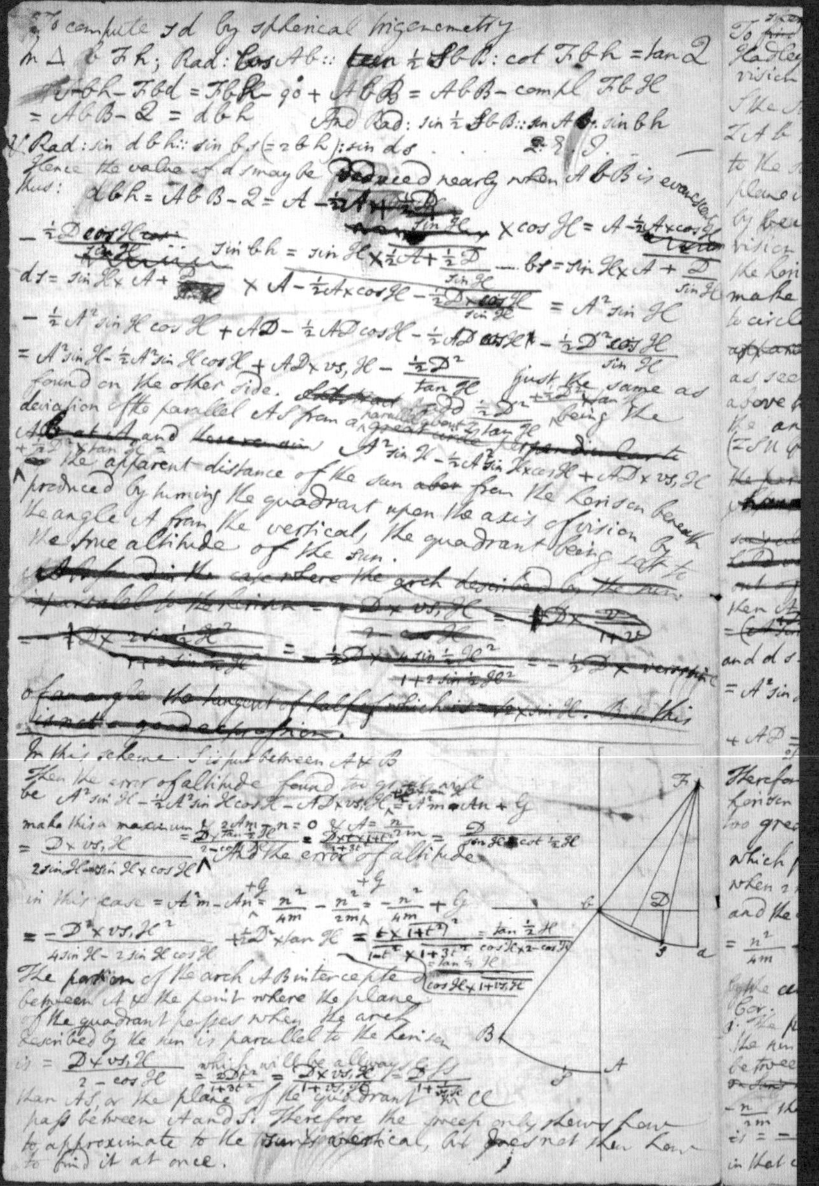

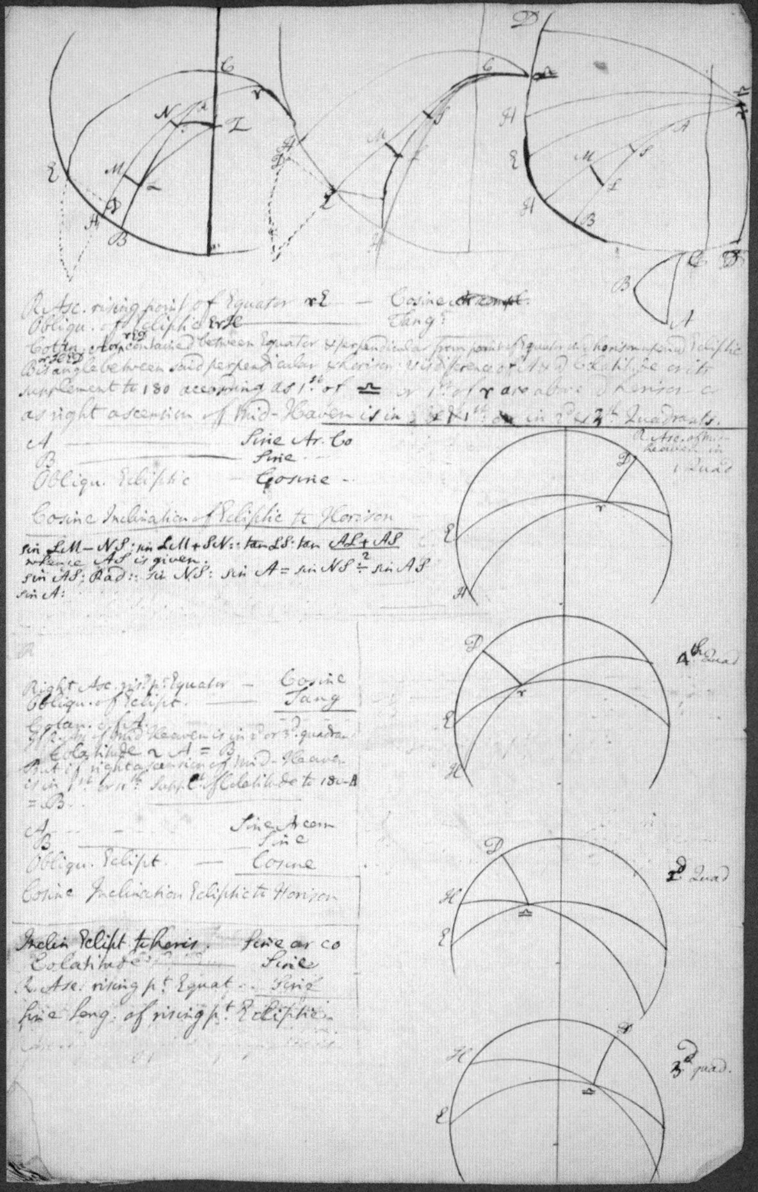

對頁左：馬斯基林和他的助手代表經度委員會在格林威治皇家天文臺對航海鐘進行過多次試驗。一七七〇年，他們測試了現今著名的約翰・哈里森（John Harrison）和拉科姆・肯德爾（Larcum Kendall）版航海鐘。馬斯基林的筆記中密密麻麻記錄著他的努力和嘗試：他試圖不斷簡化並改進藉著海上觀測來推算經、緯度的方法。

左圖：一七六三年，經度委員會派馬斯基林親赴巴貝多擔任督察人員——三種被列為候選的經度測量儀要在那裡進行官方測試：約翰・哈里森的航海鐘（現稱為 H4）、月距法和觀察木星衛星的船用「海事椅」（見第 174 頁圖）。馬斯基林利用哈里森的航海鐘，測得了橋鎮（Bridgetown）的經度，誤差只有不到十英里。這是非常了不起的一大進步，而這部航海鐘也為哈里森贏得了獎金。

威廉・梅爾斯（WILLIAM MEYERS）

一八一五～？年

今天早上感覺實在很糟，
於是我喝了一杯加了半加侖鹽的葡萄酒兌檸檬水。

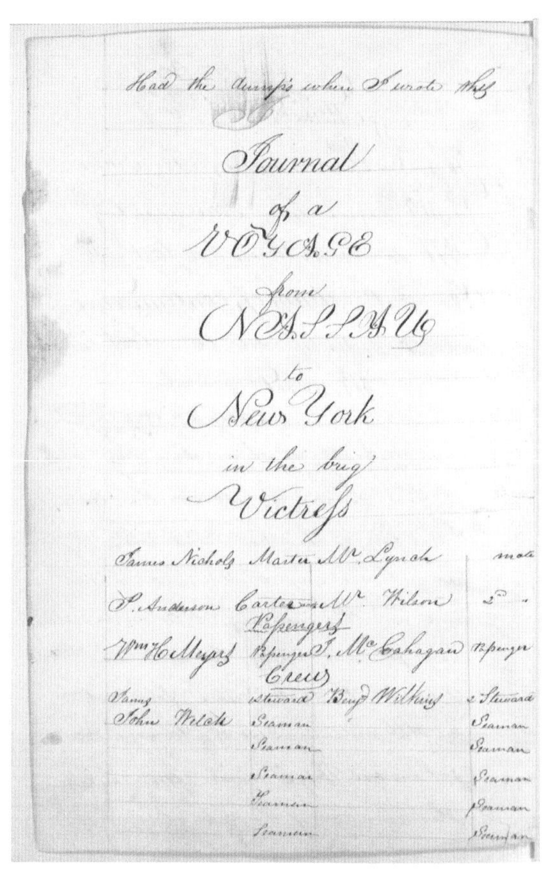

Journal
of a
VOYAGE
from
NASSAU
to
New York
in the brig
Victress

這是梅爾斯的第一本航海日誌，其中記錄了他於一八三八年乘坐「亞查克斯號」（Ajax）雙桅縱帆船從巴爾的摩出發、前往古巴的航行歷程；以及後來他擔任船長乘「露西號」（Lucy）雙桅橫帆船從巴哈馬前往達拿索（Nassau）、再以一名乘客身分隨「勝利女子號」（Victress）雙桅橫帆船返回紐約的海上之旅。

暈船、熱帶性熱病、戰爭和風暴雨——這一切畫家威廉・梅爾斯都經歷過。他出生於美國費城，在一八三八年首次出海、搭乘商船前往西印度群島。後來，他以一名非軍職人員的身分在華盛頓海軍工廠（Washington Navy Yard）工作。一八四一年，他加入海軍成為一名炮兵，被分派到小型護衛艦「西亞涅號」（Cyane）上進行為期三年的太平洋巡航。他曾服役於湯瑪斯・瓊斯海軍代將（Commodore Thomas Jones）麾下的太平洋中隊（Pacific Squadron），還曾參與一八四二年美國對蒙特里（Monterey）地區恣意的占領行動，並在美墨戰爭期間擔任「戴爾號」（Dale）上的炮手。儘管梅爾斯參與了所有這些行動，他還是一直保有寫日誌的習慣，並在日誌內容中勾勒出船上和岸上生活的場景。他在一八四八年從海軍退伍，原因是他參與華盛頓海軍實驗室的火箭與焰火照明彈的製作，導致臉上逐漸有一處神經出現「夾神經」症狀。從日誌中的一則備忘中也可發現：他在夏威夷風流一場之後染上了性病。

回到岸上後，梅爾斯試圖重新加入海軍未果。於是，他來到紐約、想出一個點子：他要根據自己的原始畫稿，製作一套由美東前往加州的海上航行動態全景圖。對於東岸那些渴望成為淘金客的人而言，此種展演內容想必恰恰迎合了他們心中的旅行夢。於是在一位劇院布景畫師的幫助下，成品於一八四九年在百老匯的斯托帕尼廳（Stoppani Hall）登場，展示了「大西洋和太平洋主要港口的壯麗景色」。據說此作特別受那些「家中的丈夫、兄弟、戀人等已經遠赴美西的」女性歡迎。第二年，它再次在莫頓街（Morton Street）的布利克大樓（Bleecker buildings）登場，那裡距哈德遜碼頭僅有幾步之遙。對許多人來說，在電影問世以前，觀賞像梅爾斯製作的這種彩繪全景圖，令他們得以首次體驗到遠航的滋味，之後再親身踏上屬於他們自己的西行淘金路。

後來，羅斯福總統買下了梅爾斯的寫生簿原稿。「這麼多年來，在我所收集與美國海軍相關的畫稿、油畫和版畫作品中，幾乎沒有發現任何與海軍在太平洋地區作戰的相關紀錄，」他指出，「當代藝術中此類題材作品之稀缺，便更彰顯了梅爾斯畫作中的歷史價值。」

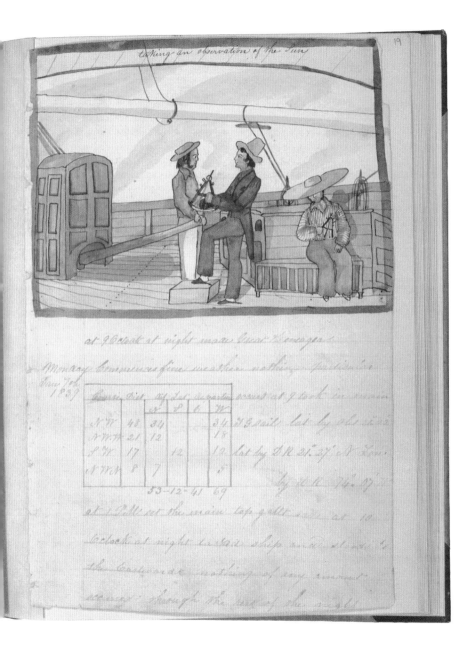

taking an observation of the Sun

at 9 Oclock at night made Great Heneaga

Monday Commences fine weather nothing particular occurs at 9 took in main T G sail lat by obs 21 [illegible] lat by D R 21° 27' N Lon by D R 74° 07' [illegible]

Jan 7th
1839

Course	Dist	Diff Lat N	Diff Lat S	Departure E	Departure W
N W	48	34			34
N W W	21	12			18
S W	17		12		12
N W N	8	7			5

53 − 12 = 41 69

at 1 P.M. set the main top gallt sail at 10 Oclock at night tacked ship and stood to the Eastward nothing of any moment occurs through the rest of the night

Lucy making Great Heneaga by moonlight

Wednesday Commences fine weather and light breezes from

January 9th
1839

N & E head E at 8 Oclock A.M. tacked ship head W & N Lat by obs 21° 42' N Lat by D R 21° 42' N Longitude by dead reckoning 73° [illegible] W a current running to the Southward at 3/4 of a mile weather still continues cool and pleasant Hogsties bore W by S 3/4 S dist 11 miles

Course	Dist	Diff Lat N	Diff Lat S	Departure E	Departure W
E by N	32	6		31	
E N E	7	3		7	
W	5	0		0	5
E	4	0		4	0
N W W	4	2			3
W & N	4	1			3

12 42 − 11 = 31 [illegible]

past Lat 21 46 past Lon 74 21

21 = 5/6 Current 73 50

[illegible]

21 42

梅爾斯創作了他在一次航行中發燒之前和之後相互對比的自畫像：「今天早上非常冷，還發了高燒。」後來，因為碰上一八三八年耶誕節，船上的人「晚餐吃了一隻很老的家禽肉」。對頁為他的航海日誌一覽，畫中包括修補馬褲；眾人抽煙；船員進行航海觀測；「露西號」離開古巴（左下）；以及因「亨利角」（Cape Henry）東南方的「天然瀑布而暈船的紳士們」（左上）。

喬治・穆勒（GEORG MÜLLER）

一六四六～一七二三年

這些水的水質差勁透頂，但對我來說，
喝起來就跟最頂級的葡萄酒一樣甘美。

當喬治・穆勒還是小孩的時候，他就對遙遠的國度充滿好奇心和探索的嚮往。在阿爾薩斯（Alsace）當完了製槍學徒後，十四歲的穆勒離開了父母、以及他在德國魯法克（Rufach）的家，展開了四處旅行的一生。他從布雷斯高（Breisgau）漫遊到梅因茲（Mainz）；從特里爾（Trier）到科隆（Cologne）。然後，他還去到更遠的地方：一路走過奧地利、匈牙利和義大利。在得知荷蘭東印度公司正在招募新船員之後，他又移居荷蘭，並於一六六九年以見習生身分登上了「豪達號」（Gouda），前往荷蘭貿易帝國的行政中心：爪哇的巴達維亞（今天的雅加達）。

在直布羅陀海峽以西航行時，「豪達號」遭遇兩艘土耳其船隻的襲擊，導致二十八人死亡，四十六人受傷。船上的乘客與船員在接下來的航行中，要不是被暴風雨捲下海，就是死於壞血病和脫水，船上人員數因而繼續減少。隨著淡水儲備漸漸耗盡，大家開始拿帆布或任何多餘的布來接雨水，每一滴水都彌足珍貴。在他們穿越印度洋時，連風力也漸漸停息了。在令人窒息的炎熱中，他們的船緩慢地漂著，穆勒記錄下他們與曝曬和身上曬傷的奮戰過程。

一六七〇年八月，在出航超過三百天後，「豪達號」終於抵達穆勒眼中的「天堂」：爪哇島。在十二年船上工作中，他曾至爪哇島和印尼其他各島嶼旅行。他學習了馬來語，將自己所有閒暇時間都用來畫畫和探險。他對不尋常的事物有極敏銳的觀察力，更製作出一部生動描繪當地動、植物相，與他所遇到的原住民的詳細記錄，其中也有他從讀過的書中看到並自己重現出來的幻想生物，一旁還有詩歌對這些生物做奇妙的描述。

現在，穆勒的日誌手稿就收藏於瑞士聖加侖修道院的圖書館（Abbey Library of St Gallen）中。這部非凡而奇特的日誌本讓我們得以用多彩而鮮活的視角，窺見一位十七世紀年輕人所經歷過的殖民地生活，以及他當時見到的許多海洋生物。

很顯然，喬治・弗蘭茲・穆勒（Georg Franz Müller）是個熱情而好奇心旺盛的人，但他的個人生活卻鮮為人知。他在日誌中用繽紛又富趣味的筆觸畫下各種吸引他的事物，從鳳梨到各式各樣海洋生物標本都有——其中包括飛魚、河豚，及其他更為奇特的生物。

1681
Georg Franciscus Müller
Symbolum
Norwegia
Swecia
Finlan
Samarcan
Samageda
Russia
Nieuche
Groncaudia
Hibernia
Scotia
Anglia
Pomerania
Polonia
Krim
Tartaria
Mare caspium
China
Germania
Bohemia
austria
Gallia
Helvetia
Nova Hollandia
Francia
Anglia
Portugallia
Hispania
Italia
Grecia
Syria
Armenia
Media
Judaea
Babilon
Persia
Sicilia
Candia
Cypres
Arabia
J. Canaria
Mauritania
Barbaria
Ægyptus
Nova Hispania
Guinea
Libia
Cyrena
Abis
Fernando
Angola
Brasilia
Ascension
Æthiopia
Helena
Cabo bona Spej
Terras del Fuogo
Mauritius
S. pauli
Australis incognita
In Maleyscher Sprache

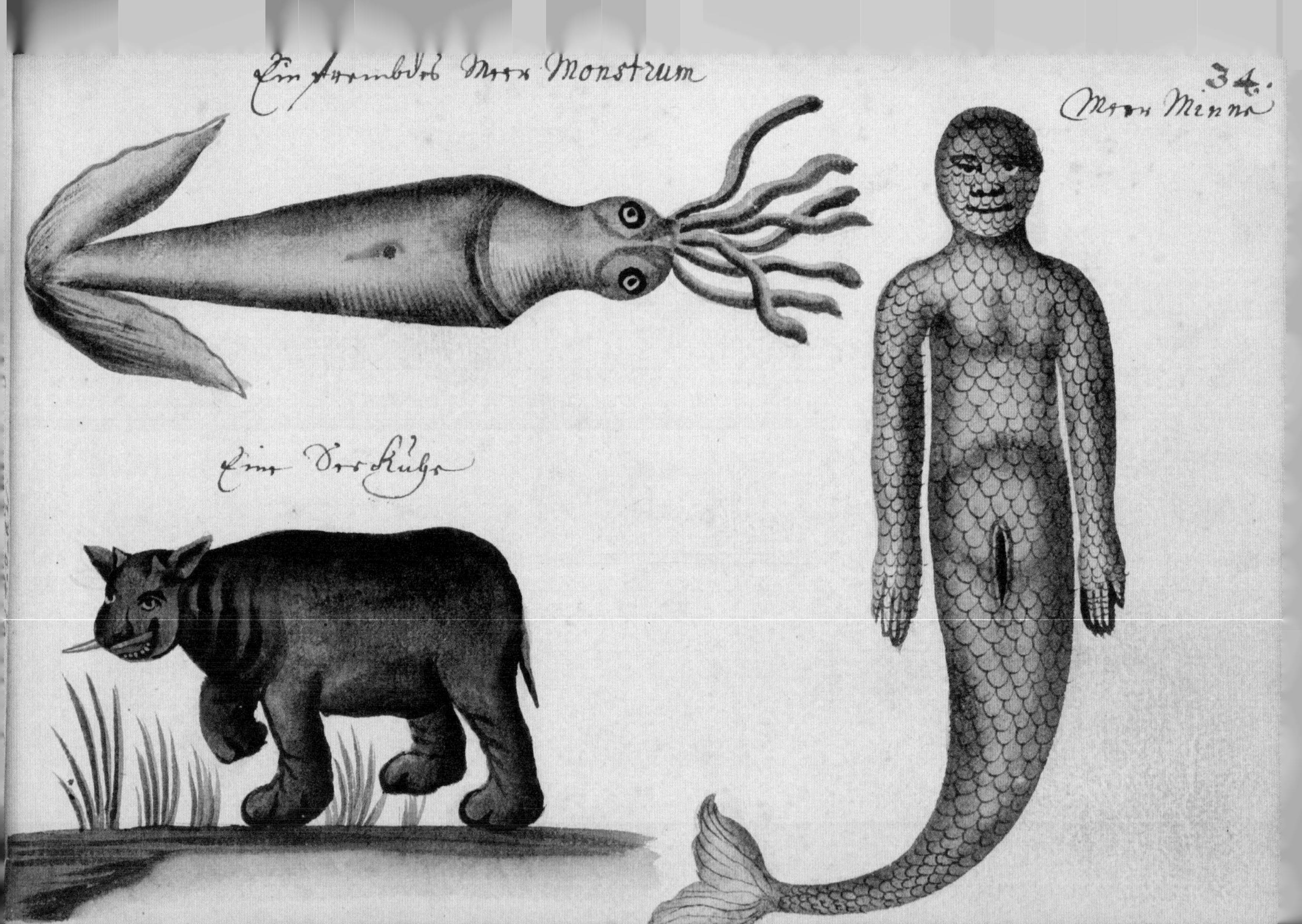
Ein frembdes Meer Monstrum
34.

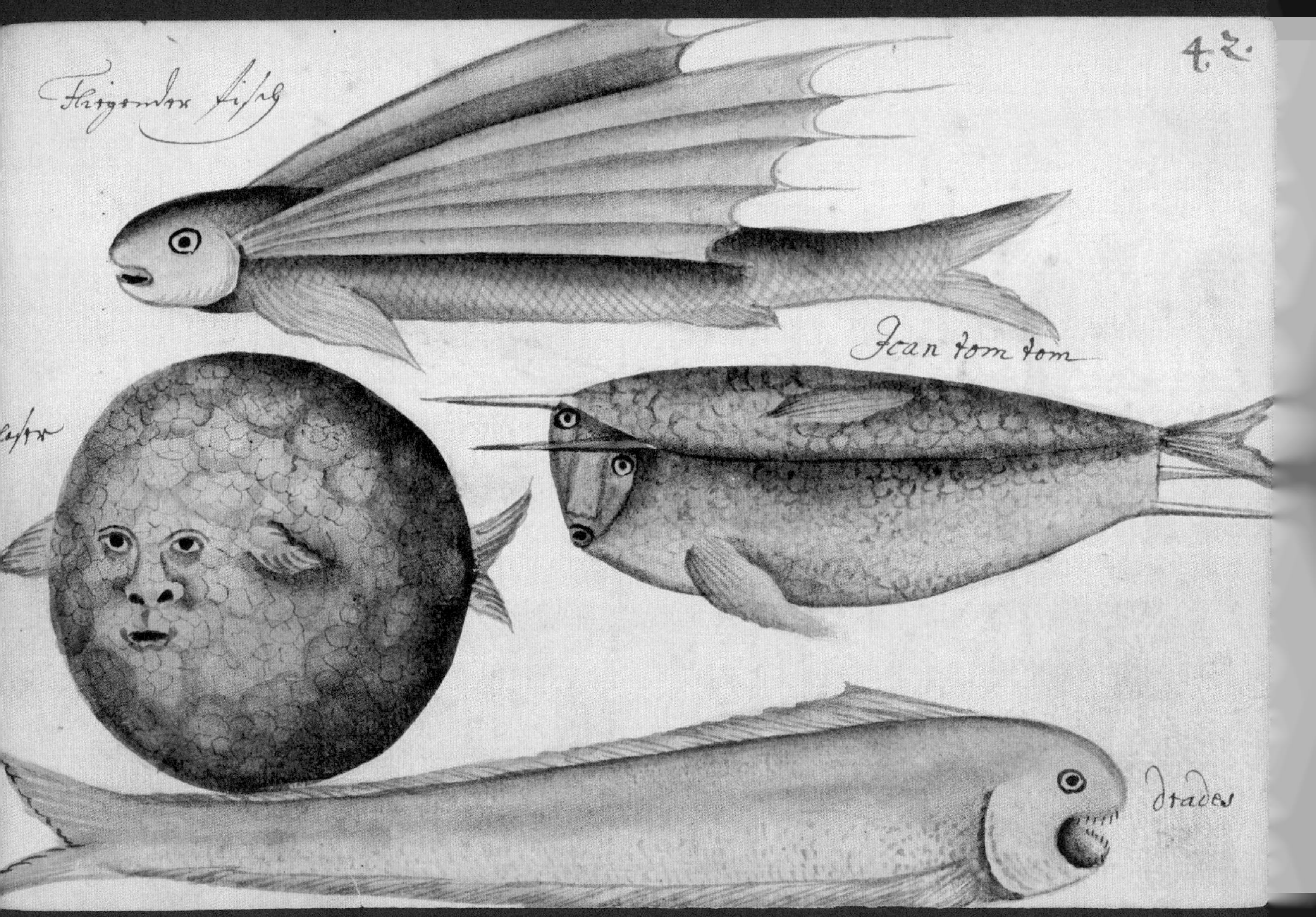
42
Fliegender fisch
Jean tom tom
drades

Das wüste wild gesalzen Meer
Die wellen sah wie berge stehn
Septentrion auch occident
Sind mir gar wol bekant.
Grausam sah sie toben wüten,
erschrecklich auff vnd nieder gehen
Meridien und Orient
Auff grossen schiffen gefahren ich,
Auß Europa, America,
dem wind und wasser gott vertraut,
Manch tausend meil glaubts sicherlich
von Africa in Asia
auff Eolus und Neptun gebaut

在去世前不久，穆勒在瑞士聖加侖修道院圖書館展出他兩本繪有插圖的旅行日誌，以及一些來自十七世紀巴達維亞的日常用品，包括中國茶壺和絲綢錢包，反映出當時荷蘭的亞洲貿易重鎮的文化多樣性。

穆勒在南非待了幾個月，並記錄許多動物（如獅和豹）關在籠子裡運回荷蘭的情景。右圖是他首次見到的某些鳥類，包括鸚鵡和鳳頭鸚鵡，以及他腦中對企鵝的推想樣貌。

霍雷肖・納爾遜（HORATIO NELSON）

一七五八～一八〇五年

恪守職責是海軍軍官的第一要務。
無論多麼痛苦，所有私人問題都應擺在職責之後。

十八世紀的船員經常會面臨致命的危險。光是來到海上，人就可能籠罩在致命的疾病威脅之下，另外也可能面臨其他各種可能的死因。正如霍雷肖・納爾遜那位也曾出海的船員舅舅所說的，在戰鬥中「一顆加農炮就足以轟掉你的腦袋」。在納爾遜的私人信件中，我們能讀到他是多麼認命地接受可能降臨的死亡劫數。至於受傷，也不過是他所選擇的職業中，其中一種危險因子罷了。

甚至在他生前，就已經有人藉著故事和歌曲頌揚納爾遜的能力與膽識。他是讓敵人聞風喪膽的男人、不遵守命令的男人、還是個愛上已婚女性的男人。當他手下的勇士在特拉法加爾角（Cape Trafalgar）岸外為保命而戰時，他在戰船的甲板上倒下，脊柱被子彈射穿。當那艘大火燒過、幾乎要解體的戰船在暴風雨中再次從海平線的另一端緩緩出現時，英勇的指揮官已不在人世。納爾遜是海軍英雄，用盡生命恪守職責。他在開戰前夕發出的信號「英格蘭期盼」（England Expects，譯註：英格蘭期盼人人都恪盡其責〔England expects that every man will do his duty.〕是納爾遜在特拉法加爾戰役開戰前透過他的旗艦「勝利號」〔Victory〕發出的一條信號）成為航海時代的箴言。納爾遜的船員在特拉法加爾戰役中取得的勝利，使英國坐上了前所未有的海上霸主寶座。

對於一個出生在諾福克郡（Norfolk）的牧師之子來說，他經歷了一段可說相當非凡的人生。納爾遜的首次出航是要前往加勒比海地區，當時還只是六十四炮戰艦「合理號」（Raisonable）上一名十二歲的男孩，他第一次經歷了暈船，並從此開啟持續一生的苦難。一七七三年，他加入一場尋找北極點的航行，據說他逃下船，並在冰面上獵殺一隻北極熊。他還在印度洋感染瘧疾，並在尼加拉瓜的叢林中復發，幾乎要死於此病。他在聖胡安（San Juan）附近被黃熱病、食物中毒和痢疾輪番折磨；一七八二年，他在橫越大西洋的航行中因壞血病而病倒；一七九四年，在封鎖科西嘉島（Corsica）期間的卡維（Calvi）圍成戰時，他的右眼不幸失明。

對納爾遜而言，戰鬥的任務可以簡單用以下兩種方式結束：光榮地勝利或死亡。然而，在一七九七年七月他帶領勇猛的突擊隊突襲加那利群島的聖克魯斯港（Santa Cruz）時，上述兩種情形都沒發生。他發動的突襲讓突擊隊遭受嚴重人員傷亡，而納爾遜也被散彈擊中右手肘，導致手臂必須截肢。

在那一年稍早的聖文森戰役（Battle of St Vincent）中，納爾遜擅自突破海軍上將所規範的防線，獨自一人開往敵人火力範圍內，此舉證明了他在戰術上的洞察力與勇敢的性格。十八個月後，尼羅河之戰（Battle of the Nile）再次提升了他的名望，為他帶來「尼羅河的納爾遜勳爵」（Lord Nelson of the Nile）的稱號。在哥本哈根作戰時，雙方對戰陷入膠著，丹麥方炮火猛烈，他鎮定地向丹麥指揮官發出一份停火提議，開頭為：「納爾遜勳爵收到指示——放丹麥一馬。」這大膽的舉措奏效，炮轟停止了。

儘管在岸上有桃色醜聞，但至少船上的納爾遜是一位正直不阿的人。在一個海上世界「殘酷而野蠻」的時代，他正因是個文明、有道德的指揮官，故更顯出類拔萃。而他也真的願意將自己置身於戰事最危險的前線，其麾下的軍官和船員會對他充滿愛戴與崇敬，也就不奇怪了。

下圖：這是在一張廢紙背面匆匆畫出的草圖，似乎勾勒了納爾遜在特拉法加爾戰役中的作戰計畫，圖中顯示敵軍防線分別位於兩處。

對頁：納爾遜自己的信號書封面（左圖），以及他在一八〇五年參加特拉法加爾戰役前所寫的遺囑其中一頁（右圖）。

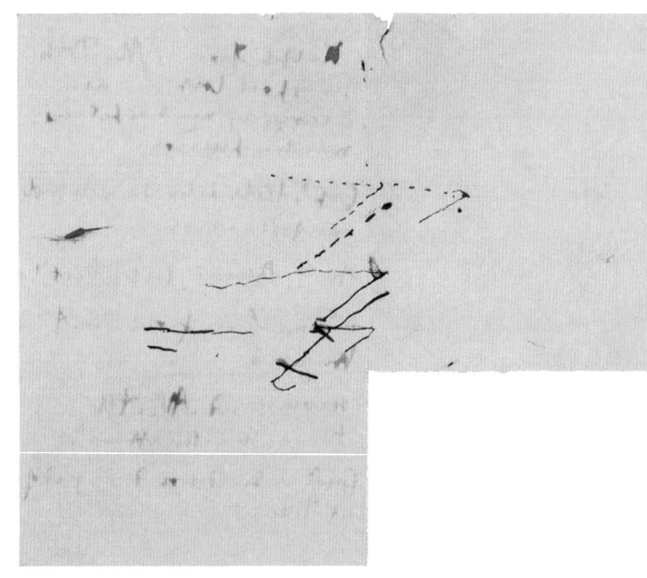

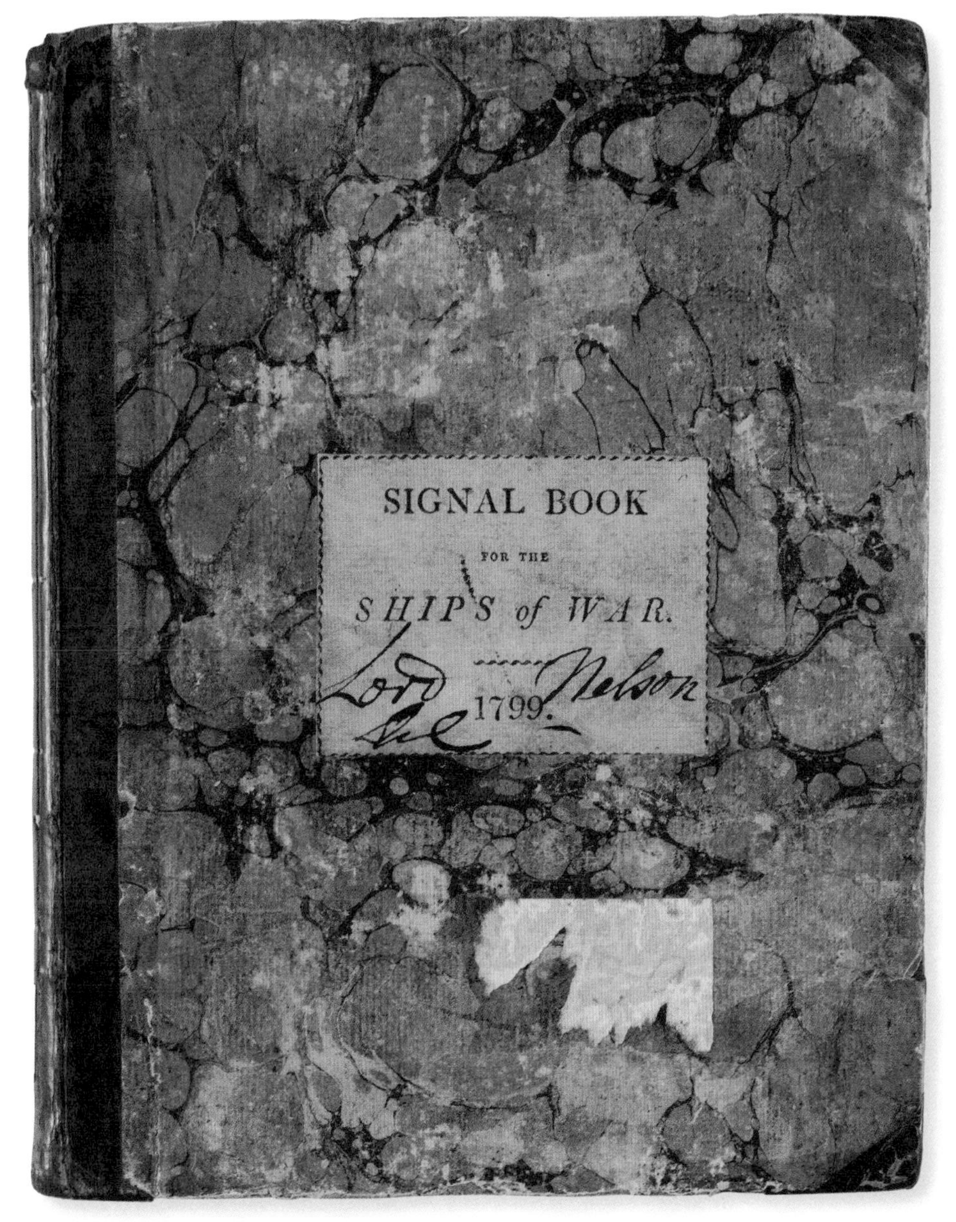

Friday night at half
past Ten drove from
dear dear Merton
where I left all which
I hold dear in this World
to go to serve my King
& Country May the
great God whom I adore
enable me to fulfill
the expectations of my
Country and if it is His
good pleasure that I
should return my thanks
will never cease being

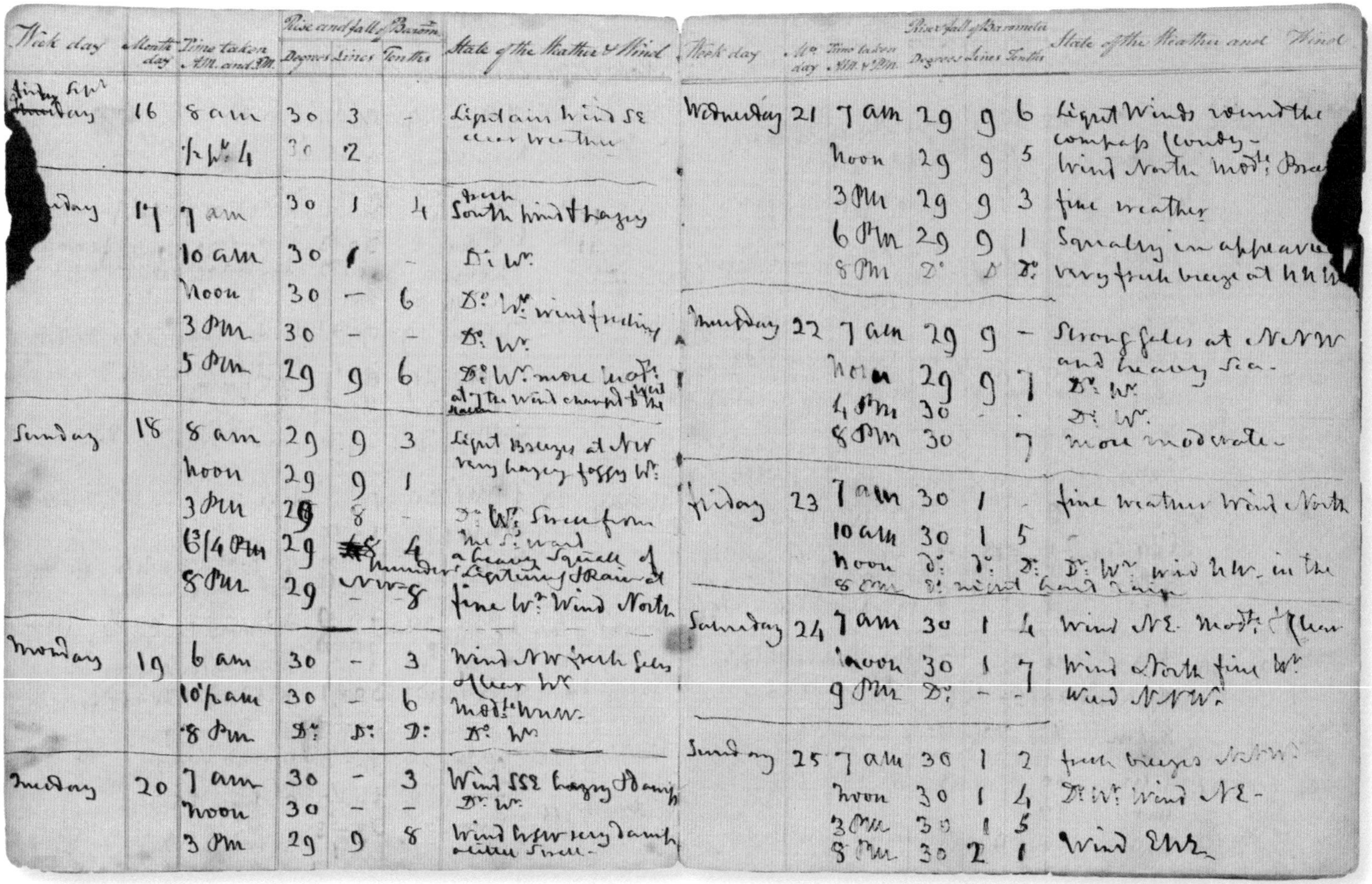

上圖：在一八〇三年地中海戰役初期，納爾遜個人用的天氣記錄本，據說航行期間被他釘在船艙裡。這就像一般的航海天氣紀錄一樣，載明了日期、每天數次的氣壓計讀數、每次讀數時間，以及天氣的概況。

對頁左：一本由不知名崇拜者所做的紀念冊的其中一頁，描繪了特拉法加爾戰役的作戰藍圖。右側是納爾遜的肖像；左側是卡斯伯特．科林伍德（Cuthbert Collingwood），他是「皇家君權號」（Royal Sovereign）上的副指揮官。

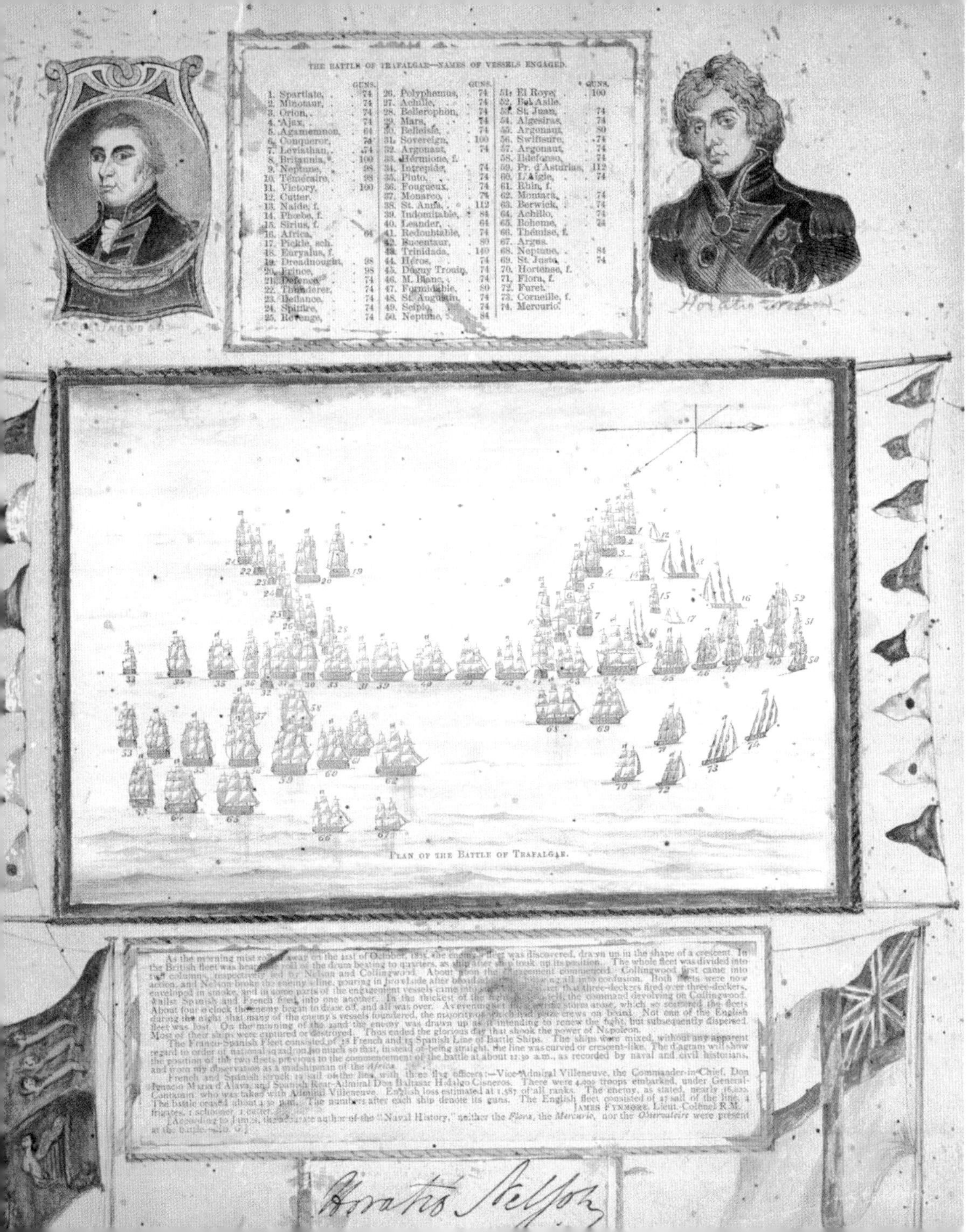

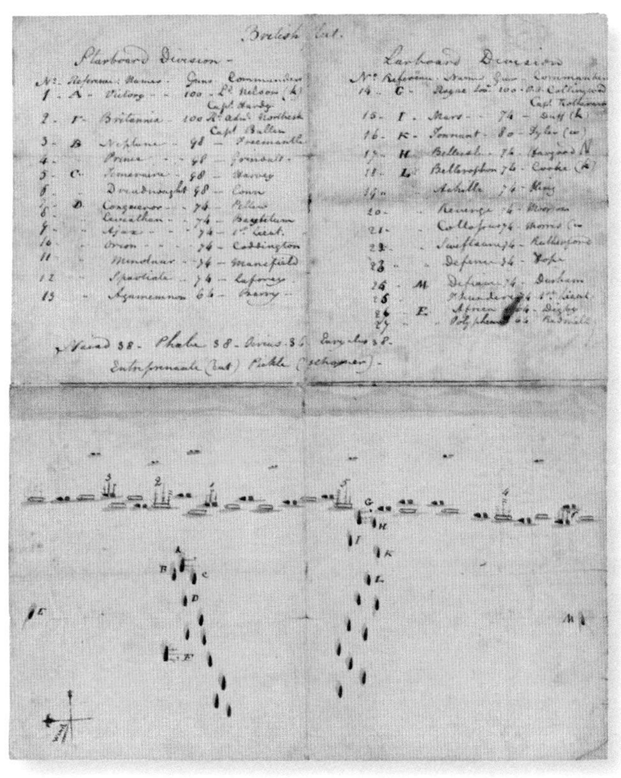

上圖：這幅珍貴的特拉法加爾戰役簡圖是由皇家海軍艦艇「貝麗島號」（HMS Belleisle）上的海軍上尉保羅．尼古拉斯（Paul Nicolas）所作。戰鬥期間，「貝麗島號」在與「熱忱號」（Fougueux）對戰中遭到嚴重損毀。縱使桅杆都斷了，此船依然拒絕投降。

保羅－埃米爾・帕若（PAUL-ÉMILE PAJOT）

一八七三～一九二九年

天氣不好的時候，
我都會在家畫畫、幫忙拉拔我那幾個兒子長大。
他們永遠不會知道我們付出了多少，
才能換得他們所需的一切。

在帕若日誌內無數的畫稿中，最出色的是這艘萊薩布勒－多洛訥的救生艇，它在救援「天國女王號」（Reine des Cieux）期間翻了三次船。對頁是一幅帕若晚期的畫作，描繪了「斯特拉斯堡之花號」（Fleur de Strasbourg）四桅帆船滿載硝酸鹽從智利出海的場景（譯註：十九世紀中葉，世界上大部分的氮肥主要源自智利的一片硝酸鹽礦床）。

身兼漁夫和畫家的保羅－埃米爾・帕若的人生是由殘酷的海洋定義的。在後來幾年裡，隨著名氣越來越大，他被稱為「漁夫和畫船的畫家」（marin-pêcheur et peintre de bateaux），儘管他從未想要出名。一九二五年，帕若在巴黎舉辦他的第一場畫展時，作家暨畫家尚・考克多這樣評價帕若：「他並不為喜愛繪畫的人畫船，他是為喜愛船的人畫船的畫家。」

帕若出生在旺代省（Vendée）靠大西洋一側的拉紹姆（La Chaume），他是一位漁民和裁縫師太太的長子，一家六口擠在同一個房間裡，過著不算富裕的生活。當天氣太糟糕無法出海捕魚時，父親就會將木頭削成補網用的木釘換來幾分錢。然而，他們的平靜生活在一八八一年一月二十七日那天粉碎了。當晚，可怕的暴風襲擊了萊薩布勒－多洛訥（Les Sables d'Olonne）港口，造成十一艘船失蹤，五十一人溺水而亡，留下了一百多名孤兒。當清晨天空剛露出魚肚白時，只剩殘破的船隻空蕩蕩地擱淺在海灘上。眾多家中妻子帶著小孩來到岸邊尋找心愛之人的屍體。帕若的父親也是其中一位遇難者，從此失蹤於海上。

剛滿十一歲的帕若不得不離開學校，努力養家活口，他上了一艘捕沙丁魚的船：「博塞茹爾號」（Beauséjour）。在第一個夏天的捕魚季過後，他以前的老師主動說要利用晚上時間為他補課。到了二十歲時，還在服役期間的他精進了自己的繪畫技藝。到了一八九六年，他與兒時朋友達莉・梅蘭（Dalie Merlen）結了婚。一年後，兩人的第一個兒子保羅－安德列（Paul-André）誕生，這對幸福的夫妻後來又生了另外六個孩子。

新世紀來臨，在一九〇〇年二月，帕若開始撰寫一本名為《我的冒險之旅》（*My Adventures*）的航海日誌。其中有五大卷留存至今，每卷有五百頁之多，還有無數插圖描繪他曾工作其上的船隻、他在比斯開灣見到的船隻，以及家人和朋友的畫像。其中還有一千多幅水粉畫、鋼筆畫，以及從當時暢銷報紙上剪下作為創作題材用的印刷圖。這本日誌融合了他的個人經歷與那個時代發生於大海的戲劇性事件，當時萊薩布勒－多洛訥正在蛻變為一個有錢人會去的海濱度假勝地。

為了養活家人，帕若用盡一切辦法做最多的工作，如捕沙丁魚、駕駛拖網漁船，甚至去危險的深海捕金槍魚。一九〇六年，他終於買了一艘真正屬於自己的船：「安娜－瑪麗亞號」（Anna-Maria）。儘管視力開始衰退，他還是開始創作更大幅的作品，用來賣錢。藝術家阿爾貝・馬凱（Albert Marquet）在度假時發現了他的畫作；後來他又受到考克多的賞識，並由後者促成了帕若的畫展。很快地，訂單便從法國各地如雪片般紛至。

帕若也寫詩。每逢鎮民大會或某個宴會上需要來點故事的時候——尤其有酒水助興時——帕若總會帶著他的手風琴到場。但到了一九二九年，正當藝術界才剛開始認可他的才華時，帕若卻突然去世了。由於身患肺疾，他想到海灘上去呼吸新鮮空氣，卻不慎在臺階上絆倒，頭部受傷而亡。

LS.1076.
LS.1076.

LS.898.

AMI DU DRAPEAU
LS 228
AMI DU DRAPEAU

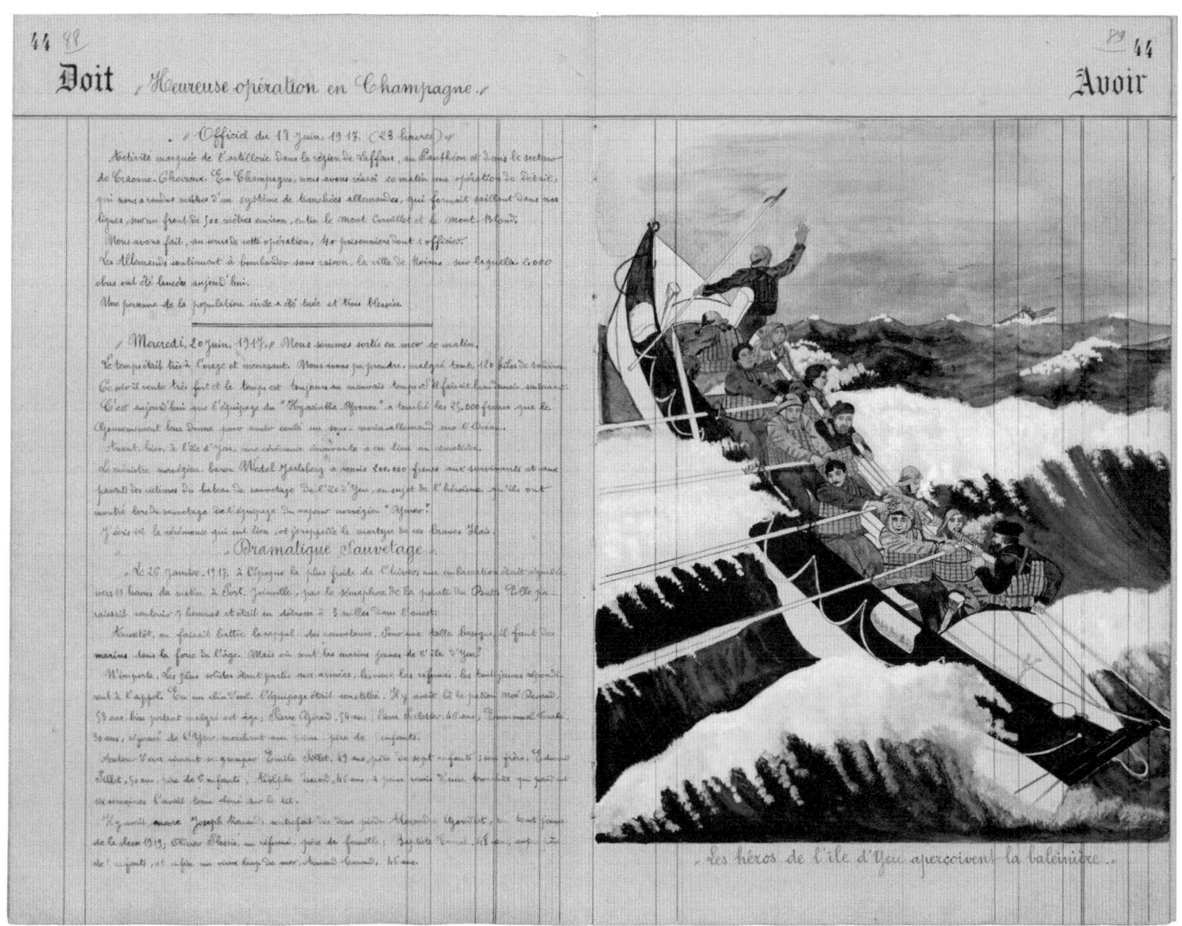

44 89

Doit — Heureuse opération en Champagne — Avoir

Officiel du 17 juin, 1917. (23 heures)

Activité marquée de l'artillerie dans la région de Laffaux, au Panthéon et dans le secteur de Craonne-Chevreux. En Champagne, nous avons réussi ce matin une opération de détail, qui nous a rendus maîtres d'un système de tranchées allemandes, qui formait saillant dans nos lignes, sur un front de 500 mètres environ, entre le mont Cornillet et le mont Blond.

Nous avons fait, au cours de cette opération, 40 prisonniers dont 1 officier.

Les Allemands continuent à bombarder sans raison la ville de Reims, sur laquelle 2.000 obus ont été lancés aujourd'hui.

Une personne de la population civile a été tuée et trois blessées.

Mercredi, 20 juin, 1917. Nous sommes sortis en mer ce matin.

Le temps était très à l'orage et menaçant. Nous avons pu prendre, malgré tout, 120 [illegible] de sardines.

Ce soir il vente très fort et le temps est toujours au mauvais temps. S'il faisait beau demain, [illegible]

C'est aujourd'hui que l'équipage du "Hyacinthe Yvonne" a touché les 25.000 francs que le Gouvernement leur donne pour avoir coulé un sous-marin allemand sur l'Océan.

Avant-hier, à l'île d'Yeu, une cérémonie émouvante a eu lieu au cimetière.

Le ministre norvégien, baron Wedel Jarlsberg a remis 200.000 francs aux survivants et aux parents des victimes du bateau de sauvetage de l'île d'Yeu, au sujet de l'héroïsme qu'ils ont montré lors du sauvetage de l'équipage du vapeur norvégien "Ymer".

J'écris ici la cérémonie qui eut lieu, et je rappelle le martyre de ces braves Islais.

Dramatique Sauvetage

Le 26 janvier 1917, à l'époque la plus froide de l'hiver, une embarcation était signalée vers 11 heures du matin à Port-Joinville, par le sémaphore de la pointe des Boeufs. Elle paraissait contenir 7 hommes et était en détresse à 3 milles dans l'ouest.

Aussitôt, on faisait battre le rappel des canotiers. Pour une telle besogne, il faut des marins dans la force de l'âge. Mais où sont les marins jeunes de l'île d'Yeu?

N'importe. Les plus solides étant partis aux armées, les vieux, les réformés, les tout jeunes répondirent à l'appel. En un clin d'œil, l'équipage était constitué. Il y avait là le patron Noé Devaud, 53 ans, bien portant malgré cet âge; Pierre [illegible], 54 ans; Pierre [illegible], 46 ans; Emmanuel [illegible], 30 ans, réformé de l'Yser, marchant avec peine, père de [illegible] enfants.

Autour d'eux vinrent se grouper Émile Gillet(?), 49 ans, père de sept enfants; son frère, Edmond Gillet, 50 ans, père de [illegible] enfants; Adolphe [illegible], 46 ans, à peine remis d'une bronchite qui pendant six semaines l'avait tenu cloué sur le lit.

Il y avait encore Joseph [illegible], [illegible] des deux [illegible] Alexandre [illegible], un tout jeune de la classe 1919; Olivier [illegible], un réformé, père de famille; Baptiste [illegible], 48 ans, [illegible] de [illegible] enfants, et enfin un vieux loup de mer, Armand [illegible], 56 ans.

Les héros de l'île d'Yeu aperçoivent la baleinière.

對頁（從左至右，從上至下）：一艘鄧迪（Dundee）的「假如我是國王號」（Si J'étais Roi，譯註：《假如我是國王》是由法國作曲家阿道夫．亞當〔Adolphe Adam〕所作的三部曲中的一部歌劇，講述了一位漁夫在海邊救了一位落水的公主之後發生的一連串故事，於一八五二年九月四日在巴黎首演）雙桅帆船在桑坦德（Santander）附近捕到三百五十條魚滿載而歸。由艾梅．維吉耶（Aimé Vigier）指揮的「榮譽與忠誠號」（Honneur et Dévouement）捕到兩百八十條新鮮金槍魚。蝸牛單桅帆船（snail sloop）「旗幟之友號」（Ami du Drapeau）到港。一九二九年冬天，「小弗洛朗號」（Petit Florent）失事，一艘漁船正趕來救援。

上圖：帕若在日誌中用生動的文字和畫作，記錄了這場一九一七年一月二十六日隆冬裡驚心動魄的救生艇救援事件。

後頁：帕若的這幾頁作品顯示了他的創作範圍之廣，及其技藝之純熟。從海上遇難的可怕場景，到海洋生物圖以及水手、漁民的肖像，應有盡有。

風從海的方向吹來，有時很狂暴
我埋怨著那些可憐的水手
那些為了謀生投身於大海的人
往往，大海也成了他們的葬身之處……

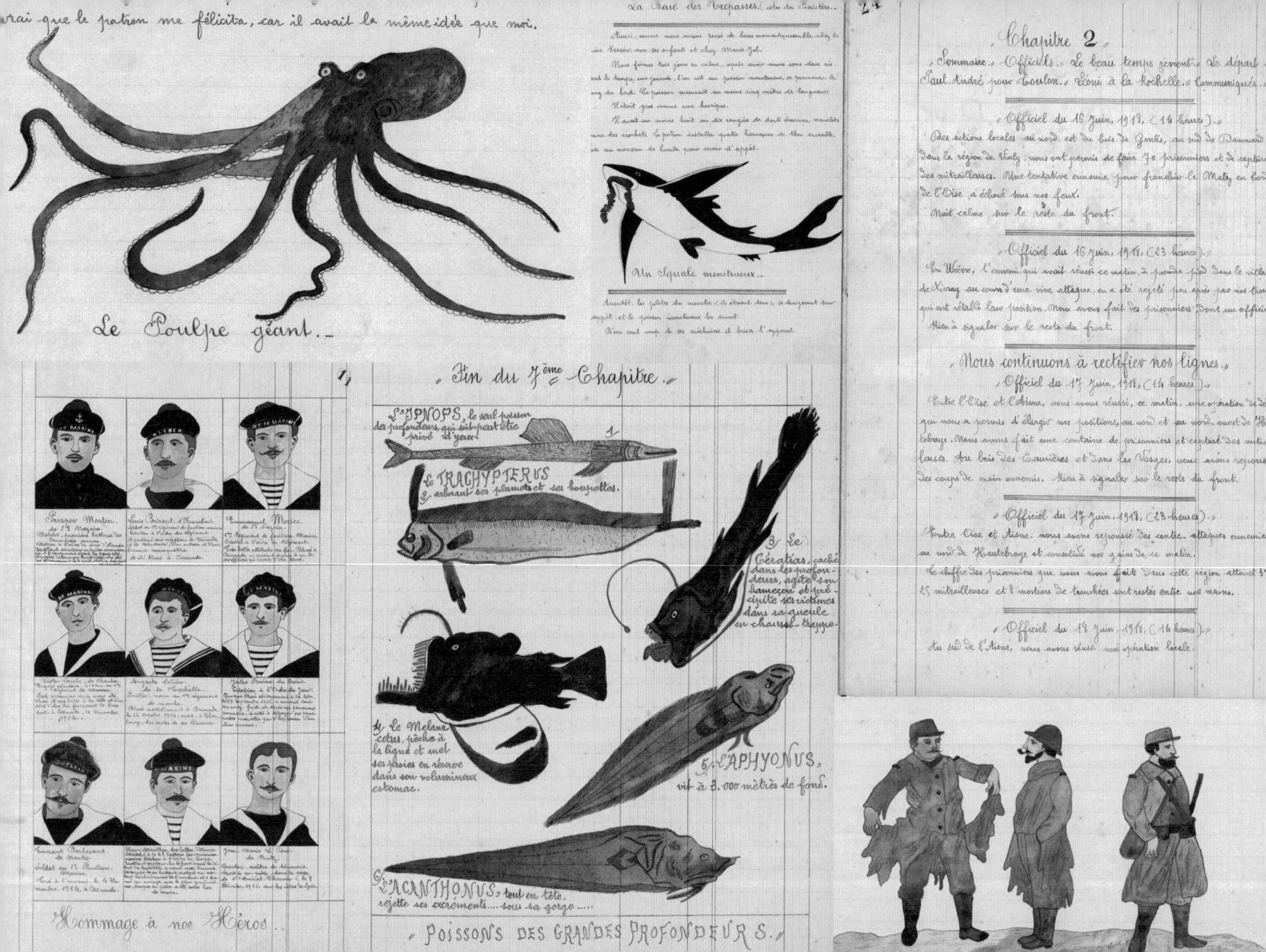

vrai que le patron me félicita, car il avait la même idée que moi.

Le Poulpe géant.-

La Baie des Trépassés. (côte du Finistère.-

Aussi, comme nous avions passé de bons moments ensemble chez la mère Kerséro avec ses enfants et chez Marie Job.

Nous fîmes trois jours en calme, après avoir couru sous deux ris tout le temps, une journée, l'on vit un poisson monstrueux, se promener le long du bord. Ce poisson mesurait au moins cinq mètres de longueur.

Il était gros comme une barrique.

Il avait au moins huit ou dix rangées de dents énormes, recourbées comme des crochets. Le patron installa quatre hameçons de thon, ensemble avec un morceau de bonite pour servir d'appât.

Un Squale monstrueux.-

Aussitôt, les pilotes du monstre, (ils étaient deux), se dirigèrent sur l'appât et le poisson monstrueux les suivit.

D'un seul coup de ses mâchoires il brisa l'appareil.

« Fin du 7ème Chapitre. »

11

Prosper Martin. de St Nazaire.

Louis Brisard d'Hennebont.

Emmanuel Morice. de St Nazaire.

A été blessé à Dixmude.

Victor Touche, de Nantes.

Auguste Lolièr. de la Turballe.

Jules Bruno, du Croisic.

Citation à l'Ordre du Jour.

Toussaint Berhesand. de Nantes.

Soldat au 2e Fusiliers-Marins.

Jean Marie Le Bras de Batz.

Hommage à nos Héros.-

1. L'IPNOPS, le seul poisson des profondeurs, qui soit peut-être privé d'yeux.
2. Le TRACHYPTERUS arborant ses plumets et ses houppettes.
3. Le Cératias, caché dans les profondeurs, agite son hameçon et précipite ses victimes dans sa gueule en chausse-trappe.
4. Le Melanocetus, pêché à la ligne et met ses proies en réserve dans son volumineux estomac.
5. L'APHYONUS, vit à 3.000 mètres de fond.
6. L'ACANTHONUS, tout en tête, rejette ses excréments.... sous sa gorge ....

« POISSONS DES GRANDES PROFONDEURS. »

24

« Chapitre 2 »

« Sommaire. » Officiels. » Le beau temps revient. » Le départ Paul André pour Toulon. » Léoni à la Rochelle. » Communiqués. »

« Officiel du 16 Juin, 1918, (14 heures). »

Des actions locales au nord-est du bois de Genlis, au sud de Dammard dans la région de Vinly, nous ont permis de faire 70 prisonniers et de capturer des mitrailleuses. Une tentative ennemie pour franchir le Matz en bordure de l'Oise a échoué sous nos feux.

Nuit calme sur le reste du front.

« Officiel du 16 Juin, 1918, (23 heures). »

En Woëvre, l'ennemi qui avait réussi ce matin, à prendre pied dans le village de Xivray au cours d'une vive attaque, en a été rejeté peu après par nos troupes qui ont rétabli leur position. Nous avons fait des prisonniers dont un officier.

Rien à signaler sur le reste du front.

« Nous continuons à rectifier nos lignes. »

« Officiel du 17 Juin, 1918, (14 heures). »

Entre l'Oise et l'Aisne, nous avons réussi, ce matin, une opération de détail qui nous a permis d'élargir nos positions, au nord et au nord-ouest de Hautebraye. Nous avons fait une centaine de prisonniers et capturé des mitrailleuses. Au bois des Cavières et dans les Vosges, nous avons repoussé des coups de main ennemis. Rien à signaler sur le reste du front.

« Officiel du 17 Juin, 1918, (23 heures). »

Entre Oise et Aisne, nous avons repoussé des contre-attaques ennemies au nord de Hautebraye et consolidé nos gains de ce matin.

Le chiffre des prisonniers que nous avons faits dans cette région atteint 3.. 25 mitrailleuses et 8 mortiers de tranchées sont restés entre nos mains.

« Officiel du 18 Juin, 1918, (14 heures). »

Au sud de l'Aisne, nous avons réussi une opération locale.

« Théodore perdit son grand canot. »

Au sud d'Amblony et à l'est de Montgobert, nous avons fait une centaine de prisonniers, dont deux officiers.
Entre l'Ourcq et la Marne, nos patrouilles ont fait des prisonniers.
Nuit calme sur le reste du front.

« Où nous faillîmes y périr tous. »

« Officiel du 18 Juin, 1918. (23 heures). »
L'activité de l'artillerie a été assez vive au nord-ouest de Montdidier, ainsi

路的盡頭

菲力浦・馬斯登（Philip Marsden）

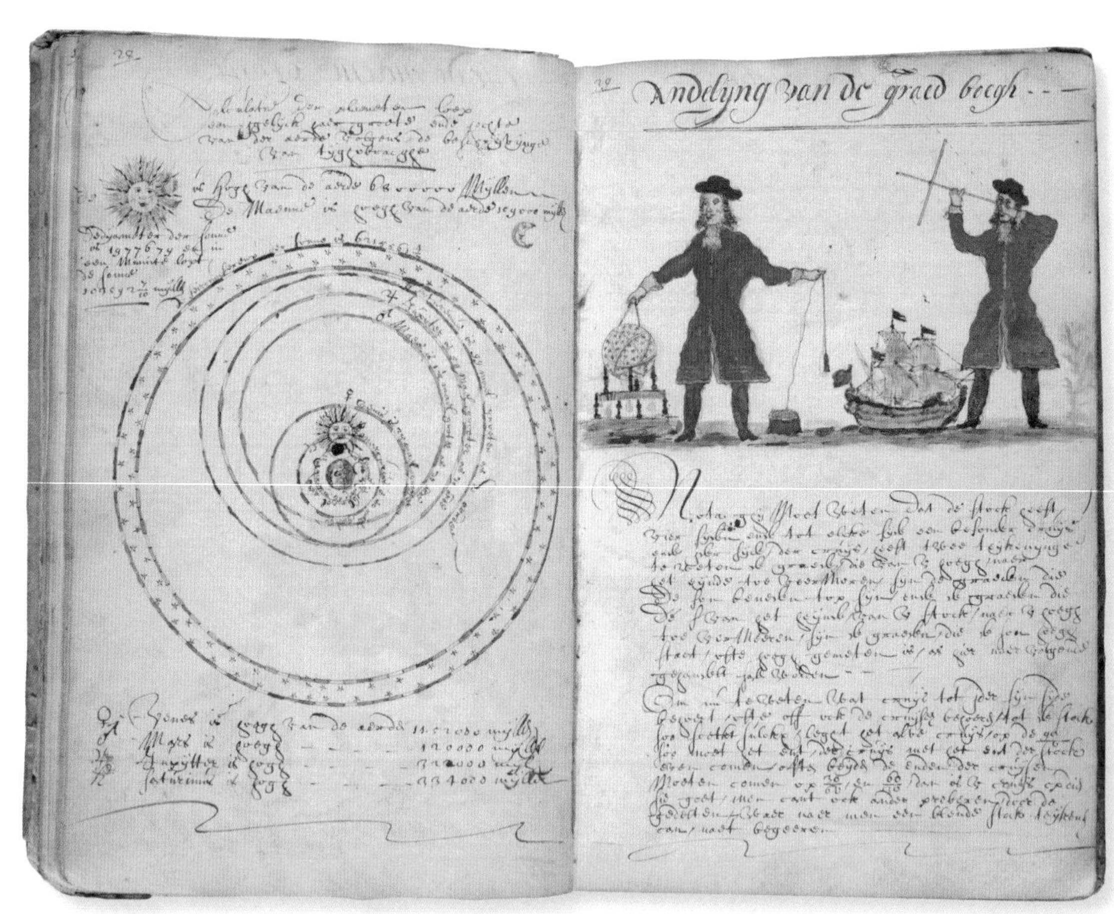

繆斯女神，唱吧！告訴我那位命運曲折的英雄，是怎麼一而再、再而三偏離原路。

——《奧德賽》，荷馬著；羅伯特・費滋傑羅（Robert Fitzgerald）英譯，一九六一年

兩幅航海地圖就是兩個時代。其中一幅是不列顛群島及局部大西洋海圖，是由來自義大利安科納（Ancona）港、創作量豐沛的製圖師格拉齊奧索・貝南卡薩（Grazioso Benincasa）於一四七三年繪製。它是一張用墨汁和蛋彩畫在羊皮紙上的海圖，用於引導船隻沿著海岸線航行，或是進入空曠的海域，幫助了後文藝復興時代那些蠢蠢欲動的歐洲靈魂開啟通往世界的大門。

另一個航海地圖在我的手機上，那就是「航海通」（Navionics Boating）應用程式。在地圖上，也涵蓋了一片相似的海域。巧的是，這個軟體也來自義大利。我非常喜愛這個應用程式，要價不高，想要放大或縮小地圖時，動動大拇指和食指就好。它的品牌口號是：「路的盡頭之後，一切請放心交給我們。」我喜歡它乾淨的圖像和顯示船位置的小箭頭；也喜歡它向前一直延伸的鮮豔紅線，為我指示即將前往的方向和目的地的情況；我喜歡它為像我這樣的單人帆船手所提供的保障。我的船上是有紙本海圖和一部英國雷松（Raymarine）電子海圖儀，但那些都不像「航海通」能提供即時圖片——在許多突發狀況同時發生時，應用程式能幫我拍下確定位置、水深和潛在風險的快照。雖然說浪花濺進駕駛室把所有東西都打濕之後，觸控式螢幕就不太好用了，但當我在岩石散亂的航道上，或是正朝許多小港口靠近時，這程式會讓人如有神助。

貝南卡薩的波特蘭型海圖在一四七三年當時，也可說是世界上最先進的海圖、集所有可用知識於一處。這種海圖也給了船員同樣的保障、同樣具備在規畫航線時所需的基本資訊、上面標記了大小港口和錨地所在位置。「航海通」使用衛星和 GPS 來定位，因此無須擔心電話的糟糕信號，應用程式可讓使用者把游標置於任意目的地，並生成距離和方位，還能即時更新潮汐流和潮汐狀態。波特蘭型海圖則需要使用羅經刻度盤圖形（譯註：又名羅經玫瑰圖〔compass rose〕，是一種經常出現於羅盤、地圖、海圖和氣象圖上的圖案，用於指示方位，因其看似玫瑰花而得名）和許多條直線（來確定距離和方向）作為輔助。這幅沒有算入地球曲率的海圖，在它所屬的時代卻兼有實用、精確與美觀等特質，更能為經常焦慮不已的航海家帶來精神上的寬慰。

關於貝南卡薩的波特蘭型海圖還有一些故事。在這張海圖中，距愛爾蘭西海岸只有一日多航程的地方，有一座不該出現的小島。對於航海者來說，添加虛構的島嶼比起未標出其實存在的島嶼，危險性來得低一些；而且證明茫茫大海中一座島的存在，會比證明它不存在要容易得多。於是，海圖上神祕島嶼四散的現象就這麼持續了許多年。直到一八七五年，偉大的水文學家弗瑞德立克・埃文斯爵士（Sir Frederick Evans）在太平洋上探尋了一百二十三座島嶼，發現只有三座是真實存在的。二〇一二年，當一艘船在太平洋上行經桑迪島（Sandy Island）應該在的位置時，發現此處水深達一千三百公尺，至此這個島才終於從海圖上消失。

貝南卡薩海圖中的島嶼並不純粹是謠言或製圖瑕疵而已。有個地方橫跨圖上大約三十二公里，被標記為「巴西」（Brazil）。這所謂的「海巴西島」（Hy Brazil 或 Hy Brasil）已經徘徊在歐洲製圖界的邊緣有一段時間，它那神祕的海岸引來了林林總總的故事和臆想。西班牙駐英格蘭大使報告了當時的人為了尋找該島嶼所付出的熱情和努力：「在過去的七年裡，布里斯托當地的人已經為二至四艘快帆船打造裝備，要去尋找『海巴西島』和『七城島』（the Seven Cities）。」

七城島，或稱作安提利亞島（Antillia），也是一個幽靈島，出現在包括貝南卡薩所繪的海圖在內的許多同時代海圖上。傳說，它位於亞述群島（Azores）以西的某個地方。它的形狀通常非常規則，類似一張巨大的郵票，海岸邊有七道豁口構成的七個海灣。與海巴西島一樣，它的存在造就歐洲沿海地區大量的碼頭活動。這些假想的海岸線並非真的地方，卻總令人充滿幻想與希望。海巴西島盛產長生不老藥，那是一個受神祝福的島嶼；是聖布倫丹（St Brendan）尋找的島嶼；甚至是安葬亞瑟王的地方。安提利亞島和它的七座城市同樣可說是基督教世界希望與情感的投射。在八世紀摩爾人入侵期間，七位主教帶著他們的信徒逃離西班牙，向西航行至大西洋上的安提利亞島。在島上，每位主教都建立了一個教區。歷經七個世紀以後，來到貝南卡薩航海圖時代，這些教區正等著被時人重新發現。

波特蘭型海圖和應用程式講述的都是獲得知識的故事，是我們對周遭的物質世界認識不斷加深的故事。「航海通」現在可即時自動收集資料：來自使用者設備上的讀數經回饋給程式開發者，用以更新水文圖像。在不斷更新的精確測量下，地表上的所有資訊便能精細無比地呈現出來；但同時，許多開放式的可能性、烏托邦，以及虛構島嶼依然存在的想像空間也隨之消失。

上述可能性的消逝帶走了某種魔力。我們再也沒有「未知的領域」（terra incognita），也沒有了標記著「此處有龍出沒」（hic sunt dracones）的水域。我們知道地球上並沒有獅鷲、也沒有一週只流動三天的河水、沒有巨型綿羊島、沒有笑聲島、水妖島或食肉惡魔島。再也沒有地方可實現極樂世界承諾的極樂、或伊甸園的無罪之樂。遙遠地平線的另一端，也不再有那麼樣一個世界，能讓逝者的靈魂歸於永恆的寧靜。

各個時代都有與之相匹配的地圖和海圖。我們這個時代所使用的地圖與海圖效率驚人，正朝著無所不知和絕對安全大步邁進。但這種趨勢也是缺乏想像力和功利的。花上幾個小時細細研讀十五世紀的波特蘭型海圖、仔細觀察每一處細節及頁邊的精美圖畫，你便會進入一個在現實與幻想之間界線消蝕的世界。你會發現自己所進入的世界裡，航海就代表要登上一艘嘎吱作響、人滿為患的帆船——這些人承受著貧窮、危險和恐怖交織而成的不安，卻又如賭徒般，將物質的豐收和財富的希望全押注在這片海洋上。

去年夏天，我航行到愛爾蘭西海岸。即使我帶著「航海通」、航海年曆、測深儀和日誌，那趟航行依然危險重重。黑暗無光的岩石隱藏在水下，天氣時不時還非常惡劣，大西洋漲潮的規模令人震驚。一位多尼哥水手對我說，他至今還會遇到在電子海圖上都看不到的岩石。這塊岩石對航海人所帶來的小小驚悚，簡直可說是某種反動派的挑釁。沒過多久，所有岩石都會被科技化為已知，而這樣的小小驚悚將不復存在。但是地圖從不只純粹是功能性的；地圖是抽象且經編輯過的現實世界。就好比編一個故事，你需要藉由想像力的重組，將其從白紙黑字的世界帶往故事所屬的幻想世界。正是在重組和想像的過程中，我們才感受到故事永恆不墜的快樂。

現在是冬天。我正在寫我的航海日誌。我在手機地圖上掠過一處海岸，放大並檢查某個島嶼的港口配置圖。我重溫著那一次的航行，以及在大風中泊船的那一夜。想起某個男人告訴過我的故事：聖科倫巴（St Columba）將這座島基督化後，將本地的惡魔變成了豬、並驅逐出去，後來那些豬跳下懸崖摔死了。電子地圖在我腦中召喚出這樣的故事場景。我坐在辦公桌旁，那遙遠的日子和千里之外的海岸又重新煥發出屬於回憶的愉悅光彩。我就和那些在我之前深深凝視過貝南卡薩的波特蘭型海圖的人一樣，對往昔與各個海岸充滿嚮往——也嚮往著安提利亞島的海港，還有海巴西島那永遠也無法抵達的海岸線。

第 198 頁：馬瑟斯・羅基耶斯（Matheus Rogiers）所著的荷蘭私人導航手冊中的頁面，年代為一六八〇～一六八三年，目前存放在阿姆斯特丹的荷蘭海事博物館。

對頁：格拉齊奧索・貝南卡薩於一四七三年在威尼斯製作的一批波特蘭型海圖，收錄於一本小型地圖集中。這幅海圖展示了從西班牙到蘇格蘭範圍內已開通航線的歐洲海岸。

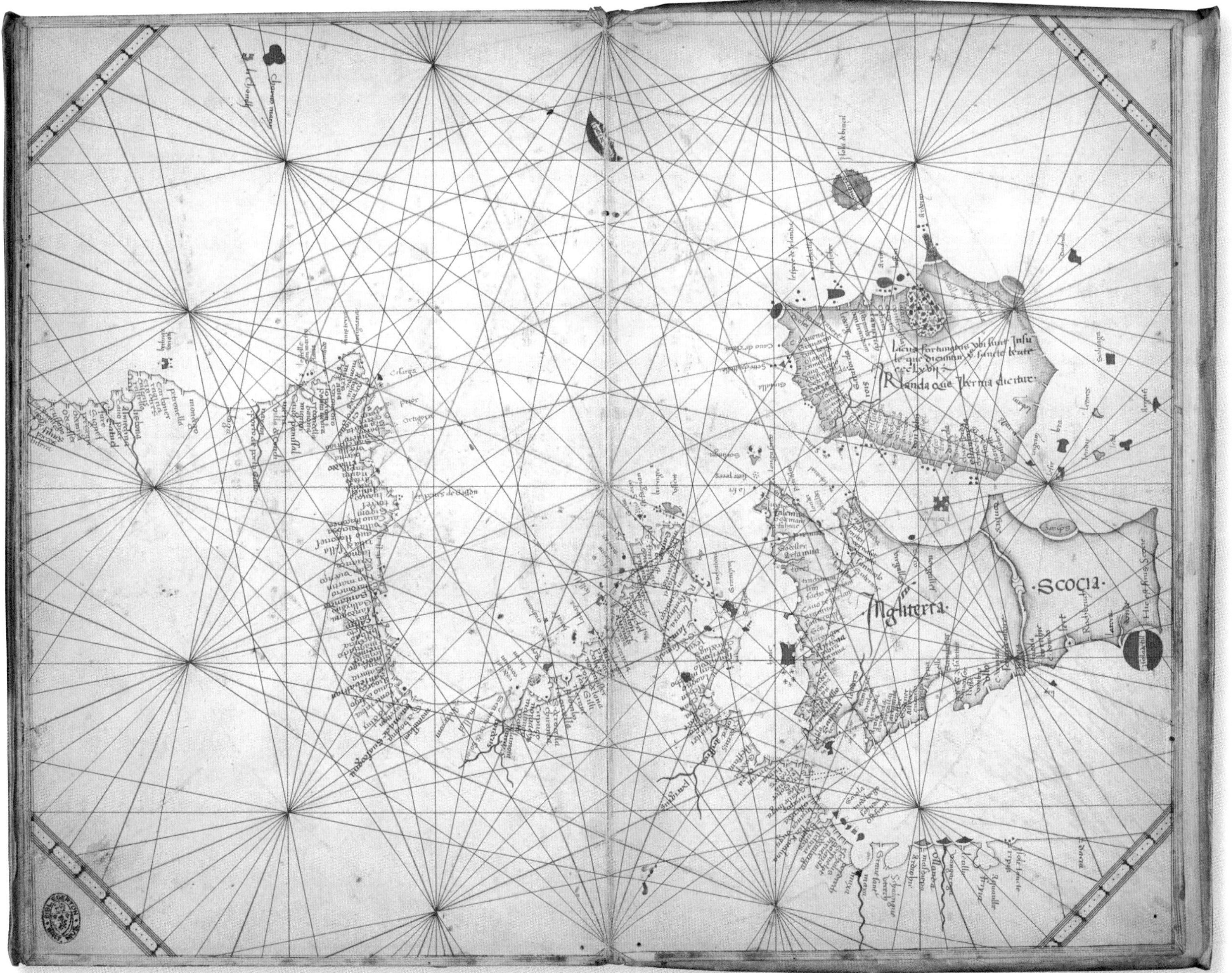
SCOCIA

朱利亞斯・派耶（JULIUS PAYER）

一四九一～一五三一年

即使是風和日麗的日子，眼皮也會被凍住。
極冷和極熱相互交替，產生了最煩人的結果：口渴。

想像一下，你在一艘受困於冰與冰之間的船上絕望漂流了一年多，靠著船上剩餘物資艱難無助地勉強度日，突然間，你看到一片陸地，心中會有多麼驚喜、如釋重負？一八七三年八月三十日，奧匈帝國北極探險隊（Austro-Hungarian North Pole Expedition）從低低的雲層間看到了遠方一片未知的海岸——一大堆冰淩亂遍布眼前、一路延伸到天邊，遠處出現了黑色的一塊地。他們以皇帝之名法蘭士・約瑟夫（Franz Josef）來為這片新土地命名，並在甲板上用急就章的加水烈酒為自己的幸運舉杯慶祝。這完全背離了原先的計畫。他們本來只是想從挪威北部沿著溫暖的洋流前進，輕鬆越過北極點。

朱利亞斯・派耶是探險隊的一名成員，同時也是共同領導人。派耶出生在波希米亞小鎮特普利策（Teplice，現位於捷克共和國境內），是一名騎兵軍官之子。他是奧地利特雷西安軍事學院（Austrian Theresian Military Academy）的學者，甚至在十八歲生日時，他都還在索爾費里諾戰役（Battle of Solferino）中作戰。後來派耶回到學院擔任歷史教授，但是對他而言，生活中只有書遠遠不夠。派耶是一位能力超群的登山家，在一八六八年受邀加入日耳曼北極探險隊（German North Polar Expedition）擔任勘測員和冰川學家。他的登山技巧在格陵蘭島東部勘測未知地域時派上很大的用場。他和友人：海軍上尉卡爾・魏普雷希特（Karl Weyprecht）一起航行到新地島，為後來奧匈帝國北極探險隊的航行做準備。

正是在那一次航行，他們的船「泰格霍夫號」（Tegetthoff）於一八七二年八月航至冰面後，就再也無法離開。船被困在處處結冰的海上，度過了數個月暗無天日的冬季和潮濕多霧的夏天。在他們意外登陸之後，派耶帶著一組雪橇隊穿過他們剛發現並命名的法蘭士・約瑟夫地區，來到北緯八十二度——幾乎是歐洲最北邊的頂點，同時推翻極地海洋溫暖、無冰的理論。

有鑑於船身仍牢牢卡在冰中無法脫困，船上的人於一八七四年五月二十日棄船，開始在冰面上朝開放海域艱難地撤退，他們用雪橇和救生艇等運輸設備來運送器材和糧食儲備，並將日誌和自然史標本焊接封入防水的金屬箱中運送。一行人還在四座冰山上各留下一個裝有信的瓶子——倘若無法成功生還，世人也會知道他們此行的發現。大約五十年後，一支挪威探險隊發現了這四封信的其中之一。「泰格霍夫號」卻依然下落不明。

儘管他們已將珍貴的手稿和地圖帶回歐洲，仍舊還有批評者懷疑法蘭士・約瑟夫群島的存在。派耶失望地辭去軍隊中的工作。後來的航行者真的到達了那片他曾極力證明存在的群島，但派耶早已在人生路上往其他方向前進了。他在法蘭克福以美術系學生身分入學，之後又被封為奧地利貴族——李特爾・馮・派耶（Ritter von Payer）。在很多年之間，他一直是活躍於巴黎的藝術家。在一八九○年代，派耶回到奧地利，在維也納創辦一所女子美術學校。一九一二年，七十歲的他又再度踏上遠征北極的探險之行，而這一次，他乘坐的是潛水艇。毫無疑問，冒險精神從未離他遠去。

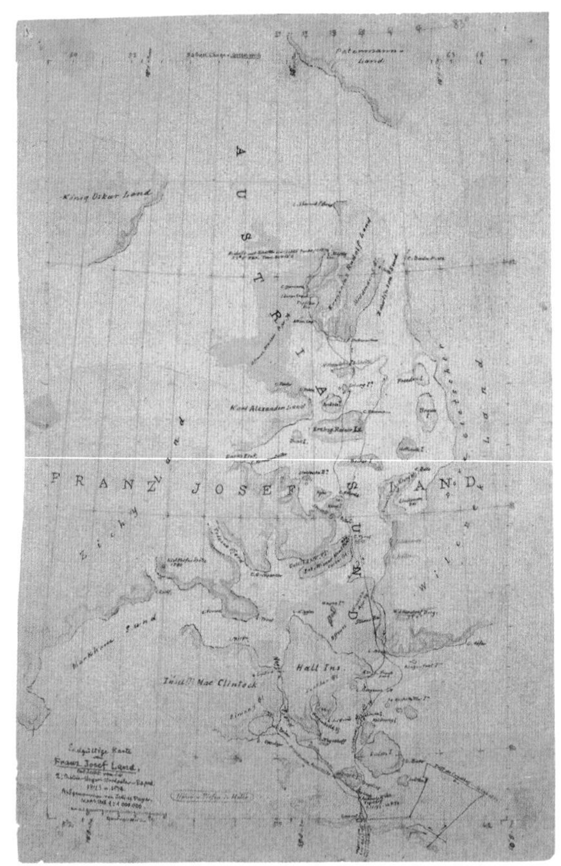

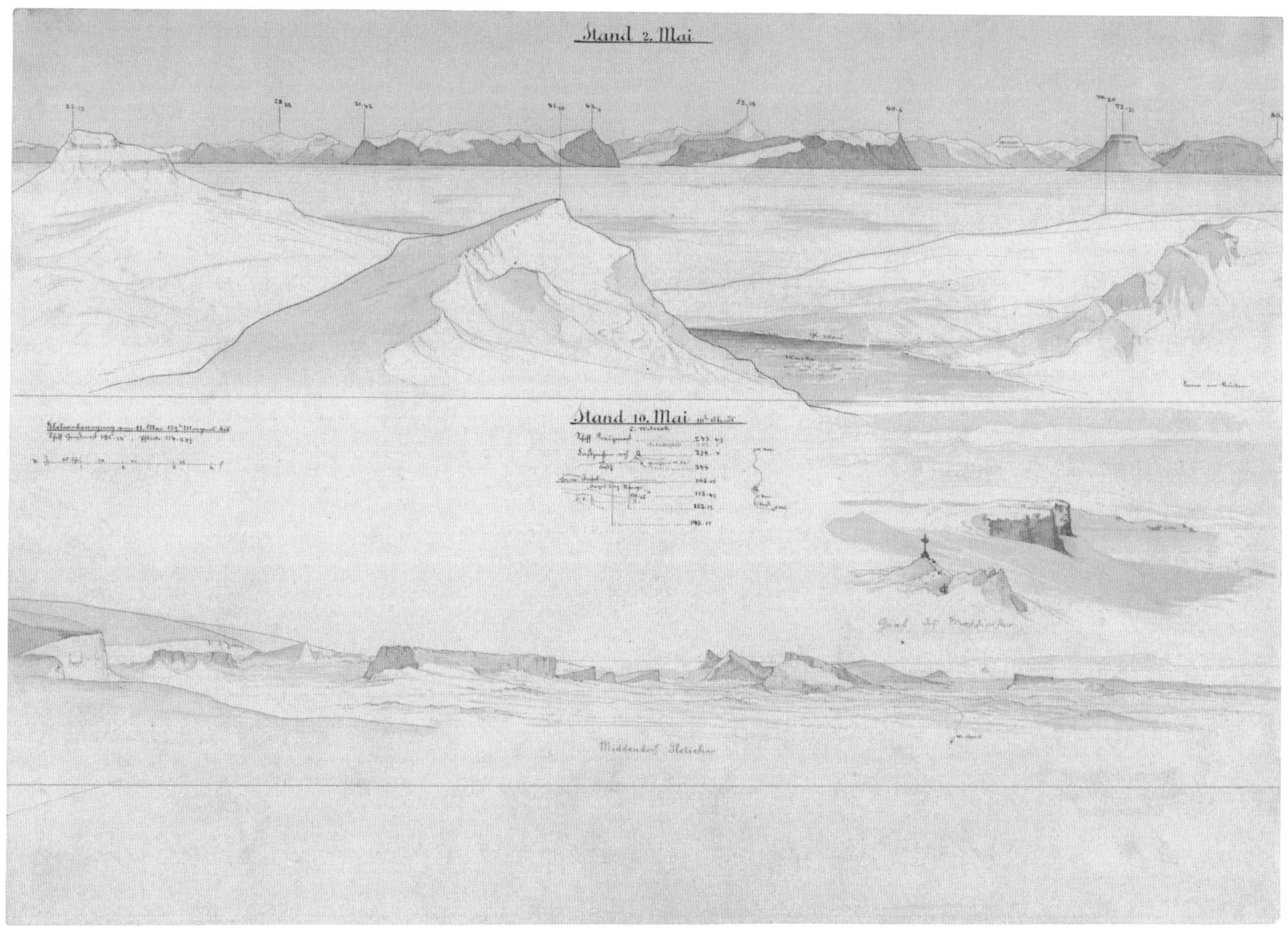
Stand 2. Mai
Stand 10. Mai

THE MOON WITH ITS HALO.

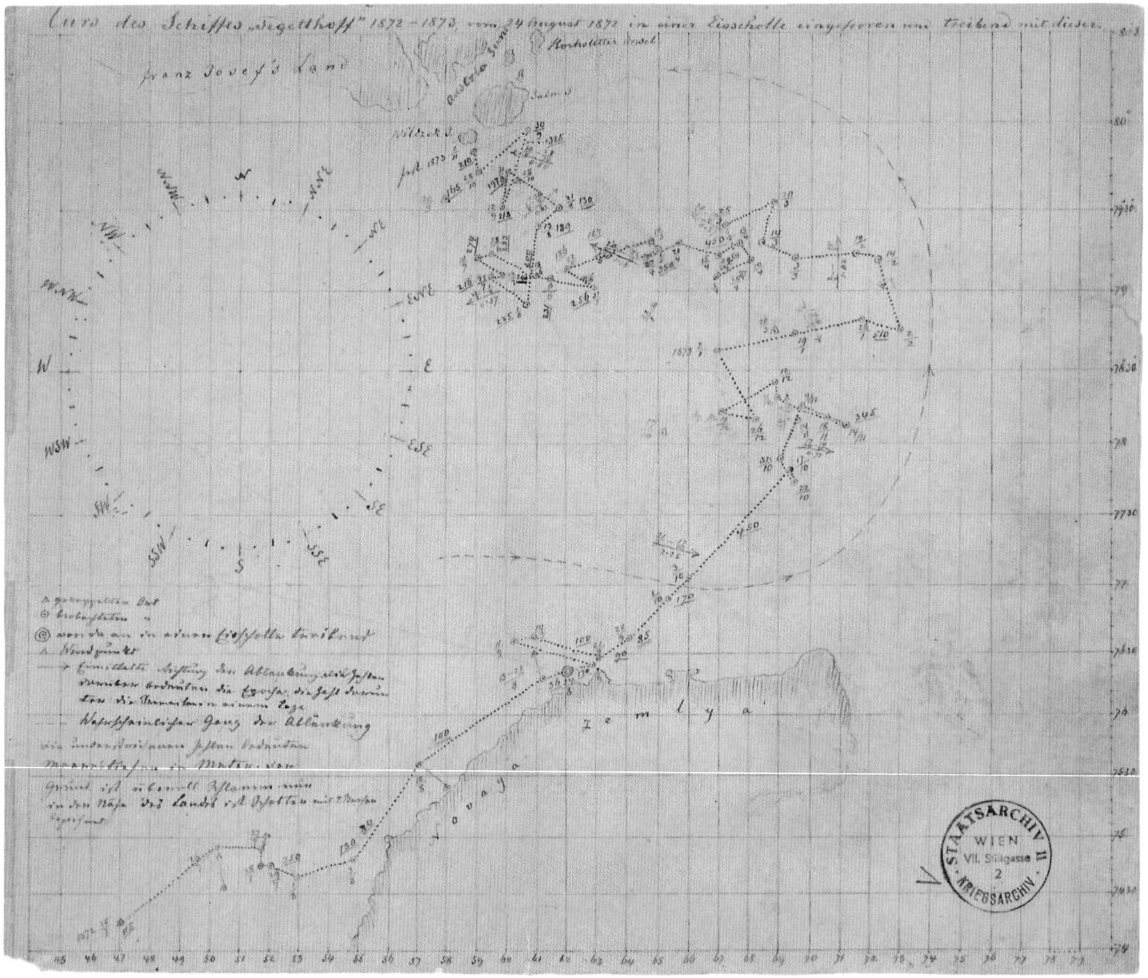

第 202 頁圖是人類從未見過的群島——新發現的法蘭士・約瑟夫群島——在世上第一張被測繪出的地圖。派耶於一八七四年五月乘坐雪橇穿越結凍的海面時探索了此地。第 203 頁圖則是他為米登多夫（Middendorf）冰川所畫的素描。他們在死於壞血病的工程師奧托・克裡施（Otto Krisch）的墓地上豎起了十字架。

一八七四年四月十二日，派耶和探險隊隊員乘坐雪橇越過海冰和冰封的海岸，穿越法蘭士・約瑟夫群島，向北推進到北緯八十二度。之後，他們又穿越狂風、向後撤退了兩百六十五公里，艱難地橫越冰面、試圖找回他們的船。

此圖稿（上圖）記錄了「泰格霍夫號」的漂移軌跡。「泰格霍夫號」是木造蒸汽輪船，表面以鐵皮包覆，搭載了一百馬力的發動機提供動力。探險隊於一八七二年六月十三日從德國的不來梅港（Bremerhaven）啟程，繞過挪威、進入巴倫支海，然後於八月二十日在新地島外海受困冰中。到了隔年八月，這艘船已向西北方向漂到一片不知名的島群，他們後來將其命名為法蘭士・約瑟夫群島。在他們安全返鄉後，有人根據派耶手稿以及此次經歷的相關回憶製作出版畫（對頁），為探險故事的精采度增色不少。

TWILIGHT AT MIDDAY, FEBRUARY 1874.

Die Schlittenreisenden unter Julius Payers Führung
kommen auf der Rückreise vor offenes Meer

FRUITLESS ATTEMPT TO RESCUE MATOSCHKIN.

AN OCTOBER NIGHT IN THE ICE.

安東尼奧・皮加費塔（ANTONIO PIGAFETTA）

一四九一～一五三一年

我將親眼目睹海洋的壯麗與恐怖。

有人說，起初看到那些男人幾乎不成人形，活像鬼一樣。一個個打赤腳、渾身濕透。只有少數還能走路的人慢慢穿過人群，從碼頭走到了塞維利亞大教堂（Seville cathedral）。他們瘦得跟骷髏一樣，殘破的身體遍布膿腫和潰瘍的傷口。他們的牙齦呈藍色，而且還在流血，口中大多牙齒也都掉光了。他們見識過一般人需要幾輩子才能經歷的恐怖，但這些人還算是幸運的——叛變、同類相食、酷刑、壞血病、饑餓和溺水是降臨到他們同伴身上的命運，而這些倖存者卻完成了此趟可說是人類史上最偉大的海上航行：首次繞世界航行一周。

在一五一九年九月從西班牙出發的五艘船和約莫兩百六十名船員中，只有一艘船和十八名船員活著回來。倖存者之一是一名威尼斯學者：安東尼奧・皮加費塔。帶領船隊的葡萄牙航海家費迪南・德・麥哲倫（Fernão de Magalhães，現通常寫作Ferdinand Magellan）已經在這場為期三年的探險途中去世：他是在菲律賓群島的一座島附近，於水深及膝的海域中作戰時被砍倒的。他們花了九十八天渡過廣闊的太平洋，在存糧消耗殆盡的情況下不得不靠吃木屑、蛆蟲甚至牛皮維生。在船上，烤老鼠或生吃老鼠成了他們很重要的飲食。

「維多利亞號」（Victoria）是唯一成功歸來的船。它帶回了香料和土地權，以及讓世人為之震驚的故事。他們發現了從大西洋進入一片新海域的航道；找到了傳說中的香料群島；還遇到了許多奇妙的新民族，其中包括了「巴塔哥尼亞巨人」（Patagonian giant）。麥哲倫死後，一位出身巴斯克的船員（也有人說他是叛變者）塞巴斯蒂安・埃爾卡諾（Sebastián Elcano）被推選為船長，贏得了本屬於麥哲倫的榮耀——皇室名譽，以及繪有地球圖案的紋章；地球上寫著「你是首位環繞我一周的人」（*primus circumdedisti me*）。

皮加費塔幾乎沒有留下任何關於他的個人資訊，然而，若是少了他的航海日誌，我們對麥哲倫那趟航程中的斬獲與遭受的苦難，會了解得更少。皮加費塔根據自己在整趟環繞世界的航行、以及回西班牙的返航途中所記錄的詳盡日誌寫成了一部手稿。在覲見神聖羅馬帝國皇帝查理五世時，他對皇帝說自己帶來的「並不是金、銀或其他價值連城的寶物」，只是「一本按第一手記錄所寫下的書」。皇帝顯然沒有任何興趣，除了原本少得可憐的報酬外，皮加費塔沒有得到任何獎賞。他繼續帶著他的故事去了葡萄牙和法國宮廷。最後在義大利，教皇終於被他打動，賜予他住所，讓他繼續完成手稿並製作地圖。許多地球上未知的海岸，都在這裡被第一次描繪出來。

皮加費塔沒有活到看見書出版。他加入了著名的羅德騎士團（Order of Rhodes，醫院騎士團，是中世紀十字軍東征期間三大騎士團之中最早成立的，一直延續至今，又被稱為聖約翰騎士團或馬爾他騎士團），並成為一名流浪騎士。當時的總團長是菲力浦・維里爾斯・亞當（Philippe Villiers de l’ Isle-Adam）。據說，皮加費塔死於與土耳其人的戰鬥中。至於埃爾卡諾，他在陸地上麻煩不斷，因此也回到了大海。一五二六年，他在帶領一艘船第二度穿越麥哲倫海峽途中，死於壞血病。

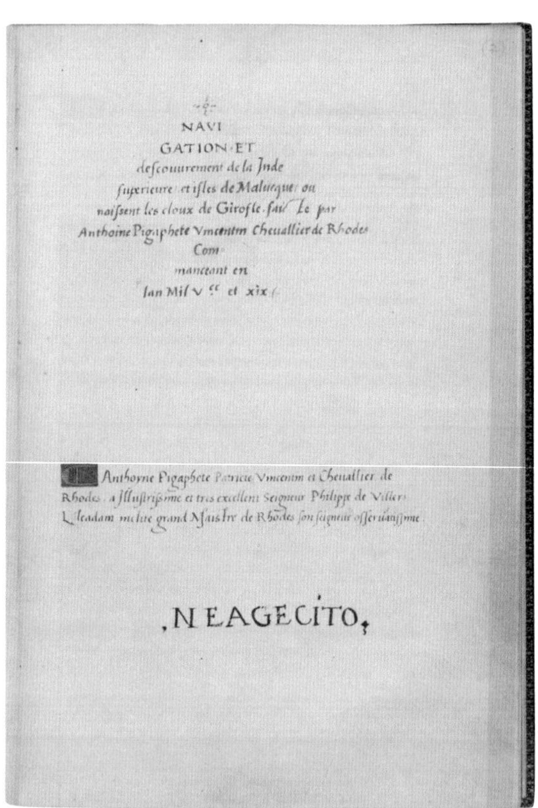
NAVI
GATION ET
descouurement de la Inde
superieure et isles de Malucque ou
naissent les cloux de Girofle. fait par
Anthoine Pigaphete Vincentin Chevallier de Rhodes
Com
mancant en
lan Mil V cc et xix
Anthoine Pigaphete Patricie Vincentin et Chevallier de Rhodes. a Illustrissime et tres excellent Seigneur Philippe de Villers Lisleadam inclite grand Maistre de Rhodes son seigneur osservantissime.
NEAGECITO

皮加費塔在船上所寫的詳盡日誌原稿散佚了。不過，他還寫了一份關於那次航行的完整報告，該報告有四種不同版本的手稿留傳下來，這份手稿是最為完整的一版

Isles des Larrons
Destroict Patagonicque. 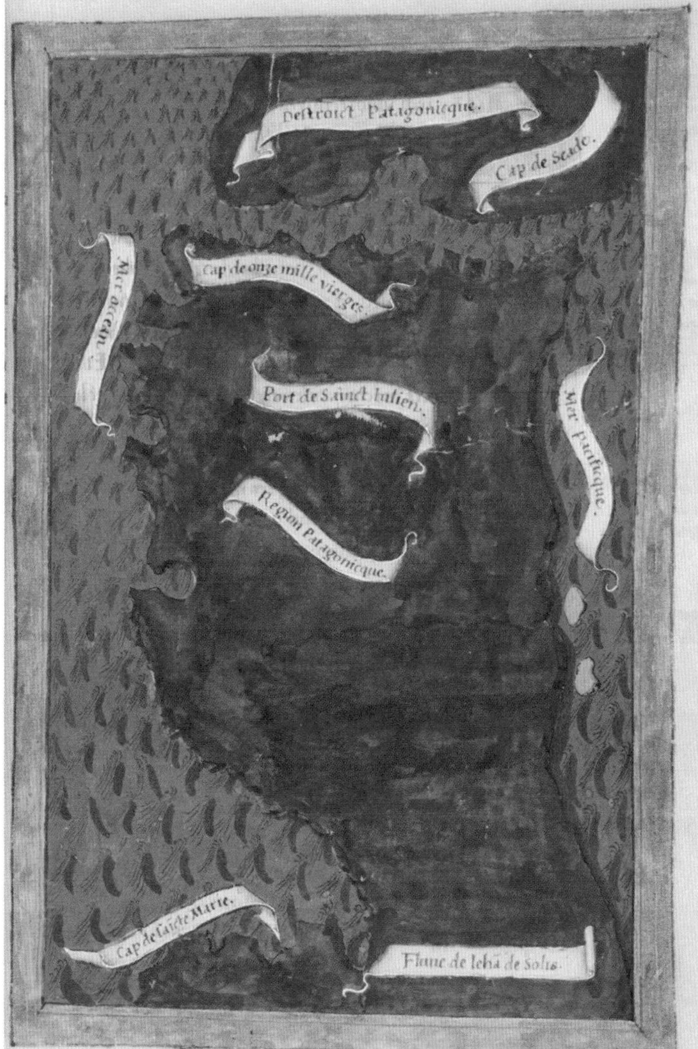
Cap de Seade.
Cap de onze mille vierges.
Mer occean.
Port de Sainct Iulien.
Mer pacificque.
Region Patagonicque.
Cap de saicte Marie.
Fluue de Iehã de Solis.

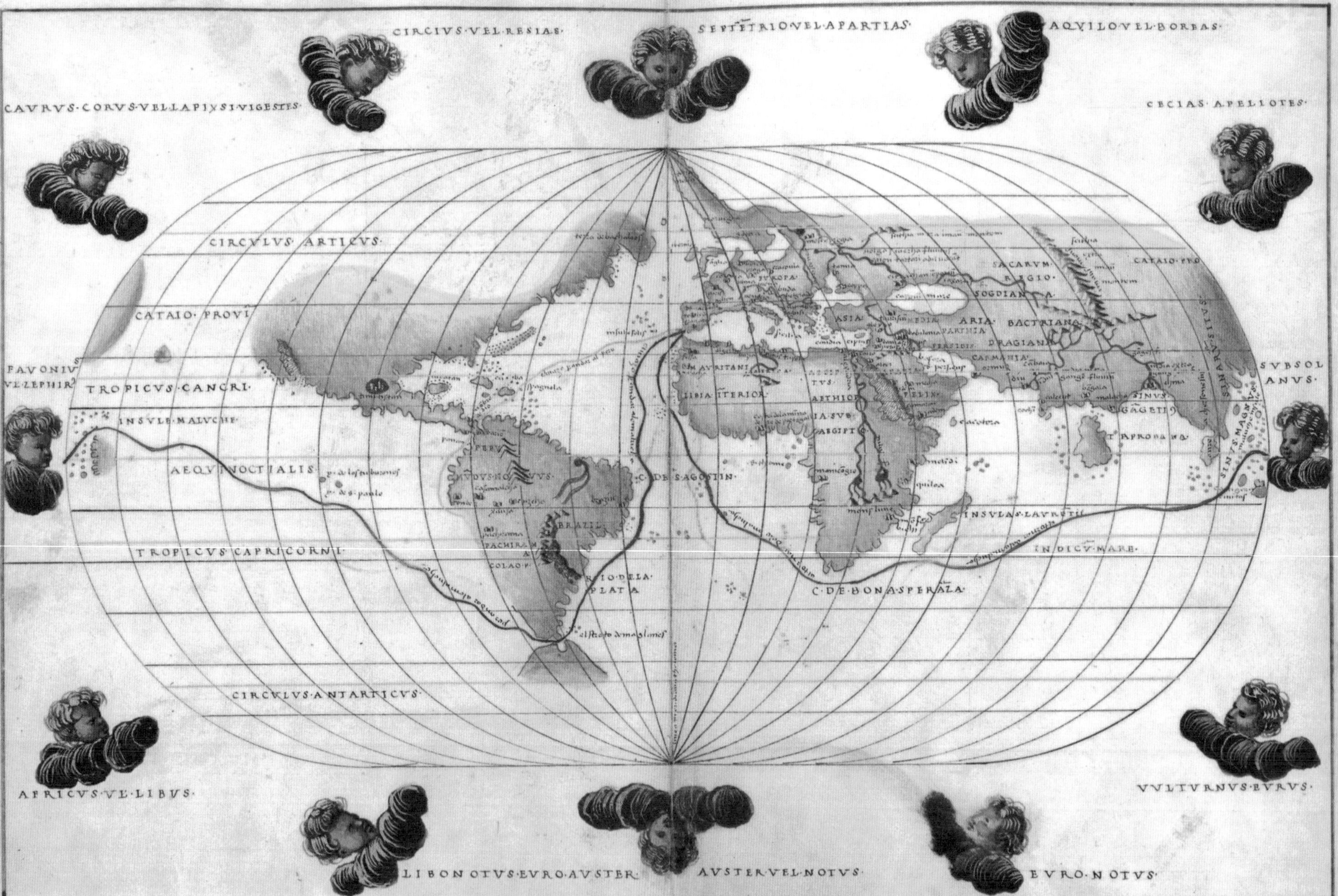
CIRCIVS·VEL·RESIAS·
SEPTĒTRIO·VEL·APARTIAS·
AQVILO·VEL·BORBAS·
CAVRVS·CORVS·VEL·LAPIXSI·VIGESTES·
CECIAS·APELIOTES·
CIRCVLVS·ARTICVS·
CATAIO·PROVI
FAVONIV
VEL·ZEPHIR
TROPICVS·CANCRI·
INSVLE·MALVCHE·
AEQVINOCTIALIS
TROPICVS·CAPRICORNI·
CIRCVLVS·ANTARTICVS·
SVBSOL
ANVS·
SACARVM
REGIO·
SOGDIANA·
CATAIO·PRO
ASIA·
ARIA·
BACTRIANA·
PARTHIA·
DRAGIANA·
CARMANIA·
EVROPA·
MAVRITANI
LIBIA·ITERIOR·
AETHIOP
C·DE·S·AGOSTIN·
C·DE·BONA·SPERAZA·
INSVLAS·LAVRETII
INDICV·MARE·
BRAZIL
PERV
RIO·DE·LA·
PLATA
TAPROBANA·
SINVS·MAGNV·
AFRICVS·VL·LIBVS·
VVLTVRNVS·EVRVS·
LIBONOTVS·EVRO·AVSTER·
AVSTER·VEL·NOTVS·
EVRO·NOTVS·

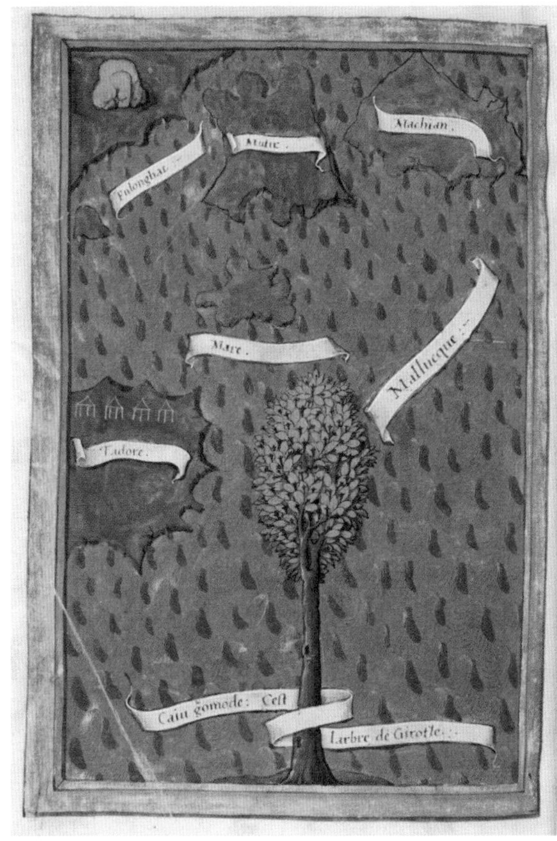

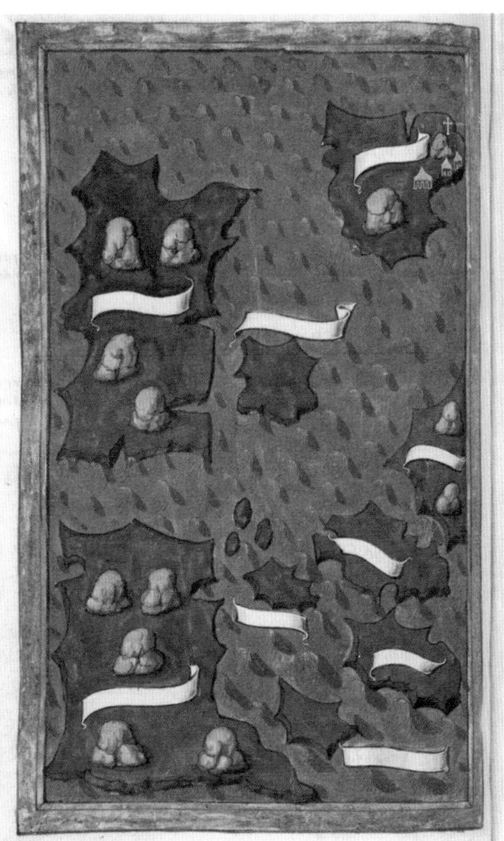

對頁：由義大利文藝復興時期最重要的製圖師之一：巴蒂斯塔・阿格尼斯（Battista Agnese）製作的波特蘭型海圖集。阿格尼斯於一五四三年在威尼斯繪製了這部海圖集，並小心將最新的航海發現納入圖中。麥哲倫的環球航線是用純銀線條描繪；純金線條則用來描繪著名的運寶船從秘魯到西班牙的航線。海圖四周的小天使代表傳統十二風位（twelve-point winds），現代羅盤上的方向就是由這些風位演變而來。

皮加費塔手稿裡包含了對許多未知海岸的第一次描繪。描繪關島的這幅圖（第 207 頁，左圖）中還首度畫出太平洋島上居民。在圖中，查莫羅人（Chamorro）是奇異的頭戴包巾且裸體的勇士，正在海上划著有三角帆的快帆船。麥哲倫海峽也第一次出現在海圖中（第 207 頁，右圖），但這幅海圖的方向是南方在上、北方在下。

「維多利亞號」於一五二一年十一月八日抵達摩鹿加群島（Moluccas，今馬魯古群島）。在皮加費塔所畫的傳說中的香料群島（麥哲倫航行的終極目標）圖中，聳立著一棵醒目的丁香樹（左上圖）。歷經抵達香料群島的環球一周壯遊後，只有極少數的倖存者於將近三年後的一五二二年九月八日，在塞維利亞（Seville）登岸返鄉。

尼古拉斯・波科克（NICHOLAS POCOCK）

一七四〇～一八二一年

行動以極血腥的方式持續到一點鐘左右，
那些被打落桅杆的船隻似乎又從濃霧中出現了。

一幅在鏡子前所繪的自畫像素描，約創作於一七九〇年
波科克從布里斯托搬到倫敦之後。

遠在大西洋的外海上，一場激烈的戰鬥正在開打。對英國人來說，那是「光榮的六月一日」（Glorious First of June），然而在當下，震耳欲聾的砲聲、被擊碎的桅杆、人的哭喊和碎裂的軀體，以及濃密的滾滾煙霧才是眼前的現實。一位五十四歲的船員站在皇家海軍巡防艦「珀伽索斯號」（Pegasus）的船舷欄杆旁，密切關注著這場英軍對法軍的戰鬥。他舉起望遠鏡搜索著先鋒船上的信號，然後伸手拿起了素描本。

沒有人知道由商船船長轉為職業畫家的尼古拉斯・波科克，究竟是怎麼出現在一七九四年的戰場上。沒有任何資料能告訴我們他是以戰地畫師、官方觀察員，還是身為某位軍官朋友的訪客身分獲邀上船的。但他那本記錄了親眼所見一切的日誌，神奇又完好無缺地保存了下來。在此之前，從沒有哪一場英國海軍戰事是以這麼仔細的方式記錄下來的。

波科克在還是男孩時，就當了父親的學徒、開始展開海上職業生涯。在二十幾歲的年紀，他便已在布里斯托無數的商船上工作過，並在船員等級中一步步晉升。從一七六六年起，他為錢皮恩（Champion）家族擔任商船船長，並經歷了十幾次航行，主要都是到美國東岸和西印度群島。就和許多船長一樣，波科克的航海日誌寫得細緻而詳盡；他的日誌又尤其獨樹一幟。除了常見的船速、方位和風向表外，日誌中滿是精采的事物小簡介與插圖。波科克的繪畫才能完全靠著自學，而這項愛好漸漸也成了一種習慣。他甚至自我訓練繪畫技巧，以求日後回到岸上可以此作為職業。一七八〇年，他向皇家藝術學院提交了用以參展的畫作，儘管因為太遲而錯過參選時間，他卻收到來自學院院長約書亞・雷諾茲爵士（Sir Joshua Reynolds）一封鼓勵信，信中建議他到大自然中作畫，帶著「調色板和鉛筆到水邊去」。

一七八二年，波科克在皇家藝術學院展示了他的第一幅畫作。一直到一八一二年以前，波科克展期的時長紀錄都沒有人能超越。這一批展出作品是描繪大海與布里斯托碼頭的風景畫，畫中場景是他在搬去倫敦之前住了近五十年的家鄉。首都有相當多富有的新贊助者，例如那些退休的前船長和前海軍大臣；這些人也成為波科克現成的客群。

豐富的航海知識與嫻熟細膩的筆觸使他受到了獨立戰爭中的海軍英雄胡德勳爵（Admiral Lord Hood）的青睞。在多明尼克・塞雷斯（Dominic Serres，譯註：多明尼克・塞雷斯〔一七二二～一七九三年〕出生於法國，是英國皇家藝術學院的創始人之一，擅長畫海景，曾創作大量海事主題的作品）於一七九三年去世後，波科克成了漫長的法國大革命時期的首席海事畫家，記錄了所有重要的海上戰役。退伍軍人也會來到他的畫室，向他講故事。波科克的許多畫作還被製成了版畫。他也為著名的納爾遜勳爵的自傳、威廉・法爾康納（William Falconer）的長詩《船難》（*The Shipwreck*），以及廣為大眾閱讀的《海軍年鑑》（*Naval Chronicle*）創作插圖。波科克於一八一七年中風，似乎從此便停止作畫。關於他的死訊只有幾則簡短的通知，但他對海洋繪畫的貢獻值得受到更高的關注才是。

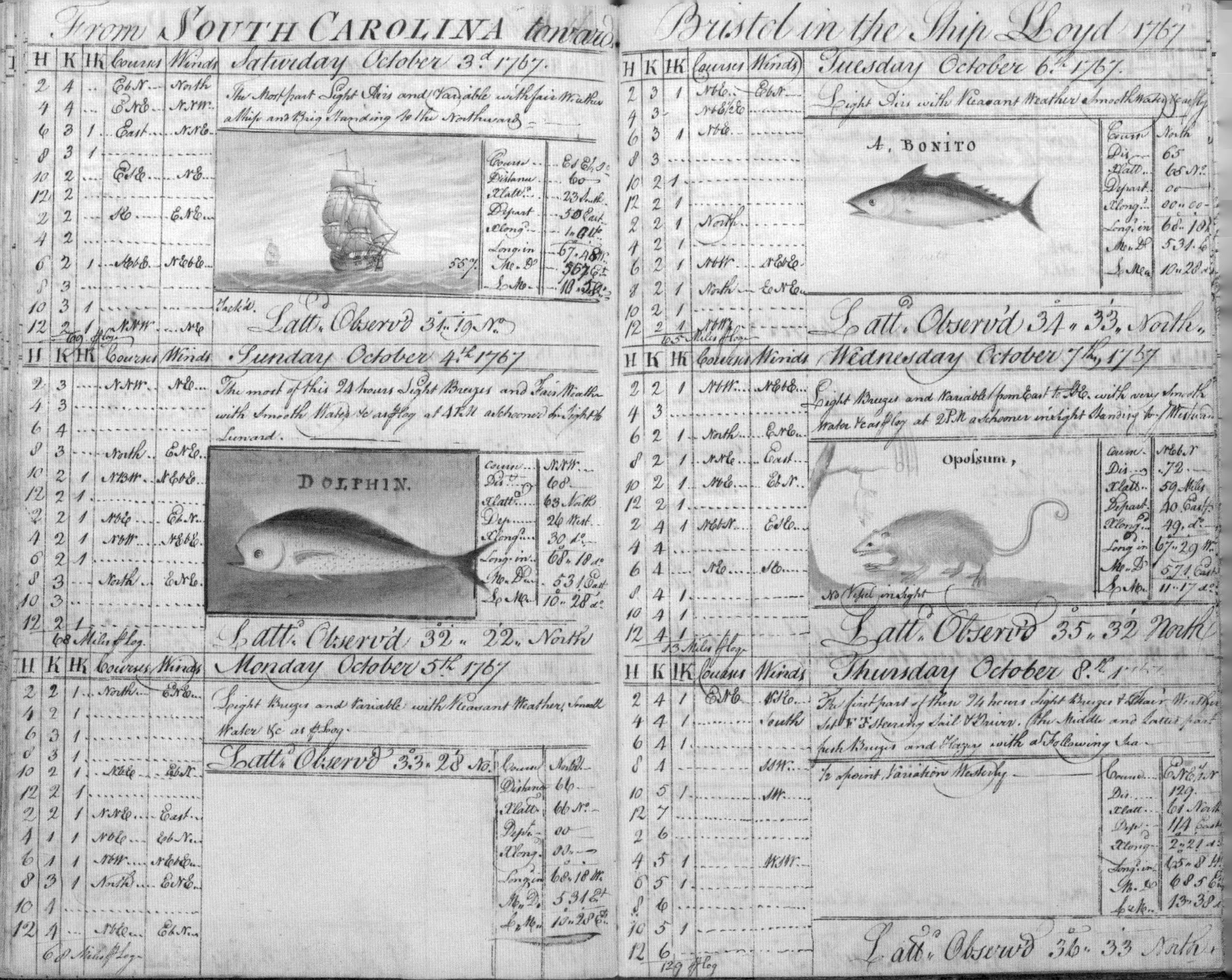

From SOUTH CAROLINA toward Bristol in the Ship Lloyd 1767

Saturday October 3.d 1767

H	K	½K	Courses	Winds
2	4	..	EbN	North
4	4	...	ENE	NNW
6	3	1	East	NNE
8	3	1		
10	2	...	EbE	NE
12	2			
2	2	...	NE	ENE
4	2	...		
6	2	1	NbE	NEbE
8	3			
10	3	1		
12	2	1	NNW	NE

69 ⅌ log

The Most part Light Airs and Variable with fair Weather a Ship and Brig Standing to the Northward =

Course	E s Eb S
Distance	60
Diff. Latt.d	23 South
Depart	50 East
Diff. Long.d	1.0 W
Long. in	67.48 W
Me. D.o	567 E
L. M.	10.58

557

Tack'd

Latt.d Observ'd 31.19 N.o

Sunday October 4.th 1767

H	K	½K	Courses	Winds
2	3	...	NNW	NE
4	3			
6	4			
8	3	...	North	ENE
10	2	1	NbW	NEbE
12	2	1		
2	2	1	NbE	EbN
4	2	1	NbW	NEbE
6	2	1		
8	3	...	North	ENE
10	3			
12	2	1		

68 Miles ⅌ log.

The most of this 24 hours Light Breezes and Fair Weather with Smooth Water &c as ⅌ log at 4 P.M. a Schooner in Sight to Leeward.

DOLPHIN.

Course	NNW
Dis.t	68
Diff. Latt.d	63 North
Dep.	26 West
Diff. Long.	30 d.o
Long. in	68.18 d.o
M. D.	531 East
L. M.	10.28 d.o

Latt.d Observ'd 32.22 North

Monday October 5.th 1767

H	K	½K	Courses	Winds
2	2	1	North	ENE
4	2	1		
6	3	1		
8	3	1		
10	2	1	NbE	EbN
12	2	1		
2	2	1	NNE	East
4	1	1	NbE	EbN
6	1	1	NbW	NEbE
8	3	1	North	ENE
10	4			
12	4	...	NbE	EbN

68 Miles ⅌ log

Light Breezes and Variable with Pleasant Weather, Smooth Water &c as ⅌ log.

Latt.d Observ'd 33.28 N.o

Course	North
Distance	66
Diff. Latt.	66 N.o
Dep.t	00
Diff. Long.	00
Long. in	68.18 W.
M. D.	531 E.t
L. M.	10.28 E.t

Tuesday October 6.th 1767

H	K	½K	Courses	Winds
2	3	1	NbE	EbN
4	3		NbE½E	
6	3	1	NbE	
8	3			
10	2	1		
12	2	1		
2	2	1	North	
4	2	1		
6	2	1	NbW	NEbE
8	2	1	North	ENE
10	2	1		
12	2	1	NbW	

65 Miles ⅌ log

Light Airs with Pleasant Weather Smooth Water &c as ⅌ log

A, BONITO

Course	North
Dis.	65
Diff. Latt.	65 N.o
Depart.	00
Diff. Long.d	00.00
Long. in	68.18
Me. D.o	531 E
L. Mea	10.28

Latt.d Observ'd 34.33 North,

Wednesday October 7.th 1767

H	K	½K	Courses	Winds
2	2	1	NbW	NEbE
4	3			
6	2	1	North	ENE
8	2	1	NNE	East
10	2	1	NbE	EbN
12	2	1		
2	4	1	NEbN	EbE
4	4			
6	4	...	NE	SE
8	4	1		
10	4	1		
12	4	1		

73 Miles ⅌ log

Light Breezes and Variable from East to SE. with very Smooth Water &c as ⅌ log at 2 P.M. a Schooner in sight Standing to ye Westward

Opossum,

No Vessel in sight

Course	NEbN
Dis.	72
Diff. Latt.	59 Miles
Depart.	40 East
Diff. Long.d	49 d.o
Long. in	67.29 W.
Me. D.o	571 East
L. M.	11.17 d.o

Latt.d Observ'd 35.32 North

Thursday October 8.th 1767

H	K	½K	Courses	Winds
2	4	1	ENE	NE
4	4	1		South
6	4	1		
8	4			SSW
10	5	1		SW
12	7			
2	6			
4	5	1		WSW
6	5	1		
8	6			
10	5	1		
12	6			

129 ⅌ log

The first part of these 24 hours Light Breezes & Clear Weather Set ye F. Steering Sail & Driver. The Middle and Latter part fresh Breezes and Hazey with a Following Sea

½ a point Variation Westerly

Course	ENE ¼ N
Dis.	129
Diff. Latt.	61 North
Dep.	114 East
Diff. Long.d	2.21 d.o
Long. in	65.8 W.
M. D.	685 E.
L. M.	13.38

Latt.d Observ'd 36.33 North.

From Leghorn towards London

in the Ship Betsey

July 17th 1770

Nicholas Pocock

A Fr. Marzocco, or Powder Tower,
B. the Dominican Church,
C The Lanthorn.

A View of the City of Leghorn bearing E.N.E. dis 9 Miles

Tuesday July 17th 1770

At Three oClock in the Morning hove short, Light airs Westerly, at 6 the Land Breeze Sprung up, at 9 a Brest of the Maloria. Calm, at 8 oClock in the evening Cape Corso bore W by S° dist. 7 or 8 leagues light Airs at N.N.W. At Midnight Capraia bore N.E. distant 3 leagues light airs Northerly.

Wednesday July 18th 1770

All the first part Calm. at Noon Cape Corso bore S.W. by W. dis 5 Leagues. Latt. Observ'd 43.18..N° Light Airs of Wind at N.W. at 6 Cape Sagri bore S.W. dist. 2 leagues light airs Variable Tack'd Ship to the Northward.

In this Manner Appears Cape Sagri when it bears S.W. dis 5 or 6 Miles from you

At 8 Cape Sagri bore S.W. dis 3 or 4 leagues, At Mid. Abreast of Cape Corso Calm

Thursday July 19th 1770

At 4 oClock in the Morning Light Airs off the land set all Sails

At 6 Cape Corso bore S.E. dis 5 or 6 Leagues. At 7 abreast of Fiorenza Calm

Thus Shews Cape Corso bearing S.E. dis 5 Leagues.

At Noon a Pleasant Breeze Sprung up at East, Set Driver, Steering Sails &c.
All the Remaining part Light Airs Calm, At 8 in the Evening Cape Dispano bore W.b.S° dis 8 Leagues

From South Carolina towards Bristol in the Ship Lloyd 1768.

Monday the 11th of April

H	K	HK	Courses	Winds
2	7		EbN	NW
4	6	1		
6	6			
8	6	1		
10	6	1		WNW
12	6	1		Set MS
2	5	1		
4	6			
6	6			
8	5	1		
10	6	1		
12	5	1		
	148	Miles p Log		

The first and Middle part Strong Gales & Squally the latter Moderate with a large Swell from ye Nd at 4 AM out 3d Rs Set Main T.S. Staysail at 8 out all Rs Set Small Sails.

Course	EbN
Dis	148
DLatt	26 North
Dep	146 East
DLong	2.58 do
Long in	53.16 West
M. D	1268 East
Latt	
Latt Observd 35.49	25.30 do

Tuesday April 12th 1768.

H	K	HK	Courses	Winds
2	4		EbN	NEbE
4	3		ENE	North
6	2		EbN	
8	1			
10	Calm			
12				
2	1		NEbE	NEbE
4	1	1		
6	3		North	ENE
8	4			
10	4	1		
12	4			
	56	Miles p Log		

The first part of this 24 hours Light airs & Cloudy the Middle Calm. the latter part fresh Gales with Constant Rain. at 2 PM [illegible] Main Topgallt Yard Set topgallt sails at 4 PM hand'd Main T. Sail Stow'd Jibb & Staysails. at 8 PM in 1st and 2d Rs at 9 handed T.S. at Noon down fore & Mizen Staysail Strong Gales No Observ

Latt p Acct 37.31

Course	NEbN 3/4 No
Dist	46
DLatt	42 North
Depart	19 East
DLong	24 do
Long in	52.52 West
Mer D	1287 East
L Mer	25.54 do

Wednesday April 13th 1768.

H	K	HK	Courses	Winds
2	3		NW	NEbE
4	2	1	North	ENE
6	4		North, Set F.S.	[illegible]
8	do			do
10	do			do
12	do			do
2	do			do
4	do			do
6	2	do	NNW	NbE
8	3		EbN	NbE
10	2		East	
12	2	1	EbN	
	30			

The first and Middle parts very Strong Gales with Rain. at 2 PM Stow'd Fore & Mizen Staysails at 4 PM handed Mainsail. at 6 AM more Moderate made Sail Set Mainsail at 3 Set Main T.S. at 6 Tack'd Ship at 9 Set Jibb & Staysails at Noon out all Rs [illegible]

Course	NNW
Dis	30
DLatt	28 North
Depart	11 West
DLong	14 do
Long in	53.6 do
M. D	1276 East
L. M	25.40 do

Latt Observd 36.59

Thursday 14th April 1768.

H	K	HK	Courses	Winds
2	2	1	ENE	NNW
4	3			NW
6	4			
8	4	1		
10	4			Variable from
12	4			WNW to
2	3	1		WSW
4	3	1		
6	6			
8	6			
10	7			[illegible]
12	7	1		
	111	Miles p Log		

The first and Middle Parts Light Breezes with Fair Weather the latter fresh Gales and Cloudy. at 8 AM Set driver. a large Swell from ye Eastward 6 degrees Variation Westerly

Course	ENE 1/2 No
Distance	110
DLatt	50 North
Departure	97 East
DLong	2.0 do
Long in	51.6 West
M. D	1373 East
L. M	27.10 do

Latt Observd 37.19 North.

Friday 15th April 1768

H	K	HK	Courses	Winds
2	7		ENE	WNW
4	7			
6	6	1		West
8	6	1		
10	6	1		
12	6	1		NW
2	6	1		
4	7			NWbW
6	7	1		
8	8			WNW
10	6	1		
12	6			NW
	163 Miles			

in all R T.S. hand'd Mizen T.S.
The Most of this 24 hours fresh Gales with a great Tumbling Sea, hard Showers Rain & Lightning [illegible] at 4 PM double Reef'd Main T.S. at 6 ditto 2d R do. at 12 in 2d R M.T.S. at 6 AM Set fore & Mizen Staysail Main Sail & Mizen Sail at 10 out 2d Rs Set Main Topmast Staysail

Latt p Account 39.13

Course	EbE 3/4 [illegible]
Dist	162
DLatt	84 No
Depart	140 East
DLong	2.58 do
Long in	48.8 W
M. D	1513 East
L. M	30.38 do

Saturday 16th April 1768.

H	K	HK	Courses	Winds
2	4		ENE	NW
4	4			
6	1	1		
8	2	1		
10	5			NbE
12	7			NE, NW
2	7	1		
4	8			
6	8			
8	8			
10	6	1		
12	6			
	[illegible] Miles p Log			

The first part of this 24 hours Light Airs and Dark Cloudy Wr with a large Swell from ye Northward. at 6 P.M. [illegible] Jib & Staysails. The Middle fresh Gales & Cloudy. the latter Strong Gales with heavy Showers Rain at 4 double Reef'd T.S. handed Mizen Topsail & Mainsail, at 8 AM handed F & Main Topsail at 11 Set Main T.S.

Latt Observ 40.23

Co	NEbE 1/2 E
Dis	136
DLatt	70 No
Dep	117 East
DLong	2.31 do
Long in	45.37 West
M. D	1630 East
[illegible]	33.0 [illegible]

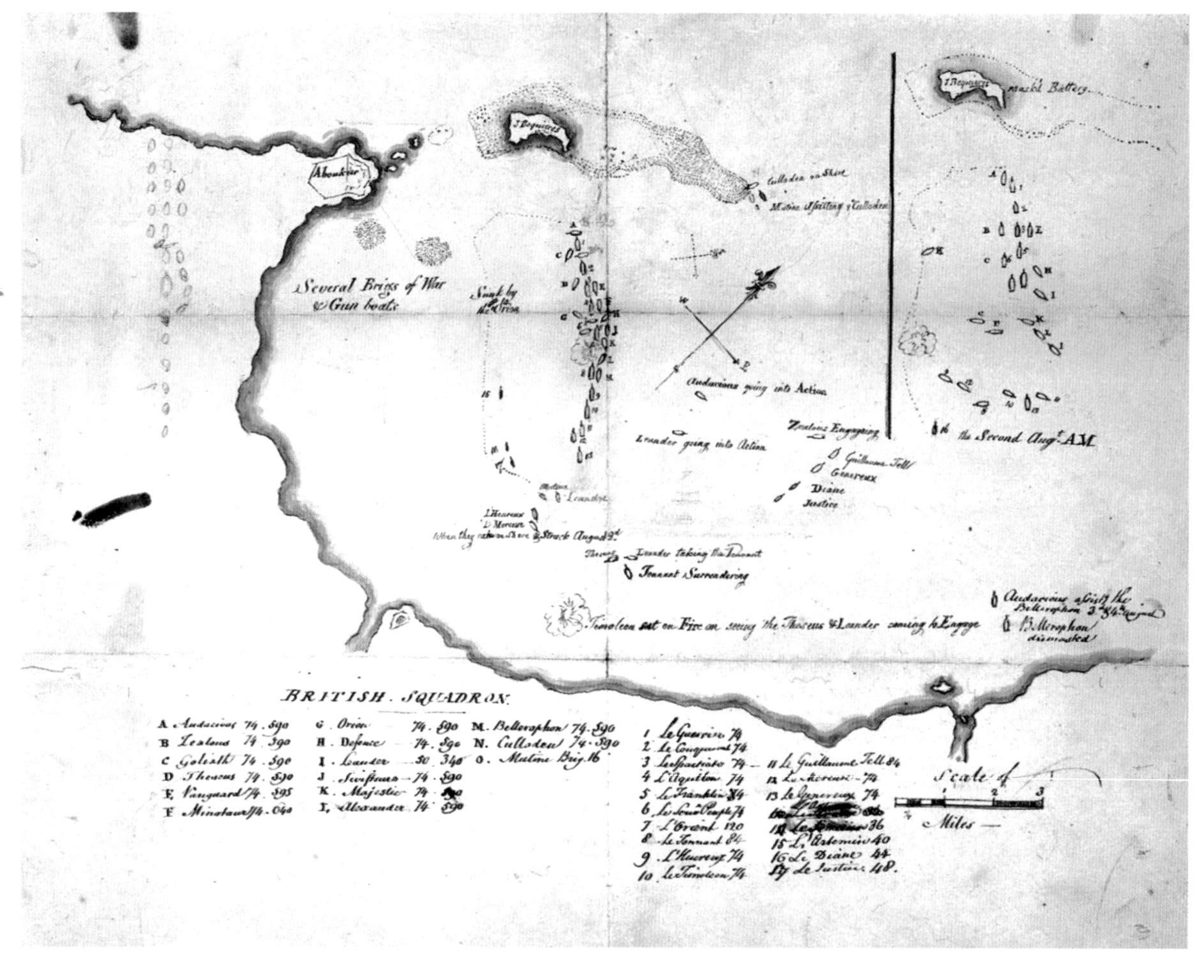

第211至213頁：到一七六六年為止，波科克六度指揮商船「洛伊德號」（Lloyd）從布里斯托出發，前往位於北卡羅萊納州查理鎮（Charles Town，今寫作 Charleston）的殖民地。然而，英國與美國殖民地居民之間的敵對關係最終導致了一七七六年美國獨立戰爭，迫使英國船主轉至其他地區從事貿易。一七七〇年，波科克擔任船長帶領「貝琪號」（Betsey）航行至地中海。在所有航行中，他一直持續對船位和天氣條件做嚴謹的紀錄。

上圖：一七九八年八月尼羅河戰役（Battle of the Nile）的作戰圖表。波科克經常創作一些小水彩畫，以及類似上圖這樣的作戰計畫，並在圖中標明船的所在位置、風向、羅盤方向和日後創作油畫時可以選定的視角。他為繪畫進行的背景研究可說是一絲不苟。

對頁：出現在一七九四年的「光榮的六月一日」戰場上的波科克，是世上最早在作戰區內作畫的其中一位藝術家。左圖是他做的英軍艦隊旗幟備忘表。右上圖是他對英國的「皇家君權號」與法國的「恐怖號」交戰的場景所畫的素描。右下圖是他於一八〇四年所畫的英軍截獲並摧毀西班牙巡防艦隊的場景。

Van Division	Center Division	Rear Division
Main	Mizen	Fore
Cæsar pasley	Invincible	Ramillies
Bellerophon	Bowyer Barfleur	Bellona X
Leviathan	Theseus X	Alfred
Russel	Gibralter	S. Alx. Hood R. George
Marlborough	Lord Howe Q. Charlotte	Montague
R. Sovereign	Brunswick	Majestic
Audacious	Valiant	Glory
Defence	Orion	Montague Hector X
Impregnable	Queen	Alexander X Abercr…
Tremendous	Ganges X	Thunderer
Colloden	Arrogant X	
Latona	Phæton	Hebe X
Niger	Southampton	Pallas X
Venus	Pegasus	Comet
	Aquilon	Charon

The French Adm with Main Mizen Mast going by the board

No. 4

Royal Sovereign almost before the Wind

彼利・雷斯（PIRI REIS）

一四六五～一五五四年

這個港口是我們戰艦過冬的地方……
這一個很好的避風港，風都吹不進來。

歐洲各國的命運曾經取決於激烈的海戰結果。儘管今天鮮少有人記得，但一五七一年的勒班陀戰役（Battle of Lepanto）可說是有史以來影響力最關鍵的一場海戰，也密切牽動著之後好幾世紀的局勢發展。在那場戰役中，此前勢不可當的鄂圖曼帝國（Ottoman）海軍在希臘港口城市科林斯（Corinth）附近被神聖羅馬帝國的同盟艦隊包圍。這是歷史上最後一場以槳帆船為主的大型海戰，戰爭中，會充斥甲板上凶猛的近身肉搏，和船頭之間的猛烈撞擊。這場戰役摧毀的不光是至少一百八十七艘鄂圖曼帝國的船隻，還有土耳其人向西擴張、將歐洲納入勢力版圖的野心。

在土耳其人漫長的航海史中，有一名船員特別鶴立雞群，那便是指揮官兼製圖師哈吉・毛希丁・彼利・伊本・哈吉・穆罕默德（Hadji Muhiddin Piri Ibn Hadji Mehmed）。大家通常稱他為彼利・雷斯，直譯即為「彼利船長」。他出生於加利波利（Gallipoli），第一次出海便是乘坐叔叔凱末爾（Kemal）的武裝民船。後來，他參加了對西班牙及其他貿易競爭國的海戰；在一五〇〇年，他也參加了莫頓戰役（Battle of Modon），在那場戰事中，鄂圖曼人轟炸了堡壘、後來更占領了希臘境內大部分威尼斯人的領地。他還多次駕船將穆斯林和猶太難民從地中海西部運送到安全地區。在他的叔叔於一次船難中喪生後，彼利便返回加利波利。一五一三年，他就是在當地製作出他第一幅世界地圖。

彼利最大的成就是他的《海事全書》（*Kitab-i Bahriye*），書中概括了他在數十年航海生涯中所創作的圖表。那時，新的蘇丹剛即位，彼利希望藉此獲得蘇丹賞識。他一共製作過兩個版本，第一版完成於一五二一年；幾年之後他又出了第二版。至於其他複本則是在接下來幾十年中陸續完成。這是一部開創性十足的綜合知識庫，也是一份來自強大海軍的表述。書中滿滿的的文字和圖畫對鄂圖曼帝國的船隊指揮官來說，具有巨大的戰略價值。彼利仔細描述了主要貿易夥伴地區的港口和地標、潛在敵人的城堡和防禦工事，同時還警告讀圖者哪裡有危險的淺灘和珊瑚礁。另外，他也載明各地的氣流型態，以及水手能找到庇護和淡水的地方。

當彼利再次回到海上，是為了要參加鄂圖曼帝國與埃及的海戰。他被任命為船艦指揮官，並在惡名昭彰的海軍元帥海雷丁・巴巴羅薩（Hayreddin Barbarossa）的船隊中擔任船長。一五二二年，他參與了對羅德島的攻城戰，擊敗了聖約翰騎士團（Knights of St John，譯註：聖約翰騎士團〔Knights of St John〕即駐紮在羅德島的醫院騎士團，可見第206頁註）並確實讓全島投降。很快地，他便獲晉升為鄂圖曼艦隊的總指揮，率領艦隊在紅海與葡萄牙人作戰，隨後還進入印度洋，並將司令部設在蘇伊士（Suez）。一五四八年，他奪回亞丁（Aden）；之後又占領卡達（Qatar）半島，以防止其他國家在阿拉伯海岸建立軍事基地。當彼利回到埃及時，他已經差不多九十歲了，身上帶著久戰沙場的風霜。宮廷中的陰謀暗暗醞釀著謠言，有人說他祕密積累了大筆財富，因此當他拒絕再次出海征戰波斯灣時，他便遭到逮捕。儘管這位老將多年為國家盡忠職守，他的圖表仍被沒收充公，彼利也迅速遭斬首。

神從未允許任何人用言語來描繪我前述之事：地中海沿岸和島嶼上的耕地和廢墟；港口和水域；還有水中的珊瑚礁和淺灘。而在地圖中，所有的事情都已講述完畢，地圖是一種總結。

對頁左：彼利在一五一三年製作了他第一張世界地圖，但只有這一點斷簡殘編留存下來，於一九二九年在伊斯坦堡的托普卡匹皇宮（Topkapi Palace）再度被發現，是世上最早畫出的美洲地圖／海圖之一。據說圖中的西方部分借鑒了哥倫布製作的海圖，而哥倫布的海圖則是彼利的叔叔在一五〇一年截獲西班牙船艦時得到的。

對頁右：一本現存精美的《海事全書》就收藏於巴爾的摩沃爾特斯美術館（Walters Art Museum）中。此書第一版創作於一五二一年，成書後獻給了新的蘇丹蘇萊曼大帝（Suleiman the Magnificent）。在蘇萊曼大帝治下，鄂圖曼帝國的艦隊控制了從地中海西部一直延伸到波斯灣的海域。此圖中描繪的是置於羅經刻度盤圖形中的西半球。

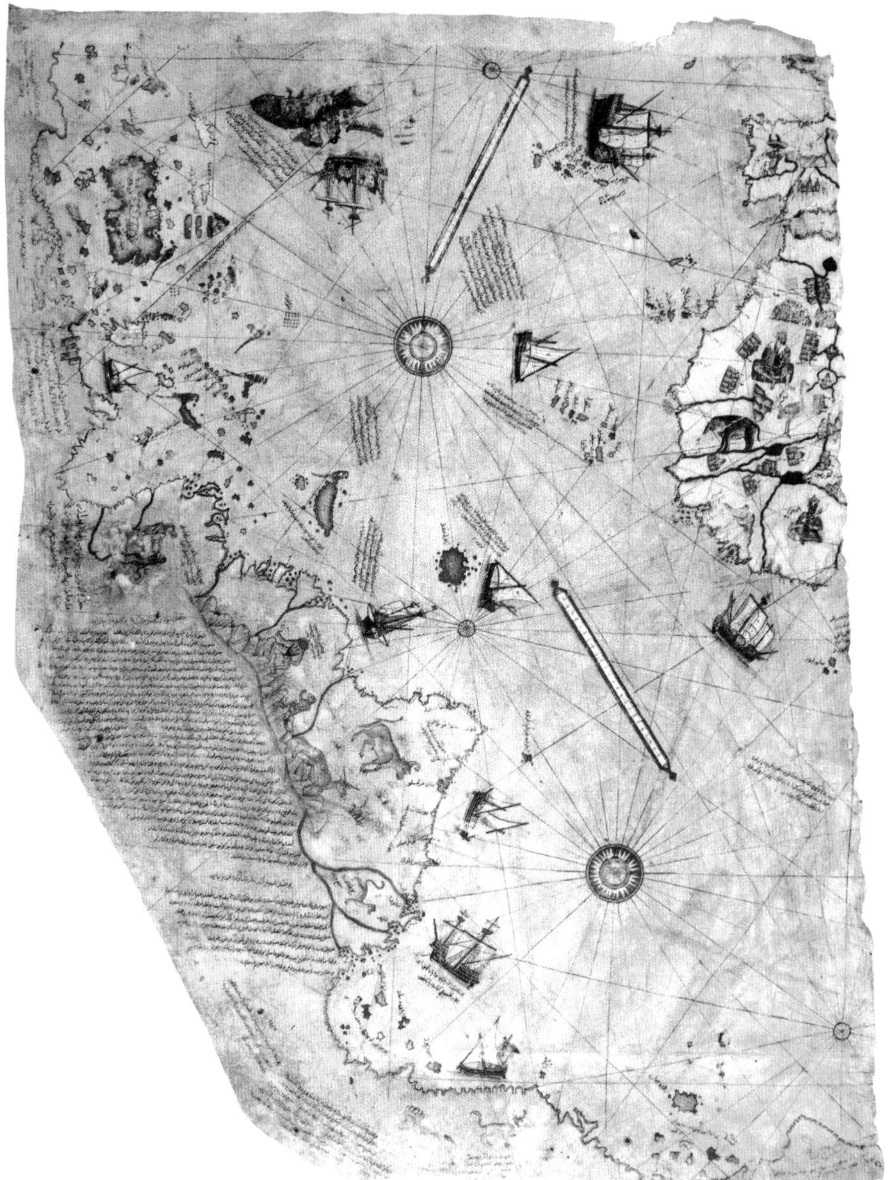

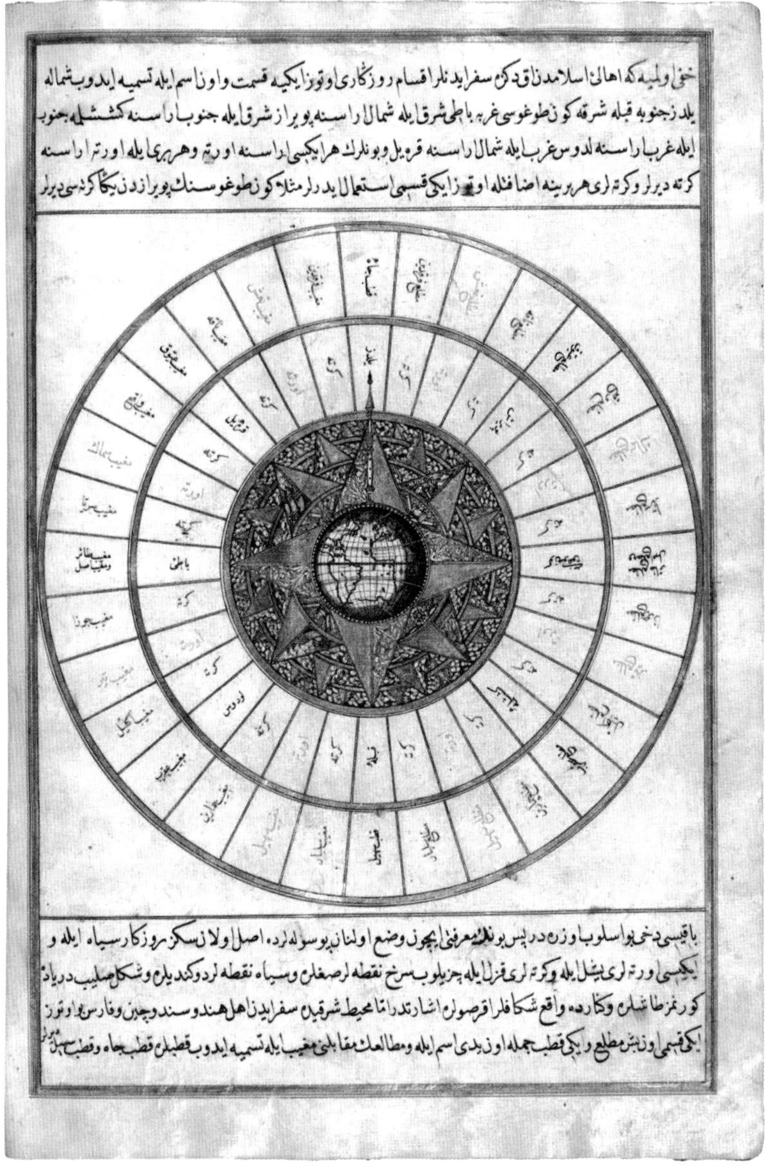

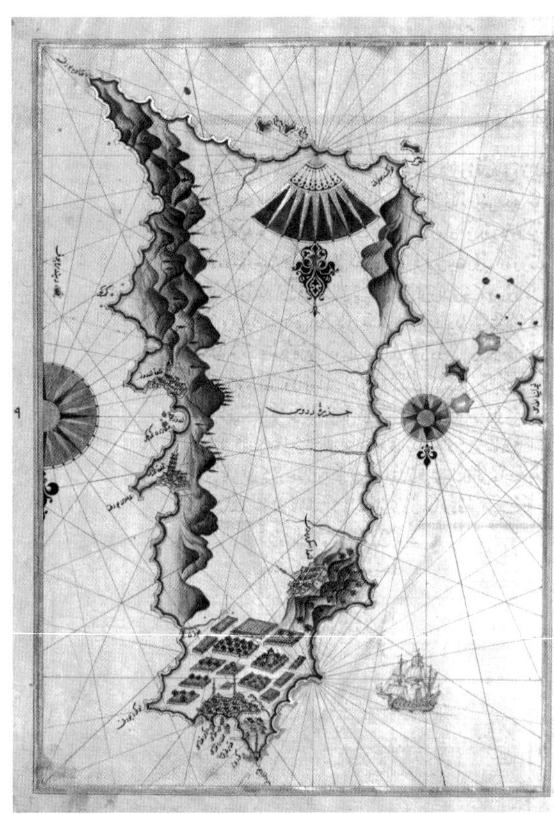

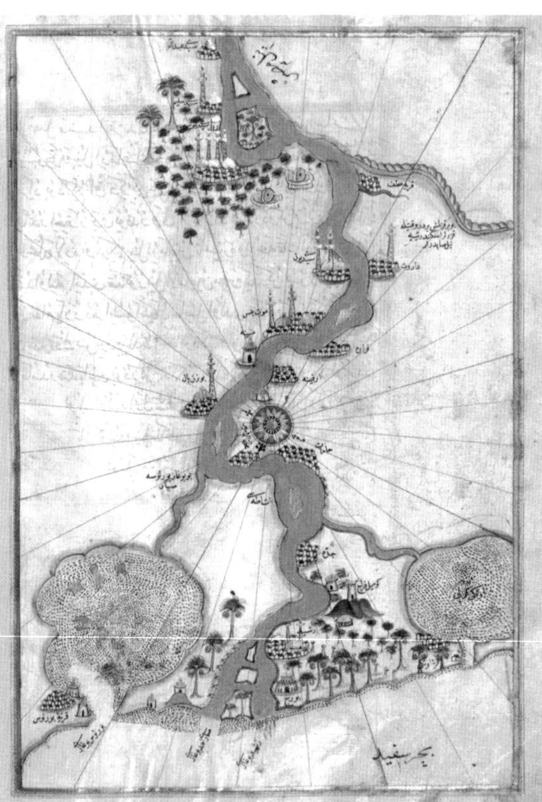

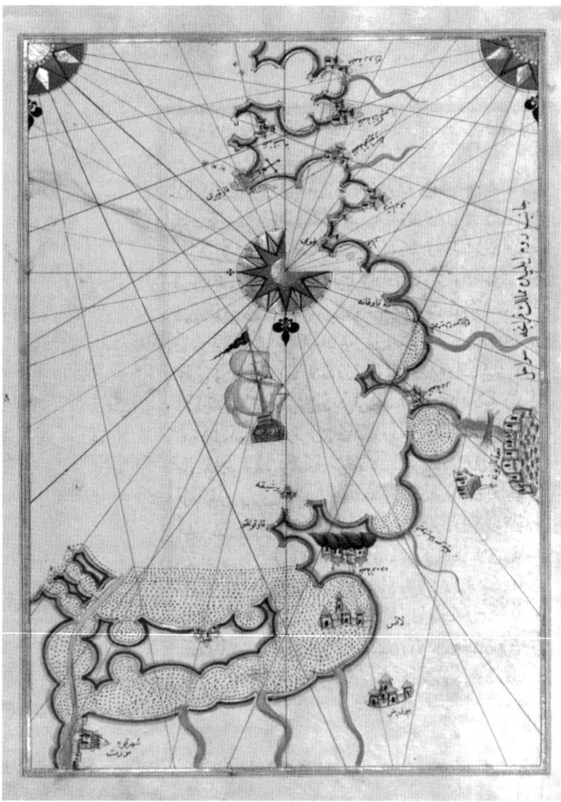

由左到右，至右頁：羅德島、由河口灣向南延伸的尼羅河、法國納磅（Narbonne）地區的海岸，以及威尼斯環礁湖。雷斯沿著尼羅河駛向開羅，去向新蘇丹展示他製作的新世界地圖。巔峰時期的鄂圖曼帝國曾位列世界上最重要的文化和經濟大國，在該時期，威尼斯是主要的貿易夥伴。鄂圖曼帝國售出小麥、香料、棉花、生絲和海草灰（用於製造玻璃），以交換如肥皂、紙張和紡織品等生活用品。

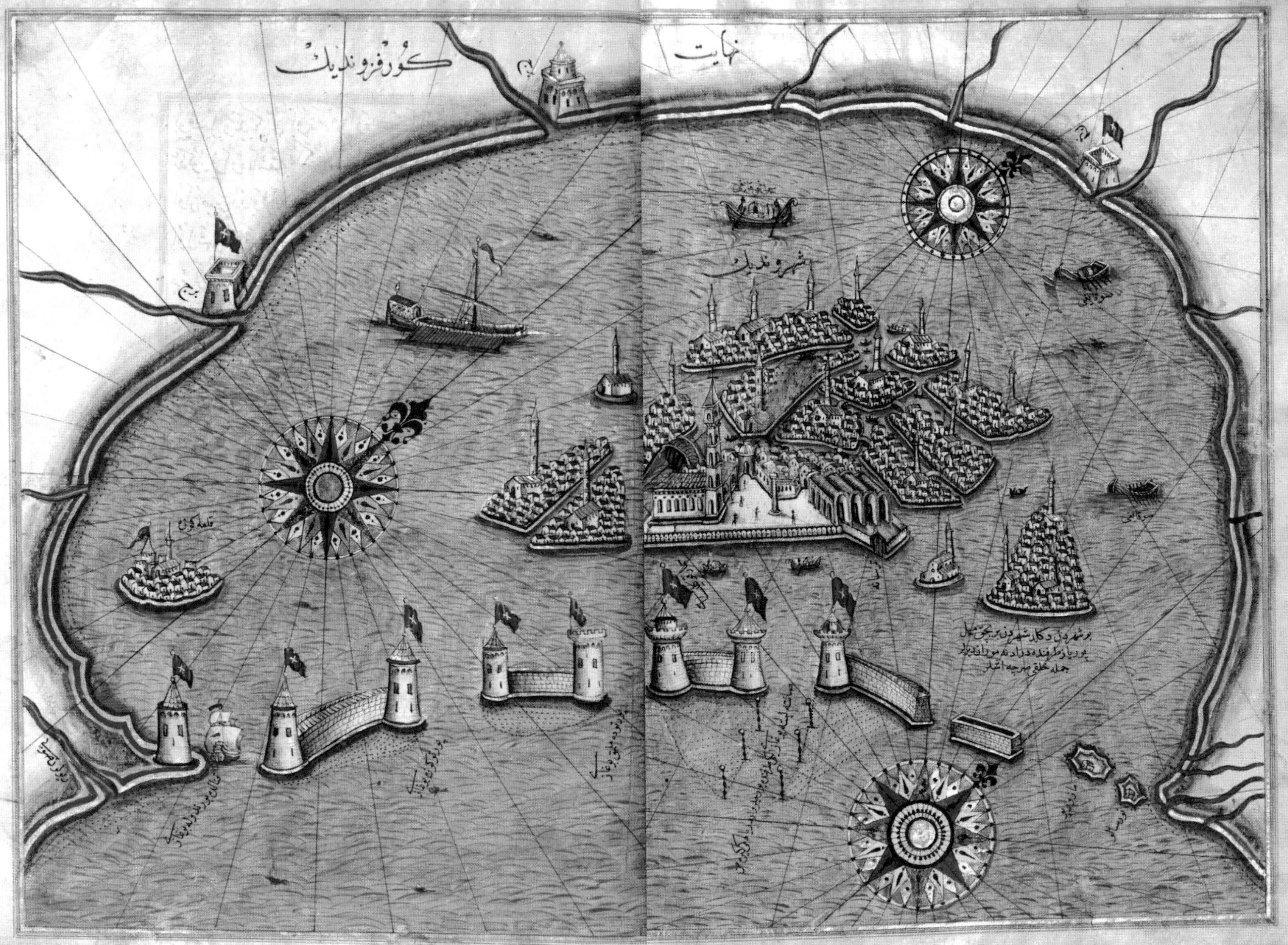

کورفز وندیك
نهایت
شهر وندیك

巴薩羅繆・夏普（BARTHOLOMEW SHARP）

一六五二～？年

我選了一本價值連城的西班牙手稿當作戰利品。

許多水手在西班牙的美洲殖民地或南太平洋尋求財富和榮耀，他們滿腦子想的是要找到寶藏。在英格蘭，無論是合法的私掠船船長還是無法無天的海盜，會因為嘗試從新世界的財寶中分一杯羹而聲名大噪——儘管那些名氣多半並非對這些人的褒美。但這些水手之中，多數人的航程到最後往往不是以發財作結，而是大失所望。巴薩羅繆・夏普是一名海盜，並為此感到自豪。「他精通海上社會的各種地下勾當」，既是惡棍又是個老練的水手。更神奇的是，一本日誌保住了他的性命。

我們對夏普早年的經歷所知甚少。他聲稱自己在一六七一年跟著知名的大海盜亨利・摩根（Henry Morgan）在巴拿馬地區劫掠肆虐；並加入黑幫，一行人於一六七九年摧毀波多貝洛（Porto Bello）。在一六八〇年至一六八二年的一次探險中，他沒能在胡安・費爾南德斯群島（Juan Fernández）和巴貝多的藏身處之間找到陸地，於是機緣巧合成了第一個向東方繞過合恩角的人。但他歷久不衰的名聲並不源於此，而在於他截獲「一本畫滿海圖和地圖的好書」。

一六八〇年，夏普和另外三百三十名海盜一起登陸達連（Darien）海岸，打算越過地峽、再次洗劫巴拿馬。這一支小型海盜軍隊包含了各路厭戰的流氓，甚至也有受過教育的人，如勤奮好學的巴茲爾・林格羅斯（Basil Ringrose），林格羅斯所寫的日誌後來被刊印成書。另外，成員中還有永遠好奇心旺盛的暴徒威廉・丹皮爾（William Dampier）；後來他前去探索了部分澳洲大陸，並成為第一位三度環遊世界的人。據說，當他在達連河涉水渡河時，將日誌放在一段防水竹杖中攜帶。

在當地美洲原住民庫納（Kuna）人的帶領下，這群海盜用徒步與划獨木舟的方式穿越叢林，還搶奪了幾艘武裝船隻，因而得以任意在沿海地區漫遊，劫掠小型船隻。在經歷了分家和叛變之後，夏普成了海盜團體的首領。一六八一年七月二十八日，在今天的厄瓜多附近水域，他截獲了西班牙船隻「聖羅薩里奧號」（Santo Rosario），射殺了船長、得到一本差點被西班牙人扔下船的書。這是一本路線之書：一部祕密的海圖與航線合集，其中詳盡列出了從加州到合恩角所有的錨地位置。夏普返回倫敦時，因謀殺而受到審判，但最後又被無罪釋放。據信國王查理二世因為得到了一本偷來的海圖集的精美副本，而介入、保全了夏普性命。

夏普後來被委任為受人尊敬的海軍護衛艦「博內塔號」（Bonetta）的艦長，但他從未接受這份工作。根據一名人士的說法，他在泰晤士河買了一艘廉價船，並在船上裝滿乳酪、啤酒和牛肉，順流而下逃跑了。他乘著這艘船登上英吉利海峽上的一艘法國船艦，並帶著他的戰利品一直航行到加勒比海地區。後來，他又因海上劫掠兩次被捕入獄，但都設法越獄了。一六八八年，他出現在背風列島（Leeward Islands）的安圭拉（Anguilla），自稱為執政官。十年後，最後一次提到他的文獻表示他被荷蘭人抓住，並關進了聖湯母斯（St Thomas）一處監獄裡。大約在這個時期，他被描述為跛腳、不用雙手做事的人。關於他是不是在那裡去世，或者他的海盜同夥是否又幫助他再次逃脫了——史料中查無相關資訊。

它描述了所有的港口、道路、海港、水灣、沙灘、岩石和升起的陸地。也提供了指導，告訴我們如何將船停泊在北緯十七度十五分，到南緯七度之間的任何港口或海灣中。他們當時正要把這本書扔下船，所幸被我攔截了下來。

對頁：胡安・費爾南德斯群島是夏普的藏匿之處，早在丹尼爾・狄福（Daniel Defoe）寫出《魯賓遜漂流記》（*Robinson Crusoe*）之前，這裡就聚集了許多遇上船難、漂流此處的人，故而惡名遠播。夏普的海盜團於一六八〇年底徹離該地。由於水源充足而且還有許多野山羊，他表示此處「對我們來說是一個非常怡人的地方」。

第 222 頁左：水手暨製圖師威廉・哈克（William Hack）為不少航海日誌製作了精美印本，並在其中添加許多從夏普奪取的那本西班牙圖表書中直接謄過來的彩色插圖。

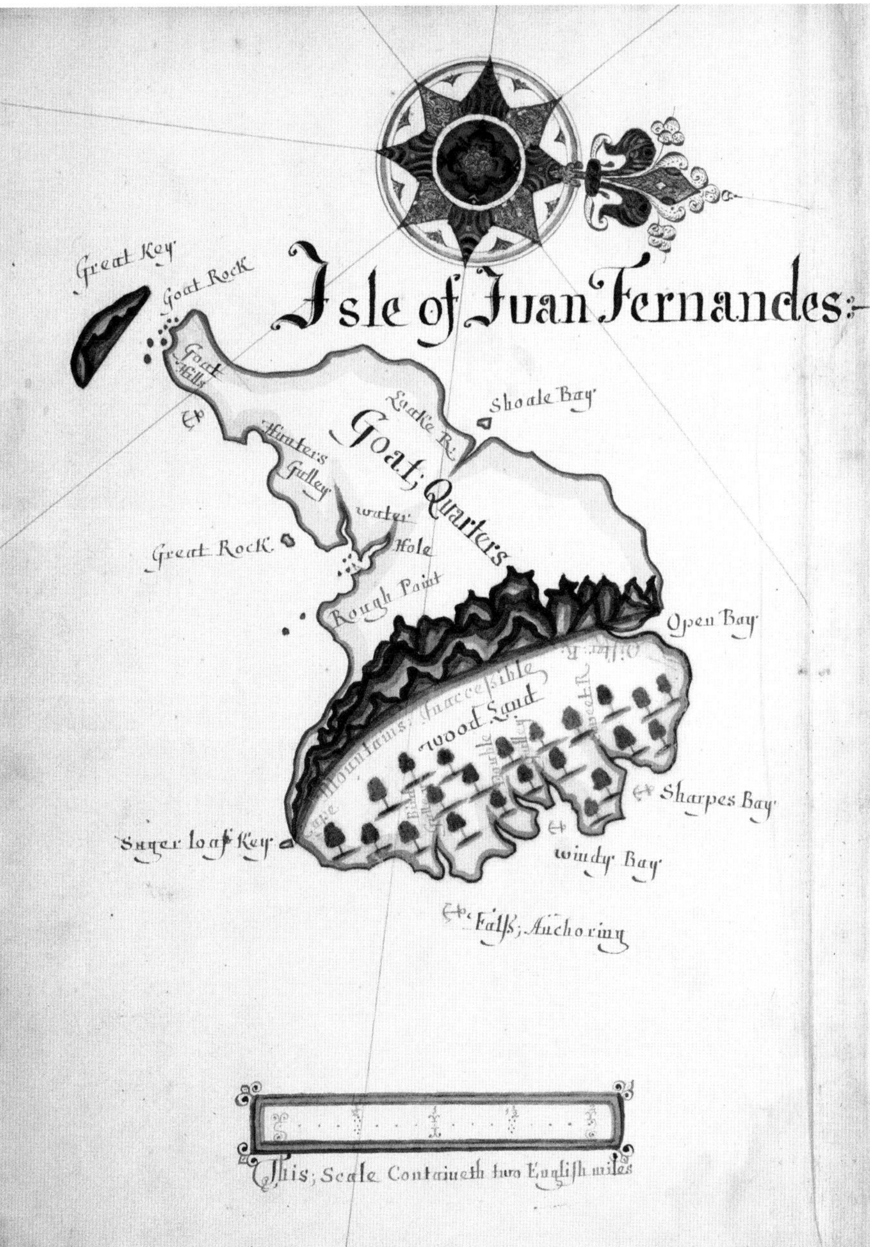

Mr: Bazil; Ringrose his relation of ye Isle of Juan Fernandes;

This; Island is in the Lat: of 33°: 40: S°; it is 20 miles in Circumference very high land & steep evry where to the sea side: only where you find som few Gullyes (where is good rideing) the S.W side is Barren land not haveing one stick of wood one Tuft of Gras or one drop of sweet water: but the N.W side of it makes amends for that: by reason it is stored wth excelent timber good gras & incomparable good water; the clime of this Island is exceeding moderate (& healthy) on the barren side run thousands of the fattest Goat's I ever saw or tasted; there are plenty allso on the other side but eat not so sweet neither are they so fatt as the other; the Low Land is extradionary good; & without doubt will produce any sort of Graine: the Hills tops are plentifully stor'd with a sort of trees whose tops eat as well as any westindia Cabbage; here is allso store of silk wormes which thrive Naturally very well; Silver here is for I have taken of the ore out of a Rock: the worst is by reason of the scragged mountain's it is not possible to travell by land from one side to the other; The bays of this Island are Cover'd with seel's: & Likewise another sort of Amphibious creatures which wee may call sea Lyons; theire heads being in forme to a Lyons & theire cry Answerable: they are about 12 or 14 foot in Length & 11 or more in Circumference they have short thick bristles of a mouse Callour: here is plenty of Good fish of severall sorts I have caught them with a bare hook in the surfe of the water; here is Conveniency to build or refit a Vessell to wood water & take in fresh provisions; it is not inhabited but if it were it would prove the sharpest thorn that ever toucht the spaniard; for it is naturally fortified: & with a 100l: charge & good managment 100 men may Keep it from 1000 if it should be invaded: it lyes 110 Leagues west from Valpariso

In a word if this Isle was inhabited: it would be very profitable in matter of trade in time of peace with the spaniard: & if a war very usefull to the English

Finis

A
Journal kept by Cap.t Bartholomew Sharpe
of his Passage over land at the Isthmos
of Darien to the South Sea of America
and of what was transacted by him
whilest he sailed there and of his
discovery of A Passage to the
Eastward of Albemarle Island
out of the said South Sea; as allso
an accurat description of the
Straghts of Magellan by Cap.t
John Wood; likewise a Journal
kept by Cap.t William Cowley
from the Island of Gorgona
in the foresaid South Sea of
America by the East indiæs to
Holland in Europe; and allso
an abstract of the said Cowleys
Journal from Cape Charles
in Virginia to the said Island of
Gorgona in the sea aforesaid being
faithfully Collected & the Drafts delineated
from the Originals by William Hacke

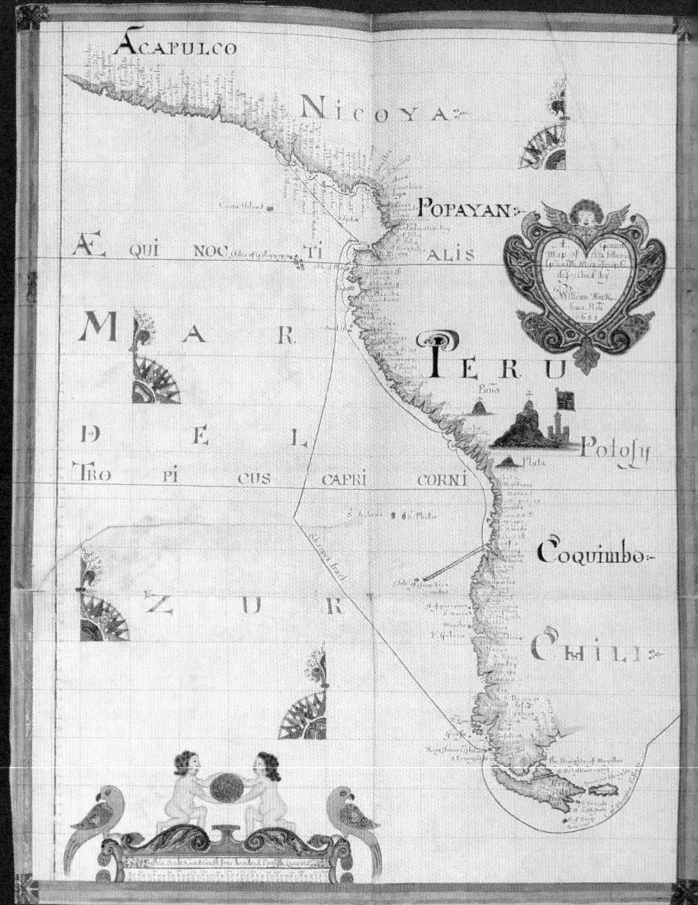

上圖：這幅〈南太平洋海圖〉（Mar del Zur）繪於一六八五年，被獻給詹姆斯二世（James II）。圖中清晰畫出夏普的航行路線，還有位於波托西（Potosí）的銀礦。

對頁：一六八一年十一月六日，夏普本想前往麥哲倫海峽，但一場暴風卻將他推離了原本的航線。別無選擇之下，他只能繞過合恩角，成了英國首位這樣航行的船長。

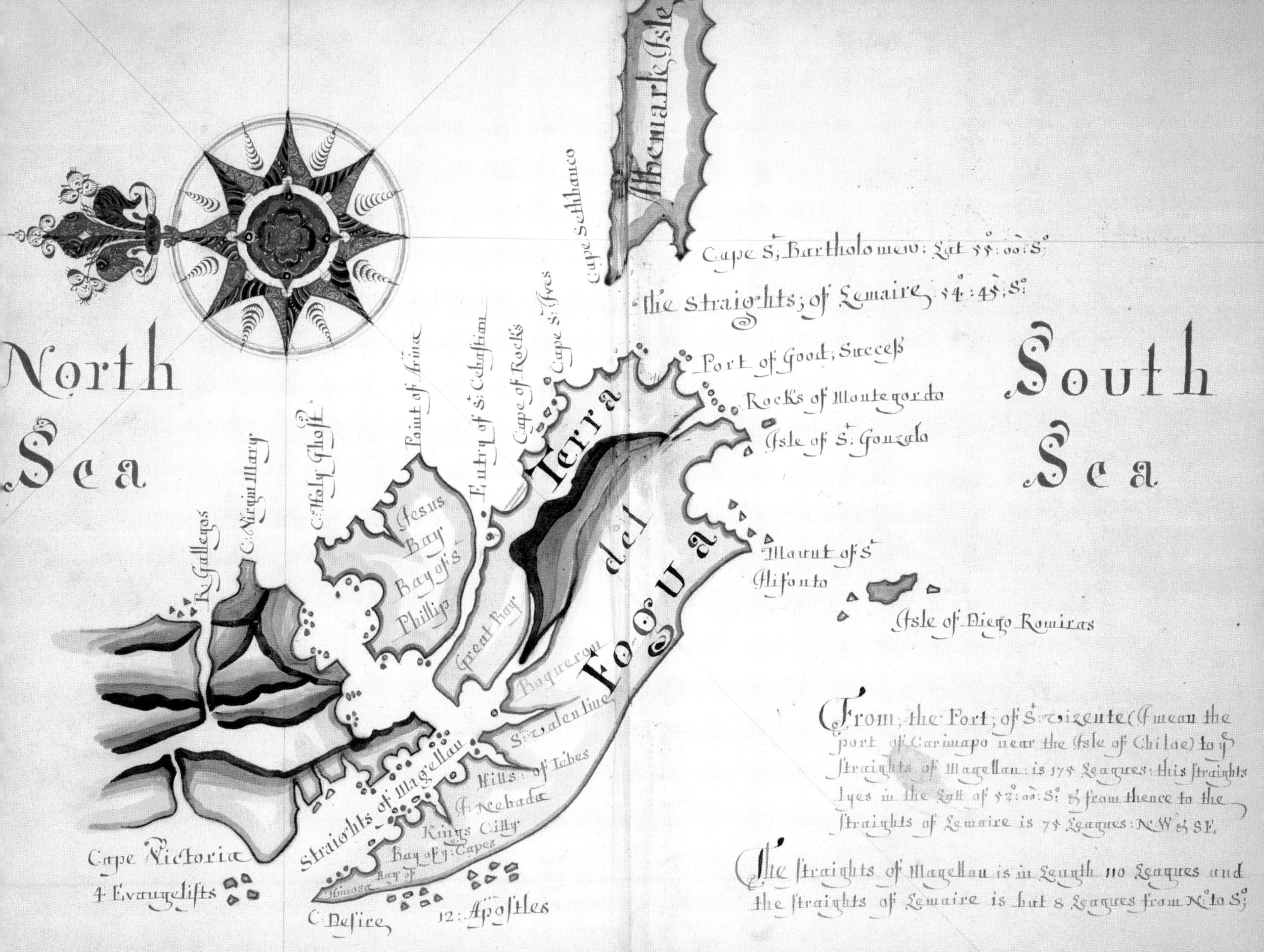

North Sea
South Sea
Cape St Bartholomew: Lat 55:00: S:
The Straights; of Lemaire 54: 45: S:
Port of Good; Success
Rocks of Montegordo
Isle of St Gonzalo
Mount of St Alifonto
Isle of Diego Romiras
Terra del Fogua
Point of Arina
Entry of St Cebastian
Cape of Rocks
Cape St Ives
C: Holy Ghost
C: Virgin Mary
R: Gallegos
Jesus Bay
Bay of St Phillip
Great Bay
Boqueron
St Valentine
Hills: of Tobes
Straights of Magellan
Kings Citty
Bay of ye Capes
Cape Victoria
4 Evangelists
C: Desire
12: Apostles
From, the Port, of St Vizente (I mean the port of Carimapo near the Isle of Chiloe) to ye Straights of Magellan: is 175 Leagues: this Straights lyes in the Latt of 52:00: S: & from thence to the Straights of Lemaire is 75 Leagues: NW & SE.
The Straights of Magellan is in Length 110 Leagues and the Straights of Lemaire is but 8 Leagues from No to So

威廉・史密斯（WILLIAM SMYTH）

一八〇〇～一八七七年

我們既無助又動彈不得，
受困冰中簡直跟被封在大理石裡沒什麼兩樣。

一八三六年夏天，「恐怖號」帶著它特別加固過的船體，以及十八個月的糧食儲備量，踏上了海軍為尋找西北航道而進行的最新一場探險。當時許多船員都不屬於正規的海軍，其中包括來自格陵蘭漁場的捕鯨者，他們受到雙倍薪酬和豐厚的物資配給吸引而來。船員中，有一位活潑開朗的年輕中尉，名叫威廉・史密斯。

就跟那個時代許多船員一樣，史密斯很小的時候就出海了。他在十三歲時加入海軍。他的首次重要航行是在弗瑞德立克・比奇（Frederick Beechey）的帶領下，擔任「盛放號」（Blossom）的船副，於一八二五年至一八二八年間探索太平洋和白令海峽。後來，他因為在阿拉斯加北部沿海地區執行了出色的勘察工作，被提拔為海軍上尉。一八三〇年代初期，他在「三寶瓏號」上服役，首先駐點於里約熱內盧，然後又沿著南美洲西海岸進行「取締販運奴隸」的巡邏，最北曾航至加利福尼亞灣。在一場更大膽的探險活動中，史密斯帶領一支雙人探險隊，沿著安地斯山脈的山徑，從秘魯穿越叢林、到達亞馬遜河口。他的畫稿和地圖讓當時的人得以更加認識該地區，也因而得以踏上一場新的北極之旅。

在艦長喬治・巴克（Captain George Back）的指揮下，「恐怖號」向北航向哈德遜灣（Hudson Bay），但是南安普敦島（Southampton Island）以西的水域只是一片堅固的冰面，船隻完全無法通過。緊接著十個月裡，「恐怖號」一直陷在冰中並隨之漂移。每一天，這些船員都徒勞無功地試著用斧頭和船上的手桿來挖掘通道、幫船脫困。在某些晚上，史密斯有時會幫水手上課，有時則是回到他的鋪位畫畫、更新他的日誌。他還在船上組了一個「北極劇場」，就在舊床單上作畫，充當舞臺布幕。

到了五月中旬，一條開放的水道終於漸漸出現。然而到了七月，「恐怖號」船身損毀和漏水情況已經極其嚴重，幾乎完全毀壞。他們以帆航行、漂流過大西洋，終於在最近的陸地：愛爾蘭的斯維利灣（Lough Swilly）上岸。船擱淺在岸上，船員疲憊地爬上了沙灘。

史密斯被晉升為中校（commander），但再也沒有向北航入結冰水域。他反倒開始頻繁追逐運奴船，在好望角延伸到莫桑比克（Mozambique）這一帶溫暖海域中巡邏。一八四三年耶誕節那天，他被拔擢為海軍上校，但此後不再活躍於海上，而是退休回到家人身邊，過著快樂的繪畫生活。最終，他被升為海軍上將（Admiral）。而「恐怖號」則隨著一八三九年至一八四三年間，與詹姆斯・克拉克・羅斯率領的「幽冥號」共同展開開拓性的南極探險。之後，兩艘船一同經過改裝、用於約翰・法蘭克林（John Franklin）的北極探險中，雙雙於一八四五年離開倫敦。這兩艘船最後一次出現在人類視線內，是被捕鯨人在巴芬灣（Baffin Bay）北部目擊，而探險隊的一百二十九名隊員從此便下落不明。一直到二〇一六年，我們才找到「恐怖號」殘骸所在地。

史密斯航海日誌的封面，和創作於一八三六年的（對頁）「冬季餘興活動」（Winter Amusements）。當船被困在冰面上時，船員經常在浮冰上踢足球，「所有船員都要加入，和軍官一起進行這項有活力又有娛樂性的活動。」在這裡，最大的挑戰就是讓身心保持在積極活躍的狀態，儘管許多人已經開始出現壞血病的初期症狀。

Lieut Smyth
del

San Francisco California

Knife in boot

第 226 至 228 頁：史密斯早期在「盛放號」航程中所用的寫生簿也留存了下來，那是一次由比奇上校領導、前往太平洋，最北還航至白令海峽的探險活動。這些畫稿中包含了對西北海岸的景觀與人物、舊金山移民的早期聚落、皮特凱恩島、大溪地島上的居民和他們紋身圖案的細膩描繪。

Tahiti

RYD

在「盛放號」的探索之行以前，大家基本上不知道這些島嶼之間的潟湖有這麼深，以及環繞著它們的珊瑚礁是這麼細窄而完美……也不會知道島嶼竟有這般規模。

這些島或以片狀聚集；或呈現長鏈狀，而海水自然會在珊瑚礁牆斷裂處湧入，形成潟湖。

威廉・斯拜登（WILLIAM SPEIDEN）

一八三五～一九二〇年

今天晚上，一些日本軍官會登船……
由於船身那令人敬畏的雄壯外觀，
他們都非常渴望親眼看看這艘船。

在馬修・培理（Matthew Perry）准將奉美國總統「與日本進行貿易」之命來到日本時，船上年紀最小、年僅十六歲的船員威廉・斯拜登目睹了這即將改變未來世界大國格局的事件。此前日本已對外閉關數百年，美國這時卻渴望在新一波巨變中，扮演先鋒角色。這次航行，他們帶著金融投機與外交目的前來，卻以數艘炮艦作為後盾。

斯拜登的父親是一位資深海軍事務長。一八五二年春天，他擔任父親的助手，踏上了旗艦「密西西比號」（Mississippi）。側輪式蒸汽船「密西西比號」在當時已頗具名氣，是根據培理要求製造出來的。這艘船更在他的指揮下，於墨西哥戰爭中取得成功。在他們離開前幾個月，年輕的斯拜登剛在費城海軍造船廠（Philadelphia Navy Yard）寫下他第一份日誌，並在探險開始之前的那個夏天參與了一次短途巡航。隨後，他們於一八五二年年末從維吉尼亞州橫渡大西洋，前往馬德拉群島（Madeira Islands）、聖赫勒納島、開普敦、模里西斯島和新加坡，最終到達中國和日本的沿海地區。

就如同大多數青少年，斯拜登喜歡冒險。在聖赫勒納島，他帶著船員偷偷潛入拿破崙的墳墓；一八五三年三月，他在斯里蘭卡第一次見到佛教寺廟；幾天後又在新加坡第一次看到中式木帆船；並在廣州的街上「歡樂地」放鞭炮。他於四月抵達香港，在當地開始收集蓪草畫（編按：又稱蓪紙畫；十八世紀興起於廣州，是一種以蓪草灌木製作成的紙，用水性顏料繪製民間風俗和風景人物的外銷畫。外銷畫是十七、十八世紀針對西方市場，以中西結合的繪畫技法所創作遠銷歐美的畫作），並將其夾進筆記本中。

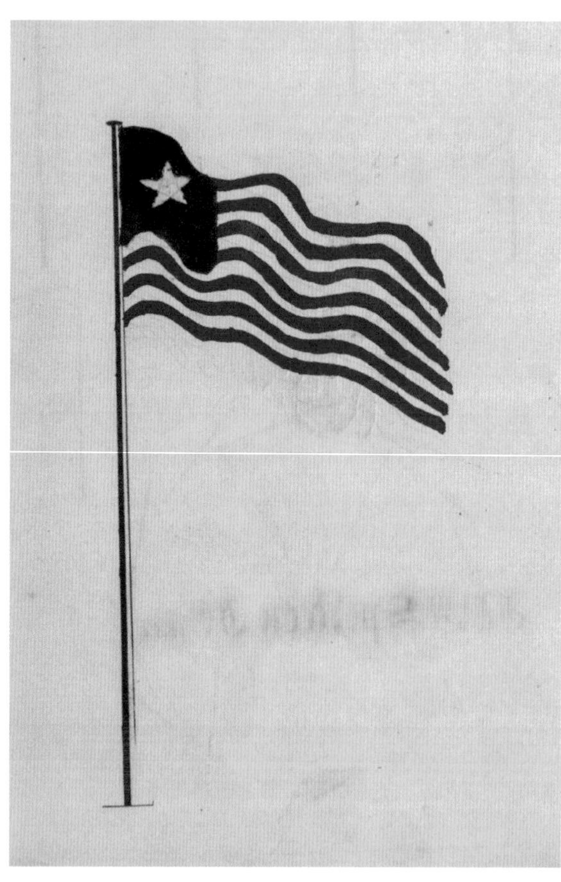

一八五三年五月，培理轉至「薩斯克漢納號」（Susquehanna）上擔任指揮。該中隊離開了上海，於五月抵達琉球群島。同年七月八日，他們抵達位於今天東京的江戶灣（Edo Bay）。儘管美國「黑船」的武裝配備令人生畏，但美方與幕府的談判直到次年三月才結束。經過了幾世紀的孤立後，日本不情願地打開了國門、開放貿易。此後五年內，日本陸續簽署了與英國、俄國和法國等國的貿易條約。

斯拜登於一八五五年回到家中，但之後又再次啟程前往香港，擔任海軍的補給士一職。從一八七〇年起一直到生命的盡頭，他都在紐約港擔任報關員。而培理准將早在一八五八年就因風濕熱、痛風和酗酒過度而去世，他也寫過一本關於那次歷史性航行的著作。在斯拜登的日誌中，最後一行字是一首頌歌，獻給兩條因為想要回家而在智利走丟的狗。小狗顯然是日本人送給培理的禮物：「快樂的狗死去了／在廣闊的藍色大海上／你們的骨頭沉睡在那裡／被埋葬直到永遠。」

斯拜登的航海日誌由厚重的兩大卷組成，其中包含了出自他以及其他船員之手的畫作、他在航行中收集到的日本工藝品、以及由不知名的中國藝術家在蓪紙上創作的素描和精緻水彩畫。

2021

一月 January

S	M	T	W	T	F	S
					1	2
3	4	5	6	7	8	9
10	11	12	13	14	15	16
17	18	19	20	21	22	23
24	25	26	27	28	29	30
31						

二月 February

S	M	T	W	T	F	S
	1	2	3	4	5	6
7	8	9	10	11	12	13
14	15	16	17	18	19	20
21	22	23	24	25	26	27
28						

三月 March

S	M	T	W	T	F	S
	1	2	3	4	5	6
7	8	9	10	11	12	13
14	15	16	17	18	19	20
21	22	23	24	25	26	27
28	29	30	31			

Some off the Paumotu Group

2021

四月 April

S	M	T	W	T	F	S
				1	2	3
4	5	6	7	8	9	10
11	12	13	14	15	16	17
18	19	20	21	22	23	24
25	26	27	28	29	30	

五月 May

S	M	T	W	T	F	S
						1
2	3	4	5	6	7	8
9	10	11	12	13	14	15
16	17	18	19	20	21	22
23	24	25	26	27	28	29
30	31					

六月 June

S	M	T	W	T	F	S
		1	2	3	4	5
6	7	8	9	10	11	12
13	14	15	16	17	18	19
20	21	22	23	24	25	26
27	28	29	30			

2021

七月 July						
S	M	T	W	T	F	S
				1	2	3
4	5	6	7	8	9	10
11	12	13	14	15	16	17
18	19	20	21	22	23	24
25	26	27	28	29	30	31

八月 August						
S	M	T	W	T	F	S
1	2	3	4	5	6	7
8	9	10	11	12	13	14
15	16	17	18	19	20	21
22	23	24	25	26	27	28
29	30	31				

九月 September						
S	M	T	W	T	F	S
			1	2	3	4
5	6	7	8	9	10	11
12	13	14	15	16	17	18
19	20	21	22	23	24	25
26	27	28	29	30		

2021

十月 October

S	M	T	W	T	F	S
					1	2
3	4	5	6	7	8	9
10	11	12	13	14	15	16
17	18	19	20	21	22	23
24	25	26	27	28	29	30
31						

十一月 November

S	M	T	W	T	F	S
	1	2	3	4	5	6
7	8	9	10	11	12	13
14	15	16	17	18	19	20
21	22	23	24	25	26	27
28	29	30				

十二月 December

S	M	T	W	T	F	S
			1	2	3	4
5	6	7	8	9	10	11
12	13	14	15	16	17	18
19	20	21	22	23	24	25
26	27	28	29	30	31	

Wm. Speiden Jr 1852.
JOURNAL OF A
CRUISE
IN THE
U.S. STEAM
FRIGATE MISSISSIPPI
BY
WM. SPEIDEN JR
VOL. I.

Soldiers
Freight Junk.
Soldiers
Bomb Boat
Cape Town

~ Signals ~
Correct.
Distinguishing Pennants
Diagram of the Landing
These screens were all ornamented with what seemed to be heraldic devices.
Village
Space included about 20 acres.
Our Boats
Japanese Boats
General Order No. 13.
By order of the Commander in Chief
Japanese Junk.
Japanese Freight Junk.

Morning of
Feb. 13th 1854
Saddle Hill
Morning of Feb. 13th
1854
Island of Oho-sima
opposite the entrance of
Bay of Yedo

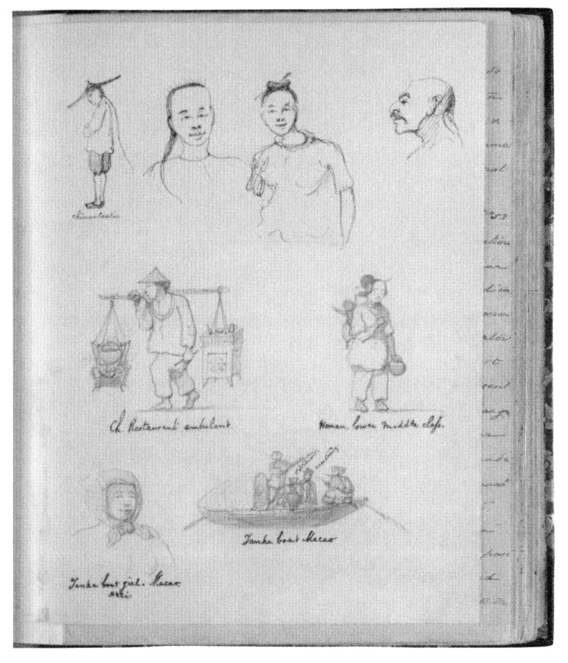

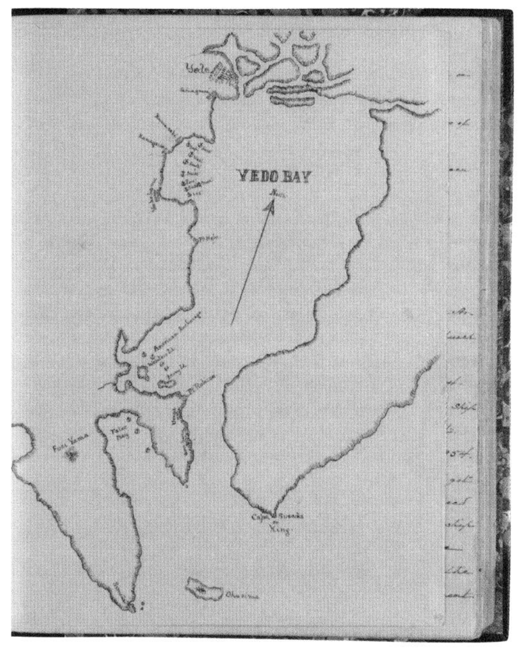

培理准將的使命是要對地圖上的邊陲地區進行一次具歷史意義的巡航。在一八五三年七月十四日的日誌中，斯拜登描述了日本首次接待培理的場面，並於一八五四年三月八日繪製第二次登陸的示意圖。他還將一位未具名日本畫家所繪的培理准將畫像，貼進他的日誌中。後來的日誌內容則描述了他在橫濱登岸後的經歷，以及當時在「接待所」的情景——培理與德川幕府的長老舉行了一次會議，協商《日美親善條約》（後稱作《神奈川條約》）。斯拜登在一八五四年二月十三日畫了富士山（對頁）。本頁最右圖則是最早描繪江戶灣的西方地圖之一。

歐文・史坦利（OWEN STANLEY）

一八一一～一八五〇年

如果船撞到了（珊瑚礁），
我們的考察就會在幾分鐘內徹底結束……
這就是所謂的「探險之樂」！

在大眾對海洋的興趣蓬勃發展的年代，事實證明，澳洲的大堡礁是船隻的墳場。一八四六年，船齡已高的英國皇家「響尾蛇號」巡航艦重新啟用，要進行一次嘗試解決這片珊瑚礁海域中潛藏的麻煩的行動，從此化解船隻航行至此的危機。「每塊礁石、淺灘和危險的岩石」都必須以極高的精確性定位和測繪地圖。據稱，英國整個海上勢力及新殖民地的命運當時正處於緊要關頭。

此次行動的領導者是雄心勃勃的歐文・史坦利上校。他是諾里奇主教（Bishop of Norwich）的長子，也是著名政治家奧德利・史坦利勳爵（Lord Stanley of Alderley）的侄子，這兩位長輩都鼓勵他追逐在海上施展抱負的夢想。史坦利雖然身材矮小，體格也不算強健，但在大多情況下，他都是一位出色的水文學家，並熱衷於這項新的航海科學。

在皇家海軍學院培訓結業後，史坦利於一八二六年、十五歲生日後不久，便以志願兵身分登上了「德魯伊特號」（Druid）巡航艦。他很快被任命為「恆河號」（Ganges）上的海軍見習官員，並在接下來的四年駐紮在南美洲外海，學習勘測的技藝。之後二十年內，史坦利一直在海上航行，只有少數幾個月告假上岸。在地中海，他跟隨大名鼎鼎的探險家約翰・法蘭克林對希臘群島進行了考察。一八三六年，他也是「恐怖號」那場慘烈的尋找西北航道（見第224頁）之行的探險隊成員，在該次行動中負責觀測天文資料和地球磁場。

二十六歲時，史坦利獲得了指揮「布瑞托馬特號」（Britomart）雙桅帆船的任命，遂前往澳洲水域幫助當地人在埃辛頓港（Port Essington）內、有鱷魚出沒的沼澤中建立安全的據點。他還接獲另一項得前往紐西蘭的任務：這是一項祕密行動，史坦利要前往當地協助抵禦企圖在阿卡羅亞（Akaroa）開拓據點的法國人。隨後他更為英國皇室占領了班克斯半島（Banks Peninsula）。在更北的地方，他去到懷特瑪塔港（Waitemata Harbour）進行勘察，一座紐西蘭新的首都奧克蘭（Auckland）就要在港邊開始建設。一八四四年，他回到英國，有人邀請他參與法蘭克林那場結局悲慘的北極探險，但在此時卻有另一艘船要交由他來指揮，那就是「響尾蛇號」（Rattlesnake）。

他的任務是在大堡礁內的淺灘區規畫出一條航道，並探索托雷斯海峽（Torres Strait）的島嶼，在東印度群島開闢新的貿易航線。他還繼續北上勘察新幾內亞南部未知的海岸，要繪製出該地區第一批詳盡的圖表。當時他還不到四十歲，卻已瀕臨崩潰邊緣。他一邊要擔心岸上的食人文化，不時還得面對船身漏水和船員不滿的情緒。除此之外，他還給自己很大的壓力，想做到史上最精確的測繪水準。

任務完成後，「響尾蛇號」回到雪梨，但是史坦利船長的身體狀況卻在日漸惡化，一度陷入癱瘓。載著一疊信件的小船捎來了壞消息。他在英格蘭的父親和在塔斯馬尼亞島工作的兄弟在一個月內相繼去世；對於他那已經相當脆弱的心靈來說，打擊實在太大。幾個星期後，有人發現他昏迷不醒躺在船艙地板上。

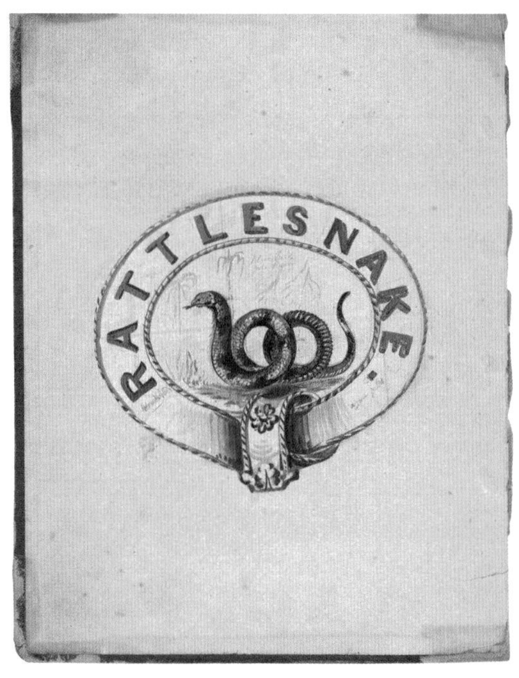

現存史坦利在「響尾蛇號」航行中所繪的約一百二十五張圖，可見於一本畫集和他的航海日誌中，上圖是日誌精美的開門頁。對頁是一八三七年史坦利在極地航行中所畫的素描。

10 P.M March 15 1837.

史坦利於一八三七年乘「恐怖號」前往北極地區，
他每天都寫日記，並透過畫筆來描繪船上的生活。
這艘船最後受困於冰面上，
並在接下來的十個月無助地漂流。
隨後，有人向史坦利釋出法蘭克林
那結局悽慘的北極探險船上的一個職位，
他沒有接受，反而登上了「響尾蛇號」。

第 240 至 241 頁：後來史坦利基於他在世界各地航行中所作的草圖，創作了許多大幅水彩畫。「響尾蛇號」獲派的工作最複雜的部分，就是內灣航道的勘測——範圍從洛京罕灣（Rockingham Bay）一路向北延伸到托雷斯海峽。「響尾蛇號」就是水域勘測的總部，許多小艇在初級軍官的帶領下，從這艘總部出發，前往沿海地區進行海岸線的測繪並尋找錨地。

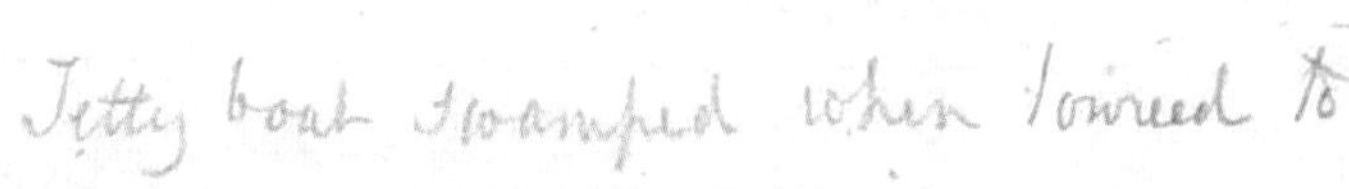
Jetty boat swamped when lowered to

The pursuit of Science under adverse circumstances on the

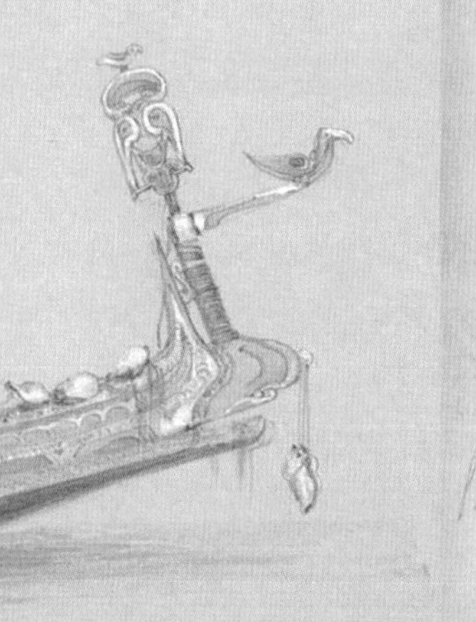

Situation in which H.M.S 'Terror' remained from March 16 to July 13 1837

that day we were constantly
setting to the Eastward the men
used to say that the ship
knew when she had gone far
enough and would have her
own way.
I was the greatest
sufferer by this movement
for it most completely upset
the Economy of my observatory
which was now beginning
to do some work I therefore
removed to a more convenient
part of the floe and built
a circular house with a
revolving roof made of blanket
and contented myself with the
obs with the Azimalt and
Eclipses of Jupiters Satellites
HMS Rattlesnake bartering with native Canoes off the Pig Islands
Louisiade Archipelago - June 1849

極南之境

羅德尼・路斯（Rodney Russ）

……但我們還和從前一樣，不曾改變英雄膽魄；縱使身軀被時間和命運消磨，心志卻依舊堅強——奮鬥、尋找、發現的意願不屈不撓。

——阿弗雷德・洛德・丁尼生（Alfred Lord Tennyson），一八四二年

亨利・羅伯茨為詹姆斯・庫克的「決心號」創作的原始草圖。一七七三年一月十七日「決心號」成為世界上第一艘穿過南極圈的船。隔年，庫克航行至南緯七十一度十分，這是當時人類所能到達的最南端。

我們的正前方是一堵巨大的冰牆。現在是二〇一七年二月二十六日，我們的衛星定位系統精準地將船的位置標在南緯七十八度四十四分八秒。我學過用六分儀導航，還會憑星星的位置規畫航線，但今天，這些輔助工具都不再是必要的了。我確切知道我們在哪裡。只是我們不能再前進一步了。

我是「柯羅摩夫教授號」（Professor Khromov）上的探險隊長。這艘船由夫拉迪沃斯托克（Vladivostok）的遠東水文氣象研究所（Far-Eastern Hydrometeorological Research Institute）所有，過去三十年中我駕駛這艘船航行過世上許多最具挑戰性的水域。這是一艘堅韌、配有俄國船員的驅冰船。但是現在，我們在南極的羅斯冰架（Ross Ice Shelf）到達可航行的極限了。我們船艏向著南方航行，已在羅斯冰架向前推進了一點。不可能有人能以乘船的方式，比我們更接近南極點了。事實上，我們剛締造了有史以來人類到達過最南端的世界航行紀錄。

很少有人會為了破紀錄或為了獲得財富而選擇海上生活。對我和其他像我一樣的船員來說，出發到海上探索那原始荒蕪的海域，本身就是一種激勵。但那並不表示這麼做很輕鬆，事實遠非如此。我曾多次擔心自己小命不保；在暴風雨中病得像條狗；還會憂心我們的船能否撐過夜晚的航行。不過，運氣、努力和耐心讓我們總是能夠順利完成任務。如果你想體驗最美好的南極洲，那就必須忍受可怕的天氣和不確定性。海冰會擋住船隻航行的的去路；海圖上仍有尚未被發現和探測過的區域；暴風雪在我們的船身覆上層層嚴霜，我們得靠自己除乾淨。這裡的溫度低到能把骨頭凍碎，把人臉上的皮膚凍得要脫落。這種生活並非所有人都適合。

我成長的過程中都沒有離船太遠，但我最早的渡海之旅（第一次航行到看不見陸地）是在一九七二年，十八歲的我當時是正在受訓的野生動物保育員。我參加了從紐西蘭前往奧克蘭群島的航行。在這艘超過十八公尺高的「阿克隆號」（Acheron）上，我幾乎整個人沉浸於極度的興奮之中。我第一次前往南極洲，則是在十七年後，擔任「世界發現者號」（World Discoverer）上的小艇划手。那時的我並不知道人生方向在哪裡，但當我看到海岸從水平線另一端緩緩浮現時，我心中隱隱感覺到有什麼東西正在醞釀、蓄勢待發。

我現在的生活已逐漸可以用南極來定義了。基於種種原因，我一直保存並記錄著各式各樣的隨記本、日誌、筆記本、航海日記和素描本——這些東西功能基本上差不多。就如同照相機上的對焦環，這些紀錄能幫我打磨旅程中的記憶，並在航行途中為我找到自身定位。在海洋與海岸線交會的地方，日誌是少不了的。在這個交界處，豐富的海洋景觀、陸地景觀、野生動物，還有人們居住或曾居住過的地方有所交會。於此同時，試著為這樣的體驗做紀錄非常重要。

史上第一批進入南極海域的人，是一七七三年一月率領「決心號」和「冒險號」遠航的詹姆斯・庫克及其船員。他們很可能在南冰洋上的不同區域三度穿越南緯六十六度，因此也成了第一批完成環南極洲航行的人。庫克的日誌是座非凡的資訊寶庫。而在一八四一年一月，詹姆斯・克拉克・羅斯領「幽冥號」和「恐怖號」一路南下進入羅斯海時，靠的也只是船帆和眾人的勇氣，才推動著碩大的船身前進。

我們的「柯羅摩夫教授號」驅冰船上的發動機總功率為三千一百二十馬力，與當今現代化的破冰船相比並不大，但遠遠超越過去的探險者所擁有的裝備。我們還帶了六只充氣小艇，平時就堆放在船尾甲板上，必要時可讓小艇下水。每只小艇都配備一個六十馬力的舷外發動機。當沙克頓於一九〇八年向南航行到羅斯海時，他那艘船齡已高的木製狩獵船「尼姆羅德號」（Nimrod），當時只配備了一臺六十馬力的螺旋槳。能在那種條件下航行到這麼遠，他真的很了不起。

在今天的航海世界，人人都依賴衛星和導航技術，但電子海圖並不會令我太興奮。寒冷的天氣對這些設備來說一點也不好。我們口袋裡一定要有個備案。第一手資訊和日誌是前往乏人問津之地時必須要有的資料；若要去像南極這樣的偏遠地區時，更是如此。航海日誌現今仍是最重要的航海必備用品之一；雙筒望遠鏡的重要性緊追其後。但最重要的必需品，其

實是耐性。永遠要為自己預留充足的時間，並且也要具備這麼做的勇氣。這話聽起來可能有點奇怪，因為身為水手的我們經常得要快速行動、要對當下發生的事情迅速做出反應。但通常，願意花時間做一件事，其中藏有某種真正的美德。因此，我要對未來的航海者提出的建議很簡單：別急。

為了一群來自日本的企鵝愛好者，我們首度展開前往奧克蘭群島的遠航探險。對這些鳥類的熱愛幫助他們挺過了最惡劣的天氣。比那再更南方的南極洲，對於許多人來說——從第一批乘著木船的航海者，到現代郵輪上的旅客——一直極具吸引力。我更偏愛小規模的探險活動和偏遠的島嶼，如紐西蘭副南極區的群島與其豐富的動、植物相，以及俄羅斯遠東地區。然而就和許多其他探險家一樣，我也能感受到法國探險家尚－巴蒂斯特·夏科特（Jean-Baptiste Charcot）在他的日誌中所描繪極地那種「奇異的吸引力」。「那實在有十足的威力與震撼力，因此我們一安全返家，就立刻忘記了身心的疲憊，萌生迫切想要回到那裡的衝動。」

所以，究竟為什麼要遠航呢？對我而言，終極意義與「分享」和「賦權」有關。將荒涼的大自然封鎖起來並不能達到真正的保護。真正的保護，應是予人權力、讓人想要好好保護自然。到遙遠地方的旅行能以各種方式對科學研究有所助益；但同樣重要的是，這樣的旅行具備了激勵人成為環保大使的潛力。

這些冰封的海洋和偏遠的島嶼，以其脆弱之美和充滿挑戰的地理環境激勵著人心。看得越多，我們就知道得越多，歷史上的偉大航行絕對更是如此，例如「小獵犬號」上隨著菲茨羅伊上校出海的達爾文，還有「幽冥號」和「恐怖號」上的羅斯。而今，若以正確的方式和態度來進行，荒野之行也會讓人想走得更遠、看得更多。除非一個人欠缺想像力，否則探險改變人思考方式的能力與潛力是沒有什麼極限的。巨大的冰棚並非永遠是限制你前行的障礙。

羅德尼·路斯的日誌（上圖）記錄了他在許多艘探險船上擔任隊長時的生活點滴，從俄國境內的北極地區，到人類乘船可到達的地球極南之境。近年，他加入了畫家斯拜德·安德森前往南極的旅程。右頁地圖是由安德森所繪，標出他們的行程——循著史考特和沙克頓的軌跡，重現前人航行過的航線。安德森也畫了當年沙克頓在羅伊茲角（Cape Royds）住過的小屋內部配置圖。

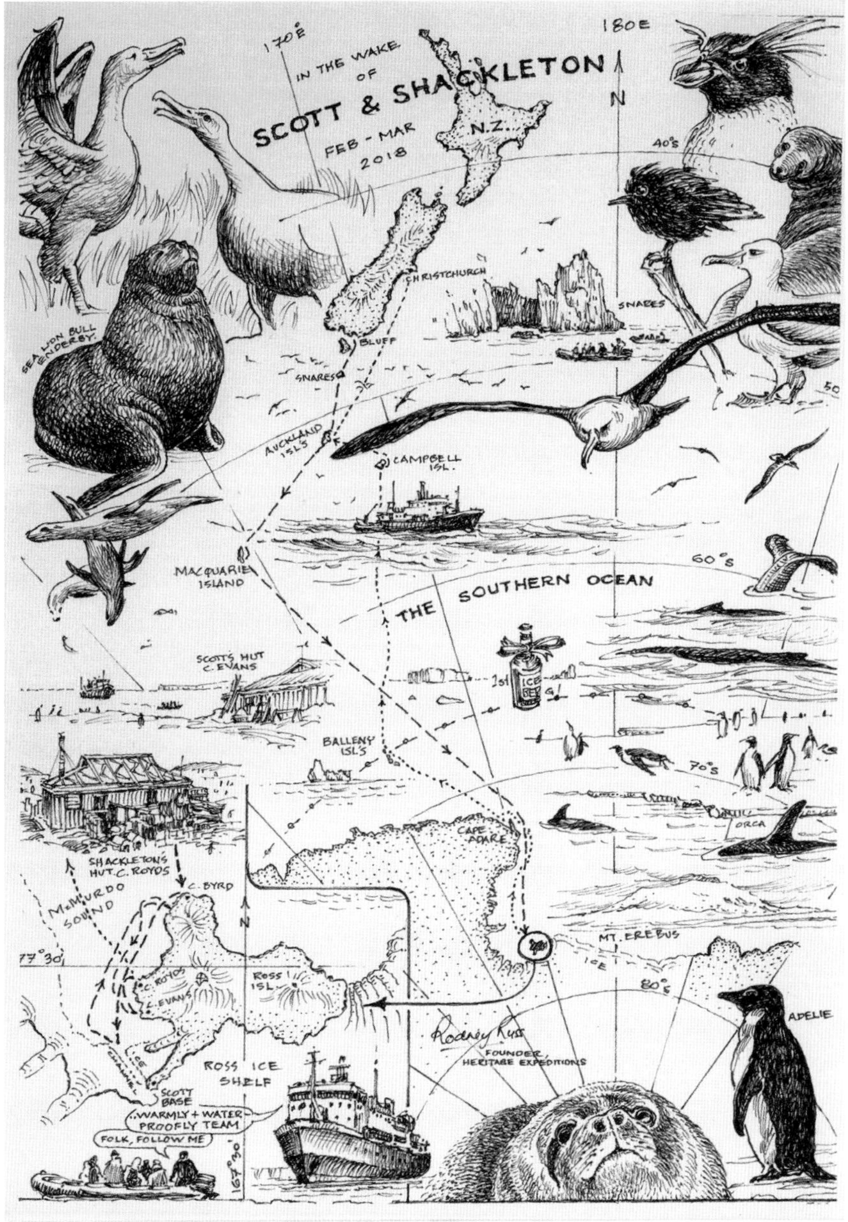

IN THE WAKE OF

SCOTT & SHACKLETON

FEB - MAR 2018

170°E

180°E

N

N.Z.

40°S

CHRISTCHURCH

SNARES

BLUFF

SEA LION BULL ENDERBY

SNARES

50°

AUCKLAND ISL'S

CAMPBELL ISL.

MACQUARIE ISLAND

60°S

THE SOUTHERN OCEAN

SCOTT'S HUT C. EVANS

ICE BERG

BALLENY ISL'S

70°S

CAPE ADARE

ORCA

SHACKLETON'S HUT. C. ROYDS

C. BYRD

McMURDO SOUND

N

77°30'

C. ROYDS

C. EVANS

ROSS ISL.

MT. EREBUS

ICE

80°S

ADELIE

Rodney Russ

FOUNDER HERITAGE EXPEDITIONS

ROSS ICE SHELF

SCOTT BASE

WARMLY + WATER-PROOFLY TEAM

FOLK, FOLLOW ME

167°30'

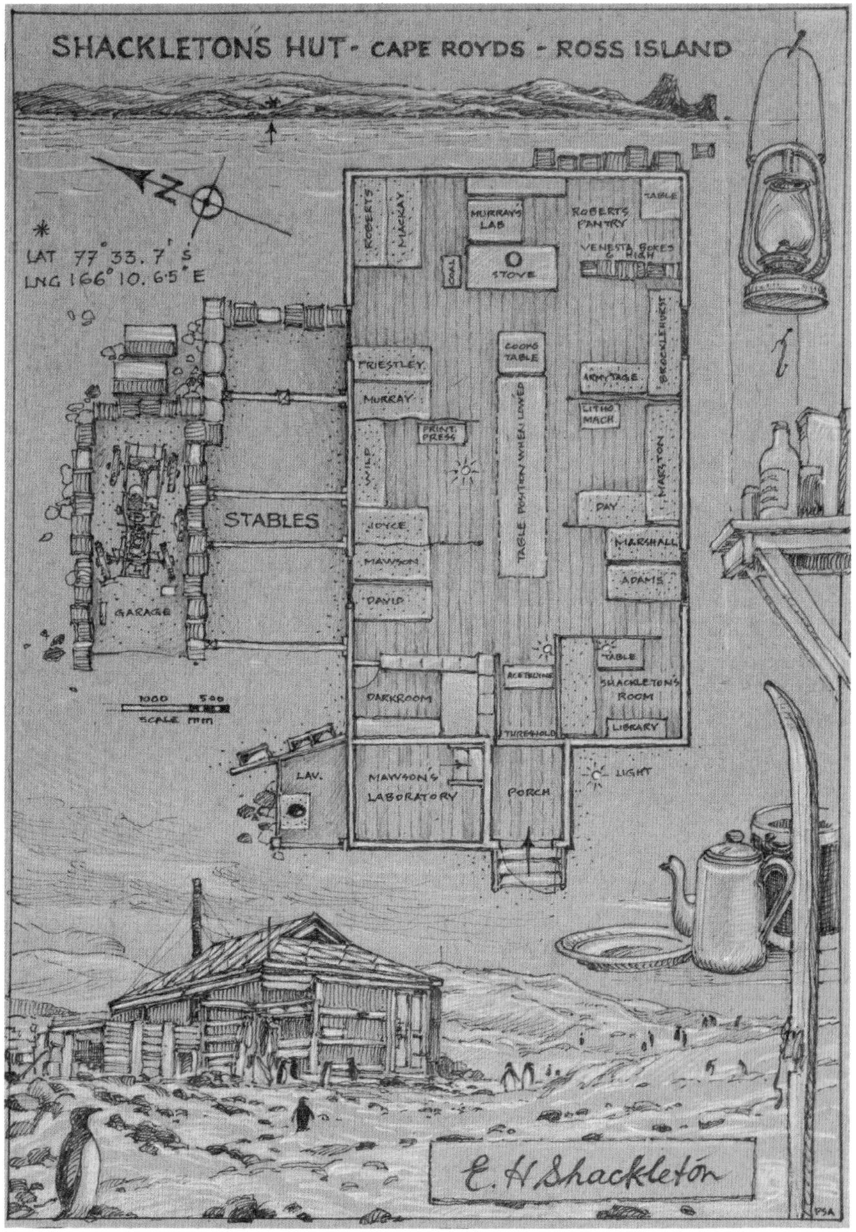

SHACKLETON'S HUT - CAPE ROYDS - ROSS ISLAND

N

LAT 77° 33.7' S

LNG 166° 10.65' E

ROBERTS

MACKAY

MURRAY'S LAB

ROBERTS PANTRY

TABLE

VENESTA BOXES 6 HIGH

COAL

STOVE

COOKS TABLE

PRIESTLEY

MURRAY

ARMYTAGE

BROCKLEHURST

LITHO MACH

PRINT PRESS

WILD

TABLE POSITION WHEN LOWED

MARSTON

STABLES

JOYCE

DAY

MAWSON

MARSHALL

DAVID

ADAMS

GARAGE

TABLE

ACETYLENE

SHACKLETON'S ROOM

DARKROOM

1000 500

SCALE mm

LIBRARY

TURESHOLD

LIGHT

LAV.

MAWSON'S LABORATORY

PORCH

E. H. Shackleton

PSA

格奧爾格・史特拉（GEORG STELLER）

一七〇九～一七四六年

所有研究過陸生生物的人，
都不會懷疑浩瀚的海洋中充滿了未知生物。

十八世紀的「大北極探險」（譯註：又稱為「第二次堪察加探險」〔Second Kamchatka Expedition〕，時間大約從一七三三年至一七四三年，此行確認了西伯利亞的北冰洋沿海地區以及北美洲的部分海岸線，並將其繪製於地圖中。其最主要的探險家是維圖斯・白令）是規模浩大的一次探險行動。探險隊在丹麥船長維圖斯・白令（Vitus Bering）的帶領下，於一七三三年從聖彼德堡出發。與他同行的還有數百名水手，和一大批官員、科學家，甚至還有這些人的妻小，他們跋涉了數千英里來到俄國的遠東海岸。為了此次探險，必須在當地建造船隻，之後再出發探索、測繪西伯利亞和北美洲的北極海岸線。從造船工具、補給品，到船錨、船帆和炮彈，所需要的一切都得經由陸上運輸送到那裡。

勤奮而年輕的德國醫生暨博物學家格奧爾格・威廉・史特拉（Georg Wilhelm Steller）於一七四〇年加入探險隊，同一年白令的探險船「聖彼得號」（St Peter）和「聖保羅號」（St Paul）即將竣工。在海上大多時間裡，時年已近六十、生病而顯露疲態的白令很少出現在甲板上。白令的探險日誌似乎沒有留存下來，但我們卻能看到兩份無比珍貴的第一手資料：白令的執行副官——瑞典人斯文・瓦克塞爾（Sven Waxell）所寫的手稿，以及史特拉的探險日誌。史特拉在科學研究方面的追求，常常與航海需求背道而馳，上岸的時間十分寶貴。對他而言，在薄霧中逐漸浮現的海岸線代表著各種機會，但對於其他船員來說卻代表未知的危險。在開亞克島（Kayak Island）登陸後，史特拉在島上的考察可說是人類對北美西部地區首次的科學探索。但讓史特拉無奈的是，十年的準備工作最終只允許他做十小時的調查，就因為當時船上的水桶已蓄滿淡水了。

兩艘船分開來行動。後來，白令所在的船在科曼多爾群島（Commander Islands）遭遇船難，船員不得不在惡劣的天氣中過冬，也因此史特拉得到了夠多時間來從事歷時更久的觀察。他描述了幾種新的物種：海獅、海狗、一種不會飛的大型鸕鶿，以及一種特殊的「頭和尾巴呈白色的鷹」（Steller's sea eagle，現中譯為虎頭海鵰）。據說，他還準備了一份鳥類和植物的目錄，但有時北極狐會叼走他的紙，或打翻墨水瓶。史特拉扭轉了這場海難的悲劇發展，他從一位枯燥乏味的學者變成了探險隊的救星。憑著對動植物豐富的知識，史特拉幫助探險隊夥伴克服了饑餓和壞血病。然而，還是有許多人死去，白令就是其中之一。

倖存者利用船的殘骸重新造了一艘船，最終返回安全地帶。在回去聖彼德堡的冬季雪橇途中，史特拉不幸早逝，於是他的科學貢獻在當世紀便幾乎沒有面世的機會。但這次航行卻也很快引起某些事業野心者的注意，第二年，捕獵者帶著「一千六百隻水獺、兩千張海狗皮和兩千張藍狐皮回來」。史特拉海牛（Steller's sea cow）於一七四一年在今日與白令同名的島上被發現，短短二十七年內就因人類狩獵而滅絕；首度由史特拉觀察到的白令鸕鶿（spectacled cormorant）下場也是如此。白令的探險故事說明了人類受到好奇心驅使會做出何種程度的事，以及人類的貪婪又為環境造成了多大衝擊。

繪於一七三四年的堪察加半島以及鄂霍次克海（Sea of Okhotsk）的海岸地圖手稿。白令的日誌沒有留存下來，而且史特拉大部分畫作都遺失了。對頁的草圖則是一七四四年索弗隆・契特羅（Sofron Chitrow）根據史特拉的觀測資料所畫出的圖。

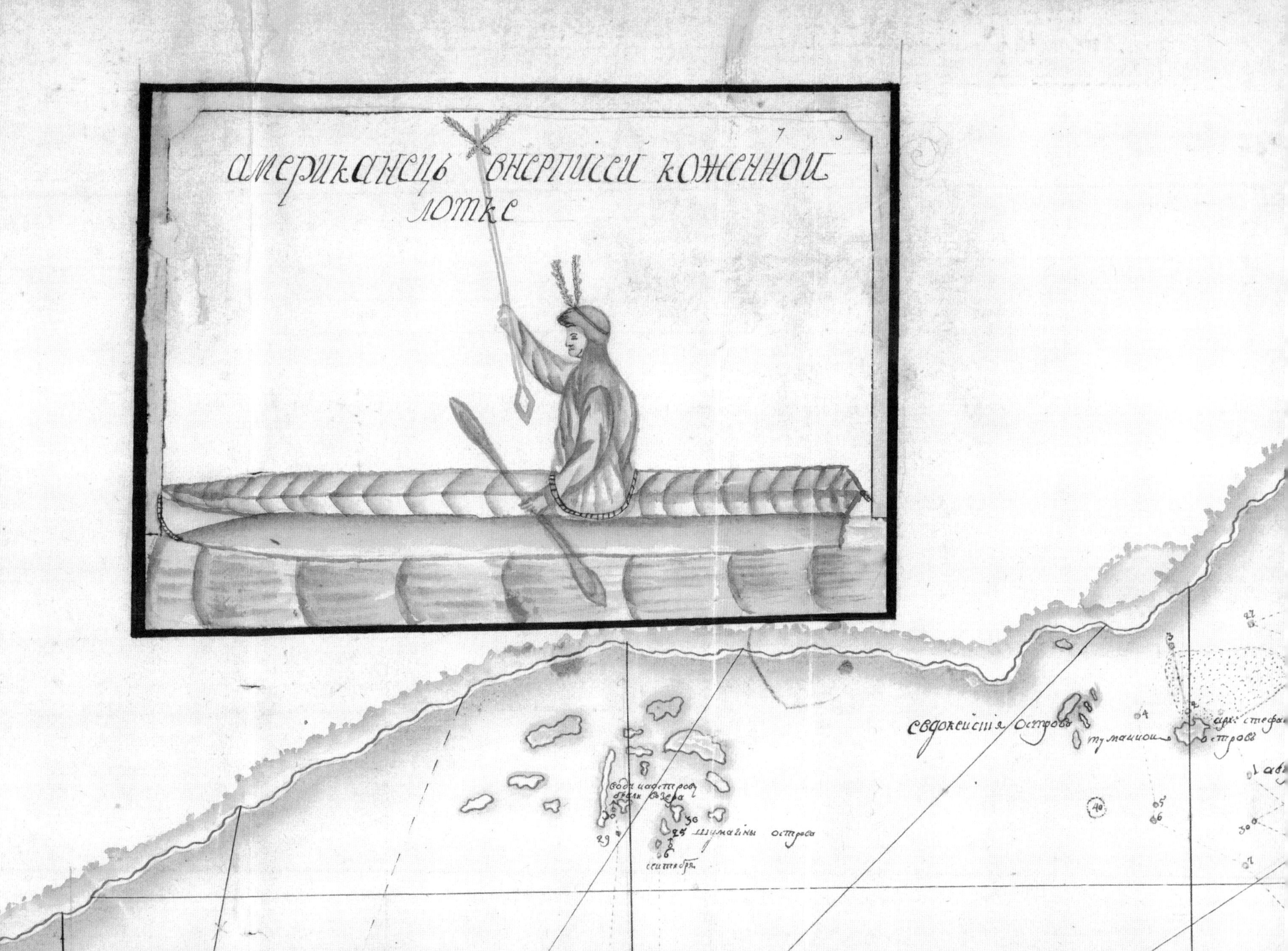

американецъ внерпичей коженной
лотке
евдокеистия островъ
туманной
островъ
шумагины острова
сентябр
29
30
25
6
4
5
6
40

湯瑪斯・德・蘇里亞（TOMÁS DE SURÍA）

一七六一～一八四四年

他們的眼睛閃亮而有神，
但總是散發著狂野不羈的氣息。

在維圖斯・白令的航海探險之前，阿拉斯加在地圖上是未經著墨的一片空白。在那之後，當地可能有巨大經濟發展潛力的相關報告吸引著各路船員向北航至這些水域，而畫家往往也會一同隨行。一七九一年夏季的某一天，雅庫塔（Yakutat）當地原住民特林吉特人（Tlingit）一覺醒來，發現在他們的海灣岬角四周充滿船艦。在這些陌生的船上站了一位西班牙畫家，他的日誌已準備就緒。

湯瑪斯・德・蘇里亞出生於馬德里，曾在西班牙聖費南多皇家美術學院（Royal Art Academy of San Fernando）修業。一七七八年，他跟隨老師赫羅尼莫・安東尼奧・希爾（Jerónimo Antonio Gil）搬到墨西哥，協助創建聖卡洛斯學院（Academy of San Carlos），這是美洲大陸上第一間博物館和藝術學校。來自海軍軍官亞歷山德羅・馬拉斯皮納（Alessandro Malaspina）的招募，打斷了蘇里在墨西哥城一間鑄幣廠擔任雕刻師的平靜生活。馬拉斯皮納的探險隊從西班牙出發，要前往太平洋的西北方，那時隨船的正式畫師都病倒了，需要緊急找人替補。

在墨西哥，馬拉斯皮納接到了西班牙國王的指令，命他前去尋找西北航道，並嘗試先發制人、阻止俄國人進駐該地區。他率領輕型巡防艦「德斯庫維耶爾塔號」（Descubierta）和「阿特雷維達號」（Atrevida），從阿卡普科（Acapulco）朝北航向阿拉斯加的木爾格拉弗港（Port Mulgrave）——當時謠傳這裡有一條向北的航道。結果馬拉斯皮納只找到一座小灣澳，但隨即開始仔細勘察威廉王子灣（Prince William Sound）以西的海岸，並向南航行到位於努特卡灣和溫哥華島（Vancouver Island）的西班牙貿易前哨進行補給。蘇里亞的航海日誌是這場探險中唯一流傳下來的私人日記，為我們提供了一份真實的紀錄，更與官方書面文字形成鮮明的對比。

後來，探險隊穿越太平洋到達關島和菲律賓群島，追隨著詹姆斯・庫克的航跡抵達了紐西蘭和位於傑克孫港（Port Jackson）的新英國殖民地。除了完備的圖表和科學觀測外，馬拉斯皮納此次遠征的一項重大成功，在於這是人類史上首次幾乎無人經歷壞血病的遠航。不僅隨船醫生佩德羅・岡薩雷斯（Pedro González）體認到柳丁和檸檬的必要，其他船員也嘗試儲存柑橘汁。西班牙龐大的帝國版圖擁有眾多港口，也大大提高取得新鮮水果的便利性。

在瓦瓦烏島（Vava'u）的東加人部落短暫停留後，探險隊航行至秘魯，然後途經合恩角返回歐洲。在經歷五年多的航行後，他們於一七九四年九月二十一日抵達卡迪斯（Cadiz）。馬拉斯皮納後來因參與一場圖謀推翻政府的行動而遭逮捕、監禁、最終被驅逐到義大利，他在探險中收集到的大部分植物和民族學資料因此也被當局封鎖，直到最近才重見天日。

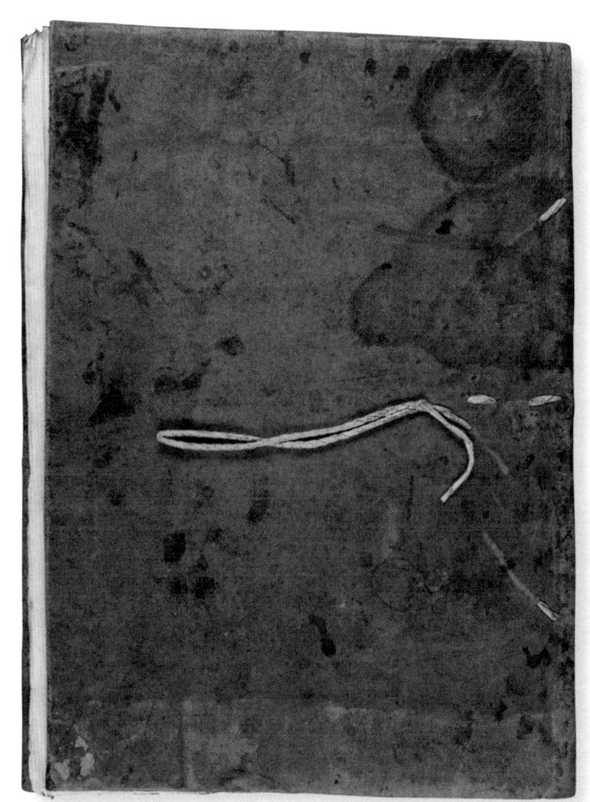

幸運的是，湯瑪斯・德・蘇里亞的私人航海日誌倖免於難。對頁中的素描畫的是一七九一年七月五日，他們第一次與原住民的接觸，或者應説是「與原住民起衝突」。起因是幾隻遭竊山羊所引發的誤會，但很快便真相大白，衝突時間並未拖得太久。

Discordia con los Naturales del P.to Mulgrabe en 5 de Junio de 1791

蘇里亞日誌中的其他手繪圖包括身著熊皮外套的特林吉特戰士、身穿「探險服裝」的西班牙人。另外還有戴著傳統鼻中膈環與雲杉根編成的帽子、身披海獅皮外衣的安凱烏伊酋長（Chief Ankaiui）。

酋長是一位年長、令人尊敬，
但是長得很凶的男子，臉上蓄著長長的角錐狀鬍鬚，
頭髮軟軟地散在肩上……
一大片海獅皮披肩則束在腰部。

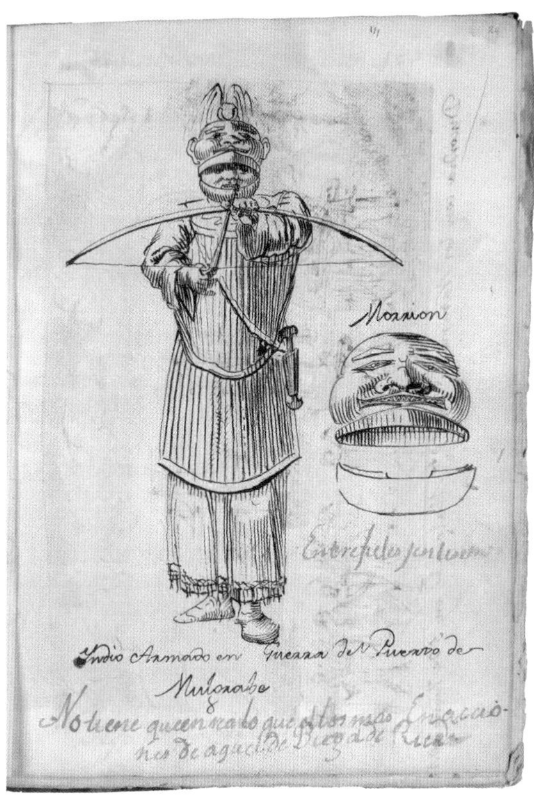

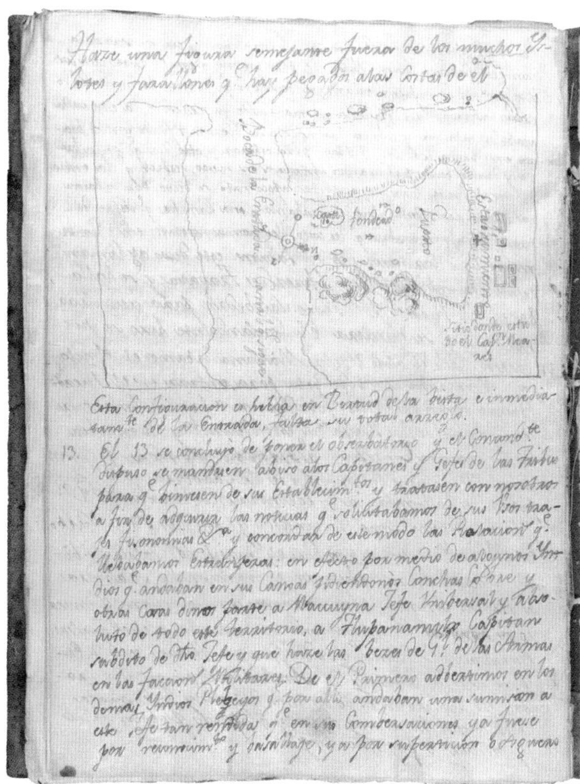

一名「奴特卡戰士」和一個「身著戰服準備戰鬥」的特林吉特戰士。特林吉特戰士戴著雕刻得像面具般的木製頭盔以及一副用來保護喉部的木領。他手持弓箭；腰部配有匕首；身上的木盔甲長度及膝。本頁最右側的圖片是關於一處登陸點的文字說明及地圖。

紀堯姆・勒・泰斯蒂（GUILLAUME LE TESTU）

一五九〇～一五七三年

這片土地是傳說中的「南方大陸」（Terra Aus- tralis）的一部分，
對我們來說是一片未知地，
因此這裡所有的標記都源於想像。

紀堯姆・勒・泰斯蒂出生於法國諾曼第的阿弗赫，並在第厄普（Dieppe）學習航海。他是一位海盜暨探險家，也曾繪製出當時代最精美的海圖。在同一時期，如約內・羅茨（Johne Rotz）和水文學家皮埃爾・德塞里耶（Pierre Desceliers）這類才華橫溢的藝術家暨製圖師，也都在製作有史以來最精良、優美的地圖，提供資金的富有贊助者包括了法國國王亨利二世和英格蘭國王亨利八世。羅茨曾於一五二九年加入前往蘇門答臘島（Sumatra）的探險；後來他又去了巴西——該次航行是由勒・泰斯蒂親自駕船橫越大西洋。

一五五〇年，法王委託勒・泰斯蒂製作一幅描繪美洲新發現區域的地圖，以便法國在當地進行貿易。他乘「薩拉曼德號」（Salamandre）前往巴西，進行這次危險的偵察任務，首先他來到比今天里約熱內盧還要上面許多的地方，然後在千里達（Trinidad）附近與兩艘葡萄牙船艦交火。他記錄在航海日誌中的資訊有巨大的經濟與戰略價值。一五五五年，他創作了《世界地圖集》（*Cosmographie Universelle*），其中包含當時海事界最新的知識。

在法國宗教戰爭的動盪中，他因為支持新教徒且以武裝民船打劫天主教徒的商船而入獄四年。後來是皇室下達的特赦令釋放了勒・泰斯蒂。一五七三年，他擔任八十公噸噸位的戰船「阿弗赫號」（Havre）的指揮官，要前往巴拿馬祕密執行一項地圖測繪的任務。在巴拿馬，他遇到了法蘭西斯・德雷克，兩人決定聯手合作。他們突襲了一支要將財寶運往目的地農布雷德迪奧斯（Nombre de Dios）的西班牙騾車隊。據說，他們在叢林邊緣伏擊這一批西班牙人，獲得了將近三十公噸的金和銀。由於數量過於龐大、運輸不便，他們不得不將一部分財寶埋起來。與此同時，一支敵人的艦隊正在逼近。德雷克把他搶到的銀藏好後，造了一艘木筏逃到了附近一座安全的島上避難。但勒・泰斯蒂因身受重傷，在路邊休息時被士兵抓住。雖然德雷克的手下曾組成一批人馬、試圖營救勒泰斯蒂，但為時已晚。勒・泰斯蒂那時已被處決，他的頭顱被帶進城、掛在長矛上於市集中示眾。

勒・泰斯蒂非凡的《世界地圖集》（對頁左圖），於一五五五年在法國完成；後來他被國王亨利二世授予皇家領航員（Pilote Royale）封號。本頁左圖描繪的是紅海與波斯灣，在對頁右側的地圖中，世界以四分投影的形式向外展開。

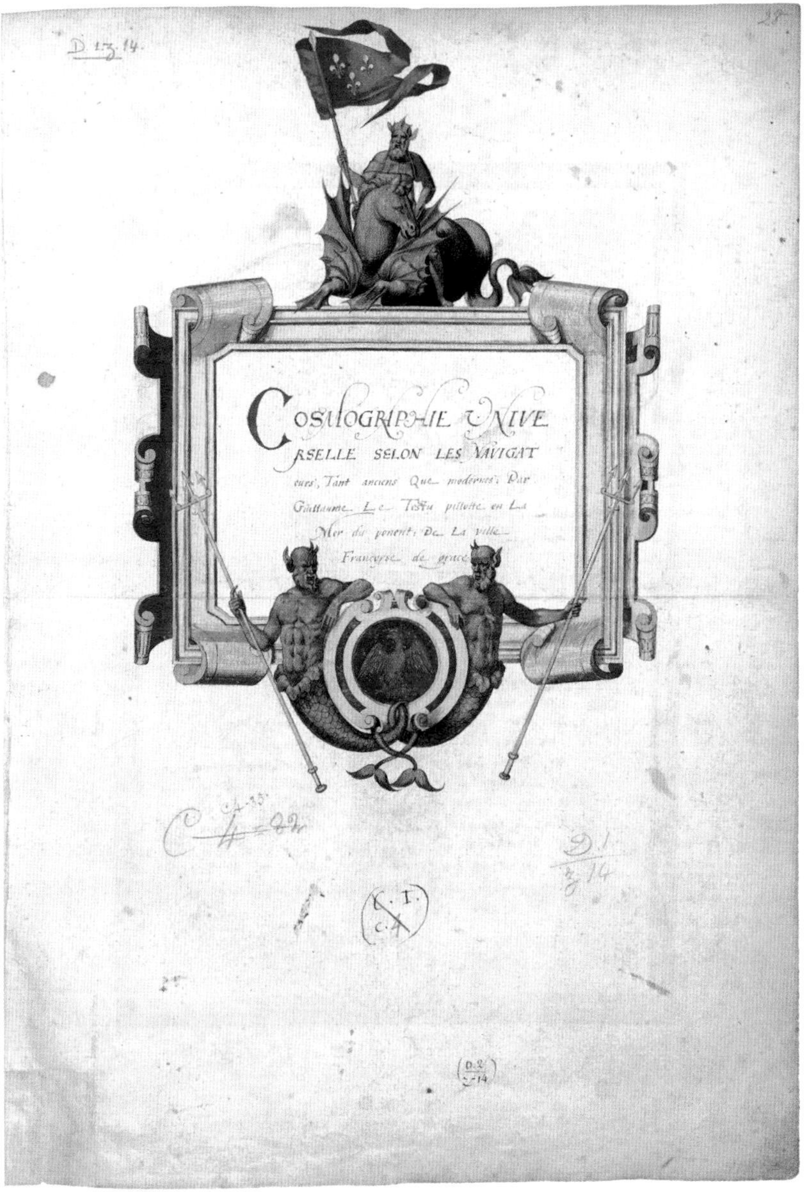

COSMOGRAPHIE UNIVE
RSELLE SELON LES NAVIGAT
eurs, Tant anciens Que modernes: Par
Guillaume Le Testu pillotte en La
Mer du ponent: De La ville
Françoyse de grace

POLLE ANTARTICQVE
POLLE ANTARTICQVE
POLLE ANTARTICQVE
POLLE ANTARTICQVE
SE LIVRE FVT ACHEVE
Par guillaume Le Testu Le cinq iesme
Jour dapvril 1555 Auant pasques

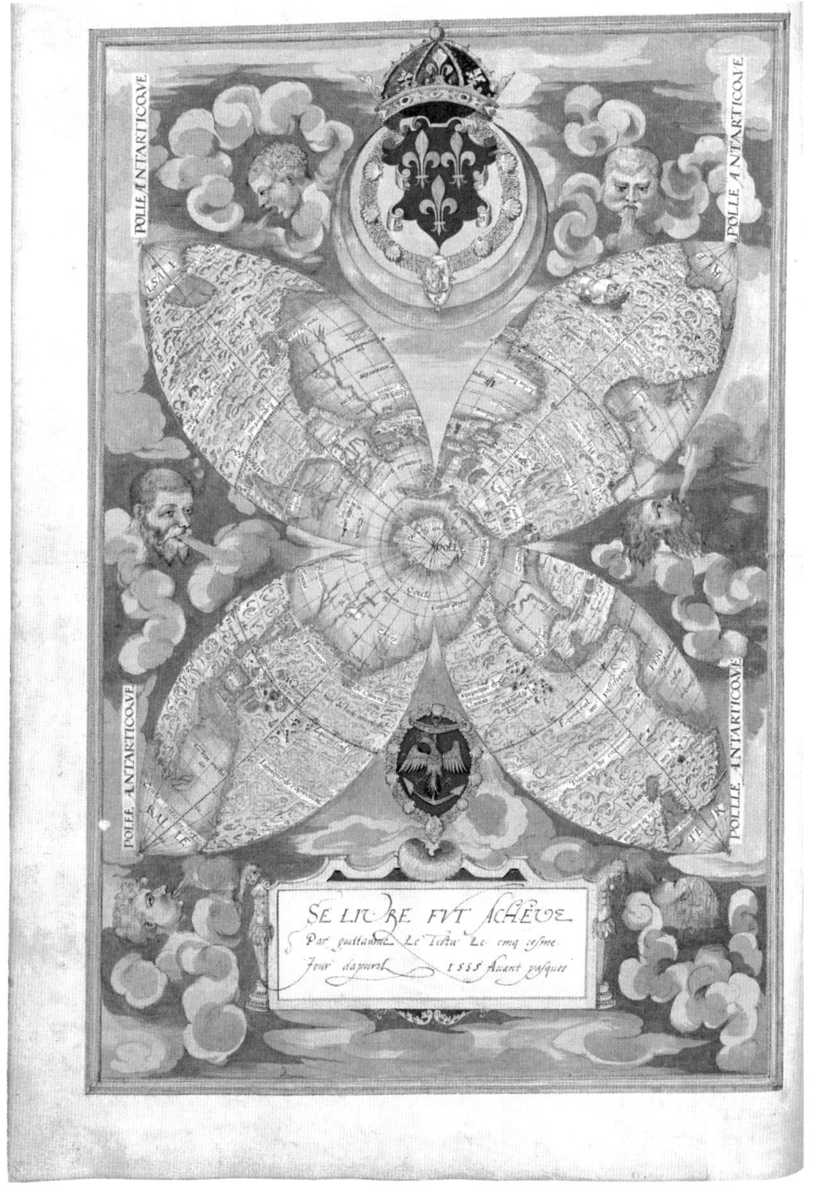

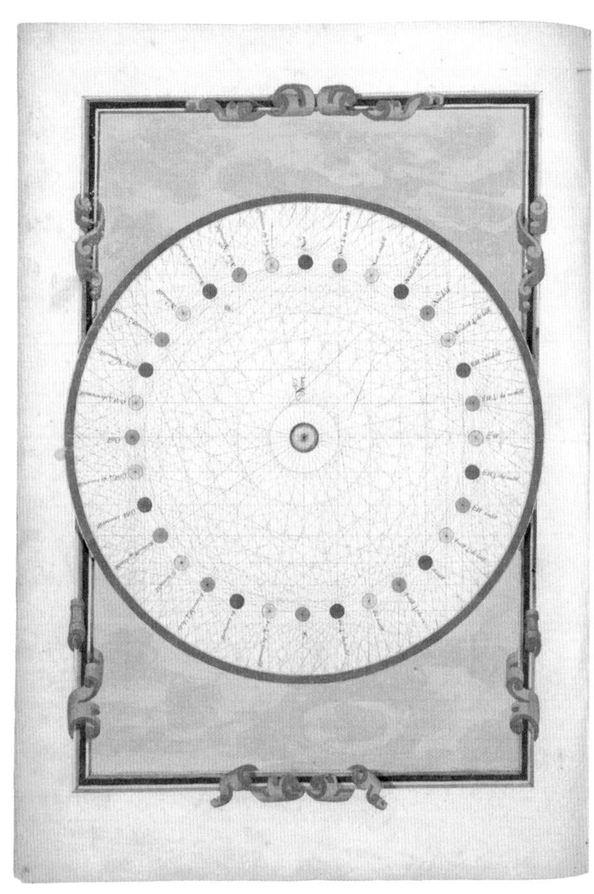

勒・泰斯蒂的《世界地圖集》中的海圖與地圖是根據他自己在航行中製作的圖表，以及他設法取得的西班牙人和葡萄牙人航海日誌中的圖表來創作。

對頁：勒・泰斯蒂所描繪的「南方大陸」之細部圖。有人認為，畫中位於岸邊的鳥外形類似黑天鵝或鶴鴕（cassowary），這兩種動物確實都是澳洲當地的物種。勒・泰斯蒂在地圖中也畫出了紫色的獅子、獨角獸、蛇怪和半人半獸的森林之神薩提爾（satyr）。他否認南方大陸的存在：「沒有任何人曾找到過它。因此，關於它的描述沒有任何事實依據，純粹是靠想像來的。」

MER OCEA NE
AVSTRA

喬治・托賓（GEORGE TOBIN）

一七六八～一八三八年

一位畫家本應參與這次探險，
但他因為生病而無法出門……
於是我們全體不得不手握畫筆、不斷工作。

在「邦蒂號」叛變的兩年後，布萊船長（見第 48 頁）又被送回南太平洋。這一次，他有兩艘船：一艘船載著軍官，另一艘則載著前來幫助維持秩序的海軍分遣隊。這一次，他成功完成了將麵包果樹移植到西印度群島的任務。日後的澳洲探險先驅馬修・弗林德斯（Matthew Flinders）也在這艘船上。此外，還有一位名叫喬治・托賓的年輕軍官亦參與了此次探險，他是一位充滿熱情的業餘畫家。

托賓是西印度群島中的尼維斯（Nevis）島上一位糖料種植園主之子。他擔任船長的隨侍而加入了海軍。在他一七九一年四月以三尉身分獲選布萊的「天佑號」船隊成員、踏上第二次麵包果樹之旅以前，他已去過了世界上許多其他地方。船隊的官方畫家退出探險活動後，托賓接下畫家本來的任務——要為他們前往大溪地島及其他地方的旅程做紀錄。從當時托賓所寫的日誌來看，可知他是一位對大溪地島上生活深感興趣的敏銳觀察者，更是一位充滿熱忱的自然史學家。他在塔斯馬尼亞島（Tasmania）冒險灣（Adventure Bay）的十五天內創作了一些素描，是歐洲人針對這座島的第一份紀錄。

一七九三年，托賓在亞歷山大・科克倫（Alexander Cochrane）的巡防艦「忒提斯號」（Thetis）上擔任少尉。在該艦上創作的許多畫稿，以及他在喬治・默雷（Goerge Murray）指揮的哈利法克斯戰隊（Halifax squadron）的「決心號」旗艦上服役期間所作的畫稿，都保存、流傳了下來。從一七九八年起幾年之中，他在布列塔尼沿海地區執行不斷騷擾法國商船貿易活動的任務，直到一八〇一年十月才有所成效。托賓於一八〇四年結婚，但幾週後又回到了海上。一八〇五年，他乘「夏洛特公主號」（Princess Charlotte）巡防艦在西印度群島驅逐法國艦隊；當時，他藉由將船偽裝成一艘普通商船，設法截獲了法國輕型巡防艦「西亞涅號」（Cyane）。

在「夏洛特公主號」以及後來的「安德洛瑪克號」（Andromache）上，托賓持續在愛爾蘭、西班牙北岸和英吉利海峽等地的附近海域活動。一八一四年七月，托賓退伍，定居在德文郡的一座漁村泰格茅斯（Teignmouth）。在這裡，他繼續創作海軍相關場景的素描與油畫作品。後來，托賓還曾任皇家遊艇「攝政王號」（Prince Regent）的船長。那艘船於一八三六年八月出售，但托賓繼續被拔擢為白旗艦隊海軍少將（Rear-Admiral of the White）。托賓在海上的職業生涯豐富而波折——曾參與過遠航探險；也曾歷經船艦之間的近身戰，但他運氣夠好，得以活著返鄉、在親朋好友陪伴下安度晚年歲月。死後他葬於天使長聖米迦勒（St Michael the Archangel）教堂，這是一座「臨海的教堂」。

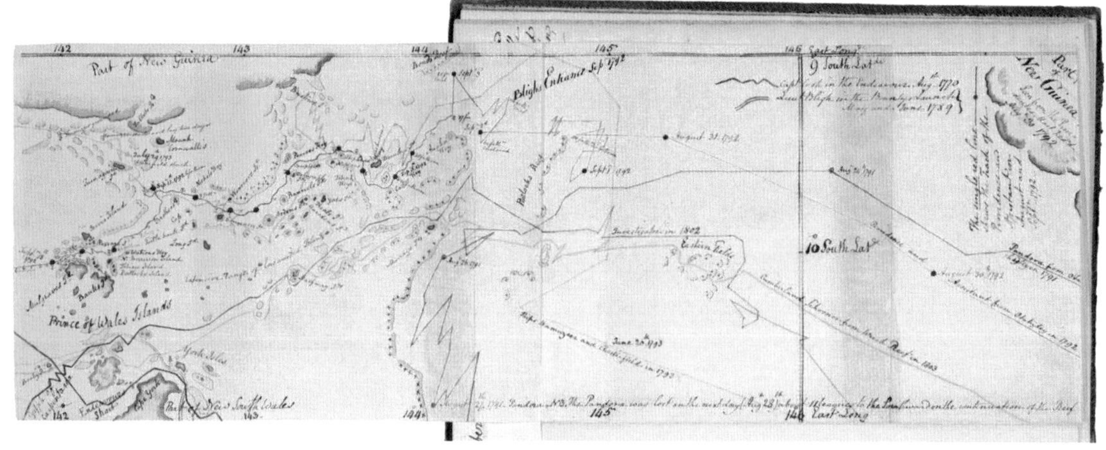

下圖：多年來，托賓一直在修改這幅托雷斯海峽海圖，它最初是根據弗林德斯上校所作的版本而來。托賓在「天佑號」上服役時，弗林德斯還只是船上的年輕見習生。

對頁：大溪地島的馬塔維灣（Matavai Bay），繪於一七九二年。這裡與更早二十多年前詹姆斯・庫克登陸的地點很接近。

Matavāi Bay, Island of Otahytey ..... Sun set ..... 1792 .. Page 163

Village
Rokal
Rokal
Mounts Bay fishing Boat _ 1808 _ P.ss Charlotte

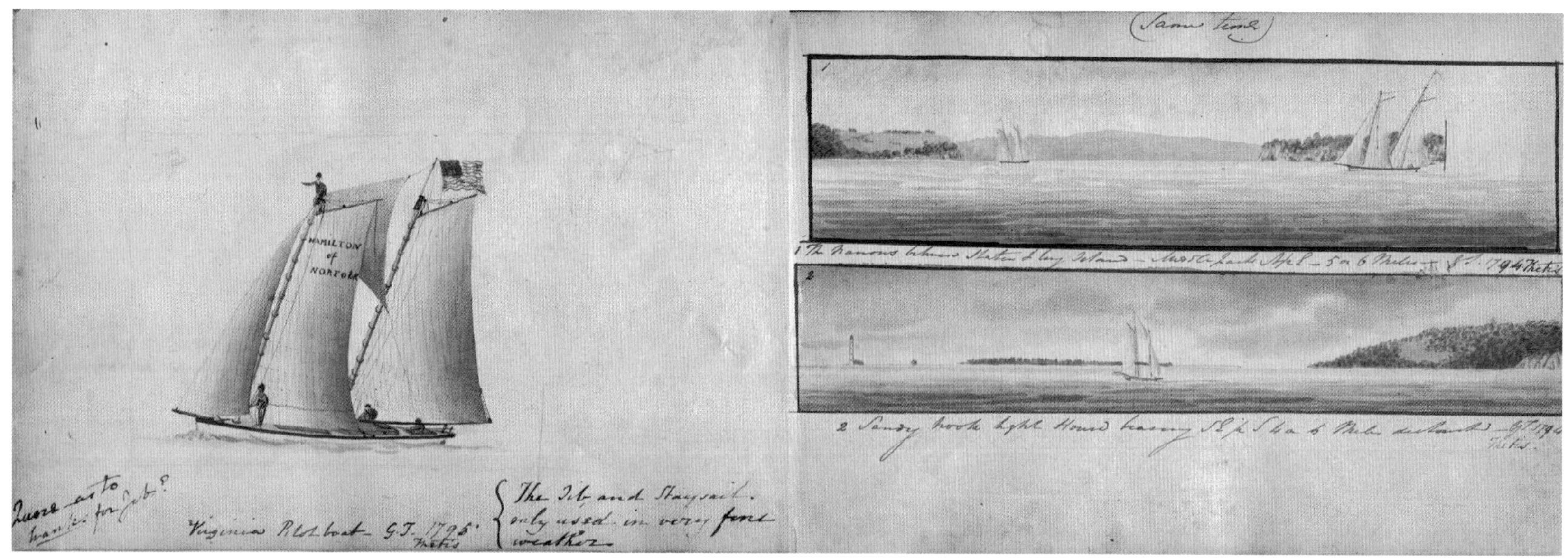
(Same time)
HAMILTON
of
NORFOLK
Virginia Pilot boat G.T. 1795
The Jib and Staysail only used in very fine weather

對頁：一八〇八年托賓於「夏洛特公主號」上服役時，在他這本早期的素描簿中畫下一艘行駛在蒙次灣（Mounts Bay）的漁船。下圖描繪的是他於一七九五年在「忒提斯號」上所見一艘維吉尼亞州的引水船和桑迪・胡克（Sandy Hook）燈塔。

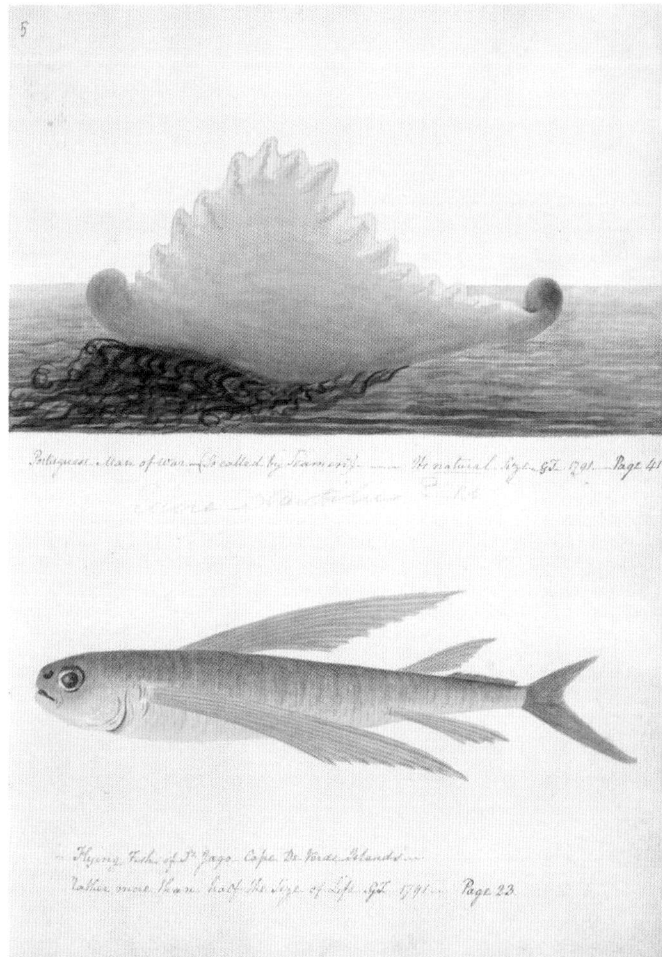

「天佑號」在大溪地島停留了將近四個月。托賓在日誌中對於那段生活的許多方面進行了詳細的描述，並為該島畫下了一系列豐富而珍貴的畫作。本頁是他所繪的〈海燕〉（Mother Cary' s Chicken）、〈葡萄牙僧帽水母〉（Portugese Man-of-War）和〈聖吉戈島的飛魚〉（Flying Fish of St Jago）。

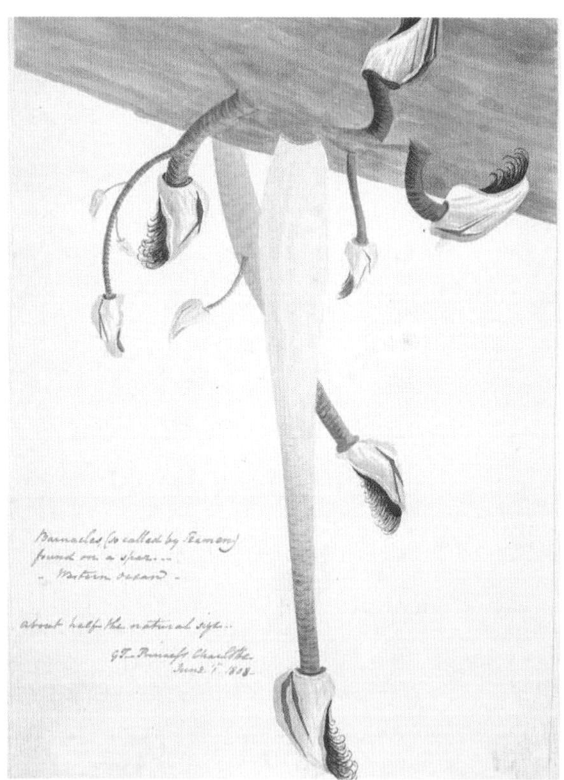

托賓所畫的〈大溪地島上的麵包果樹〉。布萊以〈天佑號〉成功將麵包果樹運送到西印度群島。托賓在日誌中還描繪了生長於船的圓材下的藤壺、冒險灣的熱帶魚，以及對頁圖中的布萊群島（Bligh's Islands）和赫布里底群島（New Hebrides）的沿海地形。

Blighs Islands &c.

S 70 W 6 or 7 Leagues

Island G, or One of Blighs islands. Page 248.

WB

S 3 W S 20 W

Island F, or One of Blighs islands, 4 or 5 leagues distant.... Sunday island, at the time F had these bearings, bore S 66 3/4 E 8 or 9 leagues. ——Page 248.

WB

New Hebrides.

Island B, or One of the northern of the New Hebrides.– SSE 5 or 6 miles distant – a few minutes after this view was taken, another island opened above the hill ✕. – Page 253.– 1792

.WB.

N 2 E NE 6 N

The Western part (seen from the Providence) of Blighs Islands, 4 or 5 leagues distant. Page 252.

.WB.

圖帕伊亞（TUPAIA）

一七二五～一七七〇年

只要有圖帕伊亞在，
總會找得到人願意帶領你從一個島去到另一座島上，
並確保你能得到友善的接待。

在爪哇島北海岸外的伊丹（Edam）小島上，有一座為船隻引路的燈塔，卻沒有任何路標指出一位神職人員墓地的所在位置。此人生前是技藝高超的波里尼西亞領航員，名叫圖帕伊亞。他出生在太平洋中心的來亞提亞（Raiatea）島，四周有珊瑚礁環繞。這座島嶼也被稱為「哈瓦依」（Havai'i），是毛利人的家園。圖帕伊亞藉由不斷的學習和進修，最後成為了當地一名一流的神職人員。經過幾代人的傳承，他擁有的知識涵蓋四散各處的島嶼面積與地理位置，以及在島嶼間航行所需具備的星象和湧浪相關知識。

一七六三年，當波哈波哈（Bora Bora）島的戰士入侵該島時，圖帕伊亞的寧靜生活被打亂了，他不得不前往大溪地島避難。一七六七年夏天，圖帕伊亞遇到了山繆爾・瓦利斯（Samuel Wallis）及他的「海豚號」（Dolphin）上的船員，他們是第一批抵達大溪地島海岸的歐洲人。圖帕伊亞對瓦利斯相當友善，向他學了一點英語，還幫助他觀察日食。一七六九年，另一艘船抵達了大溪地島，即詹姆斯・庫克的「奮進號」。不久之後，圖帕伊亞會幫助植物學家約瑟夫・班克斯採集植物樣本。富有、年輕的班克斯當時非常希望將圖帕伊亞當作「人類珍品」帶回英格蘭，而喜歡冒險的圖帕伊亞也希望多看看外面的世界。於是，他加入了這艘船的奮進之旅。

庫克和班克斯都認可圖帕伊亞的能力。每次登陸時，圖帕伊亞都會一馬當先前去交涉，以翻譯者的身分率先上岸，讓雙方人馬接觸時更順暢無礙。班克斯也因而得以擴充自己的樣本收藏。歐洲船員向圖帕伊亞問及船隻航行水域的相關細節，他便幫助庫克畫了一張內含約一百三十座島嶼、橫跨三千兩百多公里範圍的海圖。探險隊隨後向南航至紐西蘭。當時，除了一名荷蘭航海家亞伯・塔斯曼（Abel Tasman）曾在十七世紀考察過小小一片紐西蘭海岸之外，這個地方幾乎鮮為歐洲人所知。一些毛利人視圖帕伊亞為「tohunga」（或作「圖哈」〔tuaha〕；為受人尊敬的專家，能和他們祖先的文化聯繫、溝通的靈媒）而備受歡迎。毛利人送給他許多禮物，包括一件狗皮斗篷。

繼紐西蘭和澳洲之行後，「奮進號」全體船員又揚帆前往巴達維亞（今雅加達），停泊於當地維修他們的船。在不衛生的環境中，許多人都病了。圖帕伊亞在耶誕節前不久死於痢疾，但在此之前，他的身體早已因壞血病和瘧疾而變得虛弱。最後，同行者把他葬於伊丹。在返回英格蘭的航程圖中，還有另外二十八人死亡，屍體直接拋到船外海葬。在圖帕伊亞去世後，庫克在日誌中寫道：「他是一個精明、理智又機靈的人。」愛爾蘭水手約翰・馬拉（John Marra）也稱他為「真正的天才、一流的神職人員，也是優秀的畫家」。

庫克於一七七三年第二度回到紐西蘭，當時有毛利人走向他並大喊：「圖帕伊亞！圖帕伊亞？」正如庫克當晚所寫——圖帕伊亞「在這裡實在很受歡迎，也許大多紐西蘭當地人都已經知道他的名字了」。

雖然我們無從證實，不過這張〈來亞提亞大祭司〉肖像畫中人很可能就是圖帕伊亞。這幅作品是根據當時也在「奮進號」上的畫家錫德尼・帕金森（Sydney Parkinson）的畫稿而創作出來的。對頁是圖帕伊亞在一七六九年所繪的大溪地島，繪有水邊一艘有帆獨木舟和兩艘戰鬥用獨木舟。長屋的兩側有露兜樹（pandanus）、麵包果樹、香蕉樹和椰子樹。

一幅用上鉛筆、墨水和水性顏料製作而成的社會群島簡圖。這是一樁複雜的繪製工程：圖帕伊亞為約瑟夫・班克斯提供地名，班克斯再小心將地名密密麻麻寫在島嶼的海岸旁。

下圖：在「奮進號」駛離大溪地島時，圖帕伊亞加入了探險隊，並隨庫克一同前往紐西蘭和澳洲。在他這幅畫中，描繪的是澳洲原住民乘樹皮獨木舟捕魚的場景，其中一個人正在使用三叉矛。

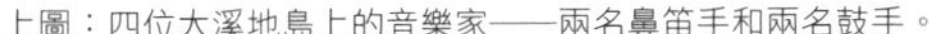

上圖：四位大溪地島上的音樂家——兩名鼻笛手和兩名鼓手。

右圖：圖帕伊亞所描繪的一幅場景：約瑟夫・班克斯於一七六九年在紐西蘭用物品交換小龍蝦的場景。「在我們見過的珍稀之物中，」班克斯說，「龍蝦和小龍蝦是最讓人難忘的。」許多年來都沒有人知道這幅畫的創作者是誰，直到班克斯的一封信揭露真相為止——「土著圖帕伊亞，」他寫道，擁有「所有具野性的原住民都有的漫畫天分」。

約瑟夫・透納（JOSEPH TURNER）

一七七五～一八五一年

我讓水手們把我綁在桅杆上來觀察它；
我被綁了四小時，而且一點也不想要逃跑，
但假如我真的逃了，也一定還是會想辦法將那一切畫下來。

無論透納是否真為了作畫把自己綁在暴風雪中的桅杆上，他必也曾近距離見識過大海的驚濤駭浪。一八四二年，透納在倫敦皇家美術學院展出他的布面油畫〈暴風雪〉（Snow Storm），並附上說明：「隨『羚羊號』（Ariel）離開哈威治（Harwich）的那晚，作者就在這場暴風雪中。」當時已六十七歲的透納健康狀況並不佳，如果他果真在那晚被綁在桅杆上，等別人將他放下來時，也許早沒命了。

透納希望他的畫超越單純的描摹。他試圖將觀眾置於一場偉大戲劇的舞臺正中央，並將大海的力量注入畫廊的空間內——極少人用這種方式創作過。有人稱讚這幅畫是透納的傑作，而其他人則完全無法理解。《雅典娜神廟》雜誌（*The Athenaeum*）的藝評將其描述為「狂亂的謎團」，另一個人則駁斥它為一攤「肥皂水和塗料」。據說透納對此的回答是：「他們知道什麼？我很好奇在他們眼中大海是什麼樣子？希望他們也曾親身體驗過真正的大海！」

透納是多產而創意十足的藝術家，精湛的技藝無人能出其右，他將繪畫藝術在表現上的廣度開拓出新境界。在當時代，透納創作的水彩風景畫和宏大的歷史寓言畫備受推崇。到了職業生涯後期，他開始創作抽象畫，為現代主義開創先河，而他最頂尖的那些海景畫則可說是他探索光影和色彩的一些嘗試。

透納出生於倫敦。在他的一生中，水——尤其是泰晤士河——對他有著持續不墜的吸引力。透納在河上划船、釣魚，甚至還親手設計了一艘近岸小帆船。他的少年時光充斥著倫敦池（the Pool of London）上的聲光、水影，以及在布里斯托碼頭、馬蓋特（Margate）、迪爾（Deal）和福克斯通（Folkestone）水域上工作的船隻。他於一七九六年展出第一幅油畫作品，描繪的對象就是漁夫。而他去世前幾個月正在進行的創作，則是關於艾尼亞斯（Aeneas）的故事，作品表現出「夢中的海上神話」的主題。他最心愛的一幅畫作〈無畏號戰艦〉（The Fighting Temeraire）於一八三九年展出。在此畫作中，陳舊的「無畏號」木造戰艦是曾參加過特拉法加爾戰役的退伍老「兵」，也是整個拿破崙時代海戰的最後「見證者」。小蒸汽拖輪在泰晤士河上將「無畏號」拖去拆船廠——儼然是新、舊時代重要的交替關口。

在生命的最後幾年，透納與伴侶低調生活在位於泰晤士河邊的赤爾夕區的一間小房子裡。對於幾位認識他的當地人來說，他是個老好人，有個暱稱叫「海軍上將布斯」（Admiral Booth）。他會僱人划小船載著他和「妻子」到河上寫生作畫，有時也會啜幾口琴酒。雖然幾十年前他和另一位情人生下了孩子，但他既沒結過婚也沒組過家庭，甚至未曾享受自身才華所帶來的外界矚目。在透納看來，他的成就很好理解。「唯一的祕訣，」他曾這麼宣稱，「就是不要命地努力工作。」即使在人生最後的日子裡，透納依舊老是在觀察、並持續作畫。他總會在清晨爬到屋頂上，裹著毯子看日出。

右圖中是透納為了他於一七九六年首次展出的油畫〈海上漁夫〉（Fishermenat Sea）所作的草稿。對頁是透納一七九三年的作品〈多弗：碼頭和海上一艘風暴中的船〉（Dover: the Pier, with a Ship at Sea in a Storm）的草圖。畫作雖未完成，但不減其重要性——此畫可能為透納首度描繪自然界暴風雨的嘗試。

對頁：海岸對於透納有巨大的吸引力，如英格蘭東北部、蘇格蘭、康瓦耳半島（Cornish peninsula）和馬蓋特。這幅水彩畫描繪了一艘明輪船與正在逼近的暴風雨。

在旅途中，透納常攜帶口袋型素描本，並用鉛筆在上面畫圖稿或寫下文字描述，通常會占滿對開兩頁。他並不寫日記，但他的素描簿卻也具備自傳色彩。

後頁：透納一系列關於海洋和天空的習作畫，他從沒想過將這些作品納入畫展中。從這些習作可看出透納工作、遊戲和試驗過程中所做的創作。他的許多習作，或稱為「色彩初始」，都是用很短的時間畫出來的。

蘇珊・維德（SUSAN VEEDER）

一八一六～一八九七年

往家的方向前進，一路順暢。
我抓緊時間，盡可能早到家。

美國的捕鯨活動到十九世紀中葉來到了巔峰。每年都有成千上萬人離開美國東北的沿海港口，希冀能幸運帶回那些「用小木船載著、體積是大象二十倍大」的生物。這是一項令人生畏而必須耐髒的工作，通常還可能歷經數月漫長而單調的搜索工作後——無功而返。最初，美國捕鯨船上的船員來自四面八方，巴斯克裔的魚叉手和其他歐洲航海人員懷著一身經驗和肌肉，加入了捕鯨行業。然而到了十九世紀，船上可見到越來越多的非裔美國人、美洲原住民和太平洋海島原著民的身影。

捕鯨業的面向並非總是血脈賁張、光講求男子氣概這麼單純。事實上，當時還有許多沒人講述出來的故事，是關於隨船出海的女性。由於大西洋上的鯨魚數量減少，捕鯨人不得不去探索新的海域。要航行更遠的距離，便表示航程會拉得更長，通常是二至四年。雖然一般水手依舊不得不與家人分別，但船長的妻子卻越來越頻繁地隨丈夫登船出海。

其中一位了不起的女性正是蘇珊・維德。一八四八年，年僅三十二歲的她與丈夫查爾斯・維德（Charles Veeder）船長，及兩人的兒子一起乘著「諾地康號」（Nauticon）從南土克特（Nantucket）前往太平洋。這是一次耗時將近五年的航行，蘇珊・維德的日誌佐證了她在旅途中的喜樂和困阨。由於航程期間蘇珊懷孕了，他們在繞過合恩角後，選擇在智利的塔爾卡瓦諾（Talcahuano）港靠岸，她的小女兒也在當地出生了。在岸上生活了幾個月後，母子再度參與了航行。在蘇珊的日誌中，

上圖與對頁圖：蘇珊・維德的航海日誌開門頁，以及一八四九年十一月在土亞莫土群島（今法屬玻里尼西亞）所寫的日誌。

可見到船上的生活記敘短暫地出現其中。例如一八四九年十二月三十一日，她寫道：「瑪麗・弗朗西絲（Mary Frances）已經十一個月大；長了七顆牙；她在船上到處爬，是個可愛的小滑頭。」

好景不常，到了隔年三月他們來到大溪地島，小女兒生病了。這對父母猜測或許是因為她正在長牙，於是帶她去找當地的醫生，希望幫她把牙齦劃開。醫生說她只是感冒，並開了一種粉劑給她。當天晚上，嬰兒的病情嚴重惡化，隔天早上便夭折了。但沒人想要將小瑪麗留在大溪地，「我們必須帶她離開這裡，所以做了一副鉛棺，並將屍體做好防腐處理，帶回家了。」

這次航行中，他們來到了皮特凱恩群島與土亞莫土群島，甚至還向北航至北極。「諾地康號」於一八五三年春天終於返回南土克特，但從那以後蘇珊的故事就不為人所知了。他們將瑪麗埋葬在當地墓園中，直到今天墓碑依然立在原地。查爾斯又回到了海上。幾年後，這對夫婦又有了另一個女兒瑪麗安娜（Marianna）。但還有人說，後來在一八七二年的一次航行中，查爾斯在大溪地下了船、不再回頭；據說，他愛上一名玻里尼西亞女子，從此再未返鄉。

November th 28 1849 Paumotu Group

to day we have seen Greig Isld
And saw a white flag sat on it And could
see some of the residents And suppose them to
be French from the Society Islds,
29 th nothing of any note All well
30 th to day we are near Deans Isld Stearing N
December th 1 st to day we are of Krusensterns In
one boat went in And caught a lot of fish
2 d to day nothing of any note Stearing N
3 d the same Stearing N
4 th to day saw a Shoal of Sperm Whales
going quick to windward we lowered our
boats but got none
5 th Strong wind nothing of any note
6 th saw Sperm whales lowered our boats
And we was fourtunate to get one 90 bbl
7 th to day cut in the whale
8 th saw three more whales but they was going
very quick to the windward
9 th Strong winds nothing of any note
10 th to day it is rather squally seen nothing Stearing N
11 th 12 th nothing of any note
13 th 14 th Strong winds And very squally Latt 13.46 Long 146
15 th 16 th nothing of any note wind not so strong
17 th 18 th weather fine again
19 th to day we have seen the Isld of Ahii
20 th weather fine nothing of any note Latt 14.5 Long 145
21 st this morning saw a Ship And Barque
22 d to day seen the Isld of Oura All well
23 d saw Wilson Isld at 8 PM one boat went in
fishing they saw some of the Natives got a few Cocoanuts

Some off the Paumotu Group

E. Side of Albemarle

Pitcairns Island as Seen bearing S.W. Dist 2 Miles
Sales Rock Dist 3 Miles

對頁左：加拉巴哥群島的奧伯馬（Albemarle），即今天的伊沙貝拉島（Isabela），是捕鯨的熱門地點。「諾地康號」於一八五〇年到達當地。

對頁右：一八五〇年四月，維德一家在皮特凱恩島停留了三天，並在當地參觀了「邦蒂號」的叛變者弗萊徹．克利斯提安的房子。蘇珊寫道：「我們剛到沒幾分鐘，房子裡就擠滿了人。大家都是來看我的，他們是我見過的最善良的人。」

左圖：秘魯的派塔（Paita，或拼作 Payta）是另一個頗受歡迎的捕鯨港。蘇珊．維德並不是唯一一位陪同丈夫乘捕鯨船出海的船長之妻。但總的來說，一般水手很抵制這樣的行為，甚至會感到憤憤不平，他們常對船上的「捕鯨妻子」（petticoat whalers）抱有敵意。

威廉・范・德・費爾德（WILLEM VAN DE VELDE）

一六一一～一六九三年

皇室委任我為海戰創作畫稿，而我的兒子則負責上色。

威廉・范・德・費爾德是荷蘭黃金時代最優秀也最具勇氣的藝術家之一。他出生在荷蘭來登（Leiden），是一位法蘭德斯（譯註：法蘭德斯是西歐的一個歷史地名，泛指古代尼德蘭南部地區，位於西歐低地西南部、北海沿岸，包括今比利時東法蘭德斯省和西法蘭德斯、法國的加萊海峽省和諾爾省、荷蘭的哲蘭省）船長之子。有人說，「他生來就是要出海的」。第二次英荷戰爭中，他是荷軍艦隊由官方派出的戰地畫師。一六六六年六月的四日海戰（Four Days' Battle）爆發，他親臨了戰事正酣的戰場。稍晚，在同年夏天的聖詹姆斯日之戰（St James' Day Battle）中，他亦前往交戰現場，描繪激烈的沙場死仗——雙方的船艦損失慘重，最後有成千上萬名人員陣亡。他自己有一艘輕巧的艦載小艇，因此可以跟隨著艦隊，來到距戰場僅咫尺之遙的地方。

他在繪畫方面的努力令自己的名聲傳到了敵方陣營：一六七二年，應這位藝術家的崇拜者英王查理二世之邀，他移居至英國。他的畫家兒子（也叫「威廉」）隨父親一同動身。才剛抵達倫敦，父子便受託第一項重要任務：為剛發生的第三次英荷戰爭中的索爾灣海戰（Battle of Solebay）設計一套掛毯。兩人就在位於格林威治皇后宅邸（Queen's House）中的工作室一同工作，酬勞則是由國王按各自的創作成果分別支付。

在接下來的二十年，他們為宮廷、貴族和海軍軍官創作了無數船隻、海戰與海景畫。老威廉通常會在素描後，再用墨水加工，創作成繁複細密的黑白鋼筆畫。這種風格在荷蘭也被稱為「鋼筆油畫」（penschilderingen〔荷文〕，譯註：十七世紀荷蘭盛行的一種繪畫技巧。先在畫布上用白色顏料鋪上底色，再用藍色墨水繪製細節，英譯「pen painting」）。後來，他也嘗試創作油畫。父親在倫敦去世後，兒子威廉繼續監管著他們共同的工作室，並僱用越來越多的助手、臨摹員、實習生和顏料調配員。後來的許多海景畫家都曾複刻或再創作過老威廉的作品。他的其中一位女兒莎拉也在工作室工作過。威廉・范・德・費爾德開創性十足的繪畫技藝為英國海景畫奠定了基礎，他的作品更影響了許多著名的海景畫大師，如尼古拉斯・波科克（見210頁）、多明尼克・塞雷斯，當然還有名聲最響亮的透納（見266頁）。

威廉・范・德・費爾德大部分的畫作是用鋼筆和灰色淡彩創作的，這些作品為世人提供了一份十七世紀荷蘭與英國的軍艦及小型船艦極為完整周詳的記錄。

對頁：第二次英荷戰爭期間，英國海軍少將羅伯特・霍姆斯（Robert Holmes）率領船隊於一六六六年八月襲擊弗利（Vlie）河口，他們對一支規模龐大的荷蘭商船隊開火。

上圖：一六六六年六月十日，戰爭委員會（Council of War）在四日海戰開打之前登上了由米希爾・阿德里安斯・德・魯伊特（Michiel Adriaensz de Ruyter） 指揮的「七省號」（The Seven Provinces）旗艦，為第二次英荷戰爭中的一段插曲。

對頁：威廉・范德費爾德乘著自己的小艇，分別從交戰雙方的視角近距離描繪英荷戰爭的場面。威廉是荷蘭的第一位官方戰地畫家，之後他搬到倫敦，與兒子一同為英王查理二世作畫。

紙與冰

卡麗・赫爾伯特（Kari Herbert）

現在我被大海的聲音環繞著；夜色越來越濃，潮水混亂地打轉，
波濤撞擊著我書房窗戶下的岩石。

——蕾秋・卡森（Rachel Carson），一九五五年

我們居住在陸地的邊緣，棲身的房子可能終有一天會陷入海中。出太陽時，我們家下方的海灘上有歡樂的人群聚集。在更平凡的日子，適逢早晨濃霧瀰漫、雨水敲打在窗上時，我們仍舊看得到有人在沙灘上遛狗，或者身在浪點之外的衝浪客。而在冬天，大西洋上暴風雨來襲時，海浪在懸崖底部碎裂開來，海灘上的沙被海水帶走，露出巨大的礫石與岩石。屋頂在風中嘎嘎作響。在這裡，我經常夢見格陵蘭。

在我還是小嬰兒時，父親瓦利・赫爾伯特（Wally Herbert）就帶我去到格陵蘭，讓我在因紐特的狩獵部落中長大。我人生最初的記憶中充滿了海冰、雪橇之旅以及乘著小船進入海灣的航行。那是一九七〇年代，更早前我父親就已了解了此地生活的樂趣與艱苦。他是第一個穿越北冰洋的人。他的船就是雪橇；船員則是他馴養的一群哈士奇。在十六個月超過五千八百公里的路程中，他歷盡艱辛穿越冰凍的海面，時時處於危險中，又總是在幾近不可能的情況下得救。為什麼要做這件事呢？因為他想要證明一件很多人認為不可能做到的事情。但我想，更重要的是他喜歡到冰上活動。那是他心之所向。

去年夏天，我參加了一場北極之旅。站在冰面上，在結凍的海冰上漂浮的感覺簡直太好了。想要實現這件事其實並不難，你需要一位經驗豐富的冰船船長、一艘強大的俄國破冰船，以及一批嚮導和水手所付出的驚人心力。當然，成功到達之後有拍照和慶祝活動，但我找了一個僻靜的地方坐下，靜靜享受那無邊的空曠；我念起過去、遙想未來。我在日誌中畫畫，只是一些簡單的創作，記錄個人的回憶。一九六九年，當我父親站在跟我所處的同一個地方時，他身披厚重的毛皮照了一張相，還用綁在雪橇後的魚叉豎起一面國旗。這是英國國旗第一次在北極飄揚，但只維持了幾分鐘，他便小心將國旗收起、重新放回包裡，又繼續上路了。海冰總是在移動位置，如果他把旗幟留在那裡，最後一定會漂走。他的目標不光是要到達極點，而是要接受更大的挑戰：從海岸一端到達另一端。目的地海岸的陸地在離他幾百英里遠的地方，眼前還得面對六星期的奮鬥和種種不確定性。然而，即使他後來完成了那一趟海上之旅，心中依然熱愛著那片冰原，而且想要體驗到更多的東西。他一生都誠摯地尊重著大自然和因紐特人，亦曾多年致力於北極的環保工作，認真捍衛這個地球上許多生命視為家園、美麗而脆弱的地方。

除了那些曾勇敢無畏、歷盡艱險完成極地航行的傑出航海家之外，還有一些身處「幕後」但同樣也相當重要的人物。簡・法蘭克林（Jane Franklin）沒有留下任何航海日誌，然而在她那知名的丈夫約翰・法蘭克林於一八四五年駛過了海圖的盡頭、並有去無返後，她用了二十年的時間企圖搜尋丈夫下落，更努力為搜索工作籌措資金。她並沒有親自去北極，而是乘船去蘇格蘭說服當地捕鯨人前往北極尋找失蹤人員。正因為有她，許多航海者踏上了北極之旅，而加拿大北部的大部分地區才因而首度出現於地圖上。約瑟芬・皮爾利（Jo sephine Peary）隨丈夫探險家羅伯特・皮爾利（Robert Peary）一同登船前往北極，並在格陵蘭島北部生下孩子。當她的丈夫選擇繼續出海逐夢時，她為先生留守家中，一等就是許多年。隨著孩子日漸長大，她寫了無數封信，這些家書隨無數船隻送往世界各地，這名妻子盼著有一天能收到先生的回信。

大海令人心碎。當丈夫決定和世界另一頭的玻里尼西亞人一起生活；或在即將退休之際、離家只剩幾天航程的大西洋上被暴風雨給吞噬——許多女子都得獨自面對這些際遇。那麼，瑪麗亞・卡爾德拉・比雅特麗斯・巴爾博薩（María Caldera Beatriz Barbosa）的故事又是如何？她嫁給了麥哲倫，堅定不移地支持丈夫，為此忍受來自宮廷政治的打壓、貧困和誹謗。當麥哲倫再也回不去家鄉時，當時的她已經破產，未能得到任何獎勵或幫助，甚至連名譽都徹底掃地。還有一些勇敢的妻子為了讓一家人共聚天倫，選擇上船加入丈夫的遠行，或與他們一同移民到美國、澳洲等地。這些人幸運從船難和其他各種危險中死裡逃生，從此開啟了異鄉的全新生活。

對於少數幸運兒來說，出海航往北極後，能為自己掙得豐厚報酬，但這仍是一項冒險事業。在十九世紀，從新貝德福德出海的七百多艘捕鯨船中，有近三百艘沉沒或損壞。船員的日誌中充斥著捕獵活動的艱險，以及從事此行業的駭人之處。捕鯨者並非全是男性。蘇珊・

維德（見272頁）只是大力給予他人支持，且敢於冒險犯難的眾多女性中的其中一名，她們本身就都已算得上是探險家了。一八七一年，超過三十艘捕鯨船在阿拉斯加附近被巨大的漂流冰塊困住、壓碎。在船體完全損毀的情況下，船上一千兩百一十九人（包括許多船員的妻小）統統奇蹟似地安全上岸。

就在此事發生幾年前，一八六九年七月，畫家威廉・布萊德福（William Bradford）與兩位攝影師踏上了最早一批前往北極，以藝術為目的的探險之旅。在他們乘「潘瑟號」（Panther）汽輪航行時，布萊德福創作了數百幅鉛筆畫和油畫草圖，同時也在為返程之後所要完成的大型畫作做準備。與此同時，他的攝影師夥伴約翰・鄧莫爾（John Dunmore）和喬治・克利契森（George Critcherson）千辛萬苦地用濕版攝影法，拍出了四百多幅照片，而極差的天氣狀況為這些過程添了不少挑戰性。最後，不枉這一番苦心創作出的畫作和攝影作品吸引了大批來自歐洲和美國、渴望一睹千古奇觀的熱情觀眾。維多利亞女王甚至成了布萊德福一八七三年出版的《北極地區》（*Arctic Regions*）一書的主要贊助人。在那場名為「布萊德福講座」的活動中，藝術家透過巡迴演講，向聽眾講述了他的極地冒險故事。講座中，他的畫就陳列在一旁的畫架上，而那些照片則藉由神奇的幻燈片投影到螢幕上。

冰原也許不適合所有人；它太冷、太偏遠、荒無人煙。然而，身為藝術家和作家的我發現：大海——尤其是冰川，那變化萬千的色彩和脆弱的本質，對我而言就是真正的靈感泉源。大海擁有豐沛的美感，但它也見證了人類對大自然造成的破壞。據專家預測，最早可能在二〇二〇年，北極就會出現無冰的夏天；到了本世紀末，海平面可能會上升三公尺。雖然大多數人無法真的前往如此偏遠的地方，但藝術的力量能激勵世人正視氣候變遷問題之迫切。行為心理學告訴我們：人會先採取行動，然後再根據自己的情緒來做決定。藝術能夠以一種統計學辦不到的方式來策動我們作為。

近年來，其他藝術家也為冰川所吸引。札麗婭・福曼（Zaria Forman）參與了美國太空總署的「冰橋行動」（Operation IceBridge），擔任此行動的藝術家；目前它已持續運行了將近十年，是針對地球極冰為期最長的空中勘查。一架裝有雷達和雷射測高儀的DC-8型飛機，經過改造成為一間「可以飛的實驗室」，還有辦法製作出細節相當詳盡的攝影地圖——一幅由局部照片拼接成的馬賽克地圖。「我意識到自己有幸成為以這種視角來欣賞此地自然風景的第一批藝術家，」福曼說，「某種以前從未有過的緊迫感，促使我記錄下眼前所見到的變化。」

福曼用靈巧的手指沾上柔和的粉彩在紙上畫冰山。每次她從航行中回來，都需要花數月的時間完成這些畫作。福曼的創作通常都是從非常簡單的鉛筆素描開始，接下來便是反覆疊層上色。她說：「我希望我的畫能讓大家注意到全球暖化問題的緊迫性，並讓觀畫者更積極看待這個問題。」

藝術可加深我們對危機的理解，幫助我們在自然景觀的改變中，發掘到意義和樂觀的前景。圖像具有促使我們採取行動的力量。對許多過去的航海家來說，冰川很危險。而對於許多當今藝術家來說，冰川漸漸代表了創造力之源，更象徵著我們在氣候暖化中將失去的一切。

第280頁：從這塊手工上色的玻璃幻燈片中，可見到威廉・布萊德福於一八六九年在卡爾蘇特峽灣邊緣繪畫的場景。那次的極地之行是一場「純粹以藝術為目的的旅程」。

札麗婭・福曼在她位於紐約的畫室裡，正在創作〈鯨灣，南極洲，第四號，二〇一六年〉（Whale Bay, Antarctica, no. 4, 2016）。「我藉由藝術創作搭建起人與遙遠景觀之間的聯繫，」她說，「這種聯繫對於我們人類共同的未來而言非常重要。」

羅伯特・韋爾（ROBERT WEIR）

一八三六～一九〇五年

我們已經走得太遠，
看不到陸地、看不到我可愛的「小美利堅」（Ameriky）了。
我被派到船上高處去尋找鯨魚之類的東西。

就跟在他之前和之後許多年輕人一樣，羅伯特・韋爾趁著黑夜逃到了海上。某些人選擇離開是為了冒險、找機會見識異國的海岸；另一些人則為了走避個人的危機，也許是遠離傷心地，又或者是財務糾紛——這些人的故事大多都湮沒在歷史中了。但韋爾不同，因為他留下了第一次出海航行當時的詳細日誌，裡頭還繪有美麗的圖畫，描繪著船上的各種活動。

他的父親是畫家羅伯特・沃爾特・韋爾（Robert Walter Weir），將近四十年來一直在美國西點軍校擔任繪畫教授。他家一共有十二個小孩，身為其中之一的小羅伯特會想去海上試煉一番大概也不算太奇怪。只是他還欠下了一大筆賭債，令家人「蒙羞」，於是他穿著僅有的一件襯衫，帶著口袋裡少少幾美元，來到了麻薩諸塞州繁榮的捕鯨重鎮：新貝德福。他用「瓦拉」（Walla）這個化名簽約，成了即將起航的「克拉拉・貝爾號」（Clara Bell）上的船員。

這是一場歷時近三年的南大西洋航行，他們繞過好望角，深入印度洋，在海上追逐抹香鯨。在捕鯨順利時，所有人都會沒日沒夜地奔忙：白天乘捕鯨小艇出海；晚上則不時得徹夜工作、將鯨脂煉成油。他們從頭到腳渾身是血、脂肪和煤煙，甲板上的熔爐則在黑暗中熊熊燃燒。一有時間韋爾就會畫畫，或在日記中自我反省。他對艱辛的捕鯨生活的看法並未隨著時間而改善，而他也飽嚐這個行業可能面臨的那些孤獨、歡欣和危險歷程——一如梅爾維爾在《白鯨記》中描述的光景。「筋疲力盡地栽進鋪位裡，手上滿是水泡。」韋爾寫道，之後又補上了帶有少許諷刺意味的「真浪漫」。

在二十一歲生日那天，韋爾試著自己用魚叉射殺鯨魚。「噢，真希望我人還在離文明世界不遠的地方，」那天晚上他寫道，「還要在這裡待十八個月，簡直太糟糕了，但我已經堅持到現在……若父親能夠看到現在的我該多好！」韋爾的父親原諒他了嗎？我們只能憑空猜測，因為從日誌中找不到線索。有一點可以確定的是，他在捕鯨之行後活了下來。一八六二年，他又重回大海，於南北戰爭期間加入聯邦海軍（Union Navy），在激烈的莫比爾灣戰役（Battle of Mobile Bay）中擔任由海軍少將大衛・法拉格特（David Farragut）指揮的「里奇蒙號」巡洋艦（USS Richmond）上的工程師。在此期間，他還擔任過類似戰地記者的工作，為《哈潑週刊》（*Harper's Weekly*）撰寫短篇小說、繪製插圖。有紀錄顯示，後來他在克羅頓水道（Croton Aqueduct）上找到了工作，也因而來到紐約，在新的聯盟地鐵建築公司（Union Subway Construction Company）擔任工程師。一個躁動不安的靈魂，似乎終於安定下來了。

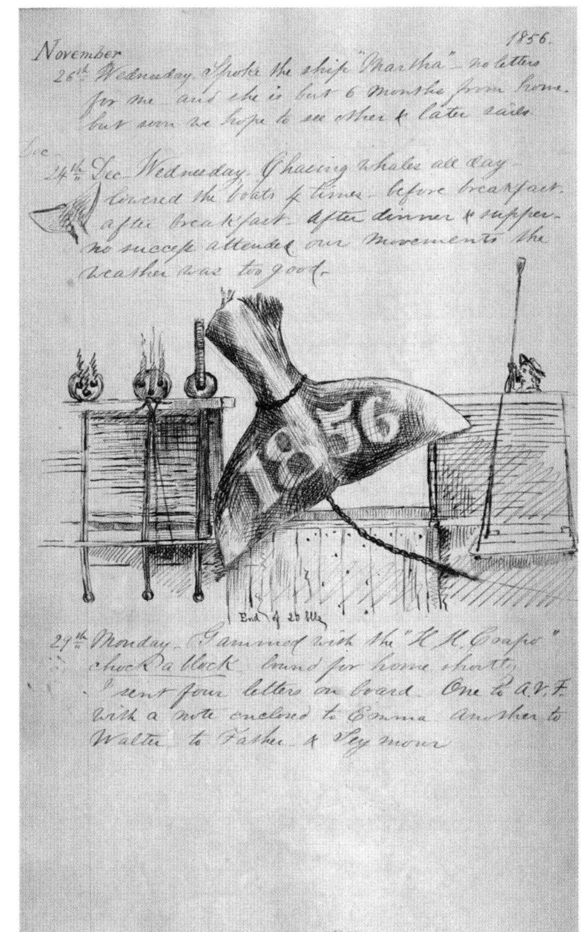

November 1856.

26th Wednesday. Spoke the ship "Martha" – no letters for me and she is but 6 months from home. but soon we hope to see other & later sails.

24th Dec Wednesday. Chasing whales all day – lowered the boats 4 times – before breakfast. after breakfast – after dinner & supper – no success attended our movements the weather was too good.

27th Monday – Gammed with the "H. H. Crapo" chock a block bound for home shortly. I sent four letters on board. One to A.V.F. with a note enclosed to Emma. Another to Walter to Father & Seymour

December 1857

27 Sail in sight this morning: the weather is dull, broke out several watercasks, 3 casks of sails a cask of slops & one of towline. Stowed sails towline & slops in the run – broke out water. the Blubber tries out fast & well: 7 a.m. commenced trying out head 9 a.m. commenced to fry the fat-lean & slumgullion in the pots – raining an old English rain all the morning – our clothes soak it in in spite of the coating of oil they have got. Upwards of 115 bbls on deck – this looks something like whaling – what a time we'll have stowing it away. but it has got to be done.

28th Monday Heading NNE – under double reefed topsails – plenty of rain with little wind. decks scrubbed – oil cooling preparatory to stowing it down, and all begin to think of home once more – though the skipper still gives the cry "two whales more" 6 P.M. Land in sight (Madagascar) wore ship heading SE. Quite cloudy & threatening during the night – Made all sail this A.M. hands engaged in coopering the oil. 9 A.M. tacked ship – steering NNW – sail in sight supposed to be a merchantman. her course is about SW – I wonder when we'll steer such a happy course –

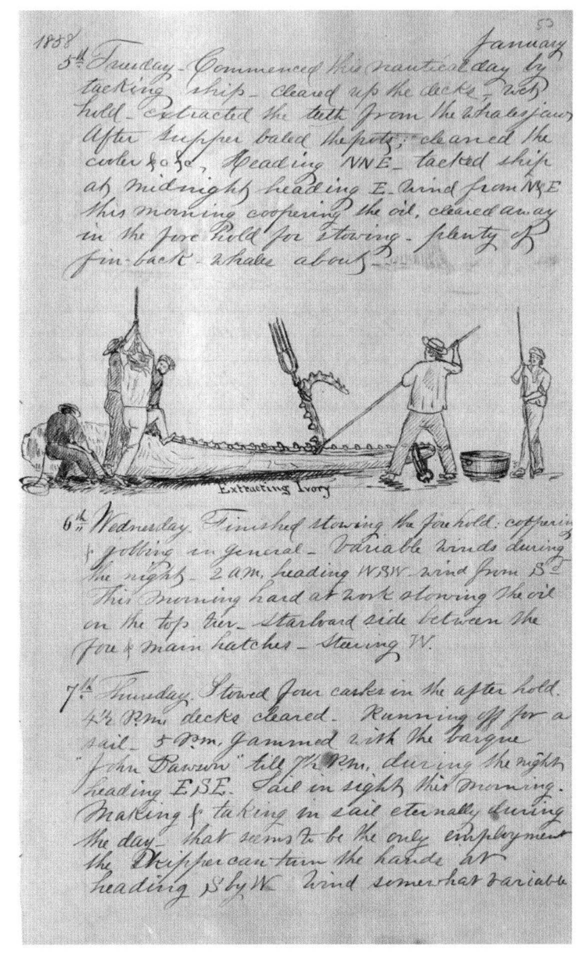

1858 January

5th Tuesday – Commenced this nautical day by tacking ship – cleared up the decks – wet hold – extracted the teeth from the whales jaw. After supper baled the pots; cleaned the cooler &c &c, Heading NNE – tacked ship at midnight heading E – wind from N & E this morning coopering the oil, cleared away in the fore hold for stowing – plenty of fin-back – whales about – –

6th Wednesday. Finished stowing the fore hold: coopering & jobbing in general – Variable winds during the night – 2 A.M. heading WSW – wind from S. This morning hard at work stowing the oil on the top tier – starboard side between the fore & main hatches – Steering W.

7th Thursday. Stowed four casks in the after hold. 4½ P.M. decks cleared – Running off for a sail – 5 P.M. gammed with the barque "John Dawson" till 7½ P.M. during the night heading ESE. Sail in sight this morning. Making & taking in sail eternally during the day – that seems to be the only employment the skipper can turn the hands at heading S by W wind somewhat variable

一八五六年耶誕節前夕，韋爾和「克拉拉・貝爾號」上的船員一整天都忙著捕鯨；十二月二十九日他們與另一艘返航船隻上的船員一起「聯歡」，韋爾趁機送出一封家書讓他們帶回。

「太遲了」；三枝魚叉已經準備好要來個致命一擊，但鯨魚僥倖逃脫，潛入了深海。

「拔牙」；水手們從鯨魚的下顎中拉出一排牙齒。最好的牙齒非常昂貴，因為靠著耐心與技巧（以及一些墨水、鋒利的工具和穩健的手），就能把鯨齒變成精美絕倫的牙雕。

赫里特・韋斯特能（GERRIT WESTERNENG）

一八五八～一九五九年

離開之前，我們發表了一則演說，
內容有關發現這些島嶼並為其命名的前人。
那裡真是寒冷刺骨。

一八七八年的北極曾（相對）是個較興旺的地方。儘管捕鯨高峰期早已不復在，英國依然在一季內向北派出約二十二艘船；美國的海豹捕獵船也很活躍；另外則有些人在卡拉海（Kara Sea）捕獵海象。那個時間點，挪威人在北大西洋進行深海研究；丹麥人正在勘測格陵蘭島的西海岸；俄國人希望開闢通往鄂畢（Ob）河的貿易航線；瑞典人也試圖找到西北航道。至於阿拉斯加，則是有更多探險隊在當地尋找黃金。

與此同時，一位出生於荷蘭迪爾赫丹（Durgerdam）村、滿懷漂浪夢想且生性執拗的年輕漁民，正順應著心中嚮往，要出發前往水平線另一端。赫里特・韋斯特能從小在船上長大，乘著自己的小木船在須德海（Zuiderzee）上捕鯷魚和鯡魚。據說某一天他在阿姆斯特丹一家書店前看著櫥窗裡的一部地圖集，並聽說有一艘要去北極的荷蘭探險船正整裝待發，自己就跑去碼頭登記報名了。

此前，在遙遠的新地島傳奇探險家威廉・巴倫支及他的探險隊的遺物剛被發現，荷蘭人對極地探險塵封多年的興趣因而再次受到召喚。甫成立的荷蘭地理學會（Dutch Geographical Society）意識到其他競爭國家都在虎視眈眈著北方，於是出面協助統合資源與人力，打造出一艘雙桅縱帆船，取名為「威廉・巴倫支號」。這支探險隊肩負著雙重使命：要到早期荷蘭探險先驅曾活動過的地方豎立紀念碑；另外也要對正在起步中的海洋學領域有所貢獻。這是一場結合了科學與民族主義的行動——堪稱新時代的北極探險：就算不能付諸實現，那麼至少也要在精神上重聲荷蘭在那片土地占有一席之地。

韋斯特能加入了「威廉・巴倫支號」，是船上的其中一名水手。儘管年僅十九歲且是年紀最小的船員，他具備豐富的航海經歷卻遠遠超過許多人。他擁有敏銳的眼光和好奇心，這些特點有助於他之後獲得協助動物學家的工作，從旁幫忙疏浚和識別海洋生物。儘管一生中從未上過任何繪畫課程，但在他三次北極之旅中，韋斯特能始終會記錄航海日誌，並在上面用彩色蠟筆和自製墨水作畫。

探險活動在前進過程中因海冰而困難重重，但在一八八一年八月二十三日那天，韋斯特能和其他隊員成功在新地島北部海角附近的奧倫吉群島（Orange Islands）上豎立了紀念碑。回到家鄉後，他與一位出身自約爾克（Urk）的女子結婚，並從此定了下來。韋斯特能繼續乘自己的小船出海工作，直到後來一次意外發生後，他再也不能出海捕魚。從此他開了一家咖啡店，並很適切地將店名取作「威廉・ 巴倫支」。他本人就在店內為客人說著精采可期的海上傳奇故事，就這麼一直說到他九十多歲……

「一隻興奮的海豹高高跳起，想看看我們在甲板上都做些什麼。牠皮膚是泛著完美珍珠光澤的白色，只有前爪和尾巴是黑色的，背上也有一小塊狹窄的黑色圖案。」

對頁：被浮冰包圍的熊島，前景中是小小的「威廉・巴倫支號」，可看出船與冰的分布區相對的大小比例。

Beere eiland. rondom ingesloten door ijs
voor bij gevaren, daar er van landen geen spraken was
Zaterdag 2 Julie 1881 74°30' NB 18°00 OL..

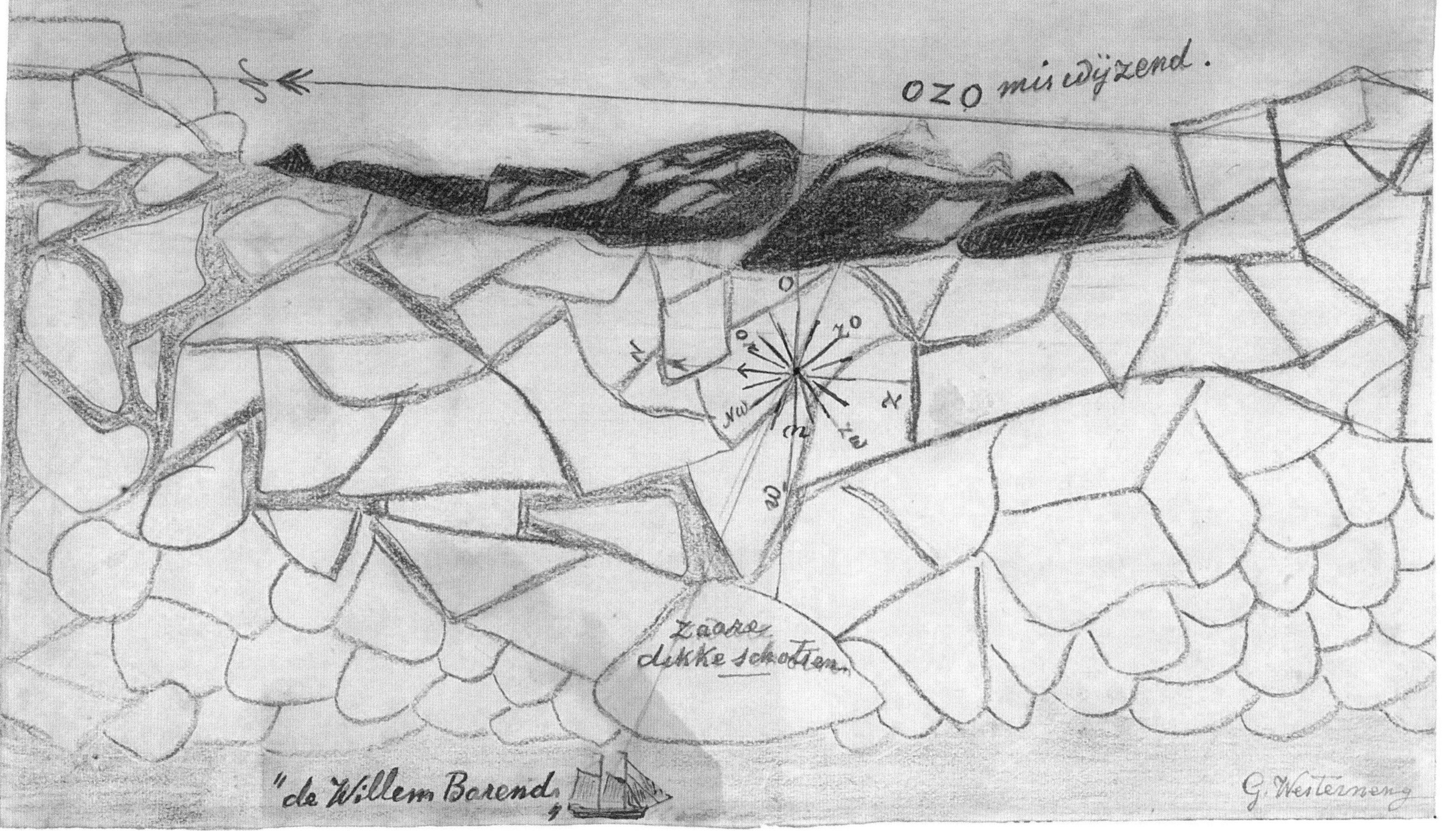

De "Willem Barends." in de Noordelijke
"ijsZee. aan het pak ijs
gemeerd.

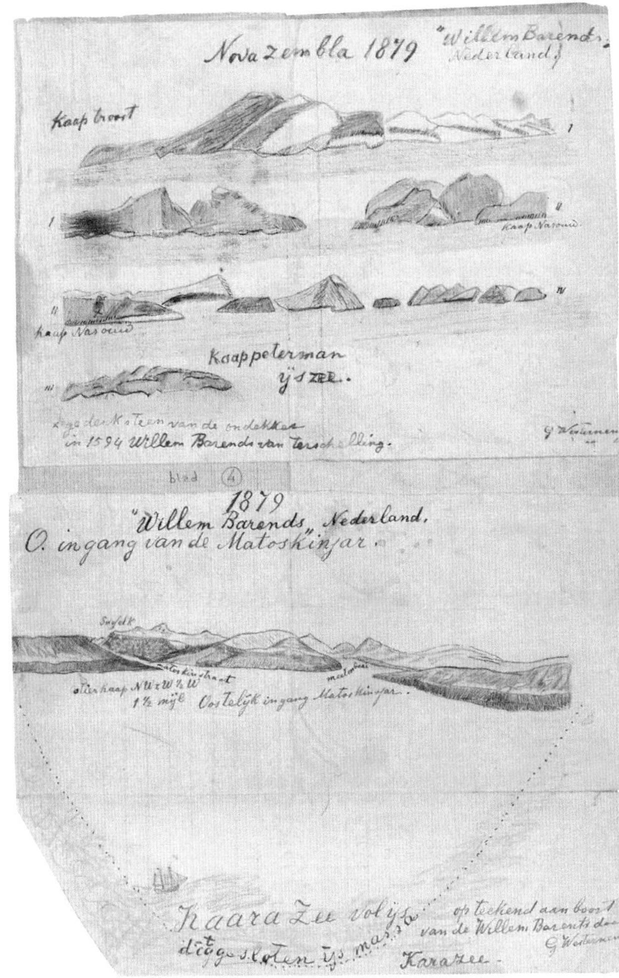

後頁：在巴倫支海跟鱈魚一起捕到的海洋生物，包括海參、蠕蟲、海星和海番茄（sea tomato）。一八七九年在新地群島間的馬托奇金海峽（Matochkin Strait）中捕獲的魚類，包括北極比目魚、鮭魚和鱘魚。一八八〇年九月十四日的北極光。

「威廉・巴倫支號」是一艘為極地海洋探險而打造的雙桅帆船，此次探險的目的地是新地島。一五九六年，荷蘭著名探險家威廉・巴倫支曾與探險船員在那裡一起過冬。可惜的是，此次探險碰上大量海冰，探險隊無法達成原定目標。

een ijsschots met een speelonk
25 voet bove water.
in de Barendszee
30 voet hoog.

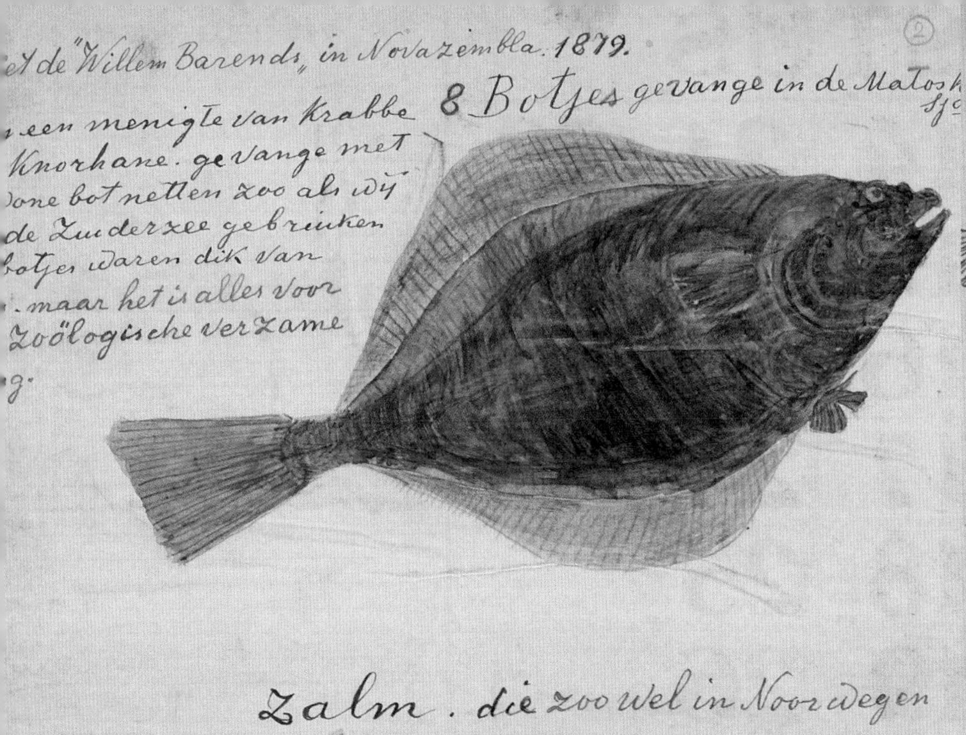

(2)

et de "Willem Barends" in Novazembla. 1879.

8 Botjes gevange in de Matosk
Sj

een menigte van krabbe
Knorhane. gevange met
one bot netten zoo als wij
de Zuiderzee gebruiken
botjes waren dik van
. maar het is alles voor
Zoölogische verzame
g.

Zalm. die zoo wel in Noorwegen

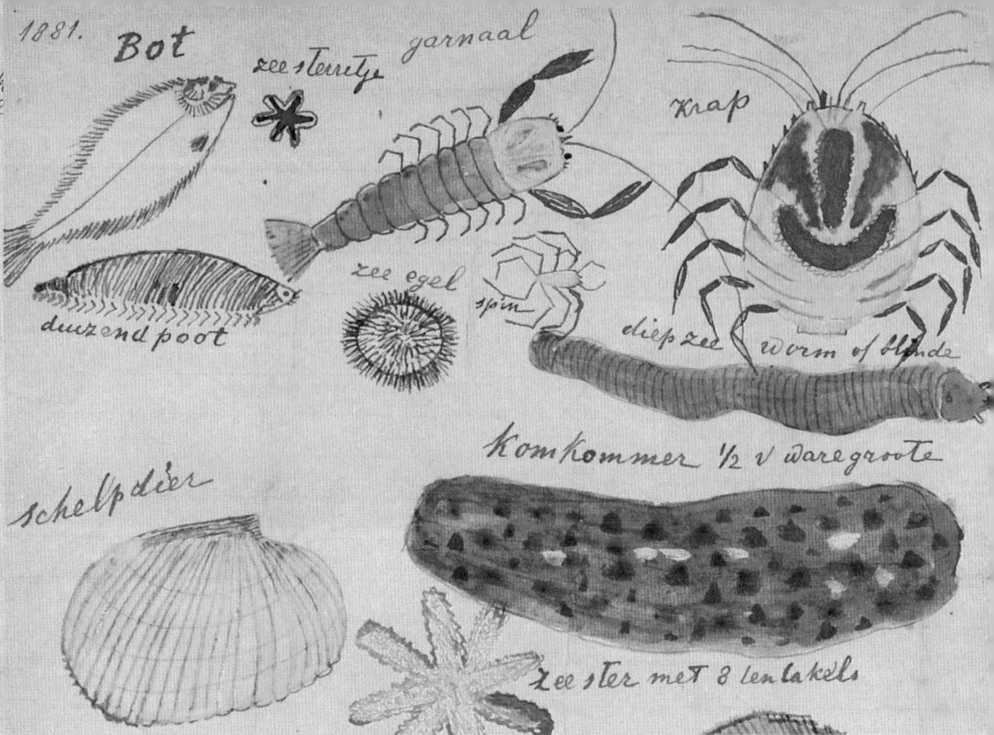

1881. Bot

zee sterretje

garnaal

krap

zee egel

spin

duzend poot

diep zee worm of bloede

Komkommer 1/2 v ware groote

schelpdier

zee ster met 8 tentakels

llem Barends, in de Spitsberg Zee. 1881. 6 Julie. dit is de grootste en h
t als onder aangegeven.

± 80 voet.

met de "Willem Barends in de
Noordelijke ijsZee. voor de petsjora.
1879

een Walrusch op het ysliggende. maar waakzaam

威廉・懷利（WILLIAM WYLLIE）

一八五一～一九三一年

想要媲美透納的藝術成就者，
首先必須像他那樣走出去、親自走入自然、研究自然——
不管是到山坡上、擁擠的城市裡，或漂流在那變化無窮的大海上。

懷利曾為多次寫生之行航至荷蘭。這幅快速完成的水彩畫，可能是他一八八八年在荷蘭水道的郵輪上創作的，該畫中風車的輪廓可見於海、天交界處。對頁畫的是一八九三年停在斯皮特黑德海岸邊的競艇「瓦爾基里號」（Valkryie）和「不列坦尼亞號」（Britannia）。

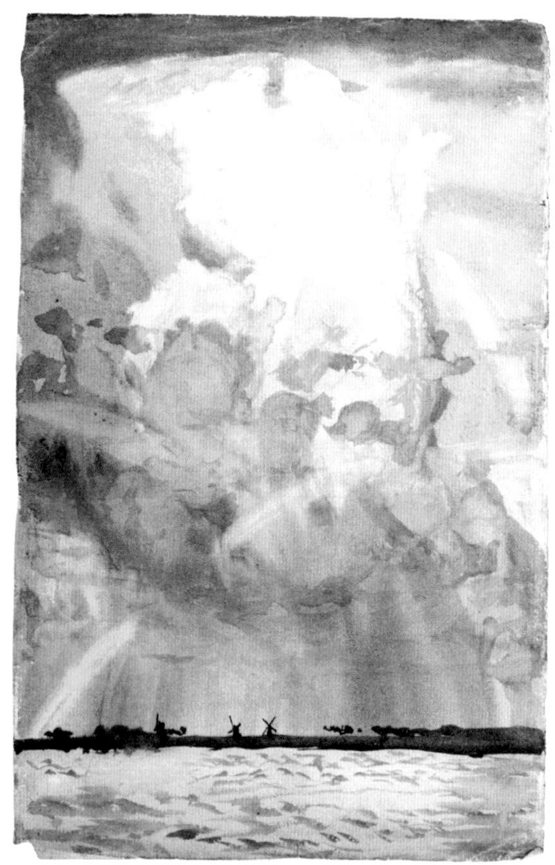

對於威廉・萊昂內爾・懷利（William Lionel Wyllie）來說，大海是他一生幸福和靈感的源泉。他是一個「似乎就是為船而生」的人——懷利設計船、乘船、參加比賽，也畫船。他「從未停止以各種尺寸、形狀、不同天氣狀況下的船為題材，用筆描繪它們」。他總是在背心口袋裡放著一小塊擦墨橡皮和短短一截鉛筆。

懷利的父親是畫家，母親則是歌手，他們共同薰陶出懷利的藝術天分。冬天時，一家人住在倫敦，懷利也在倫敦的美術學校就學。到了夏天，他們會住在位於加來海峽（Pas de Calais）維姆勒（Wimereux）的一幢臨水破房子裡，那裡有綿延數英里的空曠海灘和沙丘。懷利和他的兄弟會一起乘船在海邊航行，他算是個業餘救生員，也掌握了英吉利海峽的潮汐規律。有一次，他纏了一根繩子在身上，就游泳前去搭救一艘雙桅縱帆船，當時包括拿破崙的姪子在內的一群人則在岸邊觀看他的救援行動。王子還邀請懷利到他的遊艇上喝了一杯白蘭地。

一八六六年，十五歲的懷利到英國皇家美術學院就讀，十八歲時便以〈暴風雨後的黎明〉（Dawn after a Storm）獲得了透納金獎（Turner gold medal）。他在一八七九年結婚，妻子瑪麗安和他一樣熱愛大海。在他們蜜月期間，這對新婚夫婦乘著一艘平底船從法國渡過英吉利海峽。之後許多年間，他們都生活在一艘名為「瓢蟲號」（the Ladybird）的帆船上。這艘船是懷利在布洛涅（Boulogne）建造的，他將其改造為一間工作室。在他的畫開始獲買家青睞之前，他們靠著吃船上的餅乾和蛾螺維生。一段時間後，他們在麥德威（Medway）河畔的宅邸中安頓了下來，懷利可以從這裡看見世界各地的船從眼前駛過——那是泰晤士河的鼎盛時期，倫敦當時仍是世上最大、最富有的港口。

懷利的素描本中畫滿了各式各樣的船：小至漁船，大至護衛艦、戰鬥艦和駁船；還有各種場景：船員在橫桁上捲帆、捕蝦網旁的女人、站在潛艇指揮塔上的男人；船員們或在工作、或在划槳、或在填塞船縫。他也花很多時間遠航，包括從千里達到匹茲卑爾根島的航行。另外他定期會去荷蘭，還曾在白星航運公司（White Star）和其他跨大西洋的航運公司商船上工作。一九〇七年，懷利一家搬進一棟能夠俯瞰朴次茅斯港口的房子。在這裡，他更常為皇家海軍工作。他畫了第一次世界大戰的無數戰鬥場面，並持特別許可證與艦隊一起出航。他曾在位於斯卡帕夫羅（Scapa Flow）的英軍艦隊基地工作過一段時間，並在停戰期間隨「復仇號」（Revenge）護送德國船隻前往他們的政治拘留處。一九三〇年，年屆八十的懷利依然精神矍鑠，為了替納爾遜的「勝利號」募款、籌措維修資金，他用一年的時間完成一幅特拉法加爾戰役的全景畫，更免費將畫作贈予國家——可說是懷利職業生涯顛峰的重要之舉。直到生命的盡頭他都不停在作畫、航海和舉辦展覽。「這是我一生的夢想——也已獲得實現了。」

懷利將自己的帆船打造成一間漂流畫室，之後便廢寢忘食地畫著泰晤士河，以及河上往來的船隻。改良後的斜桿帆駁船配有一種非常簡易的斜桿帆裝置，儘管船身大，但駕駛起來依然非常簡便，只需兩個人即可。

上圖：〈達弗林勳爵的帆船賽〉（Lord Dufferin's yacht racing），可能為一八九四年左右的作品；是懷利為報紙或雜誌所創作的畫，他最有名的是見於《圖畫報》（*Graphic*）中的作品。達弗林是前加拿大總督和印度總督，也是一位有才華的帆船運動員。

對頁：〈戴維・瓊斯的箱子〉（Davy Jones's Locker）是懷利於一八九〇年在皇家美術學院展出的四幅畫作之一。他在一八八九年的夏天與家人在克來德灣（Firth of Clyde）乘船巡遊時完成了草圖。他用餅乾錫盒改造的潛水頭盔潛入水下。

作者介紹

作者

休・路易斯－瓊斯（Huw Lewis-Jones）同時是歷史學者和探險指導員，其博士學位於劍橋大學取得。他曾任劍橋史考特極地研究所（Scott Polar Research Institute）和倫敦國家航海博物館（National Maritime Museum）的策展人，現在則為獲獎作家。在不創作新書或準備攝影展時，休大多時間會乘小船在南極洲和太平洋上航行。他的書已被譯為十五種語言，其中包括《想像北極》（*Imagining the Arctic*）、《海洋寫照》（*Ocean Portraits*）、《探險家們的寫生簿》（Explorers' Sketchbooks，繁體中文版由臉譜出版）、在班夫山地節（Banff Festival，譯註：一年一度，專門表彰主題為山地文化、運動和環境的電影短片、紀錄片和書籍）中榮獲「歷史獎」的《征服聖母峰》（*The Conquest of Everest*），以及最新一本關於想像作品中出現的地方的地圖集《作家的地圖》（*The Writer's Map*）。作者現居英國康瓦耳。

共同撰稿人

彼得・「斯拜德」・安德森（Peter 'Spider' Anderson）是澳洲航海高手和藝術家，曾在環球考察「德雷克行動」（Operation Drake）中擔任「風之眼號」橫帆船的二副，並在蜜月期間駕駛「史凱利沃爾號」（Skerryvore）雙桅小帆船完成了第二次環球航行；他第一個女兒就在航程中於千里達誕生。從那之後，他參加過無數次航行，並在巴布亞紐幾內亞建了一艘傳統的遠洋獨木舟，沿著古老的貿易航線行進。他也擔任「奮進號」副駕駛，乘著世界上第一個載人超壓氦氣球橫越澳洲。不在布里斯班的工作室作畫時，他會在探險考察船上管理充氣小艇，也定期前往紐西蘭亞南極島嶼和南極洲的羅斯海。

阿爾費德・富克斯（Arved Fuchs）是有名的船員、電影製作人、作家和探險家。他曾與海軍商船隊一起受訓，並於「克利珀號」（Clipper）、「信天翁號」（Albatross）和「索爾・海爾達號」（Thor Heyerdahl）等船上航行。年輕時，他曾經乘一艘可折疊式小輕艇繞過合恩角。後來他出資購買並翻修了自己的丹麥漁船——「達格瑪・艾恩號」（Dagmar Aaen）。一九八九年，他成為德國首位徒步到達北極點的人。他最著名的事蹟，是與登山家賴因霍爾德・梅斯納同行，創下人類首次「不借助犬隻或任何交通工具到達南極點」的紀錄。過去二十年內，富克斯無數次前往極地水域，循著許多具歷史意義的探險路線親自走了一次，更重溯了沙克頓當年跨南冰洋的求生之旅。

卡麗・赫爾伯特（Kari Herbert）身兼作家、藝術家和教育家。她在格陵蘭長大，現居於英國康瓦耳，並擔任紐林藝術學院（Newlyn School of Art）的部落格格主。她寫過四本關於探險、女性歷史和視覺文化的書籍，包括《英雄之心》（*Heart of the Hero*）和《尋找南極》（*In Search of the South Pole*）。她定期會以演講者和藝術家的身分前往極地地區。她的父親沃利・赫爾伯特爵士是史上第一個跨越北冰洋的人。

羅賓・諾克斯－強斯頓（Rboin Knox-Johnston）是他同代人中表現相當傑出的航海家。一九六九年，他成為首位完成單人不靠岸環球航行者。他目前身任巡航協會（Cruising Association）主席與克利珀風險投資公司（Clipper Ventures）總裁。諾克斯－強斯頓曾是國際賽帆協會評選出的年度最佳水手，亦曾贏得儒勒・凡爾納航海錦標賽（Jules Verne Trophy），當時為完成環球航行速度最快者。他位列世界航海名人堂首批入選名單。

菲力浦・馬斯登（Philip Marsden）是一名航海者和獲獎作者，著作包括《交會的所在》（*The Crossing Place*）、《抬升之地》（*Rising Ground*）以及《平坦的海》（*The Leveling Sea*）。《平坦的海》以優雅筆鋒描繪了法茅斯（Falmouth）港的歷史。馬斯登最新的著作為二〇一九年出版的《夏日島嶼》（*The Summer Isles*）；其作品已被譯為十幾種語言。他和妻子及家人住在英國康瓦耳，家中還有許多船。

羅德尼・路斯（Rodney Russ）是紐西蘭人，且是名副其實的「活傳奇」。早年他從事保護珍稀鳥類的工作，在日後成為他對荒野所懷抱的終生熱情之源，也讓他從一名自然保育先驅逐漸轉變為航海能手。他向南航行過一百多次，帶領探險隊前往羅斯海的次數超過歷史上的任何一位探險家。路斯還推動俄羅斯遠東部分地區對永續旅遊的開放。目前他正在打造自己的船：七十五英尺長的雙桅小帆船「斯特蘭尼克號」（Strannik），並計畫去人煙稀少的偏遠地區從事更多的探險。

羅茲・薩維奇（Roz Savage）是划船渡海的紀錄締造者，也是環境保育家。身為歷史上第一位跨越三大洋：大西洋、太平洋和印度洋的女性，她在一艘二十三英尺的划艇中度過了五百多天的海上生活。二〇一〇年，《國家地理》雜誌將薩維奇評選為「年度探險家」。目前她擔任聯合國氣候英雄（United Nations Climate Hero）和「藍色海洋與氣候（BLUE Oceans and Climate）計畫」大使；最近剛獲得耶魯全球學術獎學金。

唐・沃爾許（Don Walsh）是真正的美國傳奇。他是潛水艇艦長、退伍軍人和著名的海洋探險家。他最知名的事蹟是在一九六〇年和雅克・皮卡德駕駛美國海軍的「特里斯蒂號」深海潛水器下潛七英里到達全球的海洋最深處：馬里亞納海溝。從美國海軍學院畢業後，沃爾許曾參加過韓戰和越戰，他也是美國海軍第一位深海潛艇的駕駛員。一九五八年到一九六二年間，他負責指揮「特里斯蒂號」。五十多年來，他一直活躍於深海潛水器的設計、建造和操作等領域。此外，他還曾經近六十次航行前往極地地區。南極洲一座偏遠的山脊——沃爾許山脊（Walsh Spur）——便是以他之名來命名。

精選書目

GEORGE ANSON

Anson, George, *A Voyage Round the World*, compiled by Richard Walter (Knapton, 1748)

— *A Voyage Round the World*, edited by Glyn Williams (Oxford University Press, 1974)

Knight, Frank, *Captain Anson and the Treasure of Spain* (Macmillan, 1959)

Williams, Glyn, *The Prize of All the Oceans* (Viking, 1999)

LOUIS APOL

Croiset van der Kop, Anna, 'A painter of winter, Louis Apol', *The Art Journal* (1893), 353–56

Mörzer Bruyns, Willem, 'The Dutch in the Arctic in the late 19th century', *Polar Record*, 23 (1986), 15–26

SIGISMUND BACSTROM

Bacstrom, Sigismund, 'Account of a Voyage to Spitsbergen in the Year 1780', *The Philosophical Magazine* (1799), 139–52

Henry, John Frazier, *Early Maritime Artists of the Pacific Northwest Coast* (University of Washington Press, 1984)

O'Brian, Patrick, *Joseph Banks* (Harvill, 1997)

JEANNE BARET

Dunmore, John, *Monsieur Baret: First Woman Around the World* (Heritage, 2002)

— *Storms and Dreams: The Life of Louis de Bougainville* (University of Alaska Press, 2008)

Dussourd, Henriette, *Jeanne Baret: Première Femme autour du Monde* (Pottier, 1987)

對頁：一七七四年五月十日在大溪地島的馬塔維灣——同時也是庫克第二次太平洋航行期間，自然學家約翰．賴因霍爾德．福斯特（Johann Reinhold Forster）捕到這條蝠魟（Devilfish）。他的兒子喬治在隔天畫了這幅美麗的素描。

EDWARD BARLOW

Course, Alfred, *A Seventeenth Century Mariner* (Muller, 1965)

Lubbock, Basil (ed.), *Barlow's Journal of his Life at Sea in King's Ships* (Hurst & Blackett, 1934)

FRANCIS BEAUFORT

Courtney, Nicholas, *Gale Force 10: The Life and Legacy of Admiral Beaufort* (Headline, 2002)

Friendly, Alfred, *Beaufort of the Admiralty* (Random House, 1977)

Huler, Scott, *Defining the Wind* (Crown, 2004)

CHARLES BENSON

Bolster, Jeffrey, *Black Jacks: African American Seamen in the Age of Sail* (Harvard University Press, 1997)

Creighton, Margaret, *Rites and Passages* (Cambridge University Press, 1995)

Sokolow, Michael, *Charles Benson: Mariner of Color in the Age of Sail* (University of Massachusetts, 2003)

PETER BLAKE

Blake, Peter, *An Introduction to Sailing* (Aurum, 1994)

— *The Last Great Adventure of Sir Peter Blake* (Adlard Coles, 2004)

Sefton, Alan, *Sir Peter Blake: An Amazing Life* (Sheridan, 2005)

WILLIAM BLIGH

Bligh, William, *A Voyage to the South Sea* (George Nicol, 1792)

Dening, Greg, *Mr Bligh's Bad Language* (Cambridge University Press, 1992)

Salmond, Anne, *Bligh: William Bligh in the South Seas* (University of California Press, 2011)

ELSE BOSTELMANN

Beebe, William, *Half Mile Down* (Harcourt, Brace and Company, 1934)

Bostelmann, Else, 'Notes from an Undersea Studio off Bermuda', *Country Life* (1939), 67–68

ANNIE BRASSEY

Brassey, Annie, *A Voyage in the 'Sunbeam'* (Longmans, 1880)

— *In the Trades, the Tropics, the Roaring Forties* (Longmans, 1885)

— *The Last Voyage, to India and Australia, in the 'Sunbeam'* (Longmans, 1889)

GABRIEL BRAY

Chatterton, Keble, *King's Cutters and Smugglers, 1700–1855* (G. Allen & Co./Lippincott, 1912)

Johns, Jeremy, *Smuggling in Cornwall* (Amberley, 2016)

Platt, Richard, *Smuggling in the British Isles* (The History Press, 2011)

Winfield, Rif, *British Warships in the Age of Sail, 1714–1792* (Seaforth, 2007)

JOHNNY BROCHMANN

Babcock, Lawrence, *Spanning the Atlantic* (A. A. Knopf, 1931)

Børresen, Jacob, *The Norwegian Navy: A Brief History* (John Grieg, 2012)

Brochmann, Diderik, *Med norsk skib i Verdenskrigen* (N. H. & S. T., 1928)

Espeland, Velle, *Blow Boys Blow: Sjanties frå Diderik Brochmanns samlinger* (Tiden, 1981)

FRANCIS CHICHESTER

Chichester, Francis, *Alone Across the Atlantic* (Allen & Unwin, 1961)

— *The Lonely Sea and the Sky* (Hodder & Stoughton, 1964)

— *Gipsy Moth Circles the World* (Hodder & Stoughton, 1967)

Strathcarron, Ian, *Never Fear: Reliving the Life of Sir Francis Chichester* (Unicorn Press, 2016)

LOUIS CHORIS

Chamisso, Adelbert, *A Voyage Around the World*, edited by Henry Kratz (University of Hawaii Press, 1986)

Choris, Louis, *Voyage pittoresque autour du monde* (Didot, 1822)

Forbes, David, *Encounters with Paradise: Views of Hawaii and its People, 1778–1941* (Honolulu Academy of Arts, 1992)

Mornin, Edward, *Through Alien Eyes* (Lang, 2002)

FREDERIC CHURCH

Carr, Gerald, *Frederic Edwin Church: The Icebergs* (Dallas Museum of Fine Arts, 1980)

— *In Search of the Promised Land: Paintings by Frederick Edwin Church* (Berry-Hill Galleries, 2000)

Harvey, Eleanor Jones, *The Voyage of the Icebergs* (Dallas Museum of Art, 2002)

Noble, Louis Legrand, *After Icebergs with a Painter* (Appleton, 1861)

WILLIAM COATES

Carlyon, Les, *Gallipoli* (Doubleday, 2002)

Coates, William, *The Old 'Country Trade' of the East Indies* (Imray, 1911)

— *The Good Old Days of Shipping* (Times of India Press, 1900)

Moorehead, Alan, *Gallipoli* (Aurum, 2015)

ADRIAEN COENEN

Egmond, Florike (ed.), *The Whale Book: Whales and Other Marine Animals* (Reaktion Books, 2003)

Magnus, Olaus, *Historia de Gentibus Septentrionalibus* (Gregg, 1971)

JOHN KINGSLEY COOK

Lane, Tony, *The Merchant Seamen's War* (Manchester University Press, 1990)

Mitchell, William Harry, *The Empire Ships* (Lloyds of London Press, 1990)

Slader, John, *The Red Duster at War: A History of the Merchant Navy During the Second World War* (Kimber, 1988)

EDWARD CREE

Bickers, Robert, *The Scramble for China: Foreign Devils in the Qing Empire, 1832–1914* (Penguin, 2012)

Cree, Edward, *The Cree Journals*, edited by Michael Levien (Webb &Bower, 1981)

Platt, Stephen, *Imperial Twilight: The Opium War and the End of China's Last Golden Age* (Atlantic Books, 2018)

AARON CUSHMAN

Bockstoce, John, *Whales, Ice, and Men* (University of Washington Press, 1986)

Ellis, Robert, *Men and Whales* (Knopf, 1991)

Nichols, Peter, *Final Voyage* (Putnam, 2009)

Starbuck, Alexander, *History of the American Whale Fishery* (Waltham, 1878)

JOSEPH DESBARRES

Blake, John, *The Sea Chart* (Conway, 2009)

Hornsby, Stephen, *Surveyors of Empire* (McGill-Queen's University Press, 2011)

Whitfield, Peter, *Charting the Oceans* (British Library, 2017)

FRANCIS DRAKE

Kelsey, Harry, *Sir Francis Drake: The Queen's Pirate* (Yale University Press, 1998)

Sugden, John, *Sir Francis Drake* (Pimlico, 2006)

Wilson, Derek, *The World Encompassed: Drake's Great Voyage 1577–1580* (Hamilton, 1977)

JOHN EVERETT

Everett, Katherine, *Bricks and Flowers* (Constable, 1949)

Knight, Laura, *Oil Paint and Grease Paint* (Nicholson & Watson, 1936)

Riding, Christine (ed.), *Art and the War at Sea, 1914–45* (Lund Humphries, 2015)

Yarker, Gwen, *Inquisitive Eyes: Slade Painters in Edwardian Wessex* (Sansom, 2016)

EDWARD FANSHAWE

Berry, Warren, *The Pre-Dreadnought Revolution* (The History Press, 2013)

Fanshawe, Alice, *Admiral Sir Edward Gennys Fanshawe* (Spottiswoode & Co., 1904)

Padfield, Peter, *Rule Britannia: The Victorian and Edwardian Navy* (Pimlico, 2002)

Parkinson, Roger, *The Late Victorian Navy* (Boydell Press, 2008)

ROSE DE FREYCINET

Bassett, Marnie, *Realms and Islands* (Oxford University Press, 1962)

Clode, Danielle, *Voyages to the South Seas* (State Library of Victoria, 2007)

Rivière, Marc (ed.), *A Woman of Courage: The Journal of Rose de Freycinet* (National Library of Australia, 2003)

VASCO DA GAMA

Cliff, Nigel, *Holy War* (Harper, 2011)

Crowley, Roger, *Conquerors* (Faber, 2015)

Subrahmanyam, Sanjay, *The Career and Legend of Vasco da Gama* (Cambridge University Press, 1997)

Watkins, Ronald, *Unknown Seas* (John Murray, 2003)

JOSEPH GILBERT

Beaglehole, John Cawte (ed.), *The Journals of Captain James Cook on His Voyages of Discovery* (Cambridge University Press, 1955–74)

Kaeppler, Adrienne and Fleck, Robert, *James Cook and the Exploration of the Pacific* (Thames & Hudson, 2009)

KONRAD GRÜNENBERG

Aercke, Kristian (ed.), *The Story of Sir Konrad Grünemberg's Pilgrimage to the Holy Land in 1486* (Centro interuniversitario di ricerche sul viaggio in Italia, 2005)

Denke, Andrea, *Konrad Grünembergs Pilgerreise ins Heilige Land 1486* (Böhlau, 2011)

ZHENG HE

Dreyer, Edward, *Zheng He: China and the Oceans in the Early Ming Dynasty, 1405–1433* (Longman, 2007)

Levathes, Louise, *When China Ruled the Seas: The Treasure Fleet of the Dragon Throne, 1405–1433* (Oxford University Press, 1994)

Yamashita, Michael, *Zheng He* (White Star, 2006)

ERIK HESSELBERG

Andersson, Axel, *A Hero for the Atomic Age* (Peter Lang, 2010)

Hesselberg, Erik, *Kon-Tiki and I* (Allen & Unwin, 1950)

Heyerdahl, Thor, *The Kon-Tiki Expedition* (Allen & Unwin, 1950)

Kvam, Ragnar, *Thor Heyerdahl* (Gyldendal, 2005)

GLORIA HOLLISTER

Beebe, William, *Half Mile Down* (Harcourt, Brace and Company, 1934)

— *Adventuring with Beebe* (Bodley Head, 1956)

Matsen, Brad, *Descent: The Heroic Discovery of the Abyss* (Pantheon, 2005)

Welker, Robert, *Natural Man: The Life of William Beebe* (Indiana University Press, 1975)

FRANK HURLEY

Frank Hurley, *Argonauts of the South* (Putnam's 1925)

— *Shackleton's Argonauts: A Saga of the Antarctic Ice-Packs* (Angus & Robertson, 1948)

— *The Diaries of Frank Hurley, 1912–1941*, edited by Robert Dixon (Anthem Press, 2011)

KUMATARO ITO

Hedgpeth, Joel W., 'The Steamer Albatross', *Scientific Monthly*, 65 (1947), 17–22

Smith, David and Williams, Jeffrey, 'The Great *Albatross* Philippine Expedition and Its Fishes', *Marine Fisheries Review*, 61 (1999), 31–41

Springer, Victor, 'Kumataro Ito, Japanese Artist on Board During the U.S. Bureau of Fisheries Steamer *Albatross* ...', *Marine Fisheries Review*, 61 (1999), 42–57

ROCKWELL KENT

Kent, Rockwell, *Wilderness: A Journal of Quiet Adventure in Alaska* (G. P. Putnam's Sons, 1920)

— *Voyaging Southward from the Strait of Magellan* (G. P. Putnam's Sons, 1924)

— *N by E* (Harcourt, 1930)

Melville, Herman, *Moby-Dick*, with illustrations by Rockwell Kent (Random House, 1930)

BENJAMIN LEIGH SMITH

Capelotti, Peter, *Shipwreck at Cape Flora* (University of Calgary Press, 2013)

Credland, Arthur, 'Benjamin Leigh Smith: A Forgotten Pioneer', *Polar Record*, 20 (1980), 127–45

Jones, Alfred, 'Benjamin Leigh Smith: Arctic Yachtsman', *Musk-Ox*, 16 (1975), 24–31

HENRY MAHON

Bown, Stephen, *Scurvy: How a Surgeon, a Mariner and a Gentleman Solved the Greatest Medical Mystery of the Age of Sail* (Summersdale, 2003)

Lamb, Jonathan, *Scurvy: The Disease of Discovery* (Princeton University Press, 2016)

National Archives, *Tales from the Captain's Log* (Adlard Coles, 2017)

NEVIL MASKELYNE
Dunn, Richard and Higgitt, Rebekah, *Finding Longitude* (Collins, 2014)
Howse, Derek, *Nevil Maskelyne: The Seaman's Astronomer* (Cambridge University Press, 1989)

WILLIAM MEYERS
Meyers, William H., *Naval Sketches of the War in California*, introduction by Franklin D. Roosevelt (Random House, 1939)
— *Sketches of California and Hawaii*, introduction by John Kemble (Book Club of California, 1970)
Palmquist, Peter and Kailbourn, Thomas, *Pioneer Photographers of the Far West* (Stanford University Press, 2002)

GEORG MÜLLER
Bown, Stephen, *Merchant Kings: When Companies Ruled the World, 1600–1900* (Conway, 2010)
Boxer, Charles, *The Dutch Seaborne Empire 1600–1900* (Knopf/Hutchinson, 1965)
Burnet, Ian, *East Indies* (Rosenberg, 2017)

HORATIO NELSON
Nicolas, Nicholas (ed.), *The Dispatches and Letters of Vice Admiral Lord Viscount Nelson* (Colburn, 1844–46)
Oman, Carola, *Nelson* (Hodder & Stoughton, 1947)
Pocock, Tom, *Horatio Nelson* (Bodley Head, 1987)
Sugden, John, *Nelson: The Sword of Albion* (Bodley Head, 2012)

PAUL-ÉMILE PAJOT
Decron, Benoît (ed.), *Paul-Émile Pajot: Le Journal* (Éditions 303, 2008)
Duviard, Dominique and Gruet, Noël, *Histoire d'un bateau de pêche* (Gallimard, 1981)
Gérard, Alain, *Mes Aventures: Journal inédit de Paul-Émile Pajot* (Centre Vendéen, 2015)
Huguet, Jean, *Paul-Émile Pajot* (Le Chasse-Marée, 1989)

JULIUS PAYER
Payer, Julius, *New Lands within the Arctic Circle* (Macmillan & Co., 1876)
Weyprecht, Karl, *Die Metamorphosen des Polareises* (Moritz, 1879)

ANTONIO PIGAFETTA
Bergreen, Lawrence, *Over the Edge of the World* (HarperCollins, 2003)
Pigafetta, Antonio, *Magellan's Voyage: A Narrative Account of the First Circumnavigation*, edited by R. A. Skelton (Yale University Press, 1969)
Zweig, Stefan, *Conqueror of the Seas: The Story of Magellan* (Literary Guild of America, 1938)

NICHOLAS POCOCK
Cordingly, David, *Nicholas Pocock* (Conway, 1986)
Duffy, Michael and Morriss, Roger, *The Glorious First of June 1794* (Liverpool University Press, 2001)
Greenacre, Francis, *Marine Artists of Bristol* (City of Bristol Museum and Art Gallery, 1982)

PIRI REIS
McIntosh, Gregory, *The Piri Reis Map of 1513* (University of Georgia Press, 2000)
Soucek, Svat, *Piri Reis and Turkish Mapmaking After Columbus* (Oxford University Press, 1996)

BARTHOLOMEW SHARP
Howse, Derek and Thrower, Norman (eds), *A Buccaneer's Atlas: Basil Ringrose's South Sea Waggoner* (University of California Press, 1992)
Lloyd, Christopher, 'Bartholomew Sharp, Buccaneer', *The Mariner's Mirror*, 42 (1956), 291–301
Williams, Glyndwr, *The Great South Sea: English Voyages and Encounters 1570–1750* (Yale University Press, 1997)

WILLIAM SMYTH
Back, George, *Narrative of an Expedition in H.M.S. Terror* (John Murray, 1838)
Beechey, Frederick, *Narrative of a Voyage to the Pacific and Beering's Strait* (Colburn, 1831)
Smyth, William, *Narrative of a Journey from Lima to Para* (John Murray, 1836)

WILLIAM SPEIDEN
Hawks, Francis L., *Commodore Perry and the Opening of Japan* (Nonsuch, 2005)
Houchins, Chang-Su, *Artifacts of Diplomacy* (Smithsonian Institution Press, 1995)
Speiden, William, *With Commodore Perry to Japan* (Naval Institute Press, 2013)
Wiley, Peter Booth, *Yankees in the Land of the Gods* (Viking, 1990)

OWEN STANLEY
Goodman, Jordan, *The Rattlesnake: A Voyage of Discovery to the Coral Sea* (Faber, 2005)
Lubbock, Adelaide, *Owen Stanley RN, 1811–1850* (Heinemann, 1968)

GEORG STELLER
Littlepage, Dean, *Steller's Island* (Mountaineer's Books, 2006)
Stejneger, Leonard, *Georg Wilhem Steller. The Pioneer of Alaskan Natural History* (Harvard University Press, 1936)
Steller, Georg, *Journal of a Voyage with Bering, 1741–1742*, edited by Orcutt Frost (Stanford University Press, 1988)

TOMÁS DE SURÍA
Engstrand, Iris, *Spanish Scientists in the New World* (University of Washington Press, 1981)
Inglis, Robin (ed.), *Spain and the North Pacific Coast* (Vancouver Maritime Museum Society, 1992)
Serrano, Carmen Sotos, *Los pintores de la Expedición de Alejandro Malaspina* (Real Academia de la Historia, 1982)
Wagner, Henry, 'Journal of Tomás de Suría of His Voyage with Malaspina ...', *Pacific Historical Review*, 5 (1936), 234–76

GUILLAUME LE TESTU
Eisler, William, *The Furthest Shore: Images of Terra Australis from the Middle Ages to Captain Cook* (Cambridge University Press, 1995)
Lestringant, Frank, *Mapping the Renaissance World: The Geographical Imagination in the Age of Discovery* (University of California Press, 1994)
Le Testu, Guillaume, *Cosmographie Universelle* (Arthaud, 2012)

GEORGE TOBIN
Oliver, Douglas (ed.), *Return to Tahiti: Bligh's Second Breadfruit Voyage* (University of Hawaii Press, 1988)
Schreiber, Roy (ed.), *Captain Bligh's Second Chance* (Chatham, 2007)

TUPAIA
Druett, Joan, *Tupaia: Captain Cook's Polynesian Navigator* (Praeger/Random House, 2011)
Salmond, Anne, *Aphrodite's Island: The European Discovery of Tahiti* (University of California Press, 2010)
Smith, Bernard, *European Vision and the South Pacific* (Yale University Press, 1985)
Williams, Glyn, 'Tupa'ia: Warrior, Navigator, High Priest', in *The Global Eighteenth Century*, edited by Felicity A. Nussbaum (Johns Hopkins Press, 2003), 38–51

JOSEPH TURNER
Butlin, Martin and Joll, Evelyn, *The Paintings of J. M. W. Turner* (Yale University Press, 1984)
Hamilton, James, *Turner: A Life* (Hodder and Stoughton, 1997)
Riding, Christine and Johns, Richard, *Turner & the Sea* (Thames & Hudson, 2013)
Warrell, Ian, *Turner's Sketchbooks* (Tate, 2014)

SUSAN VEEDER

Druett, Joan, *Petticoat Whalers: Whaling Wives at Sea, 1820–1920* (University Press of New England, 2001)

Garner, Stanton (ed.), *The Captain's Best Mate. The Journal of Mary Chapman Lawrence* (University Press of New England, 1966)

Norling, Lisa, *Captain Ahab Had a Wife: New England Women & the Whalefishery* (University of North Carolina Press, 2000)

WILLEM VAN DE VELDE

Daalder, Remmelt, *Van de Velde & Son, Marine Painters* (Primavera, 2016)

Quilley, Geoffrey, *Empire to Nation* (Yale University Press, 2011)

Robinson, Michael, *Van de Velde Drawings* (Cambridge University Press, 1958, 1974)

ROBERT WEIR

Creighton, Margaret, *Rites and Passages* (Cambridge University Press, 1995)

Gilje, Paul A., *To Swear Like a Sailor* (Cambridge University Press, 2016)

Wardle, Marian, *The Weir Family, 1820–1920* (University Press of New England, 2012)

GERRIT WESTERNENG

Bosman, Cécile, 'Matroos en Visserman op de Noordelijke Ijszee', *Jaarboek* (Scheepvaartmuseum, 2016), 44–51

Wildeman, Diederick, 'De Belofte Van Gerrit Westerneng', *Zeemagazijn*, 35 (2008), 8–9

WILLIAM WYLLIE

Quarm, Roger and Wyllie, John, *W. L. Wyllie: Marine Artist, 1851–1931* (Chris Beetles, 1981)

Wyllie, William Lionel, *Marine Painting in Water-Colour* (Cassell & Co., 1901)

— *Nature's Laws and the Making of Pictures* (Edward Arnold, 1903)

— *Sea Fights of the Great War* (Cassell, 1918)

圖片版權聲明

a = above; b = below; c = centre; l = left; r = right

1 Australian National Maritime Museum, Sydney. Gift from Garry Weir, reproduced courtesy of Michael Hope; 2al, 2ar, 2bl, 3ac, 3ar, 3bl Beinecke Rare Book and Manuscript Library, Yale University, New Haven; 2ac Used by permission of the Folger Shakespeare Library, Washington, DC (Call No. STC 6370); 3al Library of Congress, Geography and Map Division, Washington, DC; 3br Walters Art Museum, Baltimore; 2bc, 3bc Nicholson Collection (Wh W7183 1852j), Providence Public Library Special Collections, Rhode Island; 4, 6 National Maritime Museum, Greenwich, London; 10 J. Paul Getty Museum, Los Angeles. Digital image courtesy Getty's Open Content Program; 12a State Library of New South Wales, Sydney; 12b Nicholson Collection (Wh S193 1859j), Providence Public Library Special Collections, Rhode Island; 13 Courtesy of the Nantucket Historical Association, MA; 14 Courtesy of the New Bedford Whaling Museum, MA; 15 James Cook, National Library of Australia, Canberra (nla.obj-228963089); 17 Art Collection 3/Alamy Stock Photo; 18 British Library, London/British Library Board. All Rights Reserved/ Bridgeman Images; 19 Rijksmuseum, Amsterdam; 20 Courtesy Antipodean Books, David & Cathy Lilburne, Garrison, NY; 21 National Maritime Museum, Greenwich, London; 22 Rijksmuseum, Amsterdam; 23, 24, 25br Collection Het Scheepvaartmuseum, Amsterdam; 25–27 Rijksmuseum, Amsterdam; 28 NHM Images; 29–33 Western Americana Collection, Beinecke Rare Book and Manuscript Library, Yale University, New Haven; 34 Leemage/Universal Images Group/Getty Images; 35 Bibliothèque nationale de France, Paris; 36, 37 National Maritime Museum, Greenwich, London; 38–40 National Meteorological Archive © Crown copyright, National Meteorological Library and Archive. 41 The Huntington Library, San Marino, CA (Sir Francis Beaufort Papers, FB 17); 43–45 General Collection, Beinecke Rare Book and Manuscript Library, Yale University, New Haven; 46, 47 Sir Peter Blake Collection, New Zealand Maritime Museum/Hui Te Ananui A Tangaroa, Auckland; 48 National Library of Australia, Canberra (nla.obj-233760933-1); 49l State Library of New South Wales, Sydney; 49r National Library of Australia, Canberra (nla.obj-233730330-1); 50–53 State Library of New South Wales, Sydney; 55–57 © Wildlife Conservation Society. Reproduced by permission of the WCS Archives, New York; 58 Rijksmuseum, Amsterdam; 60, 61 Photos Huw Lewis-Jones. Courtesy Robin Knox-Johnston; 62 From Brassey, A. *A Voyage in the 'Sunbeam'* (Chicago, 1881); 63 Lady Annie Brassey Photograph Collection (photCL 331 v. 62), The Huntington Library, San Marino, CA; 64, 65 National Maritime Museum, Greenwich, London; 66–71 Vancouver Maritime Museum, 1984.226.010, 1984.226.004, 1984.226.002, 1984.226.006, 1984.226.005, 1984.226.007; 72, 73 Sir Francis Chichester, by kind permission of the Chichester family (photos Florian Michelet); 74–79 Western Americana Collection, Beinecke Rare Book and Manuscript Library, Yale University, New Haven; 80 Beinecke Rare Book and Manuscript Library, Yale University, New Haven; 81 Gift of Louis P. Church (1917-4-294-a). Photo Matt Flynn. Cooper-Hewitt, Smithsonian Design Museum/Art Resource, NY/Scala, Florence; 82–85 Mystic Seaport Museum, CT; 86–89 National Library of the Netherlands, The Hague (78 E 54); 90 National Maritime Museum, Greenwich, London; 93 Mitchell Library, State Library of New South Wales, Sydney; 94–103 National Maritime Museum, Greenwich, London; 104–07 Courtesy PBA Galleries, San Francisco, CA; 108 Granger Historical Picture Archive/ Alamy Stock Photo; 109, 110l Courtesy the Norman B. Leventhal Map Center, Boston Public Library; 110r New York Public Library; 111 National Maritime Museum, Greenwich, London; 112–14 Library of Congress, Washington, DC; 115 Bibliothèque nationale de France, Paris; 116–23 National Maritime Museum, Greenwich, London; 124 State Library of New South Wales, Sydney; 125 State Library of Western Australia, Perth (ACC 5907A/4); 126 Morgan Library & Museum, New York, 2018. Photo Morgan Library & Museum/Art Resource, NY/Scala, Florence; 127 Bibliothèque nationale de France, Paris; 128 Morgan Library & Museum, New York, 2018. Photo Morgan Library & Museum/Art Resource, NY/Scala, Florence; 129l Municipal Library of Porto; 129r G. Dagli Orto/De Agostini/Diomedia; 130, 132, 133 © Spider Anderson; 134, 136r, 137 The National Archives, Kew, London (ref. ADM 55/107 (137)); 135 UK Hydrographic Office (www.gov.uk/the-ukho-archive); 136l The National Archives, Kew, London (ref. ADM 55/107 (205)); 138, 139 Badische Landesbibliothek, Karlsruhe; 140 Philadelphia Museum of Art, Gift of John T. Dorrance (1977-42-1); 141l Library of Congress, Washington, DC; 141ar, br Reproduced by kind permission of the Syndics of Cambridge University Library (FC.246.5, Wade Collection C114); 142, 143 Photos courtesy Kon-Tiki Museum, Oslo. © Estate of Erik Hesselberg; 144, 145 Courtesy Kon-Tiki Museum, Oslo; 146, 147 © Wildlife Conservation Society. Reproduced by permission of the WCS Archives, New York; 148–51 State Library of New South Wales, Sydney; 152 National Library of Australia, Canberra (nla_obj-223377083-1); 153l National Library of Australia, Canberra (nla.obj-223387160-1); 153r National Library of Australia, Canberra (nla_obj-223371792-1); 154–57 Smithsonian Institution Archives, Washington, DC (SIA2017-024473, SIA2017-024502, SIA2017-024483, SIA2017-024535, SIA2017-024580, SIA2017-024596, SIA2017-024526, SIA2017-024550); 158 National Gallery of Art, Washington, DC. Rights courtesy of Plattsburgh State Art Museum, State University of New York, Rockwell Kent Collection, Bequest of Sally Kent Gorton. All rights reserved; 159 Image courtesy Boston Rare Maps Inc., Southampton, MA. Rights courtesy of Plattsburgh State Art Museum, State University of New York, Rockwell Kent Collection, Bequest of Sally Kent Gorton. All rights reserved; 160, 162, 163 State Library of New South Wales, Sydney; 164 Alexander Turnbull Library (MSX-4088-03), Wellington, New Zealand; 165 Beinecke Rare Book and Manuscript Library, Yale

University, New Haven; 166–67 Rijksmuseum, Amsterdam; 168 Courtesy Somerset & Wood Fine Art Ltd; 169l Scott Polar Research Institute, University of Cambridge; 169r Illustrated London News Ltd/Mary Evans; 170 The National Archives, Kew, London (ADM 101/119/3); 171 The National Archives, Kew, London (ADM 101/7/8); 172 The National Archives, Kew, London (ADM 101/119/3/10); 173 The National Archives, Kew, London (ADM 101/119/3); 174 Reproduced by kind permission of the Syndics of Cambridge University Library (RGO 14/36); 175 Reproduced by kind permission of the Syndics of Cambridge University Library (RGO 4/1); 176l Reproduced by kind permission of the Syndics of Cambridge University Library (RGO 4/312); 176r Reproduced by kind permission of the Syndics of Cambridge University Library (RGO 4/196); 177 Reproduced by kind permission of the Syndics of Cambridge University Library (RGO 4/321); 178–81 New York Public Library; 182–87 Abbey Library, St Gallen (Cod. Sang. 1311); 188–91 National Maritime Museum, Greenwich, London; 192–97 Collection musée de l'Abbaye Sainte-Croix, Les Sables-d'Olonne; 198 Collection Het Scheepvaartmuseum, Amsterdam; 201 British Library, London; 202 Osterreichische Nationalbibliothek, Vienna (E 22.534-D); 203 Osterreichische Nationalbibliothek, Vienna (Inv. +Z115192600); 204l, 205al, 205bl, 205br From Payer, J. *New Lands within the Arctic Circle* (New York, 1877); 204r Kriegsarchiv, Osterreichisches Staatsarchiv, Vienna; 205ar Osterreichische Nationalbibliothek, Vienna (PK 3001, 1428); 206, 207, 209 General Collection, Beinecke Rare Book and Manuscript Library, Yale University, New Haven; 208 Library of Congress, Washington, DC; 210–15 National Maritime Museum, Greenwich, London; 217l Topkapi Palace Museum Library, Istanbul; 217r, 218, 219 Walters Art Museum, Baltimore; 221, 222r, 223 National Maritime Museum, Greenwich, London; 222l Morgan Library & Museum, New York, 2018. Photo the Morgan Library & Museum/Art Resource, NY/Scala, Florence; 224, 226–29 State Library of New South Wales, Sydney; 225 Hudson Bay Company, Canada/Bridgeman Images; 230–35 Library of Congress, Washington, DC; 236 State Library of New South Wales, Sydney; 237, 238 Thomas Fisher Rare Book Library, University of Toronto; 239 National Library of Australia, Canberra (nla.obj-138502863-1); 240ac, 240ar, 240bl, 240br, 240cr, 241al, 241ar, 241br State Library of New South Wales, Sydney; 240al, 240bc, 241bl Thomas Fisher Rare Book Library, University of Toronto; 242 State Library of New South Wales, Sydney; 244 Photo Huw Lewis-Jones. Courtesy Rodney Russ; 245 © Spider Anderson; 246 Russian State Archive of Ancient Documents/Rossiyskiy Gosudarstvennyy Arkhiv drevnikh aktov, Moscow (F. 248, op. 160, d. 140). Image courtesy of Prof. Natalia Lind; 247 Russian State Archive of the Navy, St Petersburg (F. 1331, op. 4, d. 79); 248–50 Western Americana Collection, Beinecke Rare Book and Manuscript Library, Yale University, New Haven; 251l Museo de América, Madrid; 251c, 251r Western Americana Collection, Beinecke Rare Book and Manuscript Library, Yale University, New Haven; 252–55 Bibliothèque du Service historique de la Défense, Paris; 256, 257 Mitchell Library, State Library of New South Wales; 258 Mystic Seaport Museum, CT; 260, 261 Mitchell Library, State Library of New South Wales, Sydney; 262 Dixson Library, State Library of New South Wales, Sydney; 263–5 British Library, London/© British Library Board. All Rights Reserved/Bridgeman Images; 266, 267 Tate, London 2019; 268, 269, 270bl, 271bl Paul Mellon Collection, Yale Center for British Art, New Haven; 270al, 270ar, 270cl, 270br, 271al, 271ar, 271br Tate, London 2019; 272–74 Courtesy Nantucket Historical Association, MA; 276, 277, 278, 279al, 279bl, 279br Rijksmuseum, Amsterdam; 279ar National Maritime Museum, Greenwich, London; 280 Courtesy of Peary-MacMillan Arctic Museum, Bowdoin College, Brunswick, ME; 283 Courtesy Zaria Forman; 284, 285 Mystic Seaport Museum, CT; 286–91 Collection Het Scheepvaartmuseum, Amsterdam; 292–95 National Maritime Museum, Greenwich, London; 296 Natural History Museum, London/Alamy Stock Photo; 301 Courtesy Dartmouth College Library, Hanover, NH.

謝辭

若無這些偉大的航海者，就不可能有這本書。他們藉由新發現為同代人拓寬了眼界和心胸，而我也很幸運能駕著小艇隨他們穿梭在北極浮冰之間、徜徉在太平洋珊瑚礁生長的海域、更沿著偏遠的南極海岸線航行。這一切都令我更加敬佩這些日誌中的故事。我很感謝在這些旅途中的夥伴，特別是 Rodney Russ 和新朋友 Spider Anderson ——很高興他能加入我們的行列。此外，也很榮幸有 Don Walsh、Robin Knox-Johnston、Roz Savage、Arved Fuchs 和 Philip Marsden 與我們同行。

在本書（編按：原文版）出版社 Thames & Hudson 協助下，我可靠的編輯 Sarah Vernon-Hunt 再次提供了無限的支持與幫助。Johanna Neurath 和 Sophy Thompson 也為我們這趟成書的「航程」熟練地掌舵。還要感謝設計師 Avni Patel、製作總監 Rachel Heley，和 Pauline Hubner ——她們再度隨著我的研究軌跡，在跨國資料庫中一起探索、前行。Yosef Wosk 運用他的智慧，在他所在的美麗太平洋的一隅支持著這次的出書計畫。

感謝 Kari，幫助我將一切化為可能，也讓一切更臻完善。最後，致我們的 Nell，這麼快你就長大了，現在已經能夠和我一起乘船去結冰海域。去年我們去了北極，下一站去哪裡好？

一八四〇年，一名十四歲的男孩乘「索塞克斯號」（Sussex）捕鯨船出海，從倫敦出發前往位於南冰洋的漁場。二十五年後，他坐下來寫出「他的故事」——提供自己的孩子作為穿越「許多淺灘和流沙區」的指引。這是一幅描繪他險些被鯊魚吃掉的場景。

臉譜書房 FS0108

航海家們的寫生簿

60 位航海家的海上傳奇與探索陸地之外未知世界的手繪實錄

The Sea Journal: Seafarers' Sketchbooks

作者／休．路易斯－瓊斯（Huw Lewis-Jones）
譯者／木同
編輯總監／劉麗真
責任編輯／許舒涵
行銷企劃／陳彩玉、陳紫晴、薛綸

發行人／涂玉雲
總經理／陳逸瑛
出版／臉譜出版
城邦文化事業股份有限公司
臺北市中山區民生東路二段一四一號五樓
電話：886-2-25007696 傳真：886-2-25001952

發行／英屬蓋曼群島商家庭傳媒股份有限公司城邦分公司
臺北市中山區民生東路二段一四一號十一樓
服務專線：02-25007718；25007719
二十四小時傳真專線：02-25001990；25001991
服務時間：週一至週五上午 09:30-12:00；下午 13:30-17:00
劃撥帳號：19863813　戶名：書虫股份有限公司
讀者服務信箱：service@readingclub.com.tw
城邦網址：http://www.cite.com.tw

香港發行所／城邦（香港）出版集團有限公司
香港灣仔駱克道一九三號東超商業中心一樓
電話：852-25086231；25086217　傳真：852-25789337

新馬發行所／城邦（新、馬）出版集團
Cite（M）Sdn. Bhd.（458372U）
41-3, Jalan Radin Anum, Bandar Baru Sri Petaling,57000
Kuala Lumpur, Malaysia.
電話：603-90563833　傳真：603-90576622
電子信箱：services@cite.my

封面設計／馮議徹、張巧怡
內頁排版／漾格科技股份有限公司
一版一刷／2020 年 6 月
ISBN ／ 978-986-235-749-1

定價／ 850 元
（本書如有缺頁、破損、倒裝，請寄回更換）

Published by arrangement with Thames & Hudson, London.

This edition first published in Taiwan in 2020 by Faces Publications, Taipei City

〔國家圖書館出版品預行編目(CIP)資料〕

航海家們的寫生簿：60位航海家的海上傳奇與探索陸地之外未知世界的手繪實錄 / 休.路易斯-瓊斯(Huw Leis-Jones)著；木同譯. -- 一版. -- 臺北市：臉譜, 城邦文化出版：家庭傳媒城邦分公司發行, 2020.06
面；　公分. --（臉譜書房）
譯自：The Sea Journal
ISBN 978-986-235-749-1(精裝)

1.歷史地理 2.通俗作品　　716.9　108006743